NATURZEIT *erleben*

Regina Stockmann

Bretagne

Mit 46 Wander- und Erlebnistouren
die *Highlights* der Bretagne entdecken

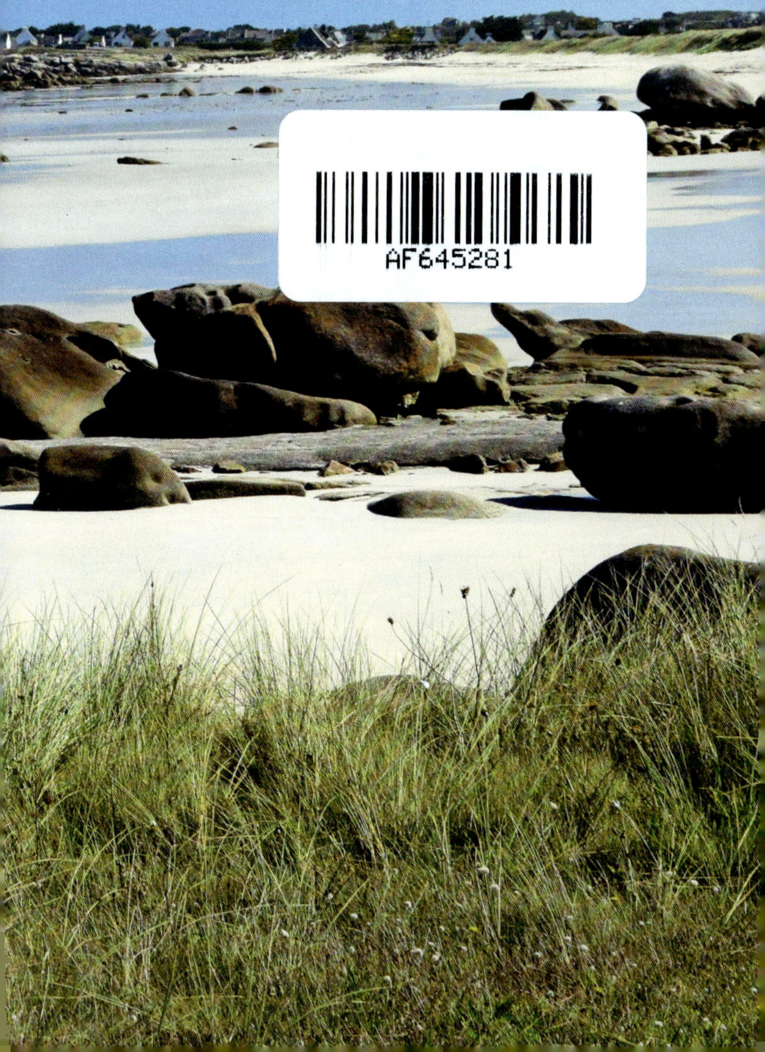

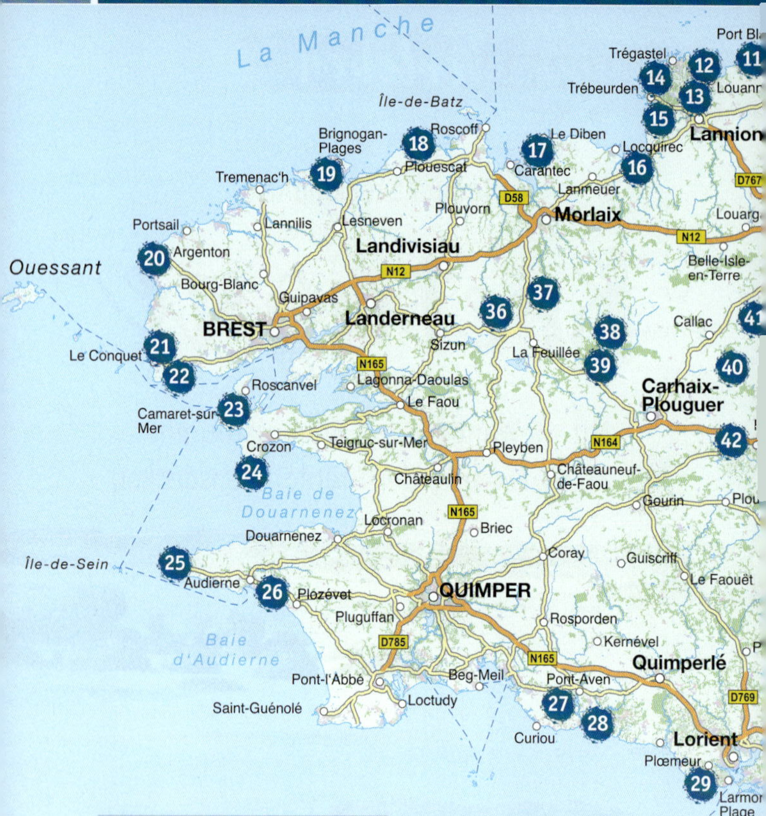

Unterwegs in der Bretagne

Wander- und Erlebnistouren

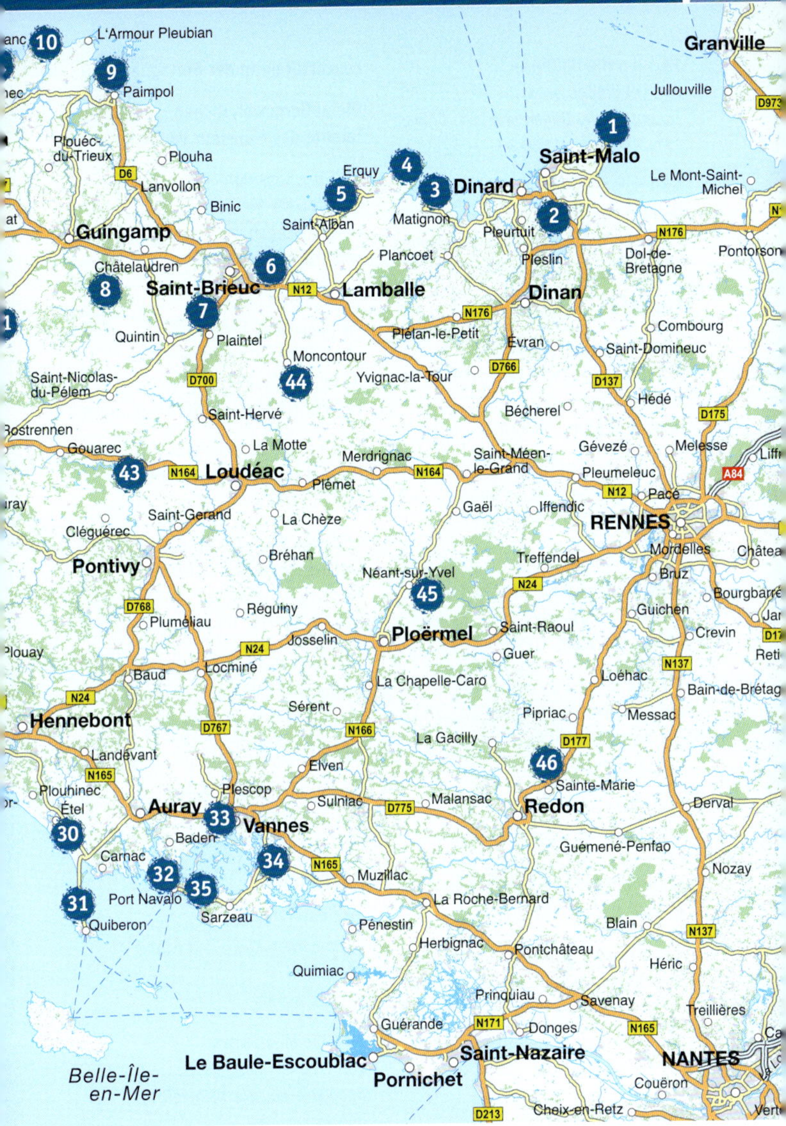

L'Armour Pleubian
Paimpol
Plouéc-du-Trieux
Plouha
Lanvollon
Binic
Guingamp
Châtelaudren
Saint-Brieuc
Quintin
Plaintel
Saint-Nicolas-du-Pélem
Saint-Hervé
Gouarec
Loudéac
La Motte
Saint-Gerand
Cléguérec
Pontivy
Pluméliau
Baud
Locminé
Hennebont
Landévant
Plouhinec
Étel
Auray
Plescop
Vannes
Baden
Carnac
Port Navalo
Sarzeau
Quiberon
Belle-Île-en-Mer
Le Baule-Escoublac
Pornichet
Saint-Nazaire
Guérande
Quimiac
Pénestin
Herbignac
Muzillac
La Roche-Bernard
Pontchâteau
Prinquiau
Savenay
Donges
NANTES
Couëron
Cheix-en-Retz
Erquy
Saint-Alban
Lamballe
Moncontour
Matignon
Plancoet
Dinard
Saint-Malo
Pleurtuit
Pleslin
Dinan
Plélan-le-Petit
Yvignac-la-Tour
Évran
Bécherel
Merdrignac
Plémet
La Chèze
Bréhan
Réguiny
Josselin
Néant-sur-Yvel
Ploërmel
La Chapelle-Caro
Sérent
Elven
Sulniac
Malansac
La Gacilly
Redon
Sainte-Marie
Saint-Méen-le-Grand
Gaël
Iffendic
Treffendel
Saint-Raoul
Guer
Pipriac
Loéhac
Messac
Guichen
Bruz
Mordelles
RENNES
Pacé
Pleumeleuc
Gévezé
Melesse
Hédé
Saint-Domineuc
Combourg
Dol-de-Bretagne
Pontorson
Le Mont-Saint-Michel
Granville
Jullouville
Bourgbarré
Crevin
Bain-de-Bretagne
Derval
Guémené-Penfao
Nozay
Blain
Héric
Treillières
N12
N176
N164
N24
N165
N166
N137
N171
D6
D700
D766
D137
D175
D768
D767
D775
D177
D213
A84
1
2
3
4
5
6
7
8
9
10
30
31
32
33
34
35
43
44
45
46

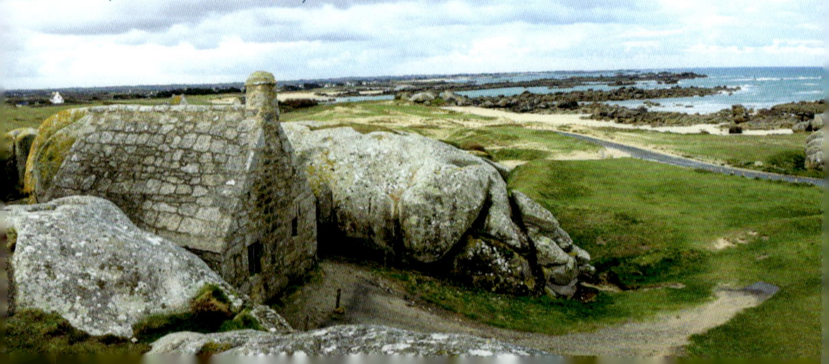

Reiseinfos

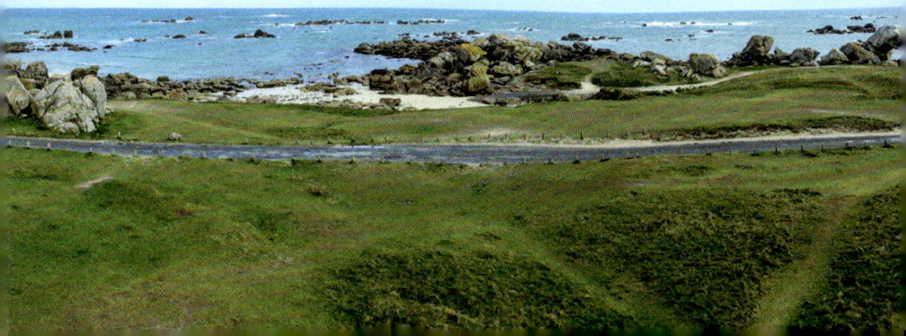

Eine Reise durch die Bretagne

Aremorica war in der Antike der Name der Region zwischen der Loire und der Seine im Nordwesten Frankreichs, deren westlich Hälfte wir heute als Bretagne kennen. Der Begriff kommt aus dem Keltischen: »are mori« bedeutet »vor dem Meer«. Ein passender Name für die Bretagne, denn sie ist beinahe vollständig von Wasser umgeben. Während sich im Westen der raue Atlantik mit Wucht gegen Felsen und Klippen wirft, zeigt die von starken Gezeiten geprägte Nordküste am sanfteren Ärmelkanal einen ganz anderen Charakter. Doch die Bretagne ist noch viel mehr als ein Land am Meer.

Zu den landschaftlichen Highlights gehören hohe Klippen und Felsformationen, die aussehen, als wäre ein fantasievoller Künstler am Werk gewesen. Es gibt hier karibisch anmutende Strände mit weißem Sand und strahlend türkisblauem Wasser, aber auch tief eingeschnittene fjordähnliche Buchten, die bei Ebbe beinahe trockenfallen. Vielerorts ist die Küstenlandschaft von starken Gezeiten geprägt und ändert ihre Gestalt mit Ebbe und Flut, wie man es kaum anderswo erlebt. 2700 Kilometer Küstenlinie laden ein, entdeckt zu werden, dazu kommen 800 größere und kleine Inseln.

In den Sommermonaten empfängt die Bretagne die Reisenden mit blühenden Landschaften: Sind es im Frühjahr Kamelien, Mimosen, die gelben Blüten des Ginsters und viele Bäume und Sträucher, so leuchten im Sommer die Hortensien mit ihren großen Blüten-Pompons. Bis in den Spätsommer färbt dann die blühende Heide die Hänge der Hügel in strahlendem Violett. Im Landesinneren warten außerdem verwunschene Wälder, Schauplätze alter, auch heute noch lebendiger Legenden, einsame Hochmoore und raue, felsige Höhen.

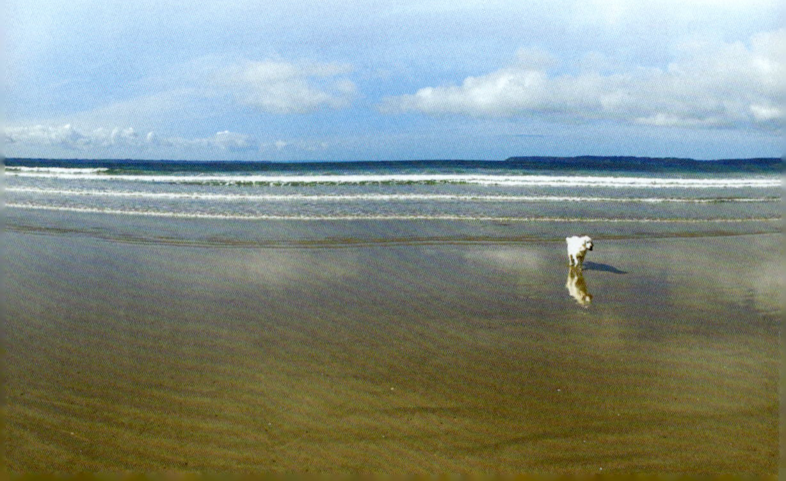

Etwas abseits des Meeres sind auch die beeindruckendsten Spuren menschlicher Kultur zu finden. Die Bretagne ist seit Jahrtausenden von Menschen besiedelt und so finden sich hier Relikte aus allen Zeiten. Mittelalterliche Städte, ungewöhnliche Kirchenanlagen, heilige Quellen und ummauerte Waschhöfe. Dazu kommen eine Vielzahl von Leuchttürmen, um Schiffe entlang der gefährlichen Küste zu leiten, und unübersehbar auch Spuren des letzten großen Krieges. Am bekanntesten ist die Bretagne jedoch für die Relikte aus der Megalithkultur. Mit den Alignements de Carnac, die aus über 2800 Einzelsteinen bestehen, ist hier eine der größten und der bedeutendsten Steinreihen der Welt zu finden. Carnac ist aber nur eine von vielen Megalithanlagen.

Und natürlich ist die Bretagne auch ein Teil von Frankreich. So mischen sich die Besonderheiten der bretonischen Kultur auf einer Reise durch diese Region aufs Angenehmste mit den typisch französischen. In jedem größeren Ort gibt es einen Wochenmarkt. Und auch sonst spielt gutes Essen, wie überall in Frankreich, eine große Rolle. Gemütliche Bars und Cafés und gute Restaurants sind überall zu finden. Ein Stopp an einer Crêperie oder ein Kaffee in der Sonne verleihen unseren Ausflügen das richtige Urlaubsfeeling.

Diese Vielfalt, gepaart mit einem angenehmen, milden Klima, machen die Bretagne zu einem idealen Reiseziel. Ein weiterer Pluspunkt sind die vergleichsweise günstigen Unterkünfte. Der Tourismus zählt heute zu den wichtigsten Wirtschaftszweigen der Bretagne – neben der Landwirtschaft, die das Inland prägt, sowie Fischerei, Austernzucht und ein wenig Industrie entlang der Küste. Schließlich bleibt noch zu erwähnen, dass in der Bretagne, also in »Klein-Britannien«, für französische Verhältnisse viel und gut Englisch gesprochen wird, sodass ihr vor Ort auch ohne allzu gute Französischkenntnisse zurechtkommen werdet.

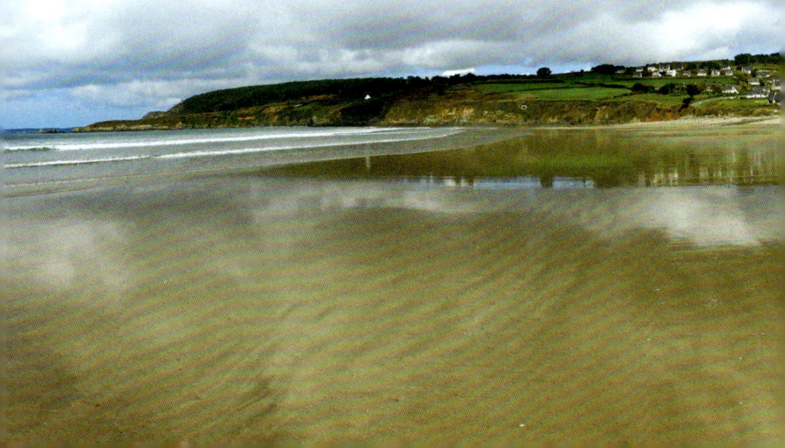

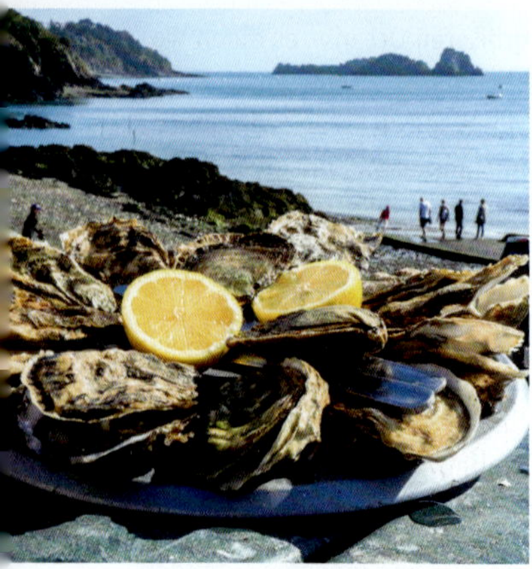

Klima und Reisezeit

Die Nähe zum Meer und vor allem der warme Golfstrom bestimmen das Klima in der Bretagne. Sie wirken wie eine große Klimaanlage und verhindern im Winter Schnee und Frost – zumindest meistens – und sorgen ebenso im Sommer für angenehme, aber nicht zu heiße Sonnentage. Im Spätherbst und Winter bedingen sie auch heftige Stürme. Typisch für die Bretagne ist außerdem ein schneller Wechsel von Hoch- und Tiefdruckgebieten. So heißt es, man könne hier vier Jahreszeiten an einem Tag erleben.

Die ideale Reisezeit liegt zwischen Mai und September. In den Sommermonaten ist das Wetter dabei etwas stabiler, dafür wird es vor allem im Juli und August in allen Unterkünften voll und teurer.

Ab Mitte Oktober setzen heftige Herbststürme ein, die vor allem im Finistère wüten. Insgesamt ist das Klima im Süden der Bretagne etwas milder als im Westen und Norden.

Die Niederschlagsmengen sind am größten im Inland im Bereich der Monts d'Arrée und der Montagnes Noires.

Durch die meist aus dem Westen pustenden Winde kommt die Luft der Bretagne direkt vom Atlantik und ist relativ schadstoffarm.

Für ornithologisch Interessierte ist der stürmische Winter von November bis März als Reisezeit besonders geeignet. Dann suchen Zugvögel die geschützten bretonischen Buchten als Winterquartier auf.

Bretonische Spezialitäten

Dass Meeresfrüchte aller Art zu den kulinarischen Köstlichkeiten der Bretagne zählen, ist nicht wirklich überraschend. Sie werden in Restaurants serviert, auf Märkten angeboten und auch die meisten Supermärkte verfügen über eine große Fischabteilung. Austernbänke säumen die lange Küste. So frisch wie hier bekommt man Austern kaum anderswo auf den Teller. Die *Cotriade bretonne* ist eine weitere beliebte Spezialität an den Küsten. Die Fischsuppe besteht aus verschiedenen Sorten Fisch, Kartoffeln, Möhren und Zwiebeln. Sie wird mit Safran gewürzt.

Sehr beliebt sind in der Bretagne auch Crêpes und Galettes, wobei letztere aus dunklem

Buchweizenmehl gebacken und herzhaft gefüllt werden, zum Beispiel mit Käse, Ei, Tomaten und Schinken.

Bretonische Biscuiteries bieten neben frischem Gebäck oft eine ganze Palette lokaler Waren, wie zum Beispiel Crêpes und Galettes, Marmeladen, Suppen und Fischkonserven – sie sind ein guter Stopp für leckere Mitbringsel.

Geschichte im Schnelldurchgang

Die unzähligen Megalithbauten in der Bretagne weisen auf eine hoch entwickelte Kultur der hier lebenden Menschen in der Neu-Steinzeit hin.

Etwa im 8. Jahrhundert vor unserer Zeitrechnung und mit Beginn der Eisenzeit lebten Kelten in der Bretagne – ein Volksstamm mit recht einheitlicher Kultur und Sprache, der weite Teile Europas besiedelte. Im 6. Jahrhundert wanderte die keltische Volksgruppe Britto aus England in die Bretagne ein.

Mit der Eroberung Galliens, wie Julius Cäsar das Gebiet der Kelten im Bereich des heutigen Frankreichs, Belgiens und Westdeutschlands nannte, wurde die Bretagne Teil des Römischen Reiches. Das war in den Jahren 58 und 51 vor unserer Zeitrechnung. Gallien blühte wirtschaftlich auf, Sprache und Kultur vermischten sich.

Ab etwa 450 n. Chr. kam es für zwei Jahrhunderte immer wieder zu Einwanderungswellen durch die auf den britischen Inseln lebenden Kelten. Sie brachten ihren Glauben mit und die keltische Sprache. Mit dieser verdrängten sie das gallo-romanische Idiom und schufen so die Grundlage für das heutige Bretonisch. Die Bretonen gründeten um das Jahr 600 ein eigenes Königreich, das erst Ende des 8. Jahrhunderts von Karl dem Großen unterworfen wurde. In der Folge geriet die Bretagne unter anderem unter die Herrschaft der Normannen.

Anne de Bretagne (1477 – 1514) war die letzte Herzogin der Bretagne. Im Alter von 14 Jahren wurde sie mit dem französischen König Karl VIII. verheiratet, um ihr Herzogtum Frankreich zuzuschlagen.

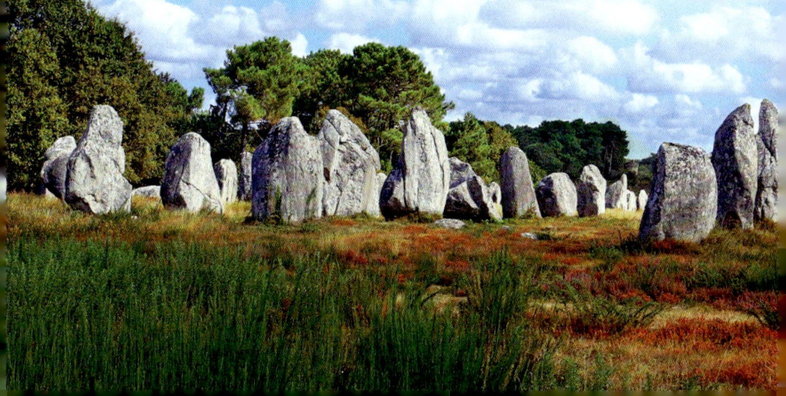

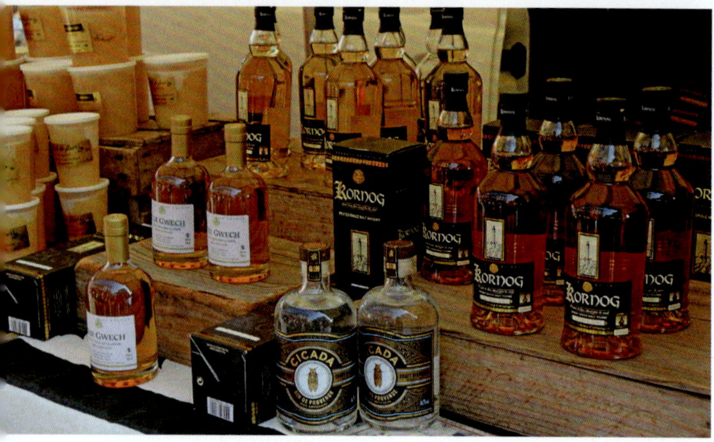

Es folgte das Goldene Zeitalter der Bretagne, als im 16. und 17. Jahrhundert nach der Vereinigung mit Frankreich die Wirtschaft aufblühte. Gleichzeitig wurde das Streben der Bretonen nach Eigenständigkeit und die Verwendung der bretonischen Sprache unterdrückt und nach der Französischen Revolution dann auch der tief verwurzelte katholische Glaube.

Kultur

Trotz der Eingliederung in die französische Republik, deren hehrer Grundsatz der »Freiheit, Gleichheit, Brüderlichkeit« zunächst nur wenig Raum für regionale Unterschiede ließ, haben die Bretonen sich ihre kulturelle Eigenständigkeit bewahrt. Neben der Geschichte und der starken Verbundenheit mit dem Meer trug auch die eigene Sprache dazu bei.

Bretonisch wird heute vor allem noch in den westlichen Regionen der Bretagne gesprochen. Bis zu 40 Prozent der Kinder lernen diese Sprache in speziellen Sprachschulen.

Auch bretonische Symbole sind häufig anzutreffen. Dazu gehört zum Beispiel die schwarz-weiße Fahne »Gwen-ha-du«. Ihre neun horizontalen Streifen stehen für die neun traditionellen Provinzen, die elf Hermelinschwänze wurden dem Wappen des Herzogtums der Bretagne entnommen.

Das Triskell verweist auf die keltische Vergangenheit. Das Symbol besteht aus drei aus einer gemeinsamen Mitte entspringenden Spiralen, die die immerwährende Bewegung des Universums symbolisieren sollen. Sie stehen für die Elemente Wasser, Luft und Erde.

»Breizh« ist der bretonische Name des Landes, der als BZH abgekürzt wird und oft als Länderkennzeichen auf bretonischen Autos klebt. Der häufig verwendete Ausdruck »Be Breizh« steht für das bretonische Lebensgefühl und wird auch als positiver Abschiedsgruß verwendet, mit dem man Freunden Glück und Erfolg wünscht.

Schließlich fallen die vielen bretonischen Produkte auf. Neben den typischen landwirtschaftlichen Produkten gibt es auch Cola, Bier, Whisky und Chips aus bretonischer Herstellung. Auch dies zeigt, wie wichtig den Menschen in der Bretagne ihre Eigenständigkeit ist.

Die Sieben Gründungsheiligen

Im 5. und 6. Jahrhundert wurde die Bretagne von Mönchen der britischen Inseln christianisiert. Dabei wurden, wie auch in Irland, die tief verinnerlichten keltischen Riten umgedeutet und teilweise in das christliche Gedankengut eingeflochten. Eine besondere Bedeutung haben in der Bretagne die sieben Gründungsheiligen. Der Legende nach besiegte jeder von ihnen einen Drachen, wobei das wohl nicht wörtlich zu verstehen ist. Der Drache gilt als wichtigstes Symbol der alten keltischen Religion.

Zu Ehren der Gründungsheiligen wurden ab dem 12. Jahrhundert jährlich Wallfahrten durchgeführt. Diese Tro Breizh, Bretonische Rundfahrt, führt zu den Gräbern der Heiligen und damit zu den ersten sieben Bischofssitzen der Bretagne: Dol-de-Bretagne (Saint Samson), Vannes (Saint Patern), Quimper (Saint Corentin), Saint-Pol-de-Léon (Saint Pol Aurélien), Tréguier (Saint Tugdual), Brieuc (Saint Brieuc) und Malo (Saint Malo).

Neben den sieben Gründungsheiligen kennt die Bretagne aufgrund der großen Volksfrömmigkeit, die in die keltische Kultur zurückreicht, eine sehr große Zahl von Lokalheiligen. Diesen werden oft magische und übernatürliche Kräfte zugeschrieben. Zu ihren Ehren feiert man die Bußfeste, sogenannte »Pardons«, bei denen sich Folklore, Frömmigkeit und bretonische Lebensfreude mischen.

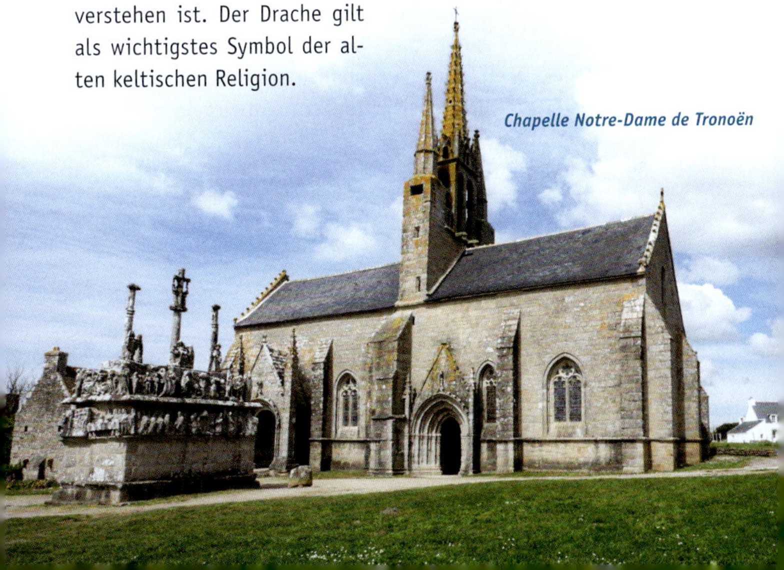

Chapelle Notre-Dame de Tronoën

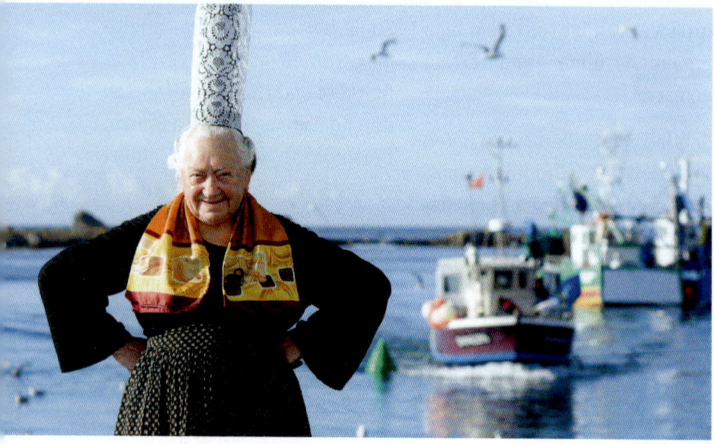

Ein gutes Beispiel für die Übernahme keltischer Gottheiten in den Reigen der Heiligen ist Saint Anna, die heilige Anna, Mutter Marias. Sie gilt als wichtigste bretonische Heilige mit großen Schutzkräften. Ihre Ursprünge gehen auf die hochverehrte keltische Erd- und Muttergöttin Ana zurück, die so ihren Platz in der neuen Religion gefunden hat.

Legenden der Bretagne

Viele Jahrhunderte alt und trotzdem noch allgegenwärtig sind die Legenden der Bretagne. Zu jeder Quelle, jedem Felsen, vielen Naturerscheinungen und allem Unerklärlichen gab und gibt es Erzählungen und Legenden, die auch heute noch präsent sind.
[› Seite 232]

Feste in der Bretagne

Zur Kultur der Bretonen gehört das Feiern. Die traditionellen Fest-noz, bretonische Volksfeste, sind beliebt und werden allerorts abgehalten. »Fest« entspricht dabei etwa unserem Wort »Fest, Feier«, »noz« bedeutet Nacht. Ein wichtiges Element der Feste sind die stark rhythmisch geprägten Reihen- und Kreistänze, die den irischen Tänzen nicht unähnlich sind. Mit ihren vielen Tänzern entwickeln sie eine besondere Faszination.

Aus dieser Freude am Feiern hat sich quer durch die Bretagne eine große Anzahl an Sommerfestivals entwickelt. Im Folgenden eine kleine Auswahl der größten Veranstaltungen:

Panoramas Festival,
Morlaix, Ende April
Mit Rock, Pop und Elektro. Das Fest gilt als Eröffnungsveranstaltung der Sommerfestivals.

Jakobsmuschelfest
Paimpol, April
Mit Bootsparaden und Konzerten.

Fête de la Bretagne
landesweit, Mitte Mai
Mit Konzerten aller Art von traditionell bis modern, Märkten und Fest-Noz-Feiern.

Art Rock Festival
Saint-Brieuc, Ende Mai
Rockfestival

La Semaine du Golfe,
Golf von Morbihan, alle zwei Jahre im Mai
Eine Vielzahl von Booten aller Art bevölkert den Golf.

Open Air Fotofestival
La Gacilly, Juni bis September
Großformatige Fotos werden an den Granit-Fassaden der Häuser ausgestellt, Mischung aus Kunst und Fotojournalismus.

Fêtes Historique
Vannes, Juli
Großes Fest mit Mittelalterflair.

Fête de Remparts
Dinan, Juli (alle 2 Jahre)
Mittelalterfest.

Skedanoz
Carnac, Juli
Magische Lichtspiele an den Steinreihen von Carnac.

Temps Fêtes
Douarnenez, Juli (alle 4 Jahre)
Maritimes Festival im Ambiente des 18. Jahrhunderts.

Les Tonneres (Donnergrollen)
Brest, Juli (alle 4 Jahre)
Riesiges Hafenfest.

Les Vieilles Charrues
Carhaix, Juli
Eines der größten Musikfestivals der Bretagne mit weltbekannten Stars und neuen Künstlern.

Festival Interceltique
Lorient, August
Keltische Musik und Kultur. Riesiges Festival mit 700.000 Besuchern.

Les Filets Bleus
Concarneau, August
Buntes Spektakel keltischer und bretonischer Traditionen.

Festival Yaouank
Rennes, November
Das größte Fest-noz dauert drei Wochen. Gefeiert und getanzt wird zu allen Musikstilen.

Bretagne aktiv

Bei 2700 Kilometern Küstenlinie sind die Möglichkeiten für alle Wassersportarten in der Bretagne besonders gut. Zu den beliebtesten gehören Windsurfen, Surfen, Kite-Surfen, Segeln, Tauchen, Seekajak und Stand Up Paddeling.

Wind und Brandung sind für die ersten vier essenziell, für die anderen drei durchaus ein erschwerendes Hindernis. Auch Meeresströmungen spielen eine wichtige Rolle und können bei einer Tide von bis zu zwölf Meter extrem gefährlich werden.

Surfen und Wellenreiten

Für alle Sportarten, die mit dem Wind spielen, hat die Bretagne den großen Vorteil, eine Nord-, eine West- und eine Südküste zu haben, sodass bei fast jedem Wind ein surfbarer Spot zu finden ist. Profis zieht es in die rauen Wellen in den Buchten des Finistère: zum Beispiel an die Halbinsel Crozon und das Cap Sizun. Der anspruchsvolle Spot von La Palue ist dort die bekannteste Surflocation. Auch die Pointe de la Torche an der Südküste bei Plomeur gehört zu den großen Surfspots der Bretagne. In den hohen Wellen, die an einen langen Sandstrand ausrollen, finden auch Wettkämpfe statt.

Weniger Geübte sind in den sanfteren Buchten der Südküste besser aufgehoben. Kurse für Einsteiger und Einsteigerinnen gibt es zum Beispiel an der Plage de Donnant bei Belle-Ile-en-mer und an den Stränden von Clohars-Canoët. Ebenfalls beliebt und gut für die ersten Surfversuche geeignet sind die Strände im Norden um Saint-Malo.

Wenn ihr mit eigener Ausrüstung anreist, informiert euch vor Ort bei Verleihstationen und Surfschulen über die Bedingungen in der Bucht eurer Wahl. Die Bretagne ist ein eher anspruchsvolles Wassersportgebiet.

Kanu und SUP

Kanuten finden ihr Revier sowohl an der Küste wie auch auf Seen und Flüssen im Landesinneren. An der Küste gibt es in den meisten beliebten Buchten Verleihstationen für Seekajaks. Wie beim Surfen und Segeln solltet ihr euch vor Ort nach den konkreten, aktuellen Bedingungen erkundigen, die wetter- und tidenabhängig sind.

Auch im Inland werden Kanu- und Kajakfahren sowie Stand-Up-Paddeling angeboten. Verleihstationen gibt es zum Beispiel an den Seen Lac Guerlédan, Lac du Drennec, Étang de Kerné Uhel, Étang du Duc und am Lac de Jugon.

Baden und Schwimmen

Im Hochsommer sind die Badestrände der Bretagne gut besucht, auch wenn das Wasser des Atlantiks selten wärmer als 18 Grad wird. Strände gibt es an der langen Küste in großer Auswahl: mit Strandpromenade und Einkehrmöglichkeit oder einsam und rau. Mit hoher Brandung oder in einer geschützten Bucht, schnell oder sanft abfallend, felsgerahmt oder lieber kilometerlang? In der Bretagne findet jeder seinen persönlichen Lieblingsstrand. Auf den Regionenkarten haben wir einige schöne Strände eingetragen. Das ist jedoch nur eine erste Auswahl.

Aufgrund der bereits erwähnten stark ausgeprägten Gezeiten eignen sich nicht alle Strände auch jederzeit zum Baden. Vor allem an der Nordküste fallen einige Buchten bei Ebbe sehr weit trocken, an anderen darf man wegen starker Strömungen nicht ins Wasser. Wer auf Nummer sicher gehen will, sucht sich einen überwachten Badestrand mit Flagge. Aber auch an diesen sollten unerfahrene Schwimmer in Ufernähe bleiben.

Angeln

An der bretonischen Küste ist kein Angelschein notwendig, solange man mit maximal einer Rute und zwei Haken und für den Eigenbedarf angelt. Allerdings sollten die gefangenen Fische eine Mindestgröße erreicht haben, sonst müssen sie zurück ins Wasser. Auskunft über die regionalen Bestimmungen erhaltet ihr vor Ort in Angelgeschäften und Tourismusinformationen. Für Seen und Flüsse benötigt man eine »Carte de pêche«, die man in Sport- und Angelgeschäften sowie oft in Cafés nahe der Angelstelle kaufen kann.

Fahrrad fahren

Mit dem EuroVelo4 und dem V5 führen zwei Radwanderwege nahe an der bretonischen Küste entlang. Es gibt Radwege an den Kanälen und mehrere der als »Voie verte« bezeichneten Fahrradrouten auf ehemaligen Bahntrassen. Das Radwegenetz der Bretagne ist mit 1800 Kilometern gut ausgebaut. Die meisten Campingplätze bieten Leihräder an, oft auch E-Bikes, ebenso wie viele Tourismusinformationen.

Insgesamt acht markierte Radwanderwege durchziehen die

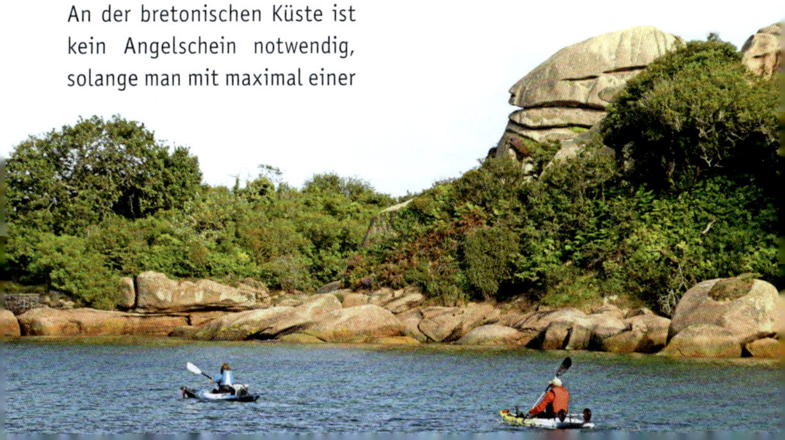

Bretagne. Eine Übersicht über diese »Veloroutes« findet ihr unter francevelotourisme.com.

Die hügelige Landschaft der Bretagne eignet sich auch für den Radsport: Viele Gemeinden haben spezielle Routen fürs Mountainbike ausgewiesen. Infos hierzu haben die jeweiligen Tourismusinformationen.

Weitere Outdooraktivitäten

Habt ihr schon mal Bogenschießen probiert? Vielerorts in der Bretagne gibt es dafür Möglichkeiten. Ebenso häufig anzutreffen sind Kletterwälder. Auch ein Ausritt zu Pferd wäre eine alternative Art, die Natur zu erleben. Reitställe, die Ausritte anbieten, gibt es in vielen Orten der Bretagne.

Familienurlaub in der Bretagne

Aufgrund ihrer großen Vielseitigkeit eignet sich die Bretagne ideal für einen aktiven Familienurlaub. Hier lassen sich entspanntes Nichts-Tun und Strand-Relaxen perfekt verbinden mit kurzen Wanderungen, Felsenklettern, im flachen Wasser planschen, kleinen Besichtigungen und einem Ausflug zum nächsten Markt. Dass es hier im Hochsommer nicht so heiß wird wie weiter im Süden, kommt vor allem Familien mit jüngeren Kindern oft entgegen.

Bei längeren Wanderungen haben wir immer eine gekürzte Variante für Familien mit Kindern angegeben, sodass ihr auch mit den Kleinsten entspannte Ausflüge in die schöne Natur der Bretagne machen könnt. Viele Küstenwege in der Bretagne führen an hohen Klippen entlang, die zwar nicht ausgesetzt, aber auch nicht speziell gesichert sind. Hier braucht es mit Kindern entsprechende Aufmerksamkeit. Wenn ihr wenig Wandererfahrung mitbringt, solltet ihr vorsichtig testen, wie viel ihr euch und euren Kids zutraut.

Ein weiterer Gefahrenaspekt sind die starken Meeresströmungen. Kinder sollten deshalb nicht ohne Aufsicht und besser nur an gekennzeichneten Badestränden schwimmen.

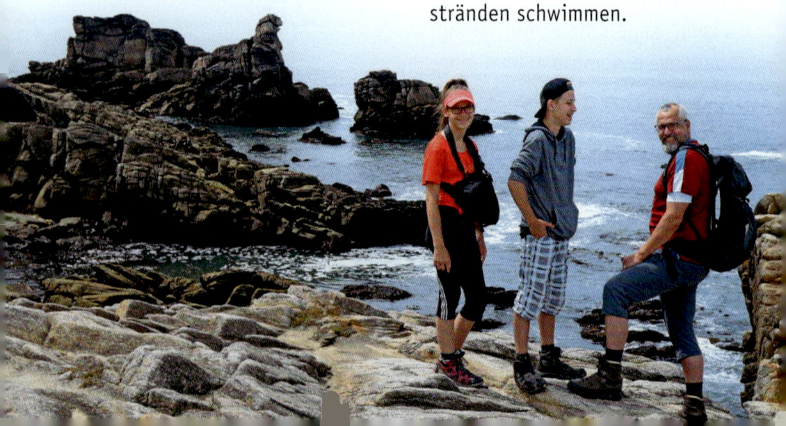

Die Touren in diesem Buch

Die Bretagne bietet ein ideales, nicht allzu schwieriges Terrain zum Wandern. Die Wege sind meist in gutem Zustand und, mit Ausnahme einiger Kaps im Finistère, nicht zu geröllig. Aufgrund der niedrigen Maximalhöhen, der höchste Berg der Bretagne misst 385 Meter, müssen Wandernde auch nicht mit langen Steigungen kämpfen. Nichtsdestotrotz kommen im Küstenbereich durch das ständige Auf- und Ab einige Höhenmeter zusammen.

Wanderwege in der Bretagne

Zöllnerpfad GR 34: Der Küstenpfad verläuft um die gesamte Küste der Bretagne und gehört zu den Sentiers de Grandes Randonnées, den weiß-rot markierten Langstreckenwanderwegen Frankreichs. Früher wurde er tatsächlich vom Zoll genutzt, um die Küste zu überwachen – zum Schutz vor Schmugglern, Plünderern und Piraten.

Im Jahr 2008 wurde er vollständig freigegeben als GR 34 und führt auf über 2000 Kilometern vom Mont-Saint-Michel im Norden nach Saint-Nazaire im Süden. Manchmal wird eine Verlegung des Weges ins Inland notwendig, wenn die Küste nach Stürmen wegbricht und Privatgrund eine Verschiebung in Meeresnähe unmöglich macht.

Der Zöllnerpfad führt an Stränden, Buchten und Klippen entlang und durchquert einige Vogelschutzgebiete. Er ist nie ausgesetzt, aber im Bereich hoher Klippen auch nicht gesichert. Wer mehrtägig auf dem Zöllnerpfad wandert, ist am großen Rucksack leicht zu erkennen. Wir haben den Weg mehrfach in unsere Wanderrunden eingebaut, und wann immer ihr an der Küste die typische weiß-rote Markierung eines GR entdeckt, befindet ihr euch auf dem Zöllnerpfad.

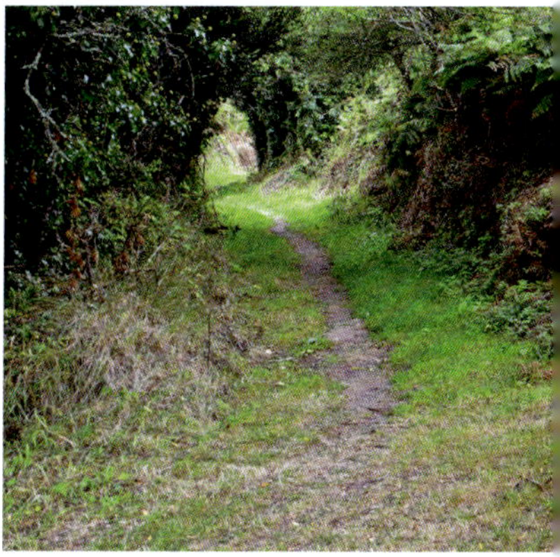

Alte Verbindungswege: Die »Vieilles Voies« waren früher die Hauptverkehrs-Adern zwischen den Dörfern. Sie überziehen die Bretagne wie ein Netz. Meist sind sie rechts und links von Mäuerchen gefasst, die grün überwuchert und mit Büschen und Bäumen bestanden sind. Auf ihnen fühlt man sich zurückversetzt in vergangene Zeiten und ihre Romantik ist unvergleichlich.

Kleine Straßen: Die Bretagne ist überzogen von einem Netz aus schmalen Sträßchen, welche unsere Touren nicht nur kreuzen. Um schöne Runden erwandern zu können, führen viele Wanderungen stückweise über diese asphaltierten, aber kaum befahrenen Fahrwege. Sie führen uns durch Felder, Wiesen und kleine Weiler, was definitiv seinen Reiz hat. Die Kulturlandschaft ist meist kleinteilig untergliedert und von Hecken gesäumt.

Der Anteil an Asphalt bei unseren Wanderungen ist im Steckbrief angegeben. Für den landschaftlichen Reiz einer Tour ist er jedoch kaum maßgeblich!

Ausrüstung

Wer nicht gerne in knöchelhohen Wanderschuhen unterwegs ist, kann die meisten Wege auch gut in stabilen Halbschuhen mit rutschfester Sohle laufen. Einzig im Bereich der Finistère-Kaps macht es Sinn auf hohe Wanderschuhe umzusteigen. Auch wenn Küstenwege knapp überflutet sind, was bei Springtide vorkommen kann, sind knöchelhohe, wasserdichte Schuhe sehr angenehm.

Studiert vor einer Wanderung immer die Wettervorhersage! Die Bretagne ist bekannt für ihre schnellen Wetterwechsel. Zumindest für alle längeren Touren sollte deshalb eine leichte Regenjacke ins Gepäck. Neben der Sonne trocknet auch Wind aus und macht durstig, sodass ihr trotz des ausgeglichenen Klimas ausreichend Getränke mitnehmen solltet.

Sicherheit

Die weiten, trockengefallenen Buchten laden förmlich zu einem Spaziergang ein. Bei einsetzender Flut läuft das Wasser jedoch in erstaunlichem Tempo zurück. Zuerst werden die Priele aufgrund des hohen Wasserstandes und der Strömung unüberquerbar. Wenn ihr also zu Fuß in die Buchten geht, überquert niemals Priele und behaltet immer im Blick, wo ihr auf ansteigendem Gelände zügig wieder aufs Festland kommt! In Unkenntnis der Situation vor Ort macht es Sinn, immer in Küstennähe zu bleiben.

Viele unserer Wanderungen verlaufen teilweise auf dem GR34, dem Zöllnerpfad, der sich meist direkt entlang der Küste schlängelt, teils oberhalb von Klippen. An manchen Stellen kann ein einziger heftiger Sturm reichen, um ihn zu unterhöhlen oder einen Teil des Hanges abrutschen zu lassen. Es gibt daher immer wieder gesperrte Wegbereiche. Sperrungen solltet ihr unbedingt erst nehmen. Direkt nach einem Sturm müsst ihr auch selbst einen Blick auf unterspülte, unsichere Passagen haben, die einfach nach unten wegbrechen könnten.

Naturschutz

Manche Küstengebiete der Bretagne sind sehr beliebt und im Sommer ziemlich überlaufen. Hier hat der Touristenstrom zu

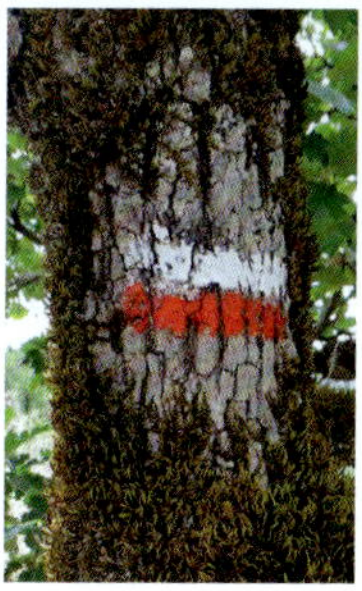

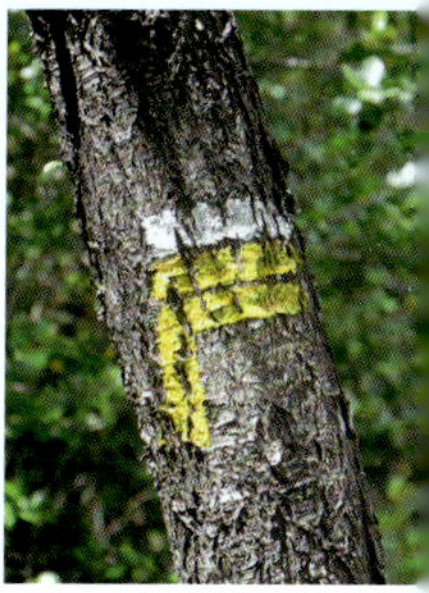

einer völligen Zerstörung der Vegetation geführt. So war es früher bei Ploumanac'h oder auch an der Côte Sauvage. Um die Vegetation zu retten, die wiederum die empfindliche Bodenkrume der Klippen vor Erosion schützt und nebenbei wunderschön aussieht, wurden die Wege an vielen Stellen mit kleinen Zäunen begrenzt. **Bitte bleibt auf den Wegen und lauft nicht querfeldein!**

Speziell für Wohnmobil-Fahrer: Übernachtet im Küstenbereich nicht auf Wander- oder Strandparkplätzen! Die maßlose Nutzung der Küstenparkplätze als Domizil für Wohnmobile hat zu umfangreichen Sperrungen geführt, sodass es heute an manchen Stellen kaum noch möglich ist, den Start einer Wanderung mit einem Wohnmobil anzufahren.

Gehzeiten

Bei den Angaben im Tourensteckbrief handelt sich um reine, aber großzügig bemessene Gehzeiten. Aufgrund der vielen Highlights am Wegrand macht es aber durchaus Sinn, ausreichend Zeit für kleine Stopps und ausgedehnte Pausen einzuplanen.

Orientierung

Der Küstenweg ist weiß-rot markiert und auch im Landesinneren folgen wir teilweise markierten Rundwegen. Wanderwege sind in Frankreich mit Farbbalken gekennzeichnet. Ein Abzweig wird mit einem Winkel angekündigt, gekreuzte Farbbalken signalisieren einen verkehrten Wegabzweig.

Damit ihr euch auch auf den unmarkierten Wegen zurechtfindet und euch immer eindeutig orten können, ist eine digitale Karte sehr hilfreich.

GPS-Daten

Um den Parkplatz an einer Wanderroute einfach zu lokalisieren, könnt ihr die in der Anfahrtsbeschreibung genannten GPS-Daten in ein normales Navigationsgerät im PKW eingeben und euch von diesem bequem zum Start lotsen lassen.

Zu allen Wanderungen im Buch könnt ihr außerdem unter **www.naturzeit-verlag.de** GPS-Tracks herunterladen. Sie sind von der Autorin vor Ort erfasst und unterstützen, mithilfe der entsprechenden Handy-App, die Orientierung unterwegs.

Hier geht‘s zum Download:

Passwort: GPX524BR459

46 Wander- und Erlebnistouren

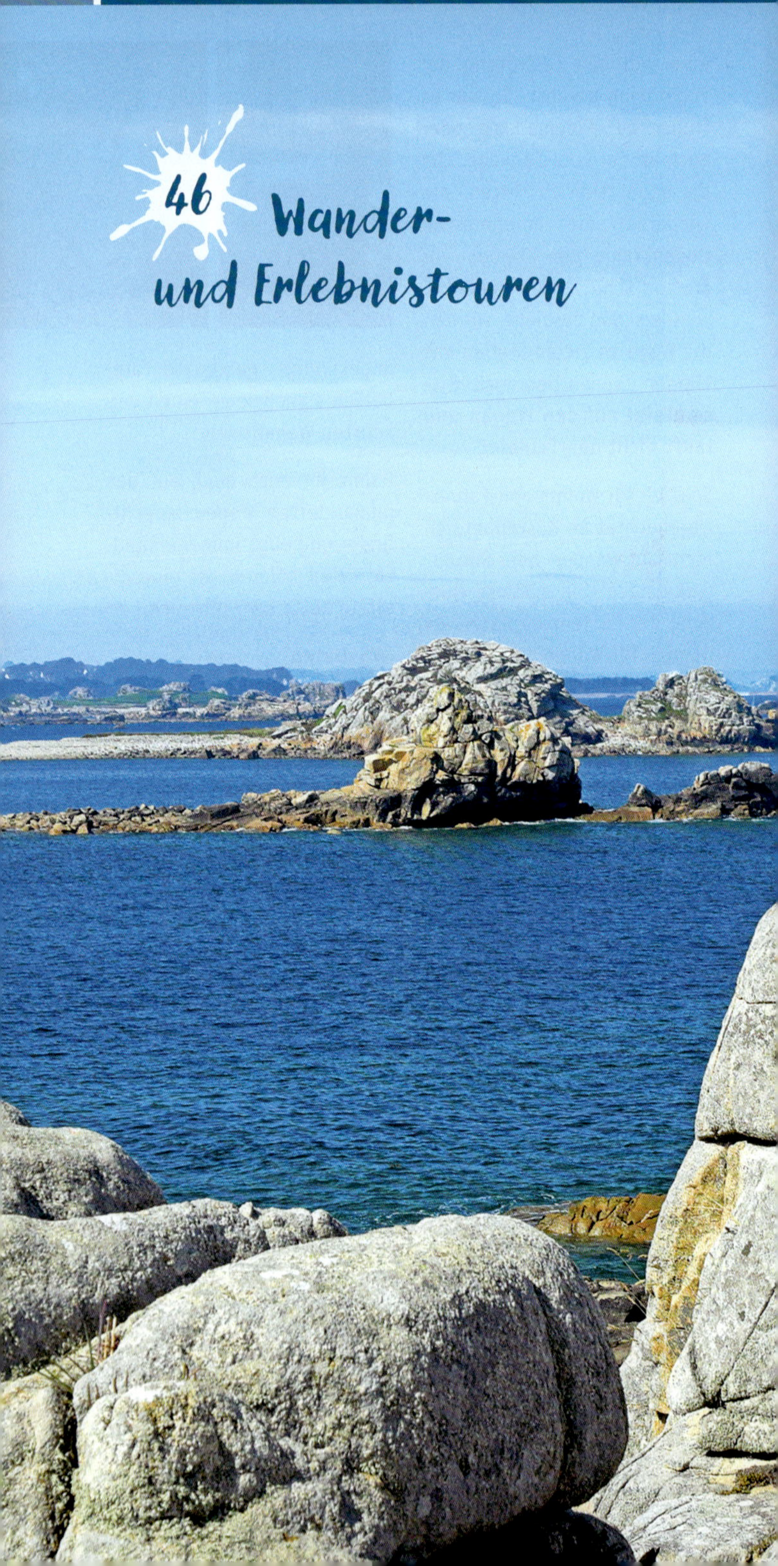

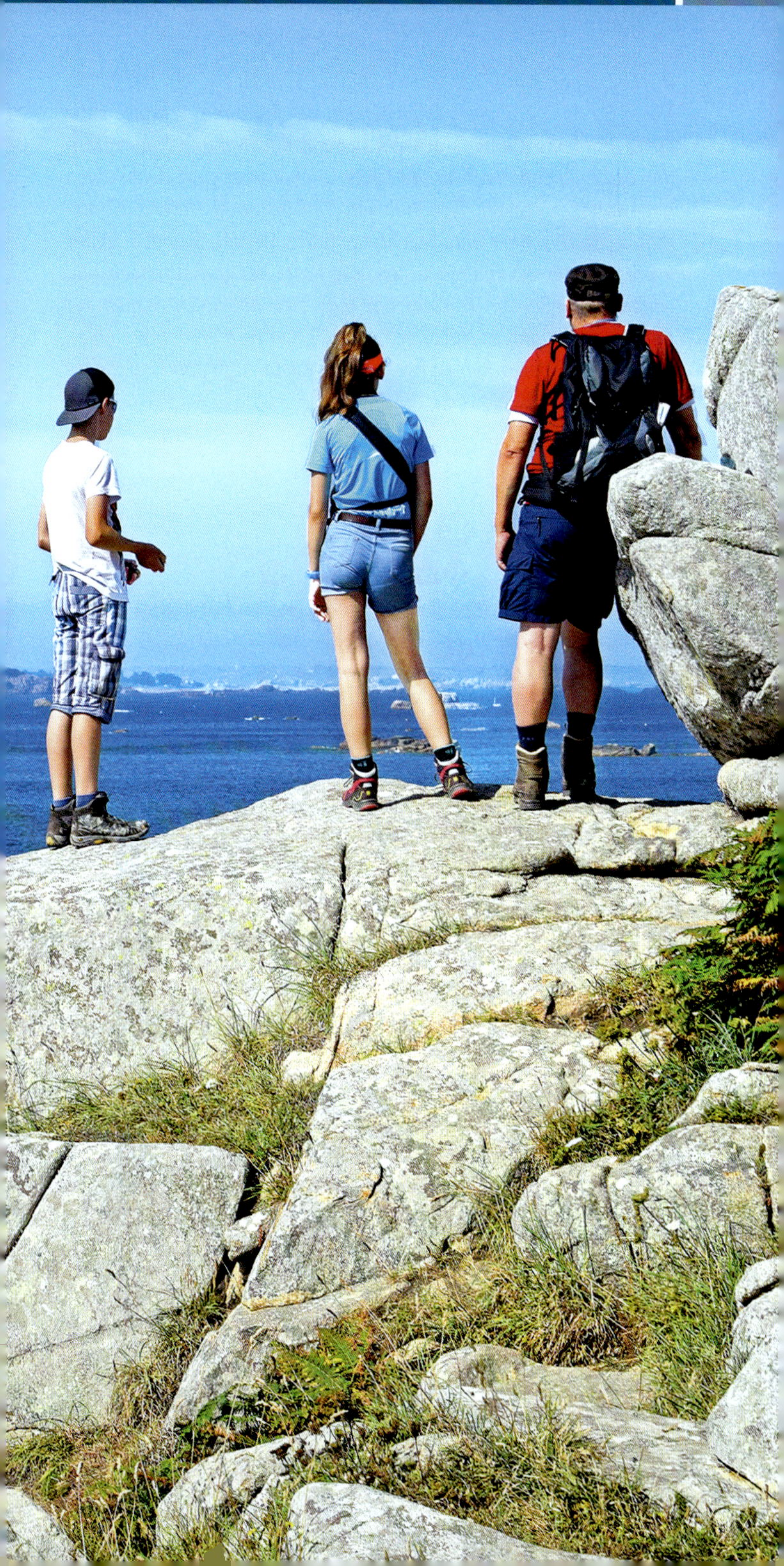

Die keltischen Worte »ar Mor« bedeuten »am Meer«, ein treffender Name für das nördlichste Département der Bretagne. Schroffe Felsküste und hohe Klippen wechseln sich mit Buchten und Traumstränden ab. Die Landschaft an der Küste ist charakterisiert durch einen ungewöhnlich starken Tidenhub von fünf bis zwölf Metern: Wo gerade noch das Meer blau leuchtete, fallen wenige Stunden später weite Buchten komplett trocken. Die Kraft des auflaufenden und wieder abfließenden Wassers hat man sich an vielen Stellen zur Energiegewinnung zu Nutze gemacht. Früher wurden damit Mühlen angetrieben, deren Ruinen noch an der Küste zu finden sind, heute nutzen Gezeitenkraftwerke die Energie.

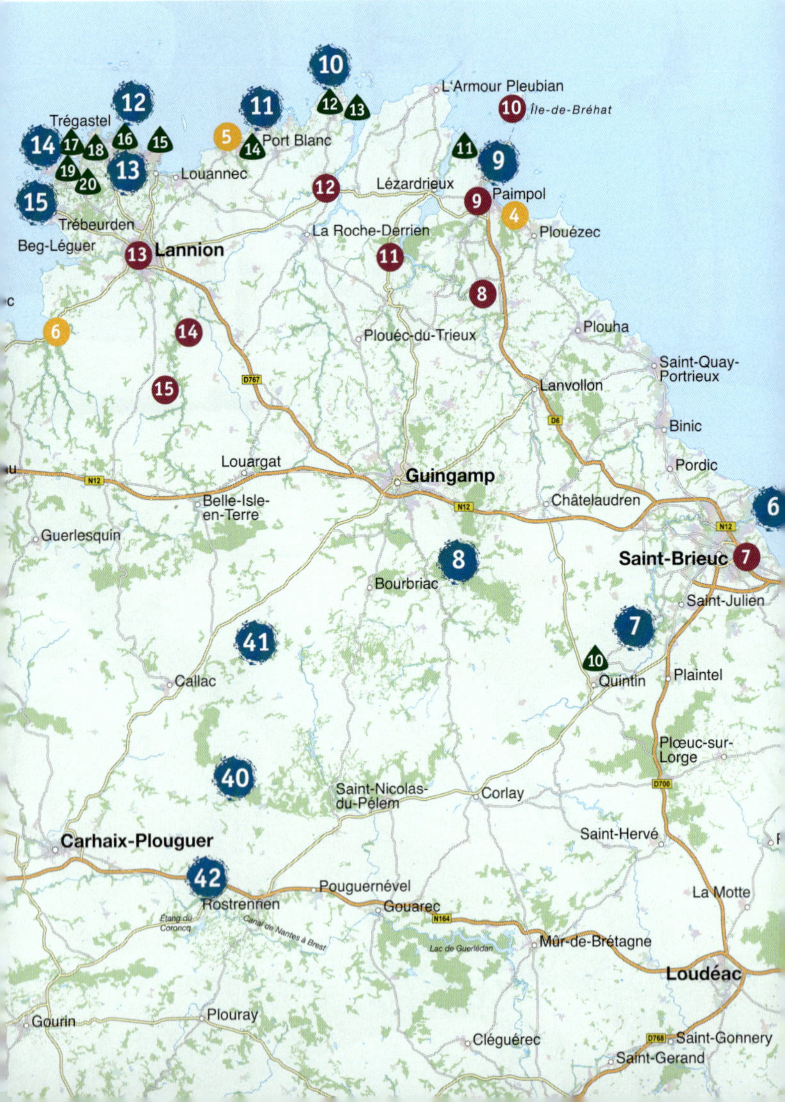

Klingende Namen wie »Côte d'Emeraude« – Smaragdküste – und »Côte de Granit Rose« – Rosa-Granit-Küste – weisen schon darauf hin, welches ungewöhnliche Farbenspiel die Natur an der Nordküste der Bretagne zu bieten hat. Die Trennlinie zwischen Festland und Meer scheint durch den Tidenhub und die vielen vorgelagerten Inseln und Felsen leicht zu verschwimmen. Die von der Natur geformten Felsskulpturen, schroff und spitz oder auch abgerundet und von Rissen durchzogen, machen die Illusion, in einer mystischen Fabelwelt zu wandern, beinahe vollkommen.

Da in der Bretagne der Wind meist aus dem Westen kommt, ist der überwiegende Teil der Côtes d'Armor gut vor den schlimmsten Böen der Winterstürme geschützt.

In unserem Kapitel »Côtes d'Armor« sind nur Touren und Ziele in Küstennähe zu finden. Es beinhaltet außerdem auch einige Touren, die eigentlich im Département Ille-et-Vilaine liegen. Touren im Landesinneren folgen unter dem Überbegriff »Kalon Breizh«. Ihr findet sie aber mit Tourennummer unten auf der Karte.

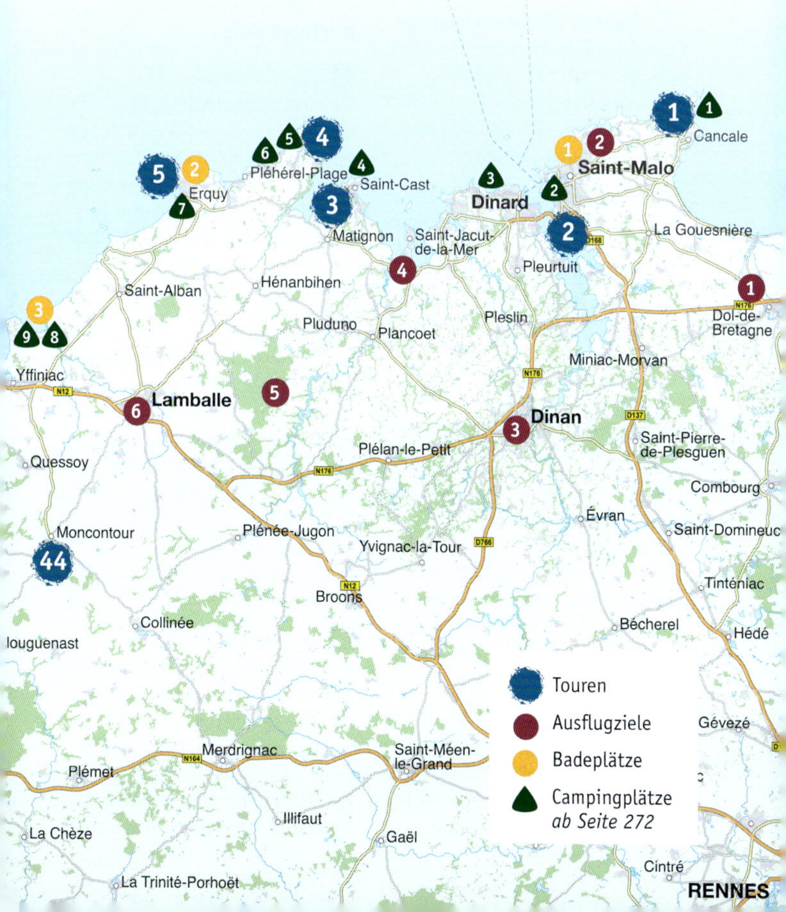

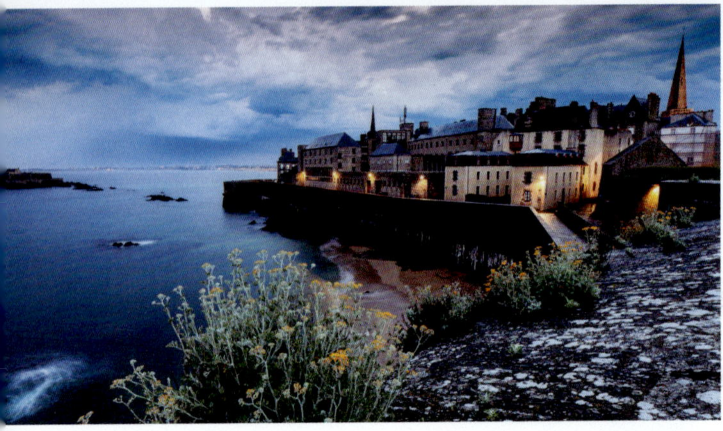

Strände

Einige besonders schöne Strände liegen auch bereits an unseren Wanderrouten. Ihr findet sie bei [› **Tour 1, 5, 6, 9, 10, 11, 12, 14, 15**].

1 Plage du Sillon / Grande Plage
Der drei Kilometer lange Strand liegt an der nördlichen Stadtgrenze von Saint-Malo. Hier badet man mit Blick auf die Stadt. Bei Flut weitgehend überspült. Guter Surfspot.

2 Sables d'Or les Pins
Ferienort mit breiter, flacher Bucht östlich von Erquy. Bei Flut ist der Sandstrand weitgehend überspült, im westlichen Bereich schauen wir auf das auf Cap Fréhel.

3 Plage de Bon Abri
Sehr großer, ruhiger Strand an weiter Bucht mit breitem Dünenbereich. Bei Ebbe zieht sich das Wasser weit zurück.

4 Plage de la Tossen
Grober Sandstrand am Südufer der Bucht von Paimpol, ein Meerwasserschwimmbecken staut das Wasser auf, sodass man auch noch Baden kann, wenn die Bucht bei Ebbe trocken liegt.

5 Plage de Trestel
Schöne, von Felsen eingerahmte Bucht. Beim großen Centre Helio Marin handelt es sich um ein medizinisches Rehabilitationszentrum.

6 Plage St-Michel-en-Grève
Fast 1,5 Kilometer langer Strand hinter einem niedrigen Dünenkamm. Bei Flut ist der Sandstreifen sehr schmal, bei Ebbe bleibt das Wasser relativ nah. Guter Surfspot.

Ausflugsziele

1 Dol de Bretagne
Das mittelalterliche Städtchen in der Bucht des Mont-Saint-Michel ist eine der sieben Bischofsstädte, in der einer der Gründungsheiligen der Bretagne wirkte. Die Gässchen mit Fachwerk- und Steinhäusern und die Kathedrale aus dem 12. Jahrhundert lohnen einen Besuch.
Markt: Samstag.

Zwei Kilometer nördlich befindet sich der 61 Meter hohe Mont Dol, im Mittelalter noch eine Insel, auf den eine Straße hinaufführt. Auf dem Gipfel stehen zwei Windmühlen, eine Kapelle und die Statue »Notre-Dame de l'Espérance« auf einem Granitturm mit Aussichtsplattform. Die Sicht reicht dort über die ganze Bucht bis zum Mont-Saint-Michel.

2 Saint-Malo
Die Ville close (befestigte Altstadt) ist fast vollständig von Wasser umgeben und befindet sich zwischen Hafenbecken und Meer. Vorbei an einem großen Segelschiff erreichen wir die Parkplätze in der Nähe der Touristeninformation. Dann geht es zu Fuß durch

eines der Stadttore in die engen Gassen, an denen Steinhäusern wohlhabender Reeder des 18. Jahrhunderts stehen, und hinauf auf die Stadtmauer. Die »Piratenstadt« Saint-Malo ist bei Touristen aus aller Herren Länder sehr beliebt, es ist hier also immer einiges los. Sehenswert ist auch das große Aquarium.
Markt »Intramuros«: Dienstag und Freitag.

3 Dinan

An den Ufern der Rance gelegen, lockt Dinan die Touristen mit gut erhaltenen Befestigungsanlagen, einem mächtigen Donjon aus dem 14. Jahrhundert (ein Wehrturm, Château genannt) und mittelalterlichen Gassen mit Fachwerk- und Steinhäuschen. Am Rand der Altstadt sind große Parkplätze ausgewiesen.
Markt: Donnerstag.

4 Château du Guildo

Die Burgruine, mit Verweis auf die Artus-Legende auch »Châtelet Camelot« genannt, liegt nördlich von Créhen direkt an der Bucht de l'Arguenon. Die große Ruine verzaubert mit ihren grasbewachsenen und bemoosten Mauer- und Turmresten und der wunderbaren Aussicht. Die Anfänge des Schlosses liegen im 12. Jahrhundert. Unter wechselnder Herrschaft wurde es im Verlauf der Zeit erweitert, ausgebaut und ab dem 17. Jahrhundert schrittweise aufgegeben. Die Zufahrtsstraße zum Parkplatz ist mit einer Höhenschranke von 2,10 Meter gesichert. Vom Parkplatz führt ein beschilderter Weg zur Ruine.
Ganzjährig geöffnet, Eintritt frei.

5 Château de la Hunaudaye

Erbaut im 13. Jahrhundert, zum Schutz der Ostgrenze der Ländereien von Penthièvre, wurde die Burg nach der Zerstörung während der Erbfolgekriege im 14. Jahrhundert wieder aufgebaut und als Sitz des Barons von Hunaudaye Herrschaftsort über umfangreiche Ländereien. Sie ist von einem Wassergraben umgeben und wird über eine Zugbrücke betreten.
April bis Anfang November 14.30–18 Uhr (geschlossen etwa 20.9. bis 20.10.), Juli bis September 10.30–18.30 Uhr. Eintritt €5,50, Kinder ab 6 Jahre €3,50, Familie (2 Erw., 2 Kids) €15.

6 Lamballe

Die Altstadt aus Fachwerk- und Bürgerhäusern lädt zum Schlendern ein. Direkt im Ortszentrum befindet sich das Nationalgestüt Haras National de Lamballe in einem sechs Hektar großen Park, durch das Führungen angeboten werden (ca. 1,5 h, französisch mit englischem Beiblatt).
September bis Ostern täglich 14.30 Uhr, Sommer und Feiertage Mo bis Sa 14.30 und 16 Uhr, So 14.40 Uhr, Juli und August zusätzlich 11 Uhr. Eintritt €7, Kinder 3 bis 12 Jahre €4.
Markt: Donnerstag.

7 Saint-Brieuc

Der Ort liegt auf einem Plateau an der gleichnamigen Bucht, wird von zwei Flüssen umspült und gilt als eine der ältesten Ansiedlungen der Bretagne. Mit einer Kathedrale, deren Bau im 13. Jahrhundert begann, den Gassen mit verschachtelten Fachwerk- und vornehmen Bürgerhäusern und einem mit einer Halle überdachten Brunnen aus dem 5. Jahrhundert lohnt Saint-Brieuc definitiv einen Besuch.
Markt: Mittwoch und Samstag.

Die Strandpromenade von Saint-Malo.

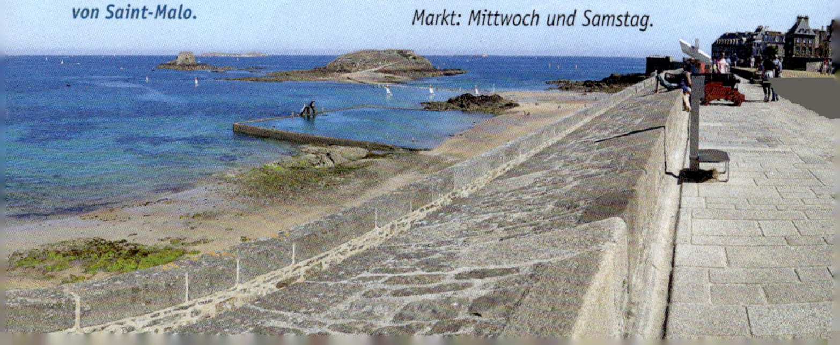

Abrunden kann man den Stadtbummel mit einem Stopp etwa acht Kilometer nordöstlich an der **Pointe du Roselier** mit fantastischer Sicht über die Bucht. Parkplatz: GPS N 48°33'15.5", W 2°42'59.5".

8 Sainte-Marie de Lanleff

Die als »Temple de Lanleff« bekannte romanische Rundkirche wurde zwischen 1060 und 1080 gebaut. Ihre ungewöhnliche Form verdankt sie ihrem Vorbild, der Grabeskirche in Jerusalem. Ein Chorumgang verleiht dem runden Kirchenraum seinen besonderen Charakter. Die aufgesetzten Halbsäulen sind mit Reliefs geschmückt. Im Mittelalter wurde die Rotunde erweitert und diente als Vorraum einer Pfarrkirche. Diese hat man jedoch im 19. Jahrhundert wieder abgerissenen. Durch ihre ungewöhnliche Form gibt die runde Kirche den Experten Rätsel auf. Man vermutete in ihr bereits ein keltisches Heiligtum, einen gallo-römischen Tempel oder ein Bauwerk des Templerordens.

Im Sommer wird das Gebäude manchmal für Veranstaltungen genutzt.

9 Paimpol, Abbaye de Beauport

Die Stadt der Kabeljaufischer, die für ihren Fang bis nach Island fuhren, liegt am östlichen Rand der Rosa Granit-Küste. Die kleine Altstadt lockt mit ihren alten Steinhäuschen, einem hübschen Hafen und vielen Restaurants und Cafés.
Markt: Dienstag.

Die drei Kilometer südöstlich gelegene Abbaye de Beauport zählt zu den wichtigsten Klöstern der Bretagne. Gegründet im Jahr 1202 war sie auch Startpunkt eines der Pilgerwege nach Santiago de Compostela. Nach der Schließung Ende des 18. Jahrhunderts verfiel das Gebäude. Heute bietet die teilweise restaurierte Anlage dem Besucher eine wunderbare Mischung aus stimmungsvollen Gemäuern und parkähnlicher Anlage mit vielen Blumen und weiter Sicht über das Meer.
März, Oktober, November 14–18 Uhr, April bis Juni 10.30–12.30 und 14–18 Uhr, Juli bis September 10.30–19 Uhr, Weihnachtsferien 15–19.30 Uhr. Eintritt €6,50, Kinder ab 5 Jahre €4, Familie €18.

10 Île de Bréhat

Von L'Arcouest fahren regelmäßig Ausflugsboote zur Blumeninsel, auf der die Pflanzen wegen des milden Klimas besonders gut gedeihen. Die Hauptinsel liegt geschützt zwischen den vielen kleinen Inselchen des Archipels. Besonders reizvoll anzusehen sind diese im Zusammenspiel mit den rosa Granitfelsen. Die Insel, bestehend aus Süd- und Nordinsel mit einer Gesamtlänge von etwa 3,5 Kilometern, kann entweder zu Fuß erkundet werden oder mit Fahrrädern, die am Ankunftshafen von Port Clos vermietet werden.
Mehrere Überfahrten (Dauer 10 min), täglich 8.15–18 Uhr (im Sommer auch länger). Hin- und Rückfahrt €11,50, Kinder 4 bis 11 Jahre €9,80.

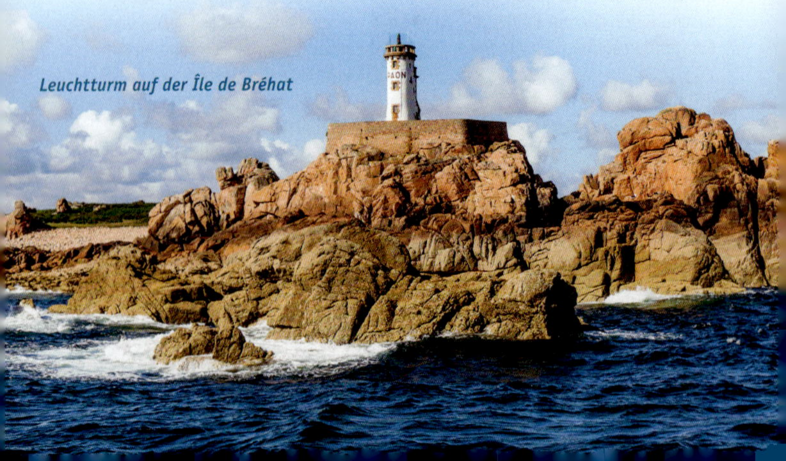

Leuchtturm auf der Île de Bréhat

11 Domaine de la Roche Jagu

Die mittelalterliche Burg wurde im 15. Jahrhundert über dem Tal des Gezeitenflusses Trieux gebaut, um ihn zu überwachen. Der Blick von den Terrassen auf das Flusstal ist großartig. Neben dem Schloss kann die riesige Parkanlage mit Kamelien- und Palmengarten, Teichen, Wasserläufen und vielen verwunschenen Winkeln besichtigt werden. Es gibt auch ein Restaurant mit Blick über den Park und vernünftigen Preisen.

Die Blütezeit der Kamelien: zwischen Winterende und Frühjahrsbeginn.

Parkeintritt frei, Schlossbesichtigung und Ausstellungen €5, Schüler ab 6 Jahre €3, Familie €12.

12 Tréguier

Gegründet vom gallischen Mönch Tugdual, der hier um 542 zum Bischof geweiht wurde, ist Tréguier einer der Wallfahrtsorte der sieben Gründungsheiligen der Bretagne. Der mittelalterliche Ort mit seiner beeindruckenden, gotischen Kathedrale aus dem 12. Jahrhundert erhebt sich über den beiden Gezeitenflüssen Le Jaudy und Le Guindy. Schmale Gässchen mit Fachwerkhäusern und kleine Plätze ziehen sich vom Hafen den Hügel hinauf.

Markt: Mittwoch.

13 Lannion

Am Gezeitenstrom Léguer gelegen, bietet Lannion eine lebendige Mischung aus quirliger Stadt, Fachwerk- und Bürgerhäusern und guten Einkaufsmöglichkeiten. Von der Kirche Église de Brélévenez aus dem 12. Jahrhundert hat man einen guten Überblick. Besonders schön ist ein Besuch am Markttag, wenn die ganze Innenstadt mit Ständen gefüllt ist und fröhliches Treiben herrscht. In Lannion kann die Whisky-Destillerie Warenghem besichtigt werden.

Markt: Donnerstag.

14 Château de Tonquédec

Die imposante Ruine der Höhenburg aus dem 15. Jahrhundert erhebt sich über dem Tal des Léguer. Neun Türme und zwei Donjons (Wehrtürme) zeugen von der Wehrhaftigkeit der Anlage, die sich heute noch im Besitz der Nachfahren der englischen Gründer befindet. In dieser beeindruckenden Umgebung finden mehrfach im Jahr Festivals und Theateraufführungen statt.

April bis September 14–18 Uhr, im Juli und August 10–19 Uhr, Oktober Sa, So 14–17.30 Uhr. € 6,50, Kinder 5 bis 12 Jahre € 3,50, plus € 1 bei Ausstellungen. www.tonquedec.com

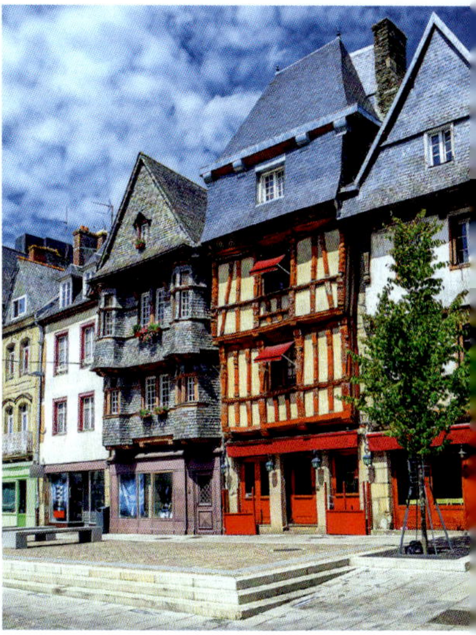

In den Gassen von Lannion

15 Chapelle des Sept Saints

Die Kapelle der sieben Heiligen nördlich von Le Vieux-Marché wurde zu Beginn des 18. Jahrhunderts errichtet. Sie ist ein ungewöhnliches Ensemble. Unter der Krypta im südlichen, höher liegenden Querschiff befinden sich die Reste einer Allée couverte. Eine Nische mit den Figuren der sieben Heiligen ist an der Rückwand zu sehen. Der Name der Kapelle geht auf die in Islam und Christentum bekannte Siebenschläferlegende zurück: Sieben junge Männer aus Ephesus suchten auf der Flucht vor Glaubensverfolgung Schutz in einer Höhle, wurden von den Verfolgern eingemauert und verfielen dort, von Gott behütet, in einen zwei Jahrhunderte dauernden Schlaf, bis die Höhle zufällig wieder geöffnet wurde.

195 m

STRECKE 13,9 km

4 h 30

ab 12

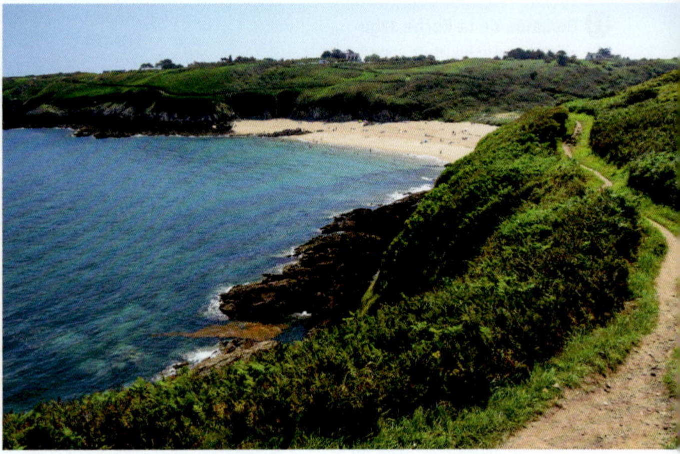

1 Cap de Cancale

Schroffe Klippen, Heideland, Strände

Côte Emeraude, Smaragdküste, wird das Cap de Cancale auch genannt. Es erweist seinem Namen alle Ehre. Wir wandern entlang der felsigen Küste und über mit sturmgepeitschter Heide bewachsene Landspitzen. Hinter jeder Landzunge erwartet uns aufs Neue eine schön geschwungene Sandbucht mit blau-grün leuchtendem Wasser. Eine ehemalige Polderfläche, ein Stück dichter Wald und der Weg durch bretonische Dörfer und Felder sorgen für Abwechslung auf der Runde ums östlichste Kap der Bretagne.

Wanderung: Zu Beginn unserer Wanderung genießen wir die Aussicht von der **Pointe du Grouin** ①, die sich bis zu 50 Meter aus dem Meer erhebt. Um auf die Spitze des Kaps zu kommen, wandern wir auf dem breiten Schotterweg rechts am Wachturm vorbei, der 1861 erbaut wurde, um den Schiffsverkehr zu beobachten und Seenotrettungseinsätze zu koordinieren. Von der Land-

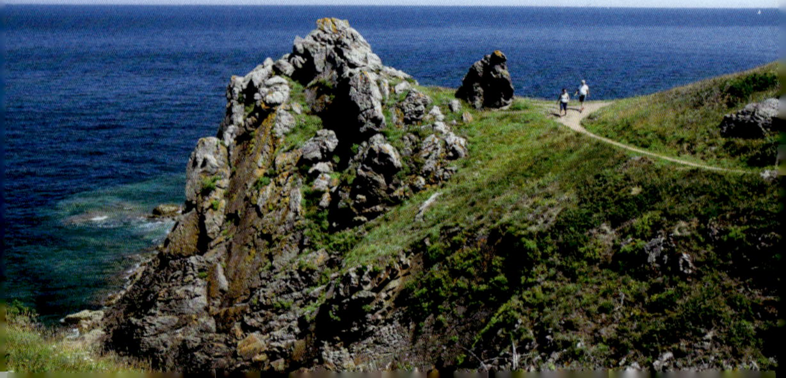

spitze können wir den weißen **Leuchtturm** auf dem in 2,8 Kilometern Entfernung aus dem Meer ragenden Felsen Pierre-de-Herpin sehen. Er wurde 1882 in Betrieb genommen, 1970 elektrifiziert und bis 1988 von einem Leuchtturmwärter betreut.

Dann gehen wir auf gleichem Weg zurück und biegen am Wendepunkt beim Parkplatz rechts ab auf den weiß-rot beschilderten GR 34, den **Zöllnerpfad**. Oberhalb der Klippen wandern wir durch Heide und Farn. In einer Linkskehre geht es vor einer Felsenbucht links über ein paar Stufen hoch zur Straße, dann auf dem Fußweg hinter der Leitplanke rechts weiter und nach 50 Metern wieder rechts hinunter in die Heidelandschaft.

An der Verzweigung oberhalb vom Sandstrand der Plage du Saussaye halten wir uns rechts. An der **Infotafel** ❷ gehen wir am Zugang zum Strand links vorbei, um dann sofort rechts in den Zöllnerpfad einzubiegen. Kurz sind wir im Schatten höherer Büsche unterwegs, dann wandern wir wieder oberhalb der Klippen mit weiter Sicht über das Meer. Immer auf dem Hauptweg bleibend umrunden wir die Pointe de la Moulière und schauen auf den großen Strand **Plage du Verger**. Schon oberhalb des Strandes treffen wir auf eine **T-Kreuzung** in dichtem Buschwerk und folgen rechts dem sandigen Weg. Die folgenden beiden Abzweige zum Strand lassen wir rechts liegen.

Highlights

Am Cap de Cancale trefft ihr auf eine typisch bretonische Küstenlandschaft mit Wechsel aus schroffen Klippen und malerischen Sandbuchten.

TOUREN-STECKBRIEF

Anfahrt: Auf der D 201 in Richtung Cancale und am Ort vorbeifahren (beschildert »Saint-Malo par la Côte«). Hinter dem Camping Port-Mer in der Mischung aus Linkskurve und Kreisverkehr geradeaus halten, dann die erste Straße rechts zum Parkplatz abbiegen,
GPS N 48°42'25.5", W 1°50'46.1".
Alternativ-Parkplatz im Wendepunkt der Einbahnstraße (unser Start) bei GPS N 48°42'31.2", W 1°50'43.2".

Anspruch und Charakter: Pfade und Feldwege, aber auch 2,5 Kilometer auf Asphalt, kaum Schatten. Badesachen nicht vergessen!

Markierung: An der Küste weiß-rot, im Inland gelb.

Einkehr: Restaurant de la Pointe du Grouin am Start/Ziel. In der Hauptsaison Imbissbude (Getränke, Eis, Crêpes) an der Plage du Verger, Couscous-Restaurant in Le Verger, Restaurants und Bistro an der Promenade von Port Mer.

Mit Kindern: Der Zöllnerpfad ab Port Picain ist teilweise sehr schmal und verläuft nahe an den Klippen. Die westliche Runde mit 4,8 Kilometern und 80 Höhenmetern eignet sich gut für Kinder. Wir starten dann an einem der drei nördlichen Strände. Bei Wegpunkt ❺ müssen wir dann auf dem Rückweg links abbiegen. So können wir die Runde mit Zeit am Strand beenden.
Parkplätze: Plage de Verger bei GPS N 48°41'42.9", W 1°52'45.1" (erlaubt bis Höhe 2 m), Plage du Petite Port GPS N 48°41'46.5", W 1°53'06.5", Plage du Guesclin (mit Höhenschranke) GPS N 48°41'41.3", W 1°53'35.0".

Im Wald kommen wir zu einer **Wegkreuzung** ❸ hinter einer Schranke. Hier biegen wir rechts ab und laufen auf einen großen Parkplatz mit Toiletten und Imbissbude zu. Wir passieren den Parkplatz und einen Strandzugang. Danach biegen wir rechts ab auf den Zöllnerpfad, der unter Zypressen wieder hoch zur Steilküste führt. Nach der nächsten felsigen Landspitze kommen wir zum kleinen, von Felsen gerahmten Strand, der **Plage du Petit Port**, deren Zugangsweg wir geradeaus überqueren, um wieder hoch auf die Klippen zu gelangen.

Nachdem wir die **Pointe du Nid** umrundet haben, blicken wir auf die **Bucht von Guesclin** mit ihrem langen Sandstrand und dem vorgelagerten Fort du Guesclin auf einer Felseninsel. An einer **T-Kreuzung** gehen wir rechts und dann steil hinab zu einem Parkplatz. Dann wandern wir auf der Straße am Strand entlang.

Beim ersten Straßenabzweig, der **Rue Anse du Guesclin** ❹, verlassen wir den Zöllnerpfad. Wir biegen links und nach wenigen Schritten noch einmal links auf einen Felsweg ab. Der Weg führt durch Polder, von Deichen eingefasste Flächen. Dann geht es durch ein Waldstück wieder hinauf zur Straße. Hier folgen wir der Straße nach rechts bis zum Ort **Le Verger**. Beim ersten Abzweig halten wir uns geradeaus, überqueren die Durchgangsstraße bei einem Couscousrestaurant und folgen der leicht rechts versetzt in gleicher Richtung weiterführenden Straße.

Wir biegen in das erste Sträßchen, **La Barre** ❺, rechts ab und wechseln gleich darauf auf den Feldweg, der leicht oberhalb der Straße verläuft. Er führt uns durch eine Senke und an einer Wiese hinauf. An deren oberen Ende biegen wir links ab und wandern jetzt in den Wald. Bei einer Verzweigung halten wir uns links. Ein paar Stufen unter Kiefern führen uns hoch zur **Wegkreuzung im Wald** ❸, an der wir schon einmal standen. Hier gehen wir jetzt rechts hoch in den Ort **La Gaudichais**.

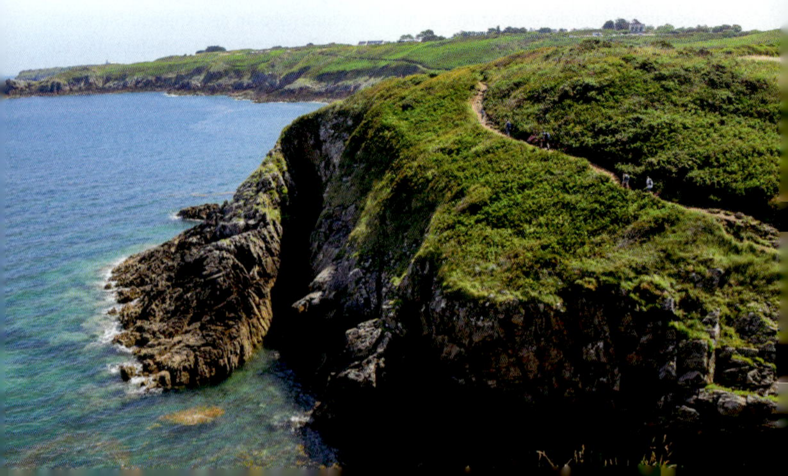

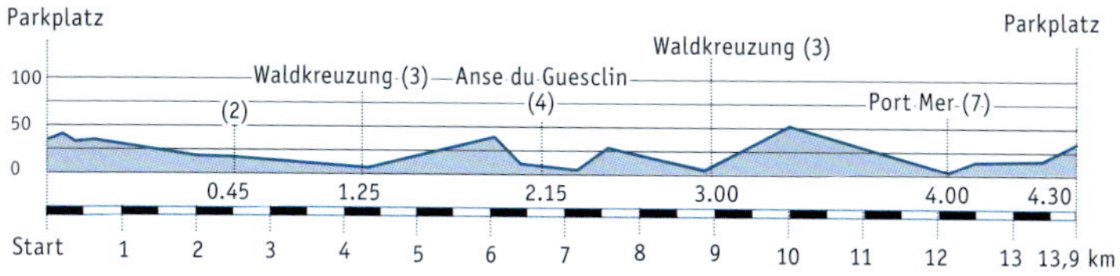

Wir folgen der Straße, ohne abzubiegen durch den Ort und weiter geradeaus bis zur D 201. Dann überqueren wir die Straße und folgen dem leicht links versetzt weiterführenden Asphaltsträßchen und den Schildern zu den Campingplätzen »Clos Fleuris« und »Poulains« auf eine **Kuppe mit Blick auf das Meer** ❻. Hier wandern wir geradeaus weiter auf Schotter hinunter nach **Basse Cancale**.

An den ersten Häusern geht es leicht rechts versetzt in den **Chemin de Clairette**, dem wir um eine Linkskehre folgen. Dann biegen wir rechts ab in den aufwärts führenden **Chemin de La Hisse**. Die Straße wird zum Fußweg und führt zwischen Mauern, Hecken und Gärten hindurch. Bei der nächsten Querstraße biegen wir rechts ab, wandern unter der **D 201** hindurch. In der Rechtskehre nach einem Park- und Picknickplatz gehen wir geradeaus in den **Chemin des Bauchets** und an seinem Ende geradeaus weiter.

An der folgenden Verzweigung biegen wir rechts ab und erreichen hinter der Jugendherberge und einem Picknickplatz die Bucht **Port Picain**. Nach links führt uns jetzt wieder der Zöllnerpfad oberhalb felsiger Buchten und Schatten von Kiefern am Meer entlang. Zwischen Mauern und Farn erreichen wir die größere Bucht **Port Mer** ❼. Auf der Promenade laufen wir oberhalb vom Strand an Restaurants vorbei. Am Ende der Bucht geht es in der Linkskehre der Straße rechts weiter auf einem schmalen Fahrweg. Er wird zum Fußweg und führt uns um die Klippen, an Bunkern vorbei und unterhalb des Camping Municipal entlang. Hier können wir in der Ferne den Mont-Saint-Michel sehen, der sich fast unwirklich am Horizont erhebt.

Unterhalb des **Restaurants la Pointe du Grouin** gehen wir an der ersten Verzweigung rechts und bei der nächsten Verzweigung links hoch zu Restaurant und Parkplatz.

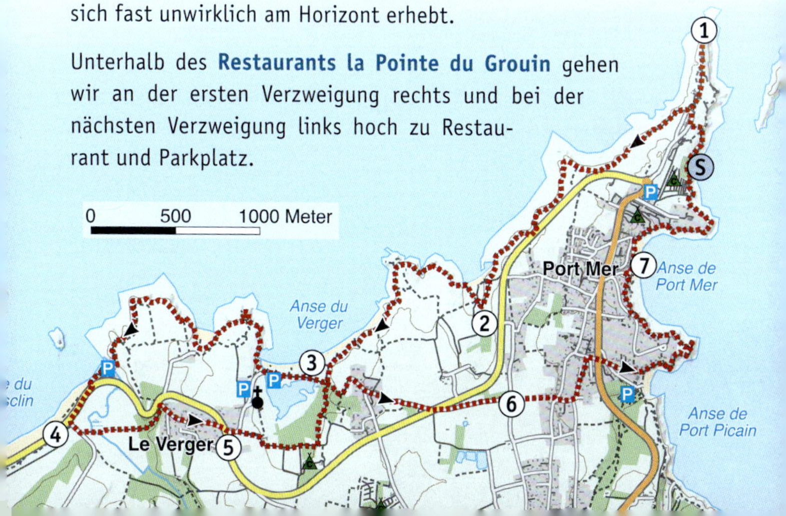

65 m

STRECKE 3,2 km

1 h

ab 4

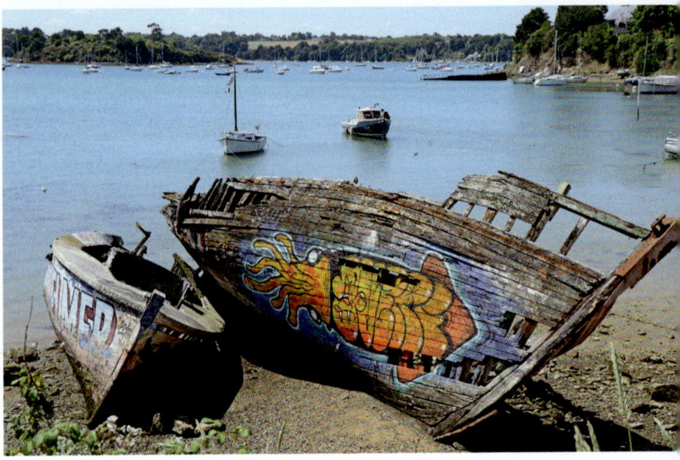

2 Der Schiffsfriedhof von Quelmer

Ein Rundweg an den Ufern der Rance

Kurz bevor die Rance in den Ärmelkanal mündet, wird sie zur Stromgewinnung aufgestaut. Unsere beschauliche Runde führt mit vielen schönen Ausblicken um eine der Halbinseln im Bassin de la Rance. Abwechslungsreich geht es über Felder, durch den Wald und oberhalb von Buchten und Klippen entlang. Höhepunkt ist das alte Hafenbecken von Quelmer, in dem längst verlassene Schiffe im Sand liegen. Teilweise zieren farbenfrohe, ausdrucksstarke Graffiti die zerfallenden Bootsrümpfe.

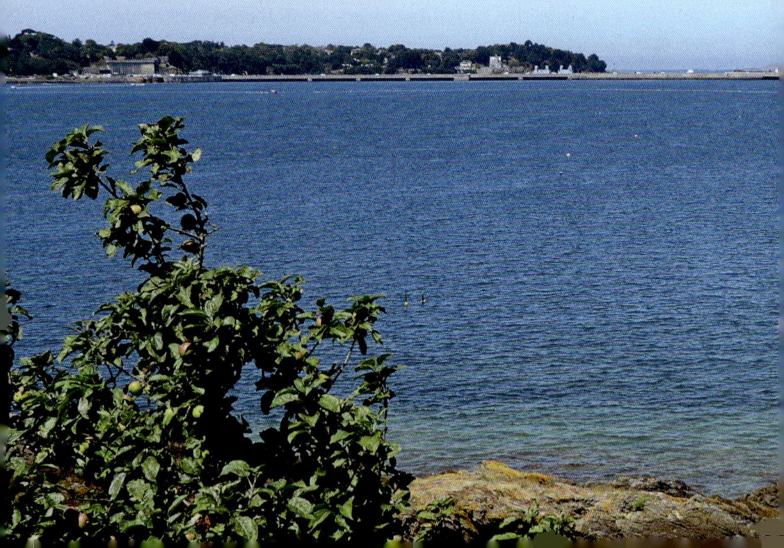

Wanderung: Vom Parkplatz aus gehen wir wenige Schritte zurück Richtung Dorf, wenden uns vor der ersten Grundstücksumfriedung nach links und hinter einem Holzverschlag sofort wieder nach links. Ein **schmaler Pfad** führt uns direkt oberhalb der Bucht entlang Richtung Süden. Ihm folgen wir für gute 500 Meter, dann kommen links unter uns die ersten Schiffswracks in Sicht. Wir folgen unserem Pfad weiter, bis er einige Stufen zur Zufahrtsstraße des kleinen Hafens hinabsteigt. Hier biegen wir links zur Bucht ab, an der es noch eine kleine Schiffswerkstatt gibt, und können auf der linken Seite **Schiffswracks** ❶ unterschiedlichen Alters und Zustandes bewundern. Bei Ebbe ist es sogar möglich, trockenen

Highlights

In der geschützten Bucht an der Mündung der Rance wurden etliche Holzboote zur letzten Ruhe gelegt. Graffitisprayer aus der Region haben die Schiffsrümpfe zu kleinen Kunstwerken gemacht.

TOUREN-STECKBRIEF

Anfahrt: Von der Ringstraße D 168 im Süden von Saint-Malo nach Quelmer abbiegen. Dort links in die Rue des Philosophes, an der T-Kreuzung rechts und an der nächsten T-Kreuzung links zum kleinen Parkplatz an der Bucht bei **GPS N 48°36'10.5", W 2°00'01.0"** fahren. Der Parkplatz ist nur für PKW und Vans geeignet. Größere Fahrzeuge könnt ihr im Ort auf dem kurzen Seitenstreifen neben der Hauptstraße parken.

Anspruch und Charakter: Feldwege und gute Pfade, wenig Schatten. 850 Meter auf Asphalt.

Markierung: Keine.

Hinweis: Bei hohem Wasserstand sind die Schiffswracks zu sehen, aber nicht zu Fuß zu erreichen.

Mit Kindern: Ideale Tour für Kinder. Aufpassen an den Felsklippen der letzten Bucht!

Das Bassin de la Rance mit Blick auf den Staudamm des Gezeitenkraftwerks

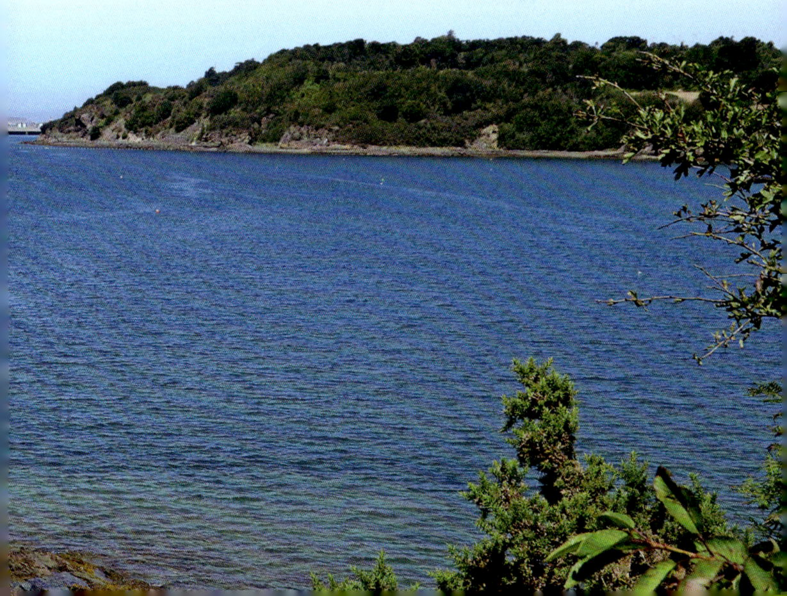

Das Gezeitenkraftwerk an der Rance
Den tief eingeschnittenen Mündungsbereich des Flusses hat das auf- und ablaufende Wasser des Meeres geschaffen. Der Wasserstand zwischen Ebbe und Flut variiert hier um bis zu zwölf Meter, was man auch zur Stromgewinnung nutzt. Um das Gezeitenkraftwerk *Usine marémotrice de la Rance* betreiben zu können, wurde ein 750 Meter langer Damm gebaut. Seit 1966 produzieren hier 24 Turbinen jährlich 600 Millionen Kilowattstunden Strom, das entspricht etwa drei Prozent des kompletten Strombedarfes der Bretagne.

Fußes zwischen den Wracks und Skeletten herumzuspazieren.

Nach der Besichtigung wandern wir auf der schmalen Zufahrtsstraße hoch ins Dorf, dort links und sofort nach rechts in eine Schotterstraße. Wir folgen dem Hauptweg um eine Rechtskurve hoch auf die Kuppe und auf den gegenüberliegenden Wald zu. Oben haben wir eine schöne **Aussicht** auf den Mündungstrichter der Rance, der hier nie richtig trockenfällt ❷.

Am Waldrand biegt unser Weg nach rechts ab. Nach gut 100 Metern sehen wir durch die Bäume einen einfachen **Jugendzeltplatz**. An dessen Ende führt ein breiter Wiesenweg nach links und bringt uns zu einem Fußweg, dem wir nach rechts folgen. Der romantische Pfad taucht in den Schatten des Waldes ein. Nach etwa 200 Metern zweigt ein deutlicher Pfad nach links ab, er führt steil hinunter auf **Felsklippen über der Rance** ❸, wobei er am Ende sehr zugewachsen ist. Bei entsprechendem Wasserstand kann man von den Klippen zur Bucht zur Rechten hinuntersteigen. Wir folgen dem Hauptweg, der wenig später den Wald verlässt und am Waldrand entlangführt. Es geht zurück unter die Bäume, dann werden die beeindruckenden Klippen der nächsten Bucht sichtbar.

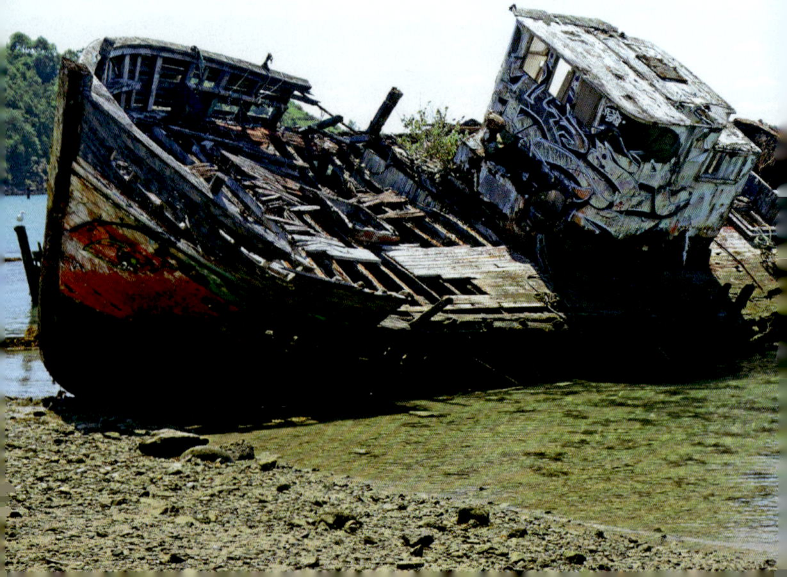

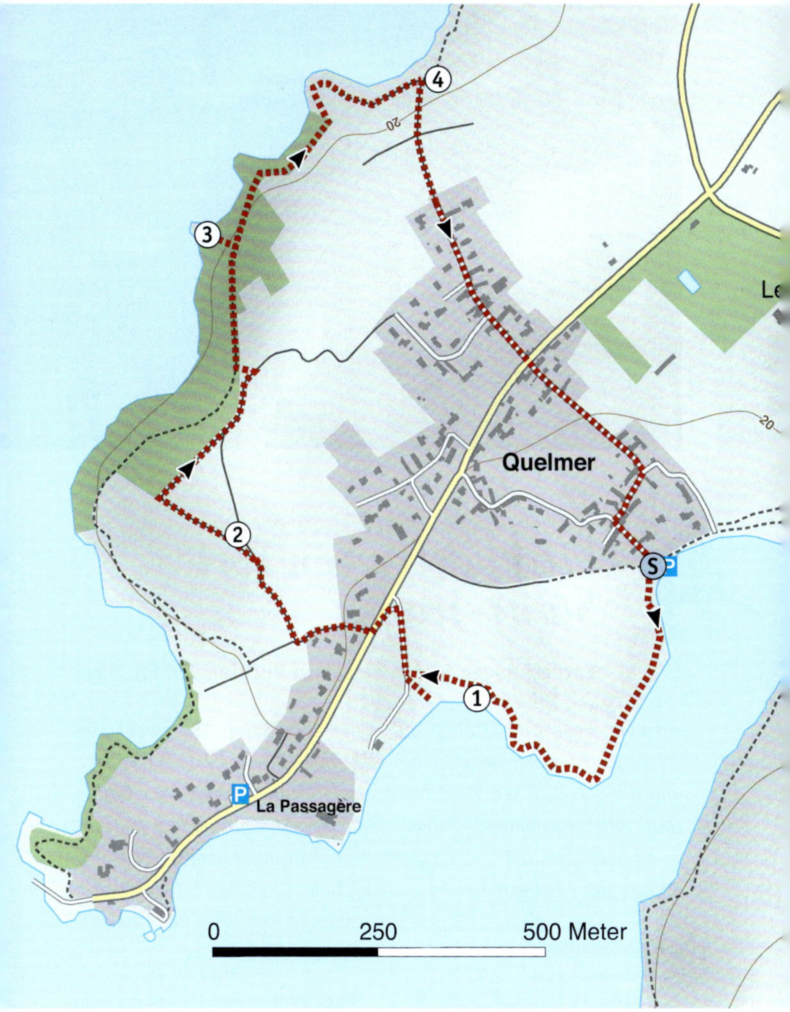

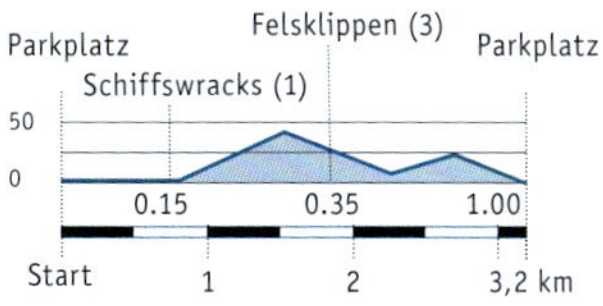

Wir erreichen eine **Schranke** ❹ und wenden uns dahinter nach rechts. Auf einem breiten Wiesenstreifen zwischen den Feldern halten wir auf die Häuser von Quelmer zu. Bei einem einsamen Baum erreichen wir einen Feldweg, gehen geradeaus weiter und auf Asphalt bis zur **Querstraße**.

Diese überqueren wir geradeaus und folgen dem Weg, den wir schon von der Hinfahrt kennen: Auf der schmalen, von Natursteinmauern gesäumten Straße laufen wir bis zur T-Kreuzung, biegen dort rechts und an der nächsten T-Kreuzung links zum Parkplatz ab.

150 m

STRECKE 5 km

1 h 30

ab 4

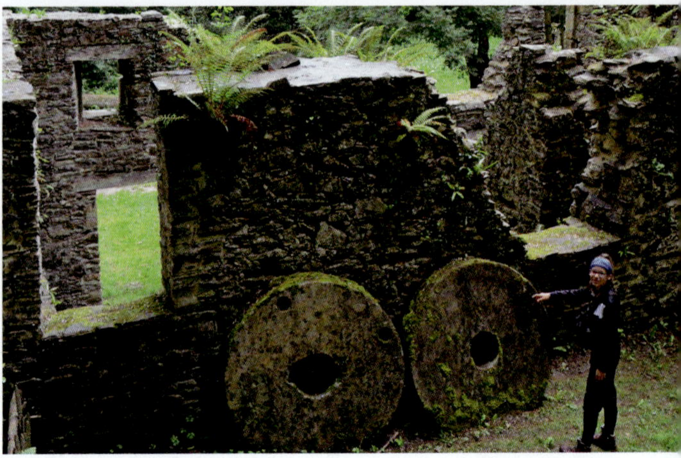

3 Die Mühlen von Port Saint-Jean

Entdeckungen in den einsamen Buchten von Fresnaye

Einsame Wege durchziehen die stillen Seitenarme der Bucht von Fresnaye. Wir durchwandern ein dicht bewachsenes Tal, Salzwiesen und die von dichtem Wald bewachsenen Hänge. Diese Wanderung zeigt eine faszinierend andere, stille Seite der Bretagne und steht in großem Kontrast zu den bekannten Kapwanderungen. Zum Abschluss der Tour ermöglicht der Aufstieg zur Pointe Saint-Efficace einen weiten Blick über die zerklüftete Küste.

Die Geschichte der »Moulin de la mer«

Bereits im Mittelalter beauftragte der Feudalherr von Matignon an dieser Stelle den Bau einer Mühle, in der seine Untertanen gegen Gebühr ihr Getreide mahlen ließen. Angetrieben wurde sie vom Wasser aus einem Rückhaltebecken, das heute verschüttet ist. Während der Französischen Revolution (1789 bis 1799) bekam die Mühle neue Besitzer. Sie bauten 1869 die Gezeitenmühle *de Roche Noir*, die das strömende Wasser der Gezeiten als Antrieb nutzte. Der Betrieb wurde aber 1925 eingestellt.

Zu den Ruinen gehört eine Bäckerei mit großem Ofen sowie das Gebäude mit der Mühle und den Wohnräumen des Müllers. Gegenüber liegen die Stallungen fürs Vieh. Die Bäckerei wird heute »Maison de Léa«, genannt, nach der Frau, die hier von 1940 bis 1960 lebte.

Wanderung: Am Parkplatz folgen wir dem breiten Weg neben der Infotafel. Er bringt uns vorbei an der Ruine der »Maison de Léa« zur **Ruine der Moulin de la mer 1**. Hier gehen wir nach rechts abwärts und können so das Gelände der Mühle betreten.

Nach der Mühlenbesichtigung kehren wir zum Hauptweg zurück, wenden uns nach links und gehen an der nächsten Verzweigung geradeaus. Wir

TOUREN-STECKBRIEF

Anfahrt: Von Matignon auf der D786 nach Westen und nach einem Kilometer rechts Richtung »Saint Germain de la Mer« und »Site de la Vallée du Moulin de la Mer« fahren. Nach weiteren 1,3 Kilometern geht es bei Y-Verzweigung nach rechts. Der Parkplatz befindet sich 600 Meter weiter in einer Rechtskehre bei **GPS N 48°37'0.3", W 2°17'37.9"**.

Anspruch und Charakter: Gute Pfade, auf denen es ständig leicht auf- und ab geht, überwiegend schattig. 300 Meter auf Asphalt.

Markierung: Im Bereich des Mühlenpfades manchmal gelb, im Bereich des Küstenpfades weiß-rot.

Mit Kindern: Ohne den Abstecher zum Pointe Saint-Efficace beträgt die Entfernung nur gute drei Kilometer mit etwa 90 Höhenmetern. Die Bucht von Port Saint-Jean ist vor allem bei Ebbe ein wunderbarer Platz zum Spielen.

kommen an Salzwiesen vorbei, über denen manchmal Schwärme von Seevögeln kreisen. Dann kommt die nächste Gezeitenmühle in Sicht. Sie heißt **Moulin à marée de la Roche Noir** ❸. Einige Stufen führen aufwärts und ein kurzes Stück unseres Weges verläuft neben einer Wiese. Wieder im Wald wird nach links die Aussicht frei auf die Gezeitenmühle und den Ausgang der schmalen Bucht mit verfallenem Damm. Wir gehen weiter an der Bucht entlang. Durch die Bäume können wir das **Fort La Latte** in knapp fünf Kilometern Entfernung sehen, es liegt an der nordwestlichen Öffnung zum Meer. Bei Ebbe sind auch die Austernbänke in der Bucht erkennbar.

Highlights

Schon früh nutzte man in der Bretagne das auf- und ablaufende Wasser des Meeres, um Energie zu erzeugen. Die erste Gezeitenmühle entstand 1170. Einige Mühlenruinen könnt ihr auch heute noch erkunden.

Dann wandern wir oberhalb eines weiten Sandstrandes mit schwarzen Felsen entlang (nur bei Ebbe erreichbar) bis nach **Port Saint-Jean** ❷, einem ehemaligen Hafenbecken, das nur noch aus einem Parkplatz und einer Betonrampe besteht. Hier

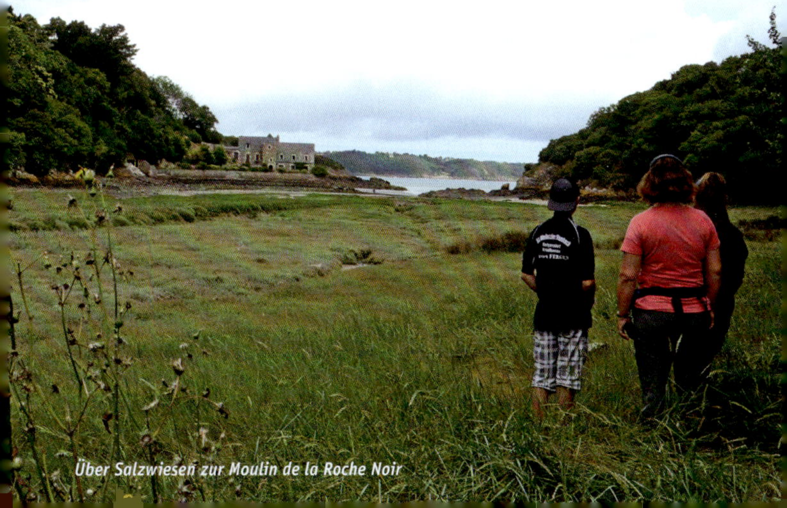

Über Salzwiesen zur Moulin de la Roche Noir

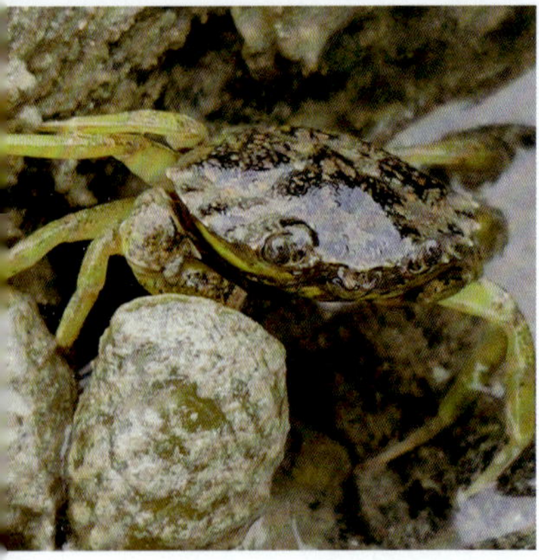

kann man fantastisch auf Felsen sitzen und bei einem Picknick den Ausblick in die verzweigten Seitenarme der Bucht von Fresnaye genießen. Bei Ebbe kann man zudem in die Bucht laufen, während Einheimische mit Eimern und kleinen Harken Meeresfrüchte sammeln, meist »coques«, kleine Herzmuscheln.

Zurück wandern wir auf dem gleichen Weg, an der Wiese vorbei und die Stufen hinunter. Bei niedrigem Wasserstand können wir hier auch zur Bucht hinuntersteigen und auf dem Sand weiterlaufen. Wir steuern dann die ehemalige **Gezeitenstaumauer der Mühle** ❸ an. Unterhalb lässt sich das restliche auslaufende Wasser über ein paar Steine überqueren, dann steigen wir auf die Mauer, die links an der Mühle entlang verläuft. Vorsicht: Der Rückweg ab hier führt anfangs am Rande der Bucht entlang und ist bei höchstem Wasserstand nicht mehr begehbar. Wir müssen also rechtzeitig vom Aussichtspunkt zurück sein!

Steinstufen am Mauerende bringen uns zur **Zufahrtstraße der Mühle**, der wir rechts aufwärts folgen. Am Waldrand zweigen wir auf einen Fußweg nach rechts ab. Er führt uns weit oberhalb der Bucht, zwischen der Wiese zur Linken und Brombeergestrüpp zur Rechten, an der Küste entlang und zur Landspitze **Pointe de Saint-Efficace**. Wir umrunden die Kuppe bis zu einem Zaun. Hier ginge es rechts auf Stufen zu einer felsigen Bucht. Wir wenden uns nach links und wandern durch die Felder hinauf zu einem **Parkplatz** ❹ am Aussichtspunkt.

Am Parkplatz gehen wir nach links und erreichen den Hinweg. Wir biegen rechts ab, gehen zurück bis zur Straße und folgen dieser zur Bucht hinunter. Dann

Pointe de Saint-Efficace

Der Name soll germanischen Ursprungs sein und bezieht sich auf die durchziehenden Fischschwärme, die man von hier oben sehen können soll. Port Nieux am westlichen Rand der Bucht diente als Zwischenstopp für Schiffe, die zur Einfahrt in den Hafen Saint-Malo auf die Flut warten mussten. Oft wurden hier aber auch heimlich Waren ein- und ausgeladen – vorbei an den wachsamen Augen der Zöllner im großen Saint-Malo.

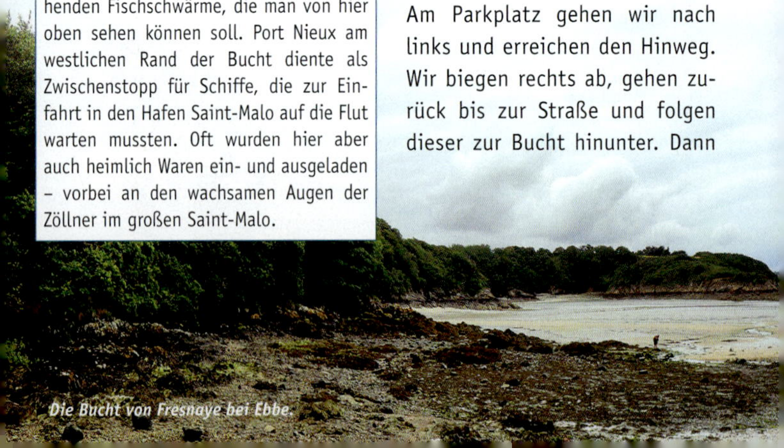

Die Bucht von Fresnaye bei Ebbe.

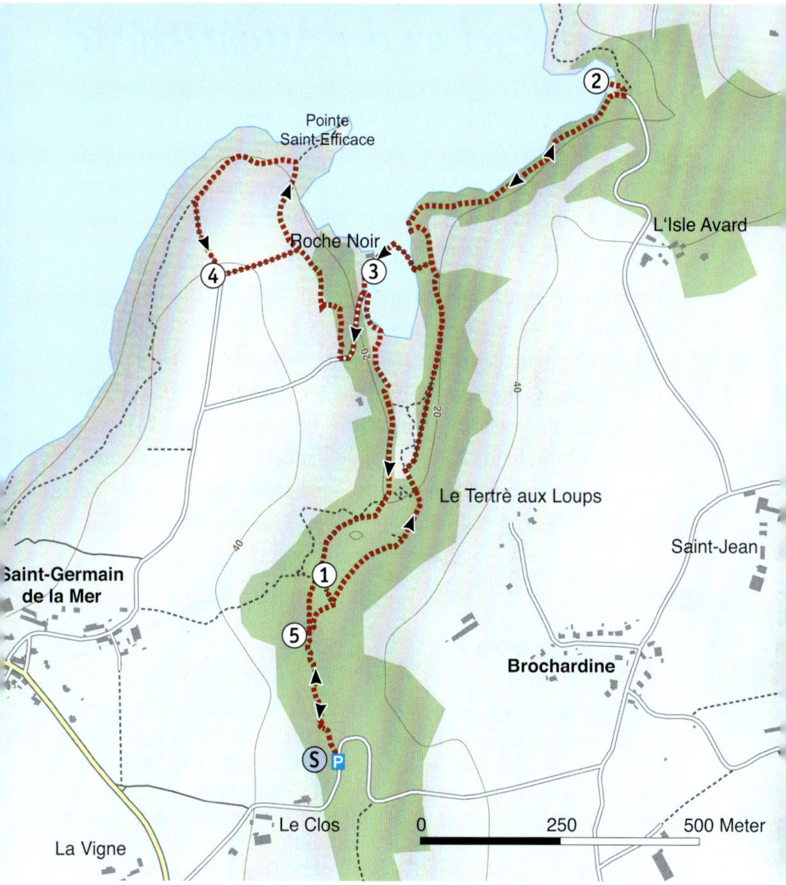

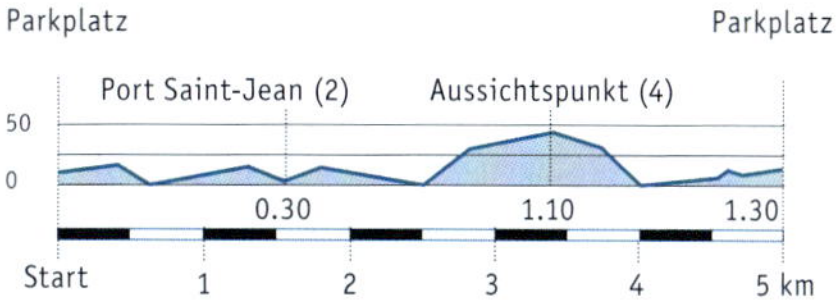

geht es rechts an der dieser entlang, bis wir auf einen Fußweg treffen, der an manchen Stellen auf Lochsteinen verläuft. Er bringt uns entlang der Salzwiesen zu einer **Verzweigung vor den Mühlen**. Wir steigen die Stufen geradeaus hinauf, wandern oberhalb des **Hauses der Léa** vorbei. Dann treffen wir auf den **Hinweg** ❺ und erreichen kurz darauf wieder den Parkplatz.

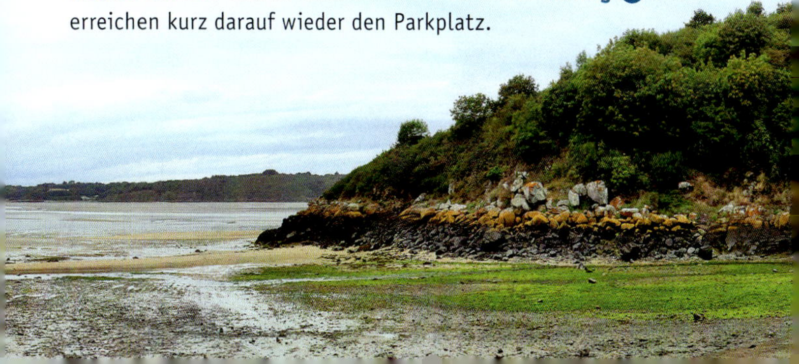

Wasservögel an der Atlantikküste

Mit ihren vielen vorgelagerten Inseln und flachen Buchten, die bei Ebbe trockenfallen, ist die Bretagne ein Paradies für Vögel. Außer den ganzjährigen Bewohnern sind auch durchziehende Gäste auf dem Weg ins Sommer- und Winterquartier zu beobachten. Über 400 Vogelarten wurden hier nachgewiesen, ein kaum zu übertreffender Artenreichtum.

Wer sich ausgiebiger mit den gefiederten Flugkünstlern befassen will, sollte ein Fernglas mitnehmen. Hotspots der Vogelbeobachtung sind die Baie de Brieuc (besonders im Winter) [› Tour 6], die Insel Ouessant (im Herbst) und das im östlichen Golf von Morbihan gelegene Naturreservat Marais de Séné [› Tour 34]. Aber wer genau hinschaut, kann diese und andere seltene Vögel auch an vielen anderen Plätzen der Bretagne entdecken.

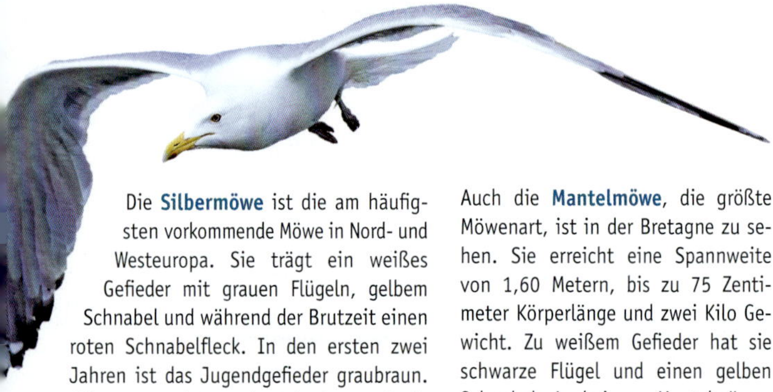

Die **Silbermöwe** ist die am häufigsten vorkommende Möwe in Nord- und Westeuropa. Sie trägt ein weißes Gefieder mit grauen Flügeln, gelbem Schnabel und während der Brutzeit einen roten Schnabelfleck. In den ersten zwei Jahren ist das Jugendgefieder graubraun. Silbermöwen brüten in Kolonien an Steilküsten, auf unzugänglichen Inseln oder auch Dünengebieten und Salzwiesen.

Ihr Futter sammeln Silbermöwen vorrangig in den Gezeitenzonen, indem sie Krebse, Krabben, Garnelen und Muscheln aus dem Schlick ziehen. Beliebt sind außerdem Aas und Abfälle in Fischereihäfen und Mülldeponien: Silbermöwen sind Allesfresser.

Auch die **Mantelmöwe**, die größte Möwenart, ist in der Bretagne zu sehen. Sie erreicht eine Spannweite von 1,60 Metern, bis zu 75 Zentimeter Körperlänge und zwei Kilo Gewicht. Zu weißem Gefieder hat sie schwarze Flügel und einen gelben Schnabel. Auch junge Mantelmöwen sind in den ersten zwei Jahren graubraun. Der Vogel ernährt sich vor allem von tierischer Nahrung, Fischen und Abfällen. Mantelmöwen nehmen Nester anderer Vögel aus, erbeuten Vögel bis zur Größe von Kormoranen und auch kleinere Säugetiere.

Die Mantelmöwe kommt nur an den Küsten des Nordatlantiks und der Ostsee vor und bleibt, im Gegensatz zu anderen Möwen, immer in direkter Nähe des Meeres.

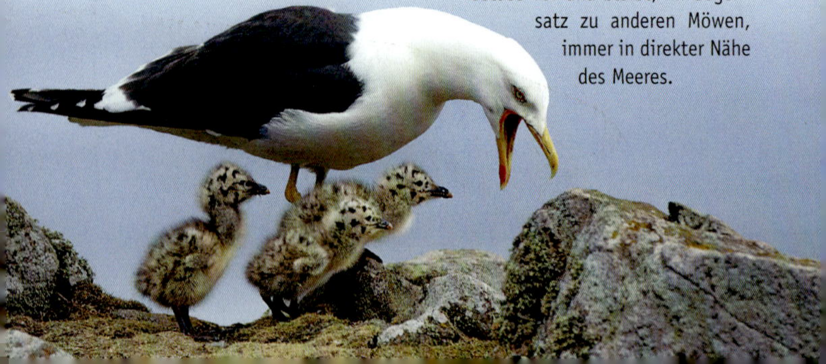

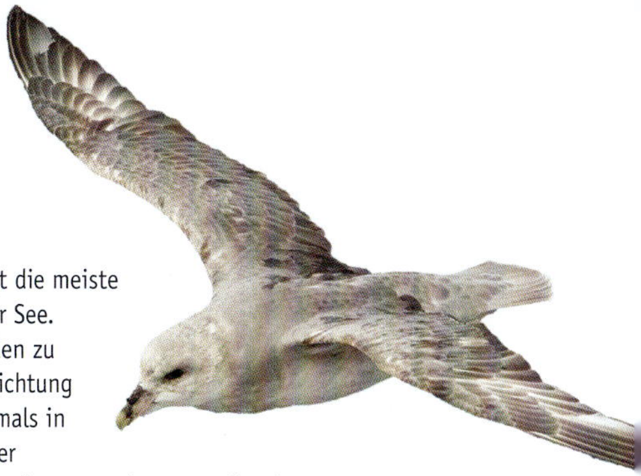

Der **Eissturmvogel** verbringt die meiste Zeit seines Lebens auf hoher See. Ursprünglich im hohen Norden zu Hause, verbreitete er sich Richtung Süden und wurde 1935 erstmals in Frankreich gesichtet. Mit einer Flügelspannweite bis 115 Zentimeter und etwa 50 Zentimeter Körperlänge ist er deutlich größer als die meisten Möwen. Krill, Fische, Krabben, Quallen, Aas und Fischabfälle sind seine Nahrung.

Der Eissturmvogel nistet auf Felsinseln und an Steilküsten. Er verteidigt sein Nest, indem er Angreifer mit Magenöl bespuckt. Nur während der Brutzeit bleibt er nahe der Küste und entfernt sich maximal 40 Kilometer von seiner Kolonie.

Für die Wikinger, aber auch die Isländer um 1900, war er eine wichtige Nahrungsquelle. Die Menschen fingen die Jungvögel, kurz ehe sie flügge wurden.

Mit ihrem schwarz-weißen Gefieder und beinahe identischer Größe sind **Lumme und Tordalk** auf den ersten Blick kaum zu unterscheiden. Beide gehören, wie auch der Papageientaucher, zur Familie der Alke und fressen Fisch, den sie auf dem Wasser schwimmend orten, bevor sie abtauchen. Auch ihr Brutverhalten ist ähnlich. Meist liegen die Eier in Felsnischen. Die Kleinen werden dann ausdauernd von den Eltern gehudert. So nennt man es, wenn die großen Vögel die Küken schützend unter die Flügel nehmen.

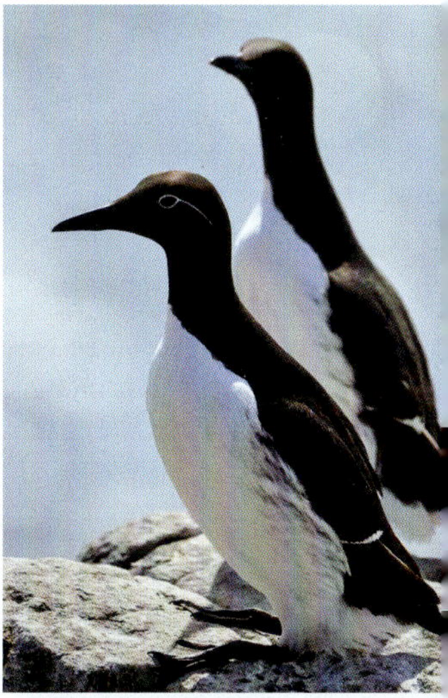

Wenn die Jungvögel dann das Nest verlassen, können sie noch nicht fliegen. Sie springen daher von den Brutfelsen ins Meer. Eine dicke Fettschicht sorgt dafür, dass die meisten Jungvögel diesen Sprung, der auch als Lummen- oder Alkensprung bekannt ist, tatsächlich überleben. Bis sie fliegen lernen, bewegen sich die Jungvögel schwimmend. Anfangs werden sie dabei von einem Elternteil begleitet.

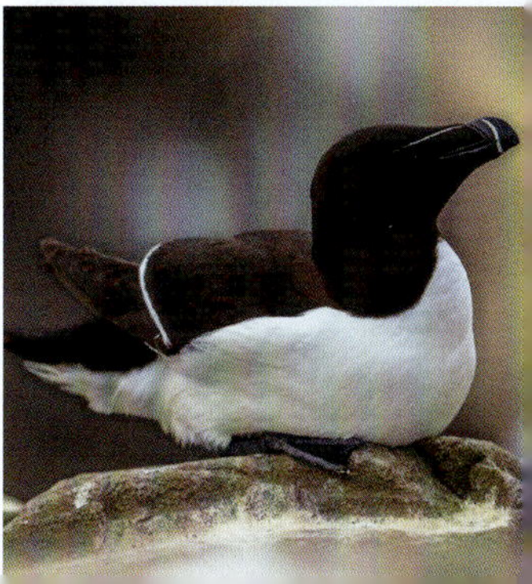

Die **Trottellumme** hat einen kleinen Kopf und einen schmalen spitzen Schnabel. Sie ist rund um den Ärmelkanal deutlich häufiger anzutreffen als der **Tordalk**. Diesen erkennt man eindeutig an seinem gedrungeneren Körper mit großem Kopf und einem sehr kräftigen Schnabel. Lummen haben häufig einen weißen Augenring.

240 m

STRECKE 13,5 km

4 h

ab 12

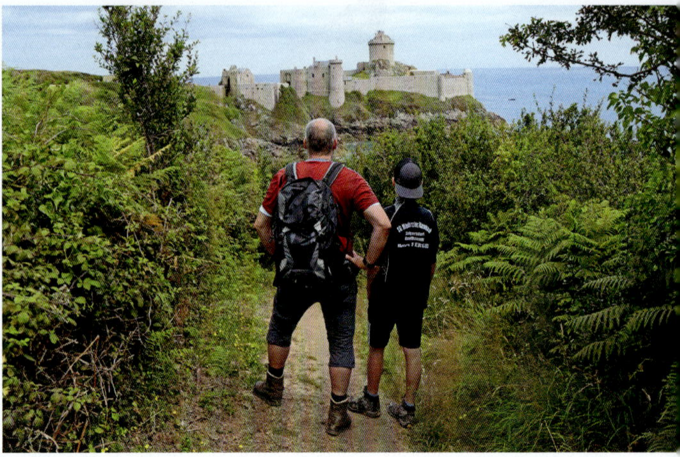

4 Fort La Latte und Cap Fréhel

Raue Steilküsten, Heide und historische Gebäude

Diese Tour berührt mit dem Fort de La Latte und dem Cap Fréhel zwei absolute Highlights in der nördlichen Bretagne. Genauso beeindruckend sind aber die weiten Aussichten über die Bucht mit ihren hohen Klippen und über die offene Heidelandschaft. Der Rückweg führt streckenweise durch den Wald und wir genießen ihn auch in der Hauptsaison oft ganz alleine.

Wanderung: Vom Parkplatz aus gehen wir auf der Straße zurück, an der Crêperie vorbei und biegen bei dem ersten asphaltierten Sträßchen, der »Allée de la Ville Galopin«, nach links ab. Hinter einem Hof wird unser Weg zum Wiesenpfad, der uns zu einer T-Kreuzung oberhalb des Meeres bringt. Wir gehen nach links

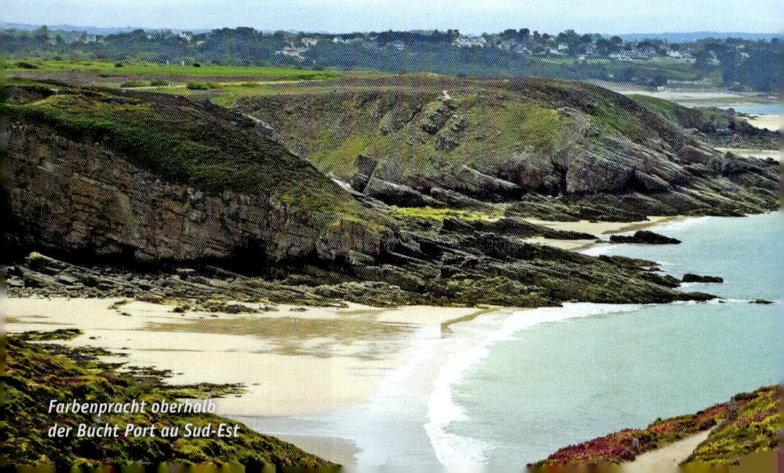

Farbenpracht oberhalb der Bucht Port au Sud-Est

TOUREN-STECKBRIEF

Anfahrt: Von der Küstenstraße D786 den Schildern nach »Cap Fréhel, Fort La Latte« folgen. Nach zwei Kilometern rechts halten und gute drei Kilometer weiter rechts zum »Fort La Latte« abbiegen. Parkplatz bei **GPS N 48°39'51.3", W 2°17'32.0"**.
Fort La Latte (Château de la Roche-Goyon): Geöffnet April bis September 10.30–18 Uhr, im Juli und August bis 19 Uhr, Oktober 11–17 Uhr, Februar bis März 13–17 Uhr. €6,60, Kinder ab 5 Jahre €4,40–5,50.
Anspruch und Charakter: Gute Pfade, im Bereich der Steilküste einige kurze Anstiege, wenig Schatten. Am Cap Fréhel ungeschützte Steilküste! Zwei Kilometer auf Asphalt.
Markierung: An der Küste weiß-rot.
Einkehr: Crêperie »Le Petit Galet« an der Zufahrt, Restaurant La Ribote.
Mit Kindern: Vorsicht im Bereich der hohen Kiefern ❶ wegen der Steilklippe! An der Verzweigung kurz vor dem Fort geht es rechts hinunter in eine felsige Bucht, die ein idealer Rast- und Spielplatz ist. Bei Punkt ❷ biegen wir dann links zum Parkplatz ab. Es geht noch einmal über eine Wiese und dann am Waldrand entlang (3,5 km). Der Besuch des Cap Fréhel ist auch vom dortigen Parkplatz aus möglich. Vorsicht: Die Steilklippen sind alle ungesichert!

Highlights

Die alte Festung Fort de La Latte und das Cap Fréhel mit seinen beiden Leuchttürmen sind viel besuchte Tourismusattraktionen. Vom malerischen Küstenweg erlebt ihr sie aus einer neuen Perspektive.

und folgen dem Pfad oberhalb von Klippen durch dichtes Grün und eine immergrüne Allee. Wo sich der Bewuchs lichtet, gibt es einen der wenigen, steilen **Zugänge zum Meer** ❶ auf dieser Wanderung. Es folgt ein Abschnitt unter hohen Kiefern in der Nähe der Abbruchkante. Dann kommt das **Fort La Latte** in Sicht. Bei einer Verzweigung kurz vor dem Fort gehen wir links hoch. Wir überqueren die Zufahrt zum Fort direkt am Kassenhäuschen und gehen geradeaus weiter. Hohes Gestrüpp, Farn und Schlehen wachsen zu beiden Seiten. Bei einer Verzweigung nach etwa 20 Metern halten wir uns schräg rechts. Nach einem kurzen bewaldeten Stück wird der Bewuchs stellenweise etwas niedriger und wir können über die weite Bucht hinweg die Leuchttürme von Cap Fréhel sehen. An-

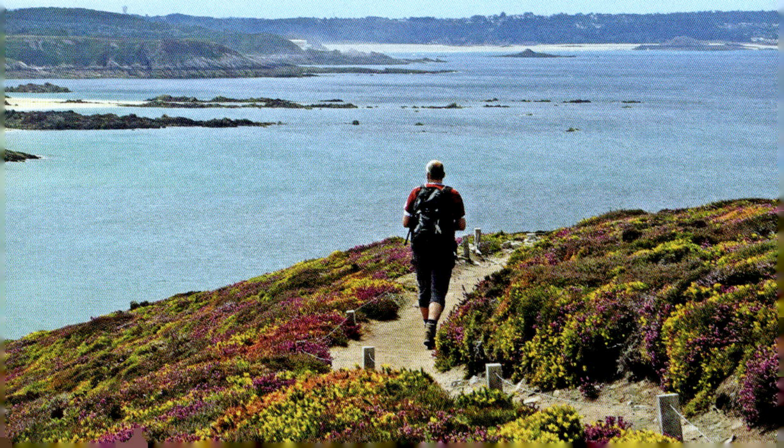

Der Riese Gargantua

Wer vom Parkplatz aus auf direktem Weg zum Fort La Latte geht, kommt am »doigt de Gargantua« – Gargantuas Finger – vorbei, einem Menhir von gut 2,60 Metern Höhe. Die Legende berichtet, dass der Riese Gargantua hier beim Kampf mit Feen ums Leben kam und die vielen Inseln im Meer aus seinen sterblichen Überresten entstanden sind.

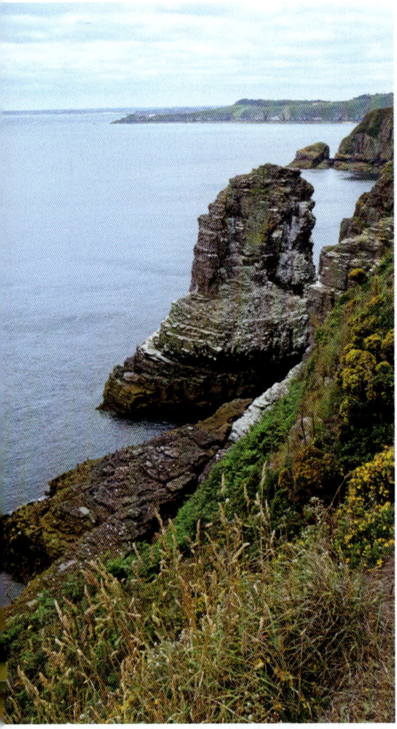

schließend treffen wir auf eine **Verzweigung** ❷, an der links der Parkplatz beschildert ist. Mit Kindern können wir hier abbiegen und die Runde abkürzen.

Zunächst wandern wir jetzt durch höheren Bewuchs, ignorieren den Abzweig hinter einem Kiefernwäldchen und erreichen die offene Heide, die im Sommer mit gelbem Stechginster und violettem Heidekraut bunt leuchtet. Unser Weg bleibt dabei immer oberhalb der Steilküste, führt in Serpentinen in ein **flaches Tal** ❸ und endet an einem Schotterplatz, den wir geradeaus überqueren. Derweil rücken die Leuchttürme näher und schließlich führen Pfade aus ihrer Richtung auf unseren Weg hinunter, die wir aber ignorieren. Dann treffen wir auf ein großes **Betonpodest mit Infotafeln** ❹.

Die Felsen sind ein geschütztes **Naturreservat für Vögel**. Hier und am Kap leben ganzjährig Kormorane und verschiedene Möwenarten. Neben der häufig vorkommenden Silbermöwe, die man am kräftig gelben Schnabel mit rotem Fleck erkennt, sind auch die großen Mantelmöwen mit schwarzen Flügeln zu sehen. Zum Brüten kommen Meeresnomaden zu den Felsen: die schwarzbeinige Dreizehenmöwe, der majestätische, grau-weiße Eissturmvogel mit einer Spannweite bis zu einem Meter, die schwarz-weißen etwa entengroßen Trottellummen, sowie etwa 30 Paare des seltenen Tordalks, der sich durch einen weißen Streifen am Schnabel von den Lummen unterscheiden lässt.

In der Nähe der Vogelfelsen bieten sich viele Felsstufen auf dem hier breiten Weg für eine Rast und ein Picknick an. Unser Weg führt weiter zu einer **Aussichtsplattform mit einem kleinen Turm** an der Spitze des Kaps und von dort zurück zu den Leuchttürmen ❺.

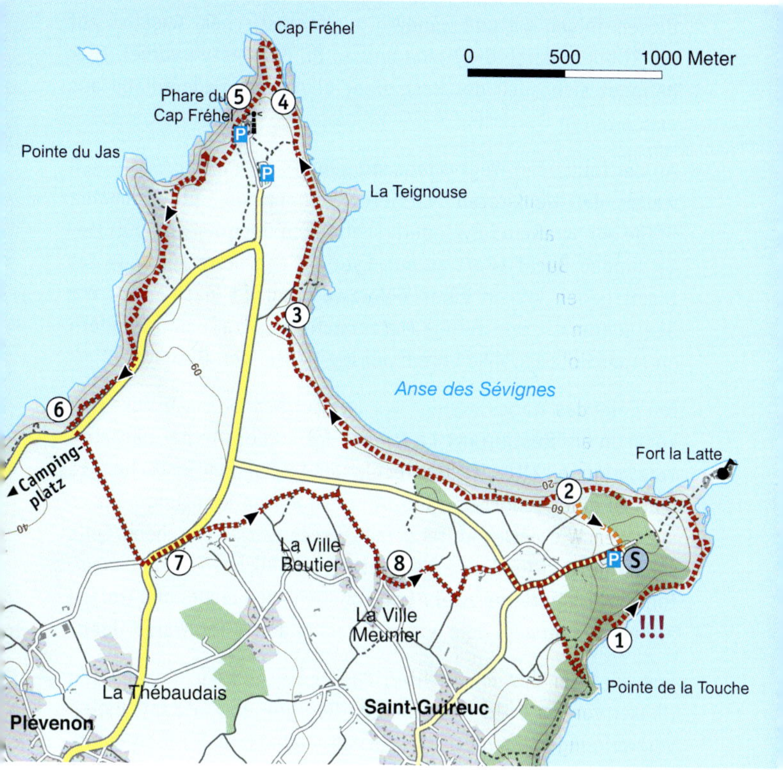

Die Leuchttürme wurden 1702 und 1950 in Dienst genommen, wobei der ältere von Vauban, dem berühmten französischen General und Baumeister, unter Ludwig XIV. gebaut wurde. Auch hier gibt es Sitzgelegenheiten.

Nur kurz sind wir auf Asphalt unterwegs, gehen zwischen beiden Leuchttürmen hindurch und biegen hinter dem kleinen Turm rechts auf den weiß-rot markierten Weitwanderweg ab.

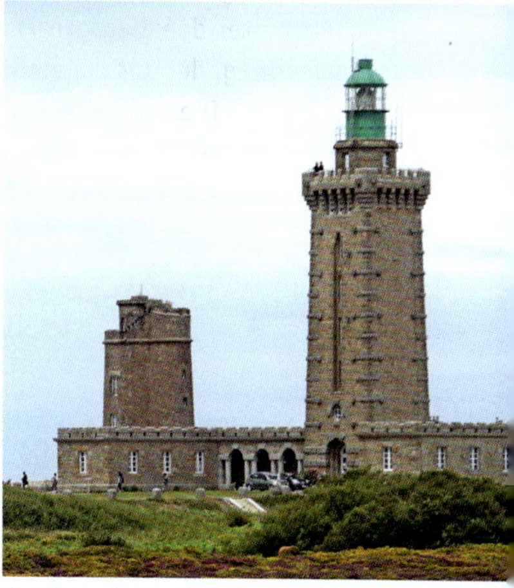

Der Phare du Cap Fréhel wurde 1950 erbaut.

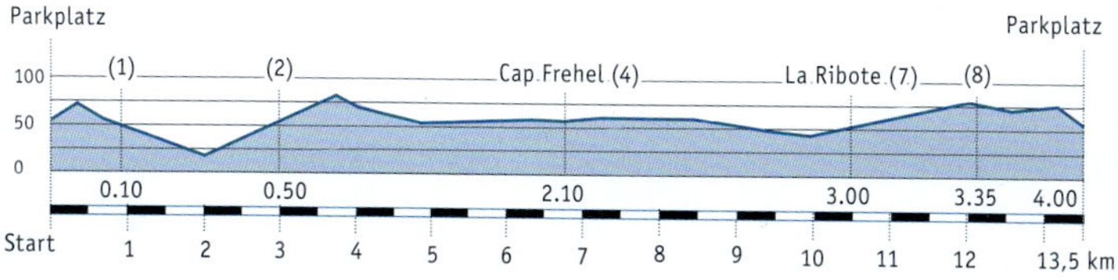

Diesem folgen wir und wandern mit fantastischem Ausblick auf die Klippen, durch die Heide und an Bunker-Resten vorbei. Hier befindet sich auch der Rest einer deutschen Radaranlage aus dem Zweiten Weltkrieg.

An der folgenden Wege-Kreuzung geht es geradeaus. Wir folgen weiter der weiß-roten Markierung, ignorieren alle schmalen Pfade zur Straße und wandern schließlich über der fast 600 Meter langen Bucht »Port au Sud-Est« entlang. Kurz vor Ende der Bucht gehen wir an einer **Y-Verzweigung** ❻ nach links. Wir überqueren die nur wenige Meter entfernte Straße und wandern an einer Holzschranke vorbei auf die Häuser von Besnard zu.

Am Ende des Weges wenden wir uns auf Asphalt nach links und kommen am **Restaurant La Ribote** ❼ vorbei. An der nächsten Verzweigung halten wir uns rechts und folgen dem Sträßchen. Es wird zu einer Schotterstraße. An einer ersten Kreuzung geht es auf einem Wiesenweg weiter geradeaus, der uns durch schöne, teils schattige und kühlende Vegetation aus Büschen und Bäumen führt. Wir ignorieren zwei Abzweigungen nach rechts und treffen auf einen Fahrweg, dem wir nach rechts durch den Wald folgen.

Erst wird der Bewuchs lichter, dann erreichen wir die wenigen Häuser von **La Ville Meunier** ❽. Den großen Platz mit vielen Verzweigungen überqueren wir, lassen dabei zwei Straßen rechts liegen und gehen schräg links an Grundstücksmauern entlang. Schon hinter den Häusern zur Rechten wird unser Weg wieder zum Feldweg, der uns um eine 90-Grad-Kurve zu einem Schotterweg bringt. Diesem folgen wir nach links bis zur Straße. Hier wenden wir uns rechts, gehen an der nächsten Kreuzung links und laufen zurück zu unserem Parkplatz.

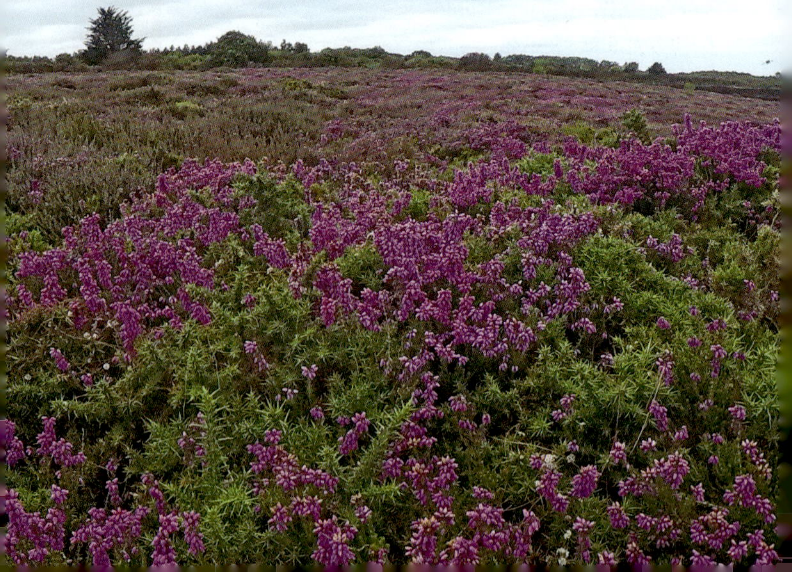

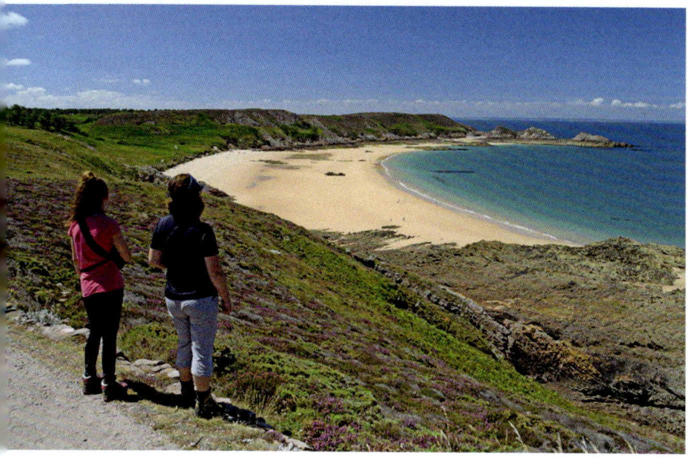

195 m

STRECKE 7,8 km

2 h 30

ab 8

Am Cap d'Erquy

5

Weite Strände, leuchtende Heide und schroffe Klippen

Hier macht die Côte d'Emeraude ihrem Namen alle Ehre: In den weiten, von schroffen Felsen gerahmten Buchten mit hellen Sandstränden strahlt das Meer in tiefen Smaragd- und Blautönen. Dazwischen leuchten grün und violettblau die Heideflächen. Die rauen Klippen von Erquy sorgen mit tiefen Einschnitten und vorgelagerten Felsen für Kontraste. Am Ende der Wanderrunde bieten die grün überwucherten Flächen des ehemaligen Steinbruchs noch einmal einen völlig neuen landschaftlichen Eindruck.

Wanderung: Vom Parkplatz aus gehen wir an der großen Informationstafel vorbei, überqueren die Querstraße und folgen der »Rue de la Côte des Pâques«. Zwischen Hecken erreichen wir die nächste Kreuzung, wenden uns rechts und an der folgenden T-Kreuzung links in den Wald. Nach wenigen Meter erreichen wir eine Verzweigung, an der wir rechts aufwärtsgehen. Diesem breiten, schattigen Waldweg folgen wir bis zu einer Straße, an der sich rechts ein weiterer Parkplatz befindet. Hier gehen wir nach links wenige Schritte auf Asphalt, um dann an einer **Schranke** ❶ links hoch in den Wald zu wandern.

Unser Pfad bringt uns aus dem Wald in die offene Heidelandschaft. Von hier aus haben wir einen fantastischen Blick auf den langen Strand **Plage du Guen**. Wir folgen unserem Weg, der sich um eine Kuppe ins Inland wendet, und biegen dann nach rechts ab. **Stufen** führen hinunter zur kleineren, mit Felsen eingefassten und nicht minder hübschen **Plage du Portuais** ❷. Unser

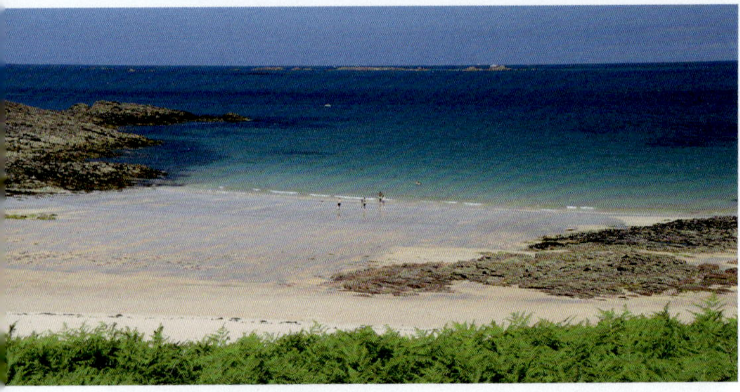

Highlights

Die breiten Sandbuchten von Erguy, deren Wasser bei Sonnenschein karibisch blau leuchtet, gehören ganz sicher zu den ultimativen Traumstränden.

Pfad bleibt aber etwas oberhalb des Strandes und trifft auf einen Weg zum Wasser, an dem wir uns links halten und sofort wieder rechts abbiegen. Weiter wandern wir oberhalb des Strandes entlang, bis wir eine **lange Treppe** ❸ erreichen, die wir nach links hochsteigen.

Oben angekommen, halten wir uns rechts und an der nach wenigen Metern folgenden Verzweigung noch einmal rechts. Hinter einem kleinen Waldstück wandern wir oberhalb schroffer Klippen durch blühende Heide aus Stechginster, Heidekraut, Farn und Wacholder. Oberhalb des weiten Strandes **Plage de Lourtuais** treffen wir auf einen Fahrweg, dem wir geradeaus folgen, um ihn nach 150 Metern wieder geradeaus zu verlassen. Dann folgen wir unserem Weg um eine Links- und Rechtskehre. An der nächsten Kreuzung nehmen wir die **Stufen rechts hinunter zum Strand** ❹, um dann auf dem sehr sandigen Weg oberhalb des Strandes nach links zu wandern. Er trifft erneut auf einen Zugang zum Strand, den wir links wieder hinaufsteigen. Dann folgen wir dem Asphaltweg nach links. In einer Rechtskehre, in der Bäume Schatten spenden, biegen wir auf einen Pfad nach rechts ab.

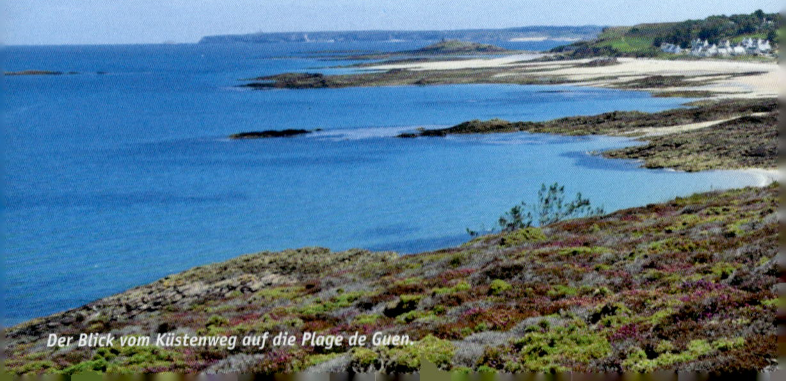

Der Blick vom Küstenweg auf die Plage de Guen.

TOUREN-STECKBRIEF

Anfahrt: Von der Küstenstraße D 786 biegen wir nach »Erquy« ab. Im Ort geht es rechts Richtung »Cap d'Erquy« und wir folgen der Beschilderung bis zum großen Parkplatz »Aire du Cap« bei **GPS N 48°38'29.1", W 2°27'51.4".**
Vorsicht! Viele Navis kennen die neue Einbahnstraße hoch vom Ort zum Parkplatz nicht, deshalb hier besser der Beschilderung folgen!
Anspruch und Charakter: Gute Wege, kurze steile Anstiege meist mit Stufen, wenig Schatten. Badesachen nicht vergessen. 1,5 Kilometer auf Asphalt.
Einkehr: Verschiedene Restaurants am Hafen von Erquy.
Markierung: Gelb markiert und beschildert als »Les Plages sauvages«. Wir laufen ihn jedoch in Gegenrichtung. Wir haben uns für diese Richtung entschieden, um am Ende einen Abstecher in den Hafen von Erquy zu ermöglichen.
Mit Kindern: Um die Runde abzukürzen, parken wir möglichst bei den kleineren Parkplätzen etwa 500 Meter westlich des großen Parkplatzes. Von dort kommt man in umgekehrter Richtung zuerst zum Steinbruch (beschildert »Les Plages sauvages«) und dann zum Cap d'Erquy ❹ und zur asphaltierten Zufahrt der Plage de Lourtuais ❸. Nach einer Spielpause am Strand können wir der Zufahrtsstraße bis zum Querweg folgen. Dort geht es links und immer geradeaus zurück zum Parkplatz *(Strecke: 5 km)*.

Wir erklimmen die Böschung und wenden uns oben nach rechts und folgen dem schmalen Weg oberhalb schroffer Klippen entlang bis zur Spitze des **Cap d'Erquy** ❺. Dabei gehen wir an einer T-Kreuzung nach rechts und ignorieren alle Abzweige nach links. Am Kap führen mehrere Pfade auf die Felsen hinaus, auf denen man die grandiose Aussicht genießen kann. Wir können hier dem weiß-roten GR folgen, letztlich jedoch führen alle Wege zurück zum gut sichtbaren **Parkplatz**.

Auf dem breiten Seitenstreifen neben der Zufahrtstraße laufen wir bis zu einer Ruine. Dabei können wir in der Bucht **Anse de Port Blanc** die Überreste eines der vielen alten Schienenwege für Loren erkennen. Hinter der Ruine gehen wir rechts und schräg links, an der folgenden T-Kreuzung nach rechts auf eine weitere **Ruine** zu. Dabei handelt es sich um die Schmiede, die zum Stein-

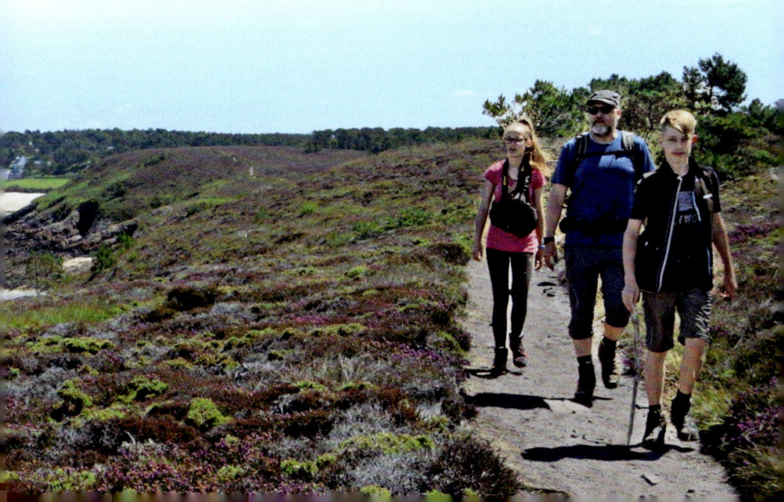

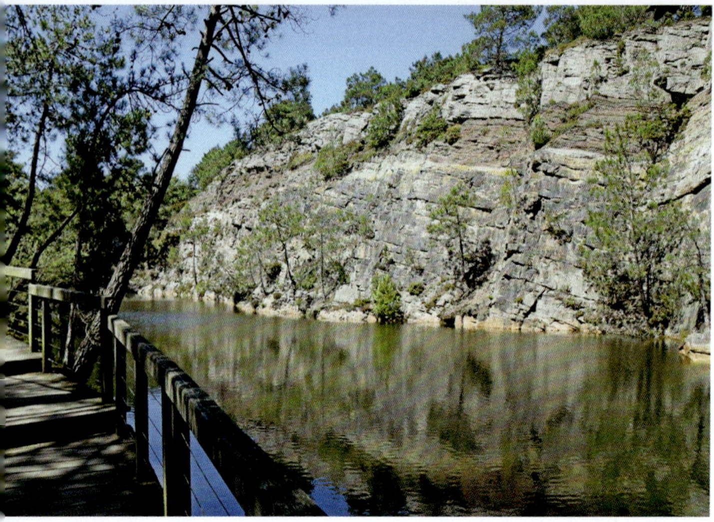

Die Steinbrüche von Erguy
Seit dem Ende des 18. Jahrhunderts wurde hier in mühsamer Handarbeit Baumaterial hergestellt. Am Anfang hat man herumliegende Steine gesammelt, später wurden sie aus den Felswänden herausgeschlagen. Von den über 200 Menschen, die Ende des 19. Jahrhunderts hier in mehreren Steinbrüchen arbeiteten, waren fast ein Viertel Kinder zwischen 12 und 14 Jahren. Neben den einfachen Hilfsarbeitern gab es für die Sprengungen verantwortliche Bergmänner, Steinschneider und Steinmetze sowie Schmiede, die für die Herstellung und Wartung der Werkzeuge verantwortlich waren.
Das wichtigste Produkt des Steinbruches waren Pflastersteine. Im Jahr 1910 wurden 850.000 Stück davon hergestellt. Die Steine hat man dann mit Loren abtransportiert. Ein Netz von Schienen durchzog das Gelände bis zum Hafen. Viele Familien in Erquy lebten zu dieser Zeit vom Kabeljaufischen bei Neufundland und Island. Waren die Fischer zurück, so arbeiteten sie im Herbst und Winter auf den Feldern und in den Steinbrüchen. Die Arbeit im Steinbruch war gefährlich und es kam immer wieder zu schweren Unfällen. 1960 wurde dann der letzte Steinbruch geschlossen.

bruch gehörte und wahrscheinlich aus dem 19. Jahrhundert stammt. Vor dieser zweigt unser Weg nach links ab, führt kurz abwärts und dann auf Höhe des Grundes der alten Steinbrüche entlang. Jetzt gehen wir durch das inzwischen wieder bewachsene, stille Gelände der **Steinbrüche von Erquy** ❻. Noch vor 100 Jahren wuchs hier keine einzige Pflanze. Stattdessen war die karge Steinwüste erfüllt vom Lärm der klopfenden Meißel und Hacken, von Sprengungen und vom Rattern der Loren.

Im Mittelalter lebte Erquy dagegen von der Küstenfischerei und Landwirtschaft. Der erste einfache Hafen befand sich auf der durch Felsen geschützten anderen Seite der Bucht.

Vorbei an Relikten der Bergbauzeit erreichen wir eine Verzweigung, an der wir uns rechts halten. Wenig später stehen wir am romantischen **Petit Lac Bleu** ❼, dessen mit Kiefern bestandenes Ufer zu einem Picknick einlädt. Im nächsten felsenge-

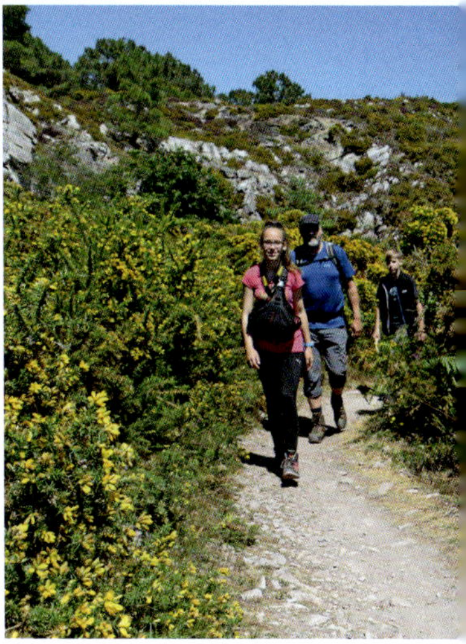

rahmten Abschnitt erwartet uns der zweite Lac Bleu, an dem wir auf Stegen entlanggehen.

Hier kann man die 470 Millionen Jahre alten Sandsteinschichten gut erkennen, aus denen das Kap aufgebaut ist. Die obere Deckschicht ist weißer Sandstein, darunter folgt rotes Konglomerat-Gestein, danach eine 30 Meter hohe Schicht des rosafarbenen Erquy-Sandsteines, der seine Farbe durch Eisenoxid erhält.

Dann erreichen wir Asphalt. Die schmale Straße beschreibt eine Linkskehre und führt zu einer **T-Kreuzung**, an der wir uns nach rechts wenden. Nach 400 Metern gehen wir an der ersten Möglichkeit links hinauf, und folgen der Beschilderung »Aire du Cap«. Nach 25 Metern biegen wir rechts in einen Wirtschaftsweg ein. An der folgenden Straße geht es nach links und hinter einer Rechtskehre erreichen wir wieder unseren Parkplatz.

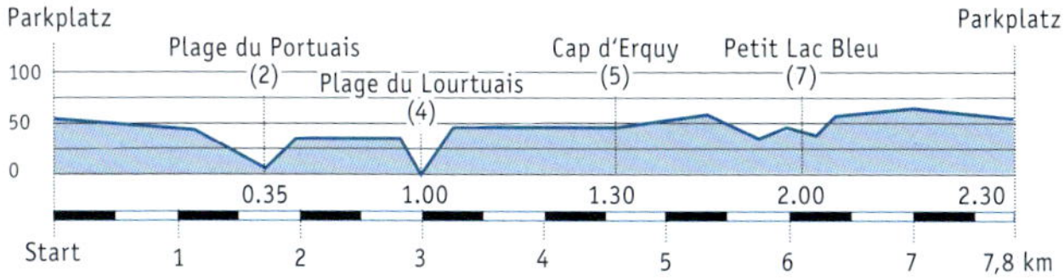

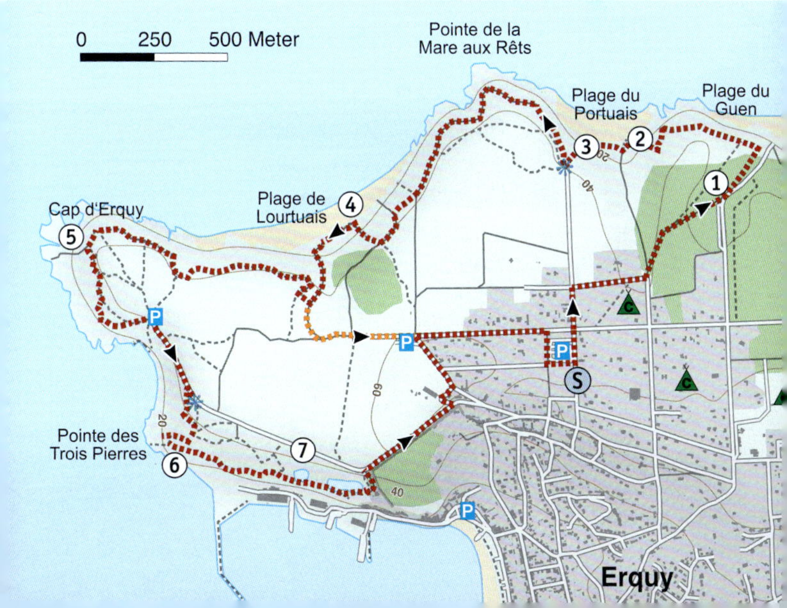

170 m

STRECKE

7,4 km

2 h 30

ab 8

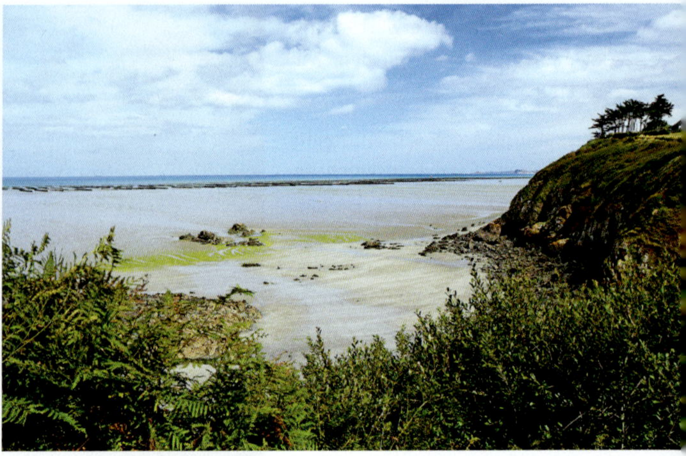

6 Das Kap von Hillion

Im Naturreservat der Bucht von Saint-Brieuc

Unsere Runde besticht durch großartige Aussichten über die bei Ebbe weit trockenfallende Bucht von Saint-Brieuc, mit Kiefern bewachsene Klippen und zwei Strände, an denen es sich wunderbar rasten lässt. Die Bucht ist ein wichtiger Rückzugsraum heimischer Wasservögel sowie vieler Zugvögel und wird außerdem zur Austernzucht genutzt. Wer die fantastische Naturlandschaft der bretonischen Buchten in Ruhe genießen will, ist hier genau richtig.

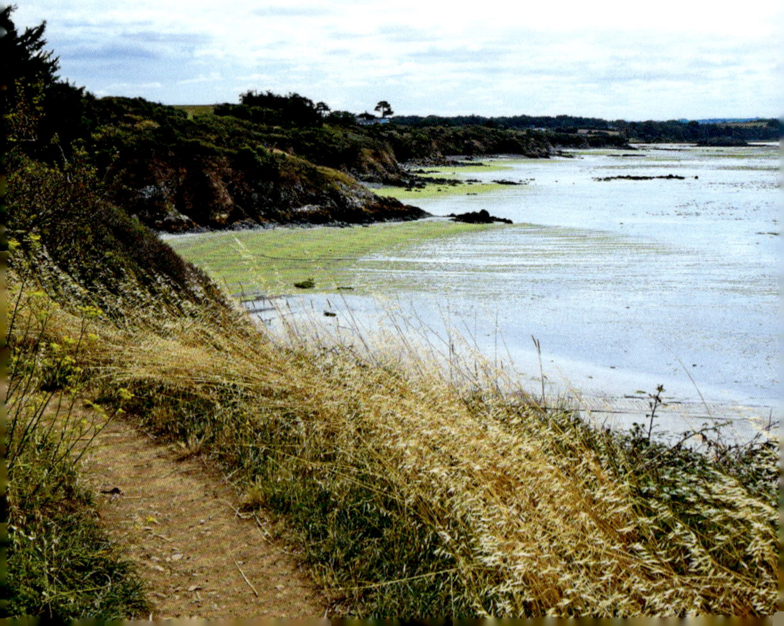

Wanderung: Die **Stufen am Parkplatzende** bringen uns hinunter Richtung Meer und auf halber Höhe durchqueren wir einen schmalen Durchlass im Geländer und biegen links ab. Der Weg ist weiß-rot markiert. Mit fantastischer Aussicht auf Klippen, Meer, die Bucht und die Kiesstrände unter uns wandern wir durch üppige Vegetation. Hinter einer Bank erreichen wir eine Verzweigung. Wir folgen dem Wanderweg nach rechts abwärts, passieren zwei Pfade, die auf die Klippen führen und treffen wieder auf den breiteren Radweg. Kurz darauf erreichen wir einen **Schotterplatz** ❶. Wir überqueren ihn schräg rechts und wandern auf dem Küstenpfad weiter.

> **Highlights**
>
> *Die weiten Wattflächen an der bretonischen Küste bieten einen reich gedeckten Tisch für Wasservögel wie Möwen, verschiedene Entenarten und kleinere Watvögel, die ihr hier gut beobachten könnt.*

Unser Hauptweg führt einige Stufen hinab, an einem im Gestrüpp versteckten Bunker vorbei und trifft auf eine kleine **Freifläche mit Bank**. Im weiteren Wegverlauf umrunden wir die Felsspitze **Pointe du Grouin** und wenden uns nach Süden.

Oberhalb der Klippen ist die Sicht auf Saint-Brieuc mit der weiten Bucht, auf die schroffen Felsen und das Meer wirklich großartig. Vorbei an der Ruine des »Maison des Douaniers«, dem Haus der Zöllner, erreichen wir die **Plage de Saint-Guimond** ❷. Stufen führen hier in den schmalen, baumbestandenen Einschnitt. Neben einem kleinen Sandstrand zur Rechten gibt es hier ein Lavoir (Waschbecken), einen kleinen Betonsteg, einen Picknickplatz im Schatten von Kiefern sowie einen höhenbeschrankten Parkplatz.

TOUREN-STECKBRIEF

Anfahrt: Von der N12 den Schildern nach Hillion folgen. Im Zentrum nach Lermot und in Lermot Richtung »Pointe des Guettes, Camping Bellevue« fahren. Der Parkplatz befindet sich gegenüber vom Campingplatz Bellevue bei **GPS N 48°31'59.3", W 2°40'23.0"**.

Naturschutzzentrum Maison de la Baie: Ausstellung geöffnet Juli und August Mo bis Fr 10.30–18.30 Uhr, Sa, So 13.30–18.30 Uhr, Juni und September auch Mi, Fr und So 14–18 Uhr, Oktober bis Mai nur Mi und So. €4, Kinder 6 bis 18 Jahre €2,50.

Anspruch und Charakter: Meist schmale Fußwege oberhalb der Klippen, kaum Schatten. 850 Meter auf Asphalt.

Markierung: Entlang der Küste weiß-rot.

Mit Kindern: Mit Kindern lohnt der Ausflug zur Plage Saint-Guimond ❷. Dazu parken wir am Maison de la Baie (in Lermont beschildert). Von dort geht es zum Küstenweg und nach rechts zum Strand. Der Weg ist weitgehend durch Bewuchs von den Klippen getrennt. Aber Vorsicht, das kann sich mit jedem Herbststurm ändern! Zurück wählen wir den gleichen Weg oder laufen hinauf nach Cabreron. Eine gute Verlängerung dieser zwei Kilometer langen Tour ist der Abstecher zum Oberservatoire (zusätzlich 1,3 km).

In den Dünen von Bon Abri gibt es außerdem einen kurzen Lehrpfad (700 m).

Réserve Naturelle de Saint-Brieuc

Die Réserve Naturelle de Saint-Brieuc ist hauptsächlich Winterquartier für Zugvögel sowie Zwischenstopp und Rückzugsort bei Kälteeinbrüchen in Nordeuropa. 52 Arten von gefiederten Wintergästen wurden hier gezählt. Von November bis Februar halten sich hier Gänse, Enten und Schwäne auf, von Oktober bis März kleine Watvögel. Zusammen mit den hier heimischen Tieren, vorrangig aus der Familie der Möwen, beherbergt die Bucht jeden Winter um die 40.000 Wasservögel.

Auch im Sommer leben hier Wasservögel, die jedoch in der Weite der Bucht nicht immer leicht zu finden sind. Zu ihnen gehören neben mehreren Möwenarten auch Grau- und Seidenreiher, verschiedene Enten und Brandgänse, Haubentaucher, Austernfischer, die Pfuhlschnepfe, der Große Brachvogel und Alpenstrandläufer.

Wir steigen auf der anderen Seite der Straße wieder Stufen hoch, und unser Weg führt unterhalb des Picknickplatzes weiter an der Bucht entlang. Wir folgen dem Verlauf der Küste, die hier etwas weniger wild als zuvor ist, bis zu einer deutlichen Markierung, die uns nach links zum Infozentrum **Maison de la Baie** ❸ schickt.

Die Maison de la Baie ist nach 150 Metern erreicht. Hier gibt es Picknick- und Spielmöglichkeiten, Snacks und hübsche Souvenirs sowie eine ansprechende Ausstellung zum Naturschutzgebiet. Ein Faltblatt sorgt für die deutsche Übersetzung.

Am Infozentrum vorbei wandern wir auf dem Seitenstreifen der Zufahrtsstraße und an der folgenden T-Kreuzung geradeaus auf einen Fahrweg. An der nächsten Straße wenden wir uns nach links und sofort wieder nach rechts. Unser Sträßchen wird zum Schotterweg. Teilweise im Schatten von Bäumen geht es an einem alten Ziehbrunnen vorbei. Wir treffen auf ein Sträßchen und folgen diesem nach links. Bei einem **alten Gehöft** ❹ wird auch diese Straße zum Schotterweg, der uns leicht abwärts in Richtung Meer führt.

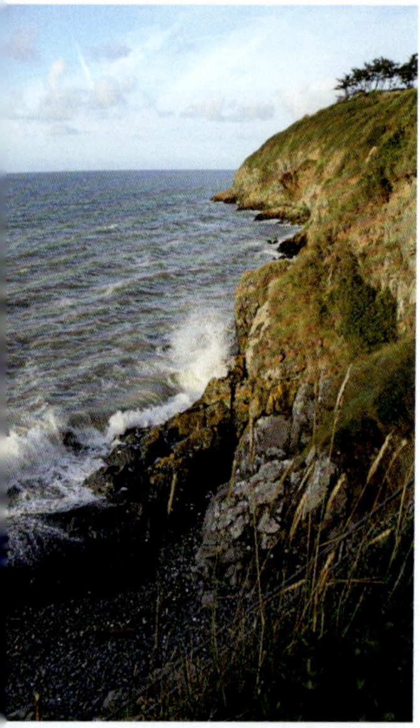

An der nächsten Straße biegen wir rechts ab und gehen mit Blick auf die Bucht und den **Strand von Bon Abri** ❺ weiter. Direkt oberhalb des ehemaligen Campingplatzes führt ein Fußweg nach links im grünen Bewuchs am Hang entlang. Mit Blick auf die weite Bucht, die Dünen von Bon Abri und bei Niedrigwasser auf die Austernbänke im Meer wandern wir um hohe Klippen zum Strand **Plage de Lermot** ❻. Der erste Picknicktisch hier am Weg wird gerne von Einheimischen für private Feiern genutzt. Wir queren die Zufahrtstraße, folgen der schmalen Straße rechts hoch und treffen am Ende des Parkplatzes wieder auf unseren Fußweg. Hier stehen weitere Picknickbänke, jedoch ohne Aussicht.

Abstecher zum Aussichtsturm
Folgen wir hier noch ein kurzes Stück weiter dem Küstenweg, passiert man die Ausläufer von Hillion und die Bucht »Grève d'Hillion« und erreicht nach 680 Metern den Beobachtungsturm »Observatoire ornithologique« auf der kleinen Landzunge »Pointe d'Illmont«.

Wir wandern abwärts und kommen an einem Zugang zu einer kleinen, felsgerahmten **Seitenbucht der Plage de Lermot** vorbei, die einen Abstecher lohnt. Dann steigen wir wieder hinauf auf die Klippen. Nur die Schreie der Möwen sind hier zu hören und bei Flut das Meer. Kurz geht es steil abwärts, dann halten wir uns an einer **T-Kreuzung** rechts und erreichen an der **Pointe des Guettes** ❼ einen Aussichtspunkt mit Orientierungstafel. Durch hohen Farn wandern wir zurück zur kleinen Bucht mit Treppe, oberhalb der unser Fahrzeug steht.

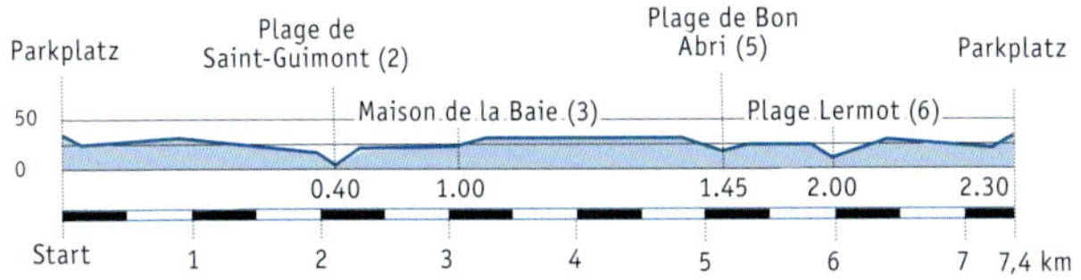

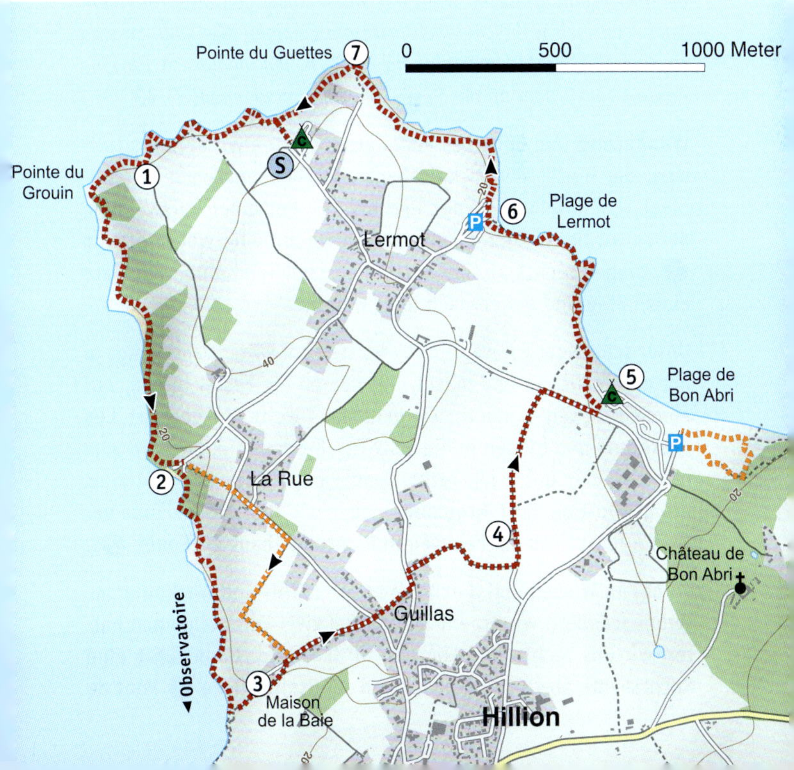

180 m

STRECKE 6,7 km

2 h 15

ab 8

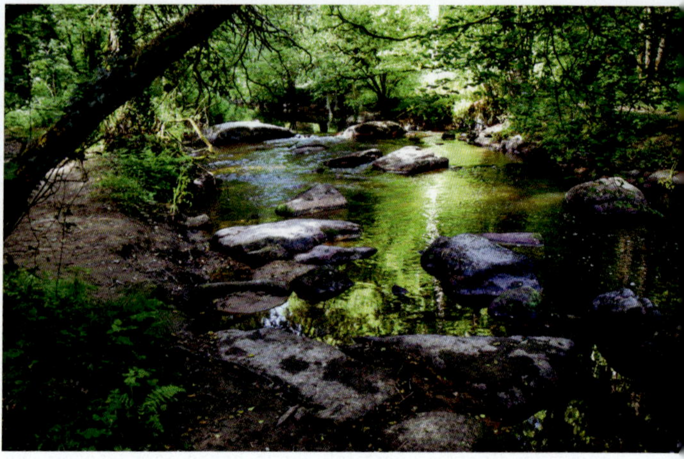

7 Chaos du Gouët

Bach mit Granitfelsen im stillen Tal

Im stillen Tal von Gouët sind die Granitfelsen vom Wasser und der Zeit rund und glatt geschliffen. Der Bach plätschert munter durch einen lichtdurchfluteten Wald mit vielen knorrigen alten Bäumen. Auch wenn wir wahrscheinlich nicht die Einzigen hier sind, so sind Tal und Fluss trotzdem ruhig und idyllisch. Ein idealer Ort für eine Auszeit vom Trubel an der Küste und zum Entspannen!

Wanderung: Am Ende des Parkplatzes starten wir auf dem Fußweg, der hinter der Picknickbank zwischen Hecken rechts abbiegt. Ein Hohlweg bringt uns ins Tal, bei einer Verzweigung gehen wir links. Kurz danach treffen wir auf eine **Wegkreuzung** **1**, biegen rechts ab, überqueren anschließend einen Bach auf einem Steg und gehen nach links weiter.

Unser schattiger Fußweg führt erst steil aufwärts. Dann steigt er nur noch sanft an und macht drei Kehren um Felder herum. Auf einem Fahrweg wandern wir geradeaus weiter in den Ort **Les Prétoquis** und biegen in die erste Straße links ein. Sie wird zum Fahrweg, der uns nach rechts zum Parkplatz in Les Prétoquis bringt. Dort an der **T-Kreuzung** biegen wir links ab. Am Ende der Straße führt links ein **Feldweg in Richtung Chaos du Gouët** **2**.

Vorbei an Wiesen und durch Brombeer-, Farn- und Wacholdergestrüpp wandern wir erneut ins Tal. Bei zwei Verzweigungen halten wir uns rechts und kommen in den Wald. Dann führt eine Rechtskehre abwärts zum Bach und zur **Steinbrücke** **3** Pont de

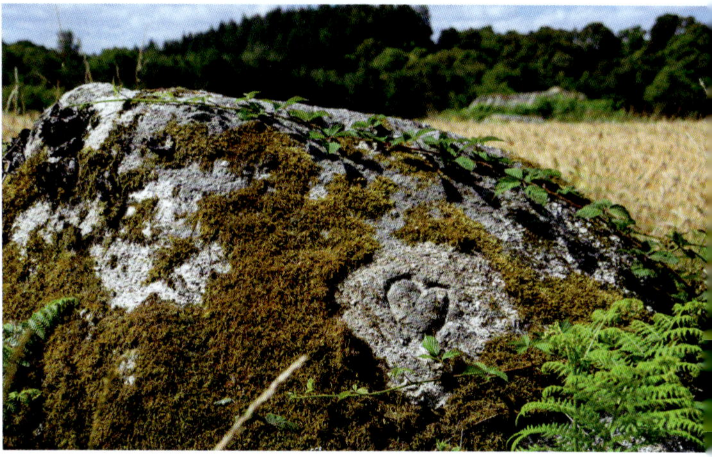

Pierre. Wir überqueren den Bach nicht. Er plätschert rechts von uns zwischen Granitblöcken hindurch, bildet manchmal kleine Badegumpen und wird von hier bis zur übernächsten Brücke auf beiden Seiten von Fußwegen begleitet.

Wir wandern am Bach entlang und an der Brücke **Passarelle du Moulin de Saint-Méen** vorbei, wo ein beschilderter Weg zurück zum Parkplatz Les Prétoquis führen würde. Wir bleiben aber im wildromantischen Bachtal und erreichen eine Stelle, wo es links kurz steil und etwas rutschig hinauf geht zu einem **Durchgang zwischen Felsen**. Jetzt verläuft der Weg oberhalb des Wassers. Das Bachbett liegt hier voller dicker Granitblöcke.

Highlights

Über Jahrtausende sammelten sich die riesigen Granitbrocken im Flusstal des Gouët. Sie bilden ein malerisches Felsenchaos in dem bestimmt auch einige der Feen und Elfen aus der Welt der bretonischen Legenden zu Hause sind.

TOUREN-STECKBRIEF

Anfahrt: Von Saint-Brieuc auf der D700 nach Süden fahren und auf die D790 in Richtung Quimper abbiegen. Im nächsten Kreisverkehr die D790 Richtung Saint-Julien wählen. Dann geht es die dritte Straße links in Richtung »Les Chaos du Gouët« und zum Parkplatz »Le Terte au Vin« bei **GPS N 48°26'02.1", W 2°50'09.8".**

Anspruch und Charakter: Meist Fußwege, aber auch 1,3 Kilometer auf Asphalt. Im Tal viel Schatten, beide Anstiege aus dem Tal sind schattenlos. An wenigen Stellen Zugang zum Bach und den Pools zwischen den Felsen.

Markierung: Teilweise Beschilderung zu den Parkplätzen.

Mit Kindern: Perfekt für Kids ist eine kurze Runde zwischen ❹ und ❸. Hier könnt ihr immer am Bach entlang auf der einen Bachseite hin und auf der andern zurückwandern. Dazu geht es bei Punkt ❶ links und über die neue Holzbrücke bei Wegpunkt ❹ hinunter zum Bachufer und rechts am Bach entlang und an Steinbrücke ❸ auf die andere Seite. Für den Rückweg wählen wir von Punkt ❹ den bereits bekannten Weg.

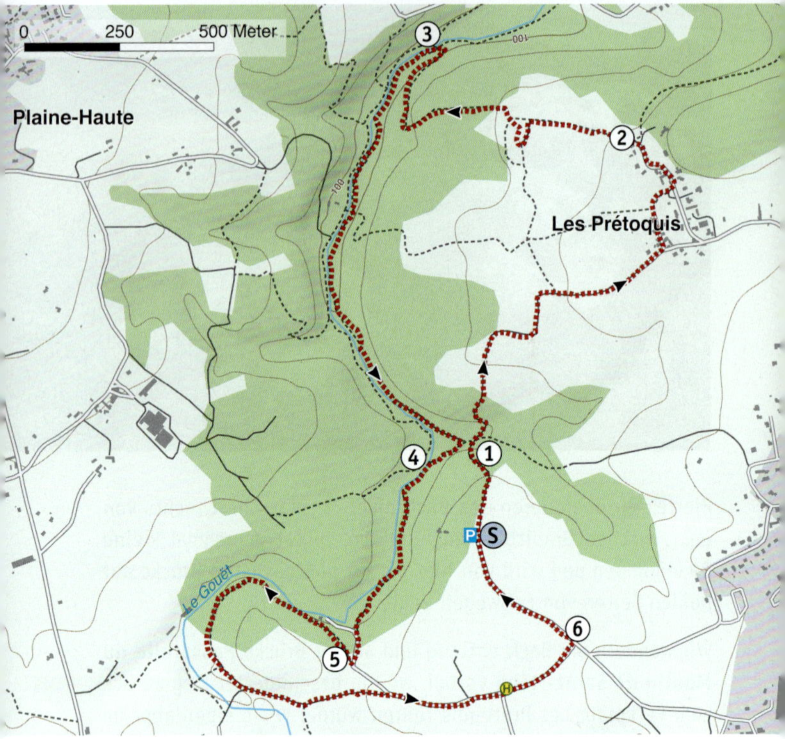

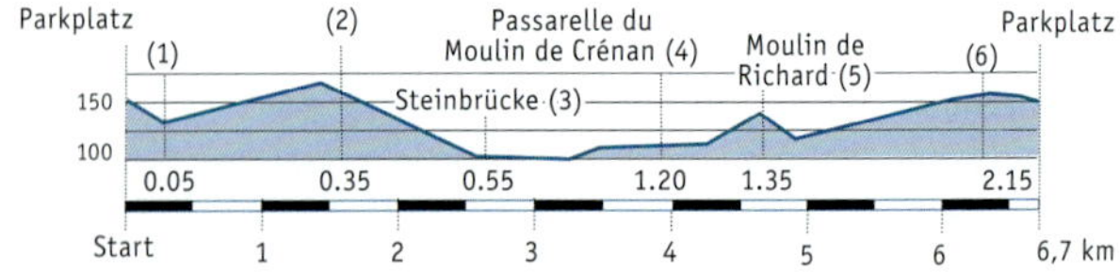

Zurück auf Bachniveau überqueren wir einen **Wasserzulauf** und gehen rechts (nicht links zu ❶. So erreichen wir die **Passerelle du Moulin de Crénan** ❹, eine dritte Holzbrücke. Wir wandern hier weiter geradeaus am Bach entlang. Schließlich laufen wir auf einem Damm und treffen auf einen Fahrweg, auf den wir links abbiegen. Der Belag wechselt zu Asphalt und in der nächsten **Linkskehre** wählen wir den **Fußweg** ❺ nach rechts.

Zwischen Hecken führt der Weg oberhalb der aufwendig restaurierten **Moulin de Richard** entlang. Wieder am Bach sehen wir den gemauerten Wasserzulauf der Mühle. Der schattige Pfad führt dann weg vom Wasser und durch Wiesen mit Blick auf eine weitere ehemalige Mühle. Bei Verzweigungen halten wir uns links am Waldrand und wandern dann auf einem Fahrweg links aufwärts. Wir folgen ihm an zwei Abzweigen vorbei durch wilde Heide, Wald und Felder, bis wir auf eine **T-Kreuzung** ❻ treffen. Hier biegen wir links ab und gehen zurück zum Parkplatz.

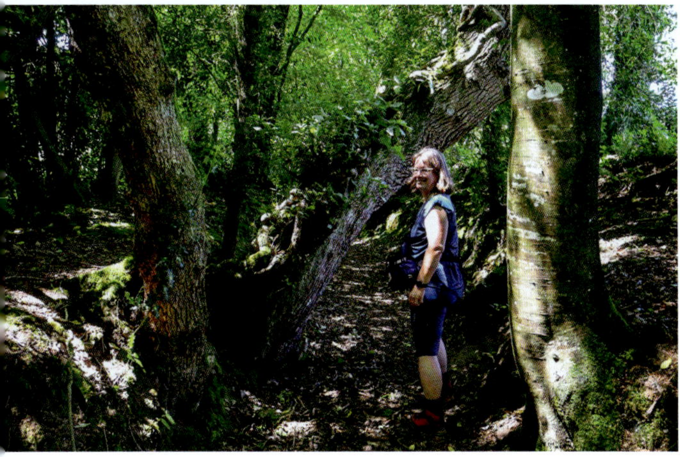

140 m

STRECKE 8 km

2 h 30

ab 8

Im Bois d'Avaugour

8

Von der Ferme du Bois-Meur in die Wälder des Herzogs

Wer die beruhigende Stille und das Vogelzwitschern in einem alten, von vielen Tieren bewohnten Wald liebt, ist hier genau richtig. Wir haben den schönsten der sieben beschilderten Rundwege am ehemaligen Bauernhof »Ferme du Bois-Meur« herausgesucht. Er zeigt den Wald in verschiedenen Wachstumsstadien und führt zu einem stillen See in einem verlassenen Steinbruch. Oft sind wir hier ganz alleine unterwegs.

Wanderung: Wir starten in Richtung Farm/Picknickwiese und gehen rechts an der Cabane (neues Holzgebäude) vorbei. Gegen-

TOUREN-STECKBRIEF

Anfahrt: Beschildert ab Saint-Péver mit »Fôret départementale d'Avaugour – Bois Meur«, Parkplatz bei **GPS N 48°28'45.8", W 3°03'54.2"**.
Anspruch und Charakter: Viel Schatten, Wechsel zwischen Forstwegen und Pfaden, kein Asphalt.
Markierung: Gelb, beschildert als »Circuit de la Carrière«.
Ferme du Bois-Meur: Um das große Waldgebiet, das im Mittelalter den Herzögen von Avaugour gehörte, als einladendes Ziel für Erholungssuchende zu gestalten, hat man von 2019 bis 2020 die Ferme du Bois-Meur restauriert. Das alte Farmgebäude wurde mit der »cabane«, einem Unterstand für pädagogische Führungen und dem »atelier«, einem Gebäude für die Forstarbeiter ergänzt. Es gibt außerdem ein großes Picknickgelände und viele markierte Wege.
Einkehr: Keine.
Mit Kindern: Von der Ferme du Bois-Meur sind mehrere Rundwege beschildert, darunter der Circuit des Étangs, der über Stege und gut ausgebaute Fußwege zu einem ziemlich zugewachsenen See führt (1,3 km).

Highlights

In der Bretagne gibt es nicht nur raue Küstenlandschaften, im Landesinneren sind auch ausgedehnte Mischwälder zu finden. Auf dieser Runde durch den Wald von Avaugour erlebt ihr die Stille zwischen uralten Bäumen und einem kleinen Stausee.

über einer Infotafel führt ein Fußweg in den Wald. Diesem folgen wir über Stege und an einem Teich vorbei. An der ersten **Verzweigung** halten wir uns links und sind jetzt auf dem gelb markierten Rundweg. Wir treffen auf einen Forstweg und biegen rechts ab. An der nächsten **T-Kreuzung** ❶ geht es links weiter bis zur Straße D 24, der beschilderten Zufahrtsstraße. Wir überqueren sie und folgen dem Pfad, der nach links ein Stück parallel verläuft und dann rechts in einen aufgeforsteten Kiefernwald abbiegt. An der Grenze zum alten Mischwald treffen wir auf die nächste **Wegkreuzung** ❷ und biegen rechts ab.

An einer Verzweigung im Wald wandern wir links und durch einen **Hohlweg** hinunter zur Straße. Gegenüber führt ein breiter Fußweg wieder in den Wald. Er wird zum sonnigen Pfad, der an einem Hang mit Baumsetzlingen entlangführt. Dann tauchen wir wieder in den Wald ein. Nach einer **Rechts-Links-Kehre** ❸ gehen wir nicht links auf die Wiese, sondern geradeaus hoch und folgen erst anschließend dem Linksbogen. Wir treffen auf eine weitere Straße und überqueren sie leicht nach links.

Ab der nächsten **Verzweigung** wandern wir rechts aufwärts unter hohen, moosbehangenen Buchen. Von Wällen eingefasst führt der Weg hoch auf die Kuppe. Bei zwei Verzweigungen halten wir uns rechts und wandern parallel oberhalb eines Forstweges, dann geht es bald wieder links abwärts durch den hohen, alten Wald zum **Steinbruch** ❹. Von einer Freifläche schauen wir über die unter uns liegende Wasserfläche, die den alten Steinbruch füllt. Auf der linken Seite bildet ein flacher Seezugang einen kleinen Strand.

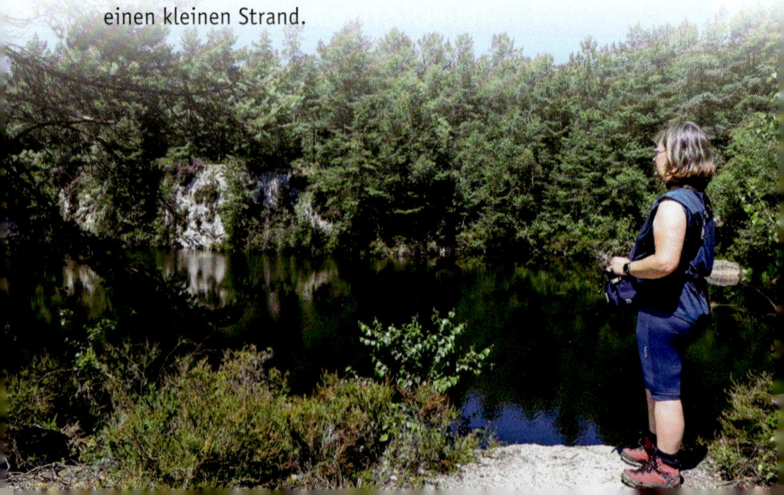

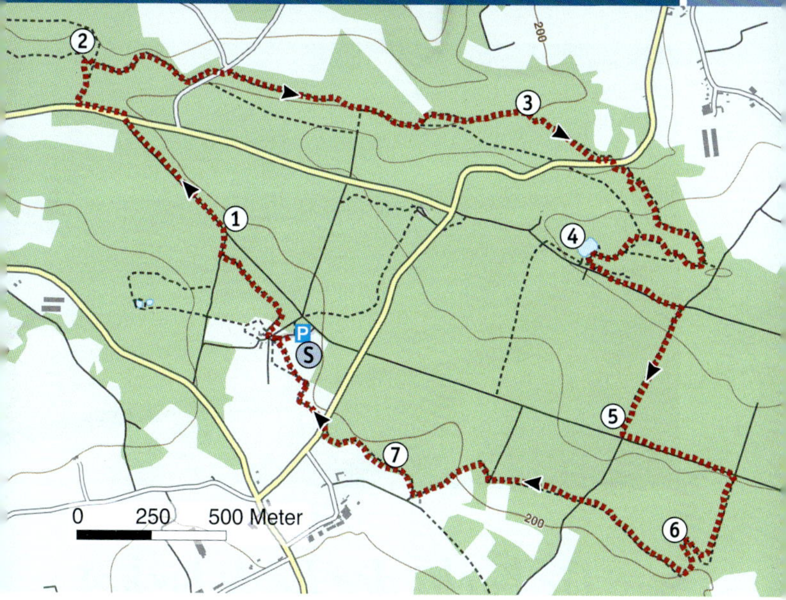

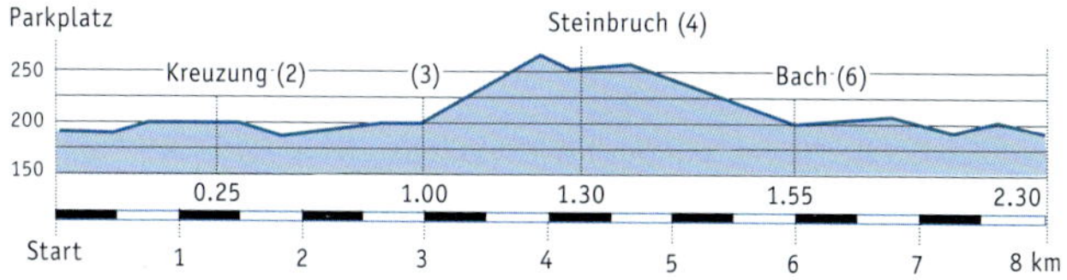

Wir gehen vor dem See nach links und gleich wieder links in den nächsten Weg. Wenig später treffen wir auf einen breiten Forstweg und folgen ihm nach links. An der nächsten Kreuzung biegen wir rechts ab und laufen an der Schranke vorbei auf den Forstweg. Jetzt wandern wir durch lichten Wald mit viel Farn und immer abwärts bis zu einer geschotterten **Forststraße** ❺, auf der es nach links weitergeht.

Bei der nächsten **Kreuzung** biegen wir rechts ab auf einen Pfad. Er beschreibt eine Rechtskehre und quert einen Bach ❻, dann geht es links weiter. An der folgenden Kreuzung wandern wir geradeaus weiter, jetzt wieder auf einem breiten Weg. In der nächsten Rechtskehre zweigt ein Pfad nach links ab. Wir folgen ihm, passieren eine Schranke und befinden uns jetzt in einem Hohlweg. Vor der nächsten Schranke geht es rechts hinunter bis zu einem **Bach** ❼.

Auf der anderen Seite steigen wir zwischen Wällen hinauf. Am Ende folgen wir der Linkskehre zur Straße, die wir überqueren. Auf der rechten Seite der gegenüberliegenden Hecke folgen wir einem gemähten Wiesenstreifen und umrunden die Wiese halb. In der hinteren Ecke führt der Weg zwischen den Hecken nach links zurück zur Ferme du Bois-Meur.

180 m

STRECKE 7,7 km

2 h 30

ab 8

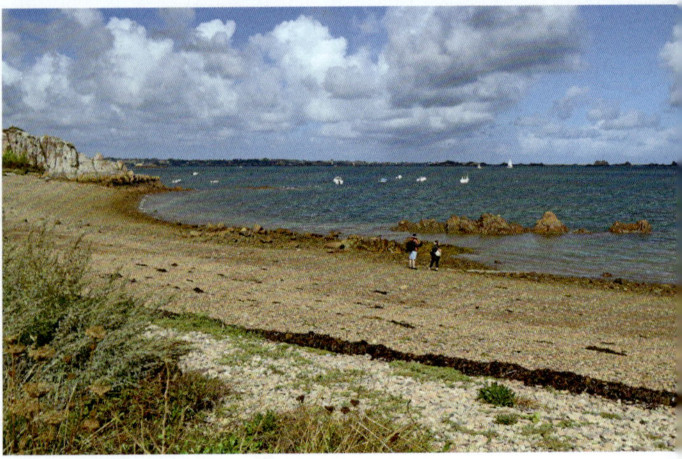

9 Die Bucht der Île de Bréhat

Durch die Küstenwälder bei Arcouest

Auf schmalen Pfaden wandern wir durch den Wald und direkt an der Bucht entlang. Dabei blicken wir immer wieder auf die im Meer aufleuchtenden Felsen der Île de Brehat, die als Ausflugsziel sehr beliebt ist. Auf unserem Wanderweg sind wir dagegen oft alleine unterwegs und können die malerische Szenerie in Stille genießen. Der Picknickplatz gegen Ende der Tour lädt zu einer längeren Rast mit großartiger Aussicht ein.

Wanderung: Auf dem Parkplatz gehen wir zum hinteren Ende des großen Geländes, gute 30 Meter vorher zweigt ein Fußweg nach rechts ab und steuert auf eine Felsgruppe zu. Wir halten uns links und treffen auf eine Straße, der wir links aufwärts folgen. In der Linkskehre an den **Häusern von Cornec** **1** biegen wir auf einen Fahrweg nach rechts ab. Nach 50 Metern wählen wir den Hohlweg, der links im Wald aufwärts führt. Er wird breiter und führt zuerst mit Blick aufs Meer zu einem Fahrweg, der uns talaufwärts leitet. An einer Verzweigung unterhalb von Häusern

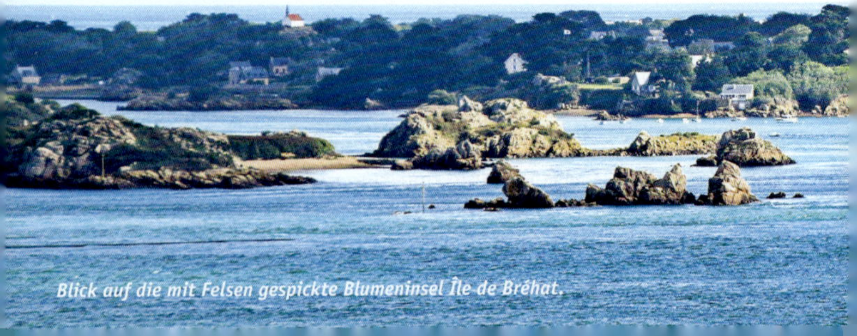

Blick auf die mit Felsen gespickte Blumeninsel Île de Bréhat.

TOUREN-STECKBRIEF

Anfahrt: Von Paimpol auf der D 789 nach Ploubazlanec und weiter nach L'Arcouest, wo die Straße zur Küste herunter führt nach links auf den großen Parkplatz vor L'Arcouest bei **GPS N 48°49'15.2", W 3°01'10.0"** (2 h frei, dann kostenpflichtig € 6,50).
Von L'Arcouest fahren die Ausflugsschiffe zur Île-de-Bréhat, deshalb besteht der Ort vor allem aus Parkplätzen sowie einem Restaurant und einer Crêperie.
Kostenfreies Parken für PKW am Parkplatz Lann Vras bei **GPS N 48°49'01.9", W 3°02'04.1"**.
Anspruch und Charakter: Schmale Wanderpfade und Forstwege, viel Schatten. 2,4 Kilometer auf Asphalt.

Markierung: Der Rundweg ist beschildert als »Circuit de Lann Vras«. Wir gehen ihn aber in die umgekehrte Richtung, um die großartige Aussicht über die Bucht gegen Ende genießen zu können.
Info: Bei Springtide sind Überschwemmungen direkt nach dem Parkplatz möglich.
Mit Kindern: Gekürzte Tour (4,4 km) ab dem Parkplatz Lann Vras ❻. Auf dem Feldweg auf der rechten Parkplatzseite geht es Richtung Meer und in einer Rechtskehre auf einem verwachsenen Pfad geradeaus in den Wald. Nach nur 50 Metern treffen wir bei ❷ auf den deutlicheren Hauptweg nach links, ab dort folgen wir der Beschreibung.

Highlights

Dutzende kleiner Felseninselchen rund um die Ile de Bréhat verleihen diesem Abschnitt der bretonischen Küste eine besondere Optik. Von unserem Küstenweg könnt ihr an vielen Stellen zur Insel hinüberschauen.

gehen wir rechts. Der Weg führt durch ein Spalier von Bäumen. An der nächsten Y-Verzweigung halten wir uns rechts und genießen die wunderschöne Sicht aufs Meer. Vorbei an Felsen unter Kiefern und über Stufen und Felsen abwärts ignorieren wir einen Linksabzweig. Anschließend führt unser Weg an einer Weide entlang und trifft **an der Küste** auf einen **Fahrweg** ❷, dem wir nach links folgen. Er wird zur kleinen Asphaltstraße, die mit Parkmöglichkeiten am Meer entlangführt. Der Platz heißt »Pointe de Traou Plat«. Wo die Straße ins Inland abbiegt, gehen wir geradeaus auf einem schmalen Fußweg weiter. Wir wandern an einer Farnböschung entlang und durch ein Pappelspalier in den Wald. Auf einen Wiesenweg gehen wir geradeaus weiter immer an der Küste entlang bis zur Bucht **Anse du Ouern** ❸, in der sich auch ein Camping- und ein Picknickplatz befinden.

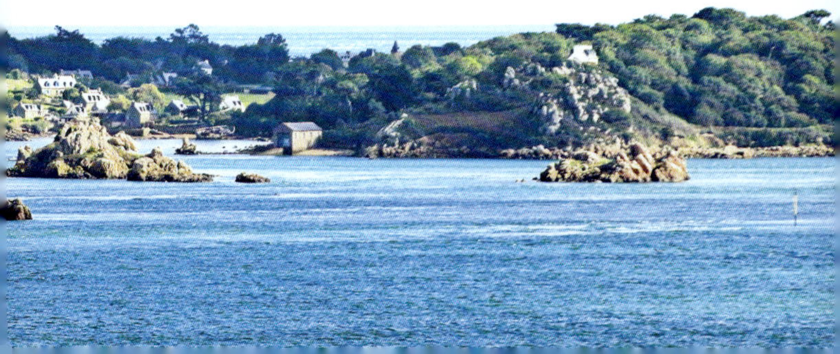

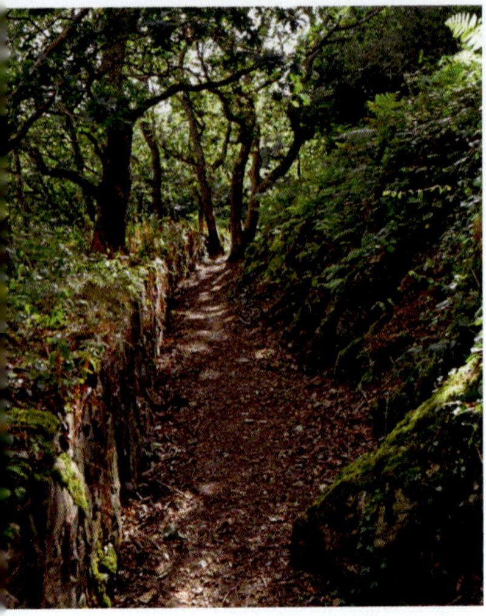

Hier biegen wir links ab und gehen die erste Straße, den »Chemin de Caroline« hinauf. In der Linkskehre am Waldanfang biegen wir rechts in einen Hohlweg zwischen Mauern ein. Er wird breiter und einigen Schneisen der Forstfahrzeuge kreuzen ihn. Wir folgen dem Hauptweg aufwärts bis zum **Waldrand** ❹. Dort wenden wir uns auf einem alten Sträßchen nach links und wandern am Waldrand entlang. In einer Rechtskehre wählen wir den Feldweg geradeaus, zuerst weiter am Waldrand, dann abwärts zwischen Büschen und an einem Haus vorbei zur **Straße** ❺. Wir gehen nach rechts und sofort an der nächsten Verzweigung nach links (nicht auf den Feldweg scharf links).

Nach einigen Metern führt ein Wiesenweg geradeaus hoch und unter Zedern an einem Haus vorbei zu einer Straße. Auf dieser laufen wir 70 Meter nach links. Dann biegen wir rechts auf einen Fahrweg ab, der in den Wald hinaufführt. Etwa auf Höhe der Mühlenruine rechts im Feld folgen wir ihm nach links. Unter alten Kiefern wandern wir an einem Haus vorbei und dann sehr romantisch an Mauern entlang durch hohen Kiefernwald. Unser Weg wird zum Pfad, gibt einen weiten Blick auf die Bucht frei und trifft auf eine **T-Kreuzung**, an der wir rechts abbiegen. Wenig später erreichen wir **Lann Vras** ❻, einen Wiesenplatz mit Picknickbänken und Traumaussicht auf die Bucht.

Die Île de Bréhat, die wir rechts von uns sehen, besteht aus zwei größeren bewohnten Inseln, die durch eine Brücke verbunden sind, und winzigen unbewohnten Fels-Eilanden. Die südlichere der großen Inseln ist für ihren Blumenreichtum bekannt, die

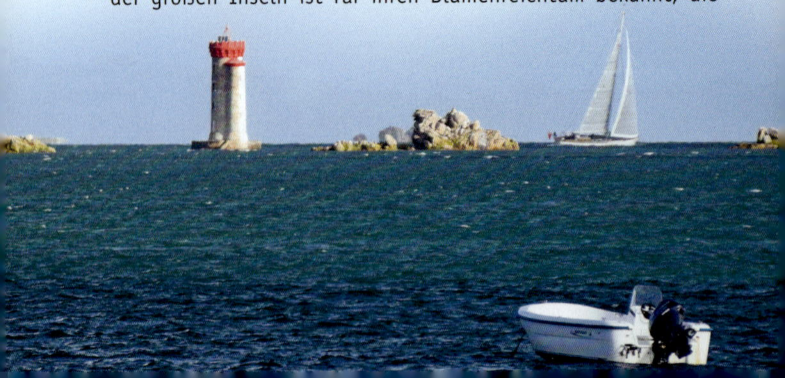

nördliche für die schroffen roten und rosafarbenen Felsen. Links leuchtet der Sillon de Talabert als heller Streifen im Meer – eine natürliche Kiesbank, die nur 35 Meter breit ist und sich gut drei Kilometer ins Meer erstreckt. Sie ist als Réserve Naturelle geschützt und bei Anglern und Spaziergängern beliebt. Außerdem steht am Aussichtspunkt das große Denkmal »Veuves d'islandais«.

Nachdem wir die fantastische Aussicht ausgiebig genossen haben, gehen wir auf der Zufahrtstraße vom Meer weg. An einer ersten Verzweigung vorbei wandern wir geradeaus bis zu einer **T-Kreuzung**. Auf Asphalt geht es nach links. An der nächsten, großen **Verzweigung mit Wegkreuz** **7** gehen wir schräg links hinter dem Kreuz vorbei. In Kehren führt die Straße abwärts. An der folgenden **T-Kreuzung** halten wir uns wieder links, wandern bis zum Meer hinunter und dort auf den bereits bekannten Fußweg nach rechts, der uns zum Parkplatz bringt.

Les Veuves d'Islandais

Das Denkmal ist dem Schriftsteller Pierre Loti und seinen Romanfiguren gewidmet. Es wurde schon 1932 vom Bildhauer Francis Renaud als Gipsmodell geschaffen. Erst viele Jahre später wurde dieser Entwurf wiederentdeckt und vom bretonischen Künstler Charly Sallé, im Auftrag des Vereines Pierre Loti, in Granit ausgeführt.

Seit 2017 steht das Denkmal in Lann Vras. Es stellt die zwei Protagonistinnen des Romans »Pêcheur d'Islande« aus dem Jahr 1886 von Pierre Loti dar: die gebeugte Großmutter mit Träne auf der Wange und die Enkelin Gaud. Sie warten auf die Rückkehr des geliebten Yann, eines Fischers aus Pors-Even, den Gaud gegen den Willen des Vaters und nicht standesgemäß heiratete. Aber direkt nach der Hochzeit bricht Yann, wie jedes Jahr, zum Fischen nach Island auf. Die gefährliche Fahrt dauert von Februar bis August. Yanns Boot kehrt nicht zurück. Damit stehen die beiden Frauen symbolisch für das Leid vieler Familien zur Zeit der Islandfischerei.

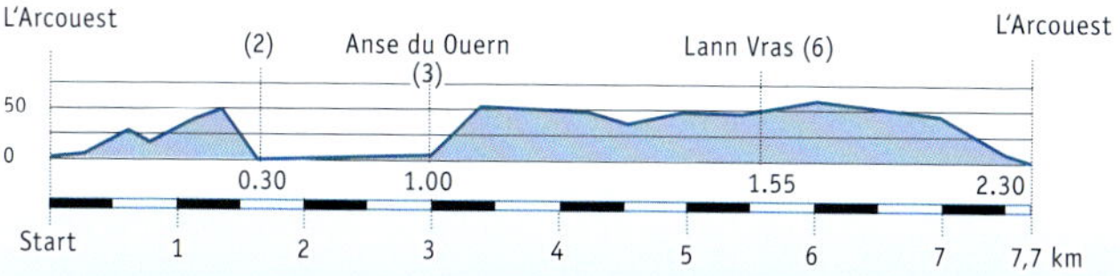

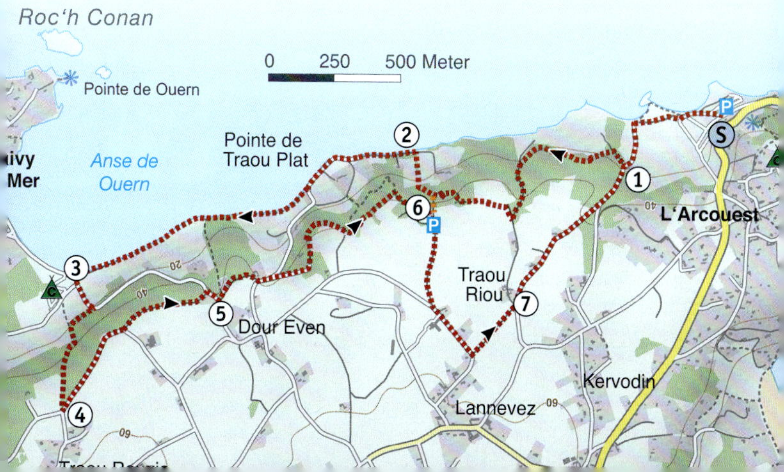

Die Felsskulpturen des Granit Rose

So richtig rosa sind die Felsen der Côte de Granit Rose ja eigentlich nicht – mit rötlich wären viele der Steine besser beschrieben. Die Farbe entsteht durch Einschlüsse aus rosa Feldspat und Hämatit, der auch als Eisenglanz oder Blutstein bezeichnet wird.

Granit ist ein sehr altes Gestein. Während des Paläozoikums, also vor etwa 300 Millionen Jahren, führte die Kollision der Urkontinente Gondwana und Laurussia zum Aufstieg von Gesteinsschmelzen. Unter dem Druck der bis zu zwei Kilometer dicken Deckschichten kühlte der Stein dann einige hunderttausend Jahre ab und kristallisierte dabei. Dadurch entwickelte sich ein besonders grobkörniges Material. Außer aus Feldspat besteht Granit auch noch aus schwarzem Glimmer und grauem Quarz. Granit Rose wird oft mit rosa Granit übersetzt. Unter dem Namen Rosengranit kommt die Gesteinsart auch im Niltal vor.

Auch für die ungewöhnlichen Formen der Felsen gibt es eine wissenschaftliche Erklärung: In Millionen von Jahren wurde das Deckgestein abgetragen und der Granit kam an die Oberfläche. Die Anhebung des Gesteins führte zu Spannungen und damit zu Rissen und Spalten. Durch Regen, Fluss- und Meereswasser wurde der Stein entlang von Rissen und Spalten erodiert und bildete so Quader und Kugeln unterschiedlicher Größe. An der Küste erzeugte das Meer, dessen Wasserspiegel höher war als heute, die außergewöhnlichen Gesteinsformationen. Selbst der Sand der bretonischen Küste besteht aus zu winzigen Quarzkörnern zerriebenem Granit.

Man findet die Steine aber nicht nur an der Küste, sondern auch in den sogenannten »Chaos« vieler Flüsse. Hier liegen Ansammlungen riesiger Granitkugeln im Flussbett, die von den umliegenden Hügeln ins Tal »rollten«.
[› Tour 7, 13, 27, 38, 40]

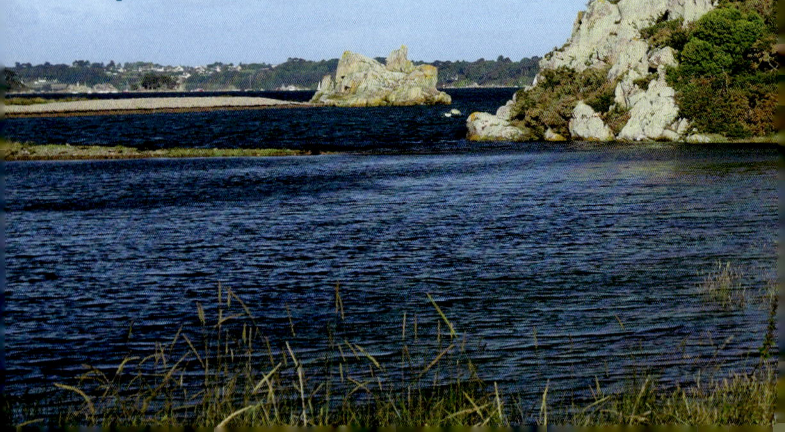

Der Atlantikwall – die Spuren des großen Krieges

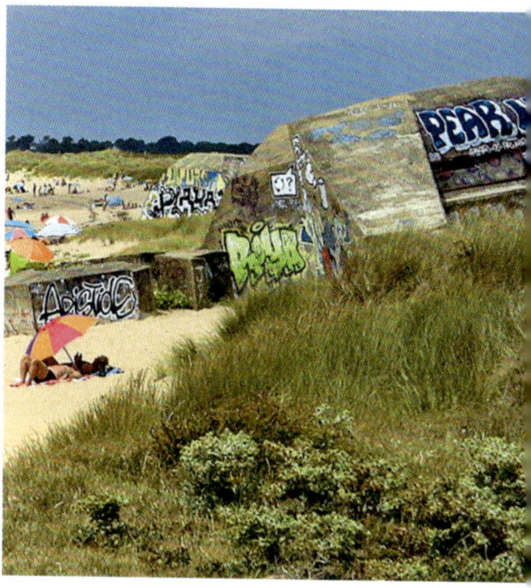

Die Ruinen der Bunker, auf die wir entlang der ganzen Küste der Bretagne immer wieder treffen, sind ein Mahnmal für eines der dunkelsten Kapitel in der Geschichte des letzten Jahrhunderts.

Mit Kriegseintritt der USA befürchtete Hitler eine Invasion über den Ärmelkanal und ließ deshalb ab 1941 eine Verteidigungslinie an den Küsten errichten, um anlandende feindliche Schiffe schnell zu versenken. Vor allem in Frankreich wurde von 1942 bis 1944 massiv am Ausbau des sogenannten Atlantikwalles gearbeitet, obwohl es eigentlich an Material und Mannschaften mangelte. Über 8000 Bunker bauten die Deutschen in die Küstenlandschaft zwischen Frankreich und Norwegen.

Obwohl es sich nur um eine »einfache« Befestigungslinie handelte, verursachte sie hohe Verluste, als am D-Day, dem 6. Juni 1944, eine Allianz aus etwa 150.000 Amerikaner, Kanadiern und Briten bei der Landung in der Normandie die Westfront eröffnete. Als Mahnmale eines fürchterlichen Krieges begegnen uns die Bunkerruinen noch heute überall an der Küste.

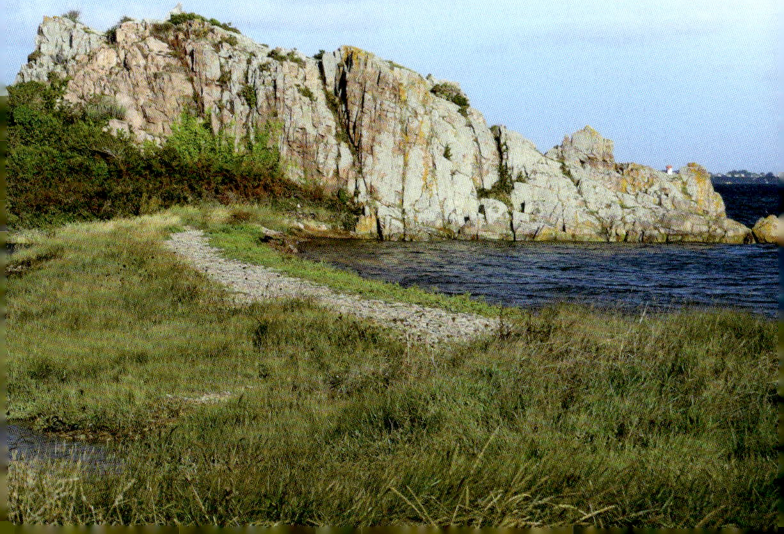

105 m

STRECKE

8 km

2 h 30

ab 8

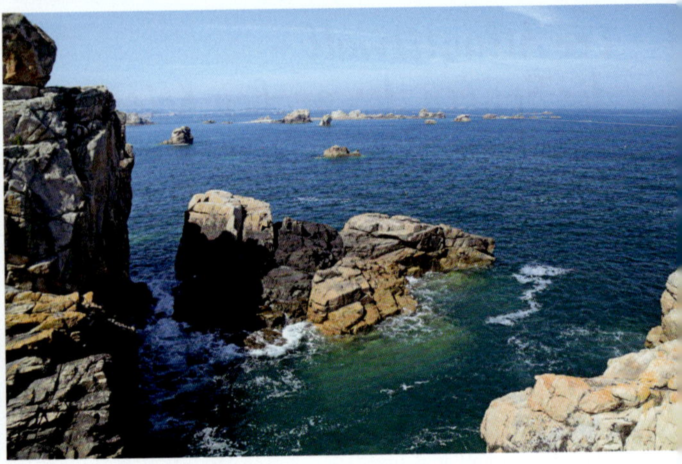

10 Le Gouffre und Pointe du Château

Die Highlights der Rosa Granitküste

Die Wanderung mit Traumaussichten auf unterschiedlichste Felsformationen aus rosa Granit ist bekannt, beliebt und entsprechend überlaufen. Trotzdem ist die Runde sehr lohnend, denn auch in der Hauptsaison finden sich noch ruhige Flecken zum Schauen und Staunen. Neben den bekannten Highlights fasziniert auch die Wegstrecke nördlich von Pors Scaff. Hier ragen schroffe Felsen und viele skurrile Steingestalten aus dem Meer.

Wanderung: Schon die felsige Bucht, die sich hinter dem Kieskamm am Parkplatzende erstreckt, ist ein Erlebnis. Wir starten auf dem breiten Weg, der von unserem Parkplatz aus direkt entlang der Bucht nach Norden führt, also weg vom Hafen und den Häusern von Pors Scaff. Er wird schmaler und führt zwischen den Felsen und Felsgruppen hindurch, die am Rande der Bucht und in den Wiesen aufragen. Rechts von uns erstrecken sich Felder

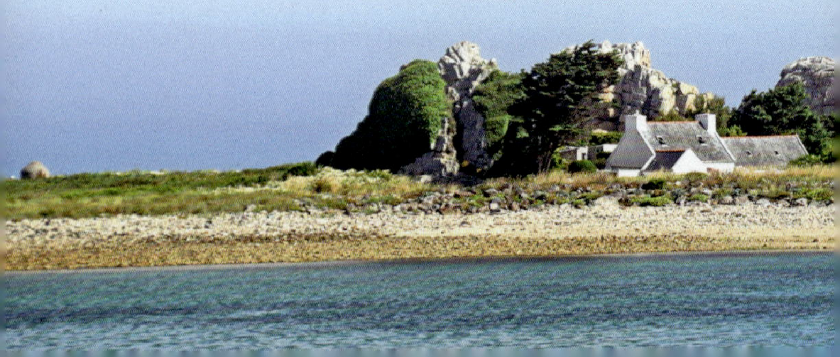

TOUREN-STECKBRIEF

Anfahrt: Von Tréguier nach Plougrescant (beschildert, D70, ab Zentrum Tréguier D8) und an der Verzweigung vor der großen Kirche von Plougrescant schräg links abzweigen nach »Grève Pors Scaff« (kleines Schild), nach einem Kilometer im Kreisverkehr geradeaus, am Meer nach rechts zum Parkplatz in Pors Scaff am Ende des Hafenbeckens bei **GPS N 48°51'18.6", W 3°14'50.0"**.

Maison du Littoral: Mitte Juni bis Mitte September und Frühlings-/ Herbstferien Mo bis Fr 14–17/18 Uhr, in den Sommerferien Mo bis So 14–18 Uhr.

Anspruch und Charakter: Leichter Weg überwiegend am Wasser entlang, kein Schatten. Badesachen nicht vergessen. Abschnitt bei »Le Gouffre« nicht gesichert. 2,3 Kilometer auf Asphalt.

Markierung: Im Bereich der Küste weiß-rote GR-Markierung.

Info: Dünen und bewachsene Kieskämme nicht betreten!

Mit Kindern: Start am Parkplatz bei der Maison du Littoral ❹. Am Informationszentrum nach links und nächste rechts zu Le Gouffre ❸. Vorsicht, die Klippen sind nicht gesichert! Dann geht es zurück und zur Pointe du Château ❺. An der folgenden Verzweigung ❻ rechts abbiegen und an der Verzweigung im kleinen Ort Porz Bugalé rechts zum Parkplatz zurücklaufen. Eine Rast an der Felsküste von Pors Scaff (nördlich des Parkplatzes) ist absolut lohnenswert.

Strecke: 3,5 km, mit 700 Metern Asphalt.

Highlights

Die Côte de Granit Rose mit ihren rötlichen Felsen gilt als einer der schönsten Küstenabschnitte Europas. Das Haus zwischen den Felsen und die Aussichtspunkte Pointe du Château und Le Gouffre sind drei ihrer spektakulärsten Spots.

und Feuchtwiesen. So erreichen wir einen weiteren **Parkstreifen** ❶ hinter Dünen westlich von Keravel und befinden uns jetzt auf dem **Lehrpfad »Pays des Tors«**, frei übersetzt »im gedrehten Land«. Wir folgen dem Fahrweg an einem kleinen Bootssteg vorbei, dann verjüngt sich unser Weg wieder zu einem Pfad. Der Ausblick ist fantastisch: helle Kiesstrände, braun-rosa farbene Felsengebilde am und im Meer und dazu das kontrastierende, strahlende Blau des Wassers. Vor einem Haus knickt der Weg nach rechts ab, dahinter geht es links weiter. Dann folgt eine lange Kiesbucht, der gegenüber das **Haus zwischen den Felsen** ❷ liegt, eines der beliebtesten Fotomotive der Bretagne. Unser Weg führt zu einer Straße, an der wir uns links halten. Nach 60 Metern biegen wir nach links in eine schmale, anfangs gepflasterte Straße ein, die uns zwischen Bucht und Feuchtgebiet entlangführt.

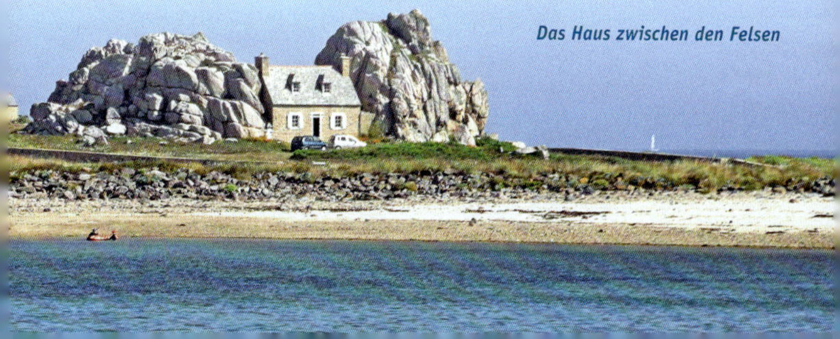

Das Haus zwischen den Felsen

Wir gehen an der Häusergruppe, auf die wir zugelaufen sind, links vorbei und bleiben geradeaus auf dem breiteren Pfad. An der nächsten Verzweigung geht's ebenfalls geradeaus weiter und dann stehen wir auf den Felsen von **Le Gouffre** ❸, dem »Abgrund«. Bei Flut schäumt und spritzt das Wasser in diesem engen Schlund.

Wir gehen zurück zur letzten Verzweigung und dort nach rechts. Der Weg führt in einem Bogen um die kleine Halbinsel herum und an weiteren Felsen vorbei, die deutlich weniger Besucher anziehen als das bekannte Highlight zuvor. Bei der bereits bekannten Häusergruppe treffen wir wieder auf den Hauptweg, wenden uns nach rechts und folgen der Straße über den Damm zwischen Feuchtgebiet und Meeresbecken. Dann biegen wir links auf den Fußpfad ab. Er führt uns zum **Maison du Littoral** ❹, Museum und Informationszentrum. Geradeaus gehen wir weiter die Küste entlang.

Dann erreichen wir ein lichtes Kiefernwäldchen und schließlich eine schattige Verzweigung, bei der es sonnengeschützte Sitzmöglichkeiten auf Felsen und Baumstämmen gibt. Hier gehen wir schräg links weiter, verlassen den Wald und stehen vor **Pointe du Château** ❺, einer großen, wilden Felsgruppe, die sich als nördlichster Punkt der Halbinsel in den Atlantik streckt und vor der eine weite Wiese zu einem Picknick einlädt.

Auf gleichem Weg wandern wir zurück zum Schattenplatz unter Kiefern und hier links durch zwei Torpfosten hindurch. Unser Pfad wird schnell zu einer Straße, der wir geradeaus folgen.

An der nächsten **Verzweigung** ❻ wählen wir den Fußweg, der geradeaus und entlang der Bucht weiterführt. Wem es an der Pointe du Château zu voll war, findet hier weitere Felsen mit berauschender Aussicht. Erneut treffen wir auf eine Straße, der

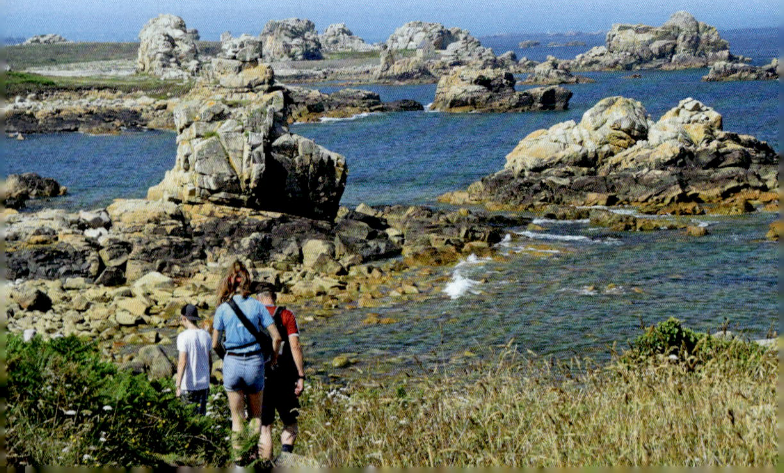

wir geradeaus folgen und die uns zum großen **Sandstrand Pors Hir** ❼ bringt. Kurz vor Erreichen des Strandes wenden wir uns nach rechts, gehen an großen Parkplätzen vorbei und die nächste Straße wieder rechts. Sie führt uns zwischen den Häusern von **Kericu** hindurch bis zu einer T-Kreuzung, an der wir uns nach links wenden.

Nach 80 Metern und an einer Auffahrt vorbeigehen wir vor einem **Haus** nach rechts ❽, wobei der Weg wie eine Hofzufahrt wirkt. Nach wenigen Metern führt ein Wiesenweg geradeaus weiter und wunderschön zwischen Hecken aufwärts. Links steht ein Anwesen mit prächtigen Hortensien, rechts können wir bald das Meer sehen. Der Weg wird schattig und kühl und führt anschließend geradeaus zu einigen Häusern hinauf und auf eine Straße. Der Blick zurück ist an dieser Stelle beeindruckend.

Wir folgen der Straße und halten uns an der nächsten Verzweigung geradeaus. An der gleich darauf folgenden T-Kreuzung gehen wir nach rechts, biegen in die nächste Straße nach rechts ein und folgen ihrem Verlauf hinunter zum **Strand und zum Parkstreifen** ①. Dort wenden wir uns nach links, gehen auf bekanntem Weg zurück zum Auto und können noch einmal ausgiebig die fantastischen Felsen der Rosa Granitküste bewundern.

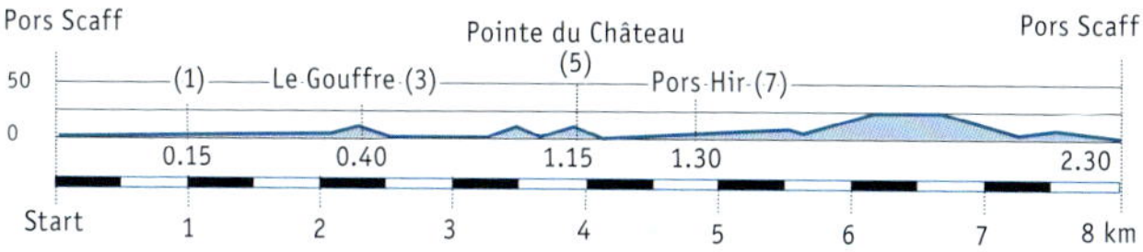

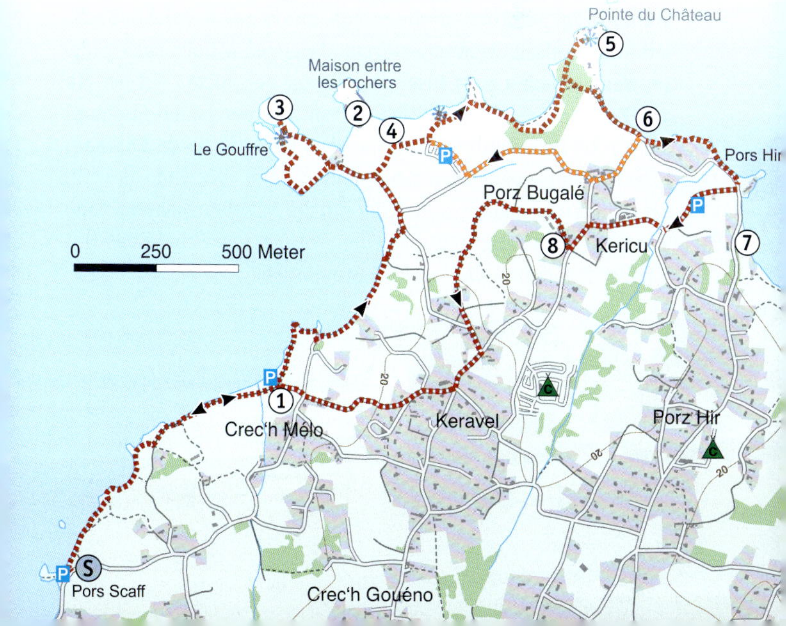

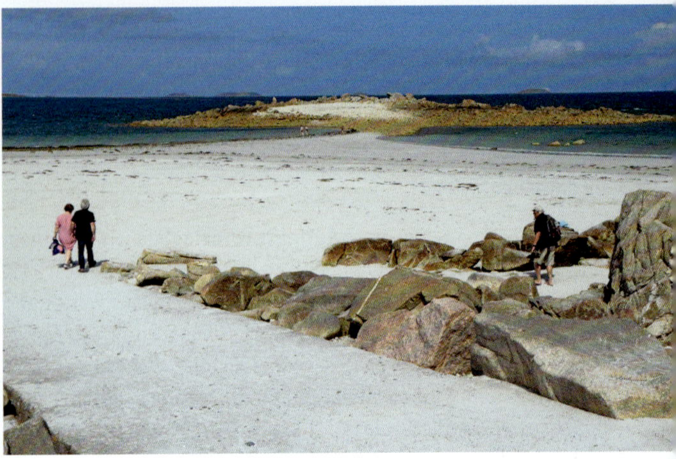

130 m

STRECKE 8,8 km

2 h 45

ab 10

11 Port Blanc und seine Inseln

Weite Strände und felsige Buchten

Port Blanc zeigt sich mit zwei sehr unterschiedlichen Gesichtern: Im Westen erstreckt sich ein langer Strand mit Blick auf den weiten Atlantik, im Norden und Osten des Dorfes umrahmen Felsen eine romantische Bucht mit vielen Inseln und Inselchen. Wir verbinden auf dieser Runde beide Seiten des hübschen Hafenortes und streifen zwischendurch auf alten Verbindungspfaden, schattigen Wegen und ruhigen Sträßchen durchs Inland.

Wanderung: Mit Blick auf die ruhige, mit Felsen gespickte Bucht mit ihrem weiten, weißen Sandstrand wenden wir uns nach links. Im Westen liegen zwei Inseln im Wasser der Bucht. Auf der **Île des Femmes** warteten die Frauen zur Zeit der Island-Fischerei auf die Rückkehr ihrer Männer. Daneben liegt die **Île du Château**, bewacht von einem leuchtend weißen Turm, der Ende des 19. Jahrhunderts erbaut wurde. Während der Napoleonischen Kriege von 1792 bis 1815 stand hier eine Festung zum Schutz des Hafens, später diente die Insel als Steinbruch.

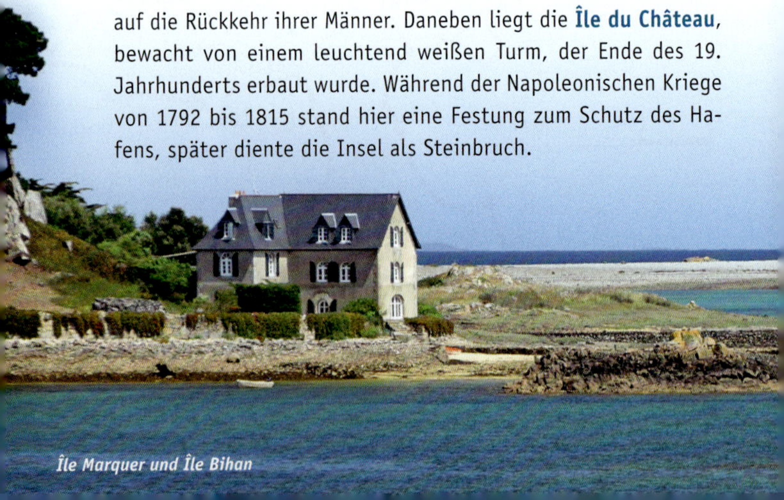

Île Marquer und Île Bihan

TOUREN-STECKBRIEF

Anfahrt: Von der D786 der Beschilderung nach Penvénan folgen und im Ort vor der Kirche rechts und die nächste Straße links abbiegen. Nach 160 Metern bei einer Y-Verzweigung links nach Port Blanc (beschildert) abbiegen und in Port Blanc in Richtung »Plages« fahren. Der Parkplatz liegt bei **GPS N 48°50'10.0" W 3°18'53.1".**

Anspruch und Charakter: Küstenpfade und kleine Straßen, kein Schatten. 4,4 Kilometer auf Asphalt.

Markierung: Gelb markiert bis zum Calvaire ❹.

Einkehr: Restaurant-Bar »Le Grand Hotel« mit Strandterrasse.

Mit Kindern: Ein kürzere Runde (5,1 km, davon am Ende 850 Meter auf Asphalt) ist möglich, wenn wir am Camping Les Dunes bei **GPS N 48°49'59.5", W 3°19'41.4"** ❷ starten. Wir folgen dann der Wegbeschreibung bis zum Calvaire ❹. Hier biegen wir noch rechts ab, wechseln aber nach 25 Metern auf die Straße, die links abzweigt. Diese wird zum Fahrweg, führt geradeaus weiter auf einem Fußweg durch ein Waldstück zur Straße. Dort geht es rechts und gleich wieder links. An der nächsten T-Kreuzung folgen wir rechts der Rue du Launay bis zu einer größeren Verzweigung. Dort ist die zweite Straße schräg links die richtige. Sie heißt »Rue des Dunes« und führt zum Parkplatz zurück ❷.
Abwechslungsreich ist auch der Wegabschnitt von Port Blanc mit seinem kleinen Hafen zur Bucht von Pellinec ❼, wo Kinder bei Ebbe schön spielen können. *Strecke: 2,6 km hin und zurück.*

Wir folgen der Straße nach Westen. Hinter einem kleinen Landvorsprung treffen wir auf einen **Kiesstrand** ❶. Von hier aus können beide Inseln bei Ebbe zu Fuß erreicht werden.

Die Straße führt auf einem geschotterten Weg oberhalb einer Kaimauer entlang und erreicht erneut einen **Parkplatz**. Wir halten uns rechts und gehen auf einem sandigen Pfad weiter. Links liegt ein Campingplatz, rechts von uns unterhalb der Kaimauer erstreckt sich ein großer Strand und der weite Atlantik, aus dem auch

Chapelle Notre-Dame

Interessant ist auch ein Besuch der Kapelle Notre-Dame in Port Blanc, die »souterrain« gebaut wurde. Sie wurde im 16. Jahrhundert erbaut – auf den Fundamenten eines alten Wachturms aus dem 13. Jahrhundert.
Dazu dem »Chemin de la Chapelle« (erste Straße hinter dem Restaurant »Grand Hotel«) ins Dorf folgen. Am nächsten Abzweig geht es links und dann die Treppen zur Kapelle hinauf.

Highlights

Auch Port Blanc liegt an der Côte de Granit Rose, der Rosa Granitküste. Der hübsche Ort ist besonders für seinen malerischen Strand mit weißem Sand und vielen Felseninseln bekannt. Die geschützte Bucht eignet sich auch gut zum Segeln.

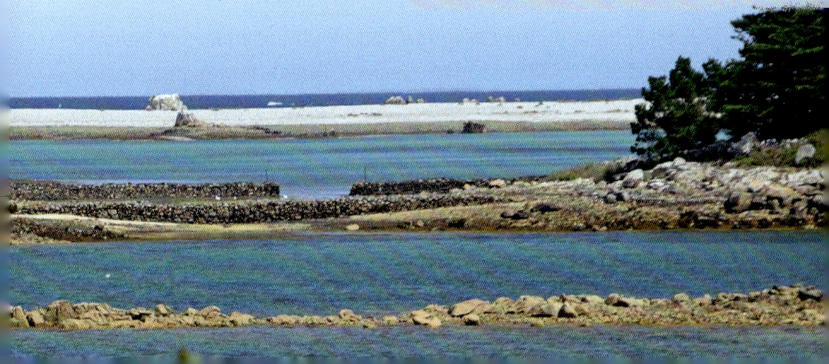

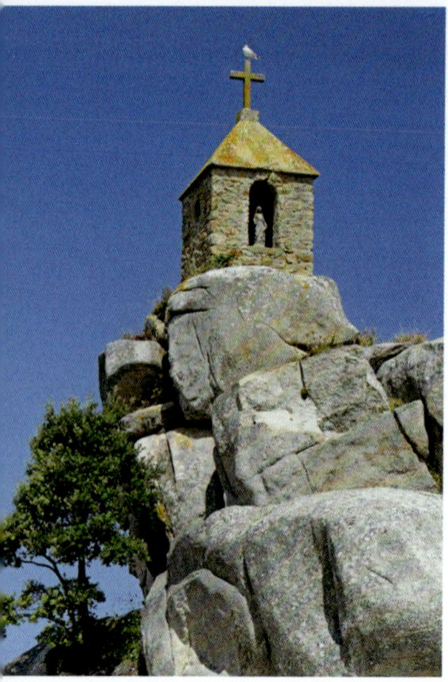

Wächterhaus auf La Sentinelle

hier Inseln emporragen. Der lang gestreckte Inselrücken gehört zur 64 Meter hohen **Île de Tomé**, die zwischen den Weltkriegen Heimat einer Bauernfamilie war. In der Ferne sind die Kuppen der zehn Kilometer entfernten **Sept Îles**, der Sieben Inseln, erkennbar. Sie wurden 1912 zum Naturreservat ernannt. Zu den Sept Îles gehört die **Île Rouzic**, die von vielen Tausend Seevögeln als Brutrevier genutzt wird, darunter sind auch Basstölpel und Papageientaucher. Die **Île aux Moines**, die Insel der Mönche, darf als einzige betreten werden und wird von Touristenbooten unter anderem aus Trégastel angefahren.

Am **Poste de Secours** **2** gehen wir geradeaus auf den Dünenkamm hinauf. Der sandige Weg führt uns zwischen dem Strand und dem Feuchtgebiet **Marais de Launay** entlang. Hinter einigen Rosa-Granit-Felsen wenden wir uns auf einen deutlichen, kiesigen Pfad nach links. Er führt durch ein Gelände mit Büschen und endet an einer Straße. Auf dieser laufen wir geradeaus an der **Plage du Royo** mit Parkplatz und sehr einfachem Campingplatz vorbei. Wir durchwandern die jetzt folgende Linkskehre und biegen bei der zweiten Straße vor einer bemalten Hauswand nach links ab.

An der folgenden Verzweigung halten wir uns rechts und am Ende, direkt vor einer Toreinfahrt, gehen wir auf den Wiesenweg nach rechts. Er führt zwischen Büschen und Hecken zu einer Grundstückszufahrt und dann zu einer Straße. Dieser folgen wir knapp 100 Meter geradeaus und nehmen dann die nächste Straße nach links. Sie geht über in einen Feldweg und führt an einem lauschigen **Plätzchen mit einer Quelle, einem Waschbecken und einer Bank** **3** vorbei. Am dahinter liegenden Tor steigen wir links zur Straße hinauf, folgen dieser aufwärts und queren dann die D 38.

An der folgenden **Verzweigung** halten wir uns links und nehmen das nächste Sträßchen nach rechts. Direkt hinter dem ersten Grundstück biegen wir links in einen Feldweg ein. Unter einzelnen Bäumen gehen wir hinter den Grundstücken entlang, bis wir

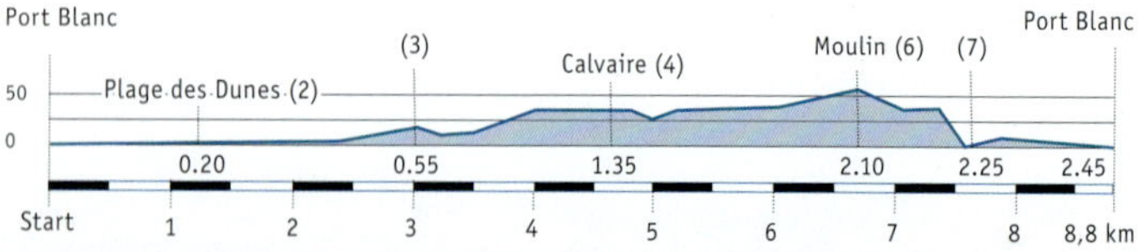

auf eine Querstraße treffen. Hier wenden wir uns nach rechts. Sobald wir aus dem Schatten der Bäume herausgetreten sind, wählen wir den schattigen Wiesenweg nach links. Er beschreibt einen Bogen, führt durch eine alte Häusergruppe hindurch und zurück auf die Dorfstraße von **Crec'h Goulard**. Wir gehen nach rechts und erreichen 50 Meter weiter ein **Calvaire** ❹. Als Wegkreuz wurde es 1879 errichtet und trägt die lateinische Aufschrift »Crux ave Spes Unica« (Sei gegrüßt Kreuz, unsere einzige Hoffnung). Dahinter blitzt das tiefblaue Meer zwischen den Gärten hindurch.

Wir biegen hier rechts ab und folgen der stillen Straße, die im rechten Winkel aus dem Ort hinausführt. An einzelnen Gehöften vorbei, geht es zwischen niedrigen Natursteinmauern durch Wiesen und Felder. An der ersten Kreuzung laufen wir geradeaus, bei einer **Verzweigung** schräg rechts, bei der zweiten nach links ❺.

Wir queren zwei weitere Kreuzungen geradeaus und gehen dabei durch eine noble Wohngegend mit großen Gärten. Dann erreichen wir das auffällige Gebäude **Moulin de la Comtesse** ❻ mit seinem runden Turm und biegen an dessen Grundstücksende auf den Feldweg nach links ein. Hinter den letzten Häusern öffnet sich der Blick aufs Meer.

Dann wird der Weg schmaler und führt als schattiger Hohlweg zwischen Mauern und Farn abwärts. Wir erreichen eine Straße, folgen dieser nach rechts und biegen gleich wieder nach links ab. In der folgenden Linkskehre geht es geradeaus auf einen weiß-rot markierten Wiesenweg. Erst haben wir eine schöne Aussicht über die Bucht, dann wandern wir im Schatten einiger Bäume und erreichen die ruhige **Kiesbucht von Pellinec** ❼, die durch eine ganze Gruppe von Inseln geschützt wird.

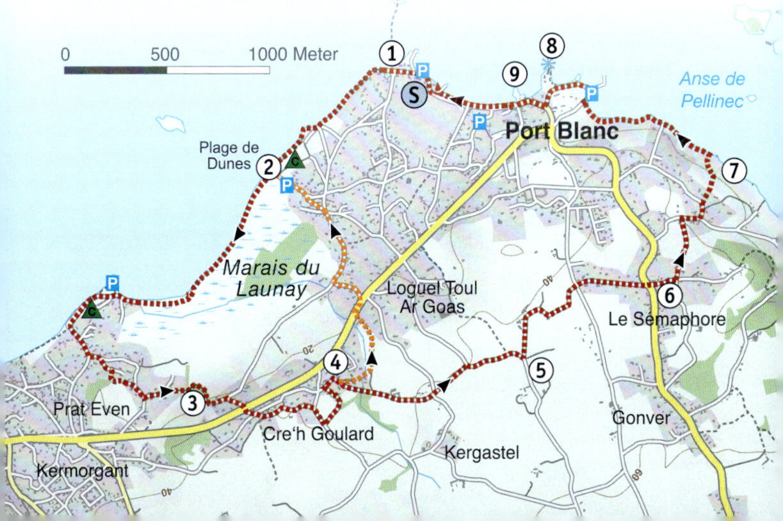

Die **Île Marquer** ist Standort einer Villa vom Anfang des 19. Jahrhunderts und durch Deiche, die früher der Fischerei dienten, mit der **Île Bihan** verbunden. Die **Île des Gildas** befindet sich links dahinter. Sie war die Privatinsel des Nobelpreisträgers für Medizin, Alexis Carrell, der dort begraben ist. Hier steht außerdem ein Denkmal für den Flieger Charles Lindbergh, der 1927 als erster und alleine Non-Stop von New York bis Paris flog. 1938 kaufte er die kleinere Nachbarinsel **Illiec.** Nachdem eines seiner Kinder entführt worden war, brachte er seine Familie dort in Sicherheit. Mit Frau und Kindern lebte er ein halbes Jahr auf der kleinen Insel.

Auf dem Fahrweg oberhalb der Ufervegetation gehen wir weiter und genießen immer wieder fantastische Ausblicke in die Bucht und zu den Inseln rechts von uns. Der Weg wird schmaler und unterhalb einer Mauer führen vereinzelt Pfade hinunter zum Meer. An einer Verzweigung gehen wir links an einer Wiese entlang, dann kommt ein kleiner Kai in Sicht. An der Straße wenden wir uns nach rechts, hier ist auch ein Zugang zum Strand, an dem Baden jedoch wegen der Boote verboten ist. Jetzt folgen wir dem Fußweg neben der Straße. Er führt vorbei an einem Badestrand, der vom **Rocher du Voleur** ❽, dem Felsen der Diebe, flankiert wird. Auf der davorliegenden großen Wiese gibt es Schattenplätze und Bänke.

Kurz führt unsere Straße vom Meer weg, dann biegen wir rechts ab und nähern uns dem Felsen **La Sentinelle** ❾ – der Name bedeutet »die Wache«. Auf dem Felsen befand sich in früheren Zeiten tatsächlich ein Wächterhaus, von dem man die Küste überblicken und so rechtzeitig vor Überfällen auf die Inseln von Port Blanc warnen konnte. Nach seiner Zerstörung wurde es im frühen 20. Jahrhundert wieder aufgebaut. Hier stehen heute außerdem Statuen der Notre-Dame de la Mer und des Sankt Tugdual, des ersten Bischofes von Tréguier und eines der sieben Gründungsheiligen der Bretagne. Am Fuße des Felsens finden sich Reste eines Pulvermagazins.

Von hier aus ist der Parkplatz schon zu sehen und wir sind schnell zurück am Auto.

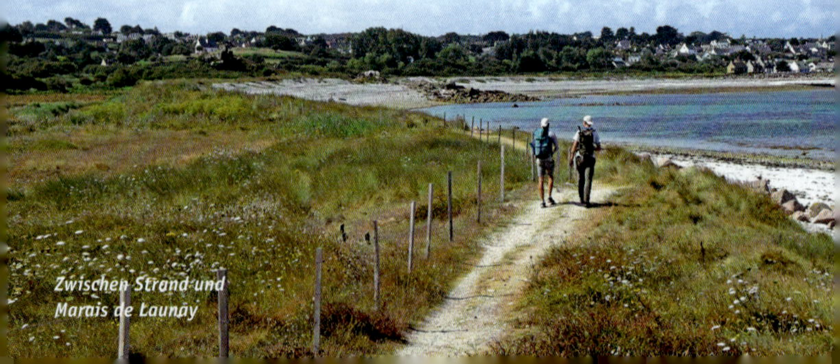

Zwischen Strand und Marais de Launay

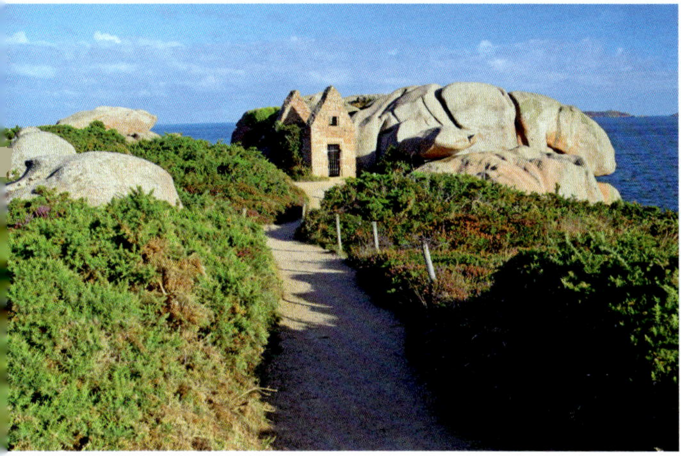

90 m

STRECKE 4,3 km

1 h 30

ab 4

Côte de Granit Rose

12

Die Küste bei Ploumanac'h

Eine felsgesprenkelte Küstenlandschaft, beeindruckende Steingestalten aus rosa Granit, der stolze Leuchtturm Phare de Mean Ruz – dieser Küstenweg ist einfach malerisch und voller Höhepunkte. So ist es kein Wunder, dass er zu einem der beliebtesten Wanderwege der Bretagne zählt. Wer die Felslandschaft in Ruhe genießen will, sollte deshalb auch außerhalb der Hauptsaison die Randzeiten am frühen Morgen oder am späten Nachmittag nutzen.

TOUREN-STECKBRIEF

Anfahrt: Von Perros-Guirec auf der D788 nach Ploumanac'h (Tregastel/Trebeurden). Hinter der engen Linkskehre mit Aussichtspunkt geht es rechts weiter (auch Zufahrt des Camping Ranolien).

Von Tregastel kommend auf der D788 Richtung Perros-Guirec, hinter Poumanac'h den Schildern links zum Campingplatz folgen und an diesem vorbei zum Parkplatz »La Semaphore« bei **GPS N 48°49'45.1", W 3°28'25.2"** fahren.

Parkplatz für Wohnmobile: Camping Le Ranolien oder Parkplatz beim »Maison des Traouïero«.

Maison du Littoral: Infozentrum mit wechselnden Ausstellungen, ganzjährig Mi 14–17 Uhr, in den Schulferien und im Juni Mo bis Fr 14–17 Uhr, Juli und August Mo bis So 14–17 Uhr.

Anspruch und Charakter: Der Weg ist weitgehend betoniert oder gepflastert und sehr beliebt, kein Schatten.

Markierung: Keine.

Einkehr: Viele Cafés und Restaurants in Ploumanac'h.

Mit Kindern: Der Weg ist bequem zu gehen. Plant genug Zeit zum Gucken und Klettern ein. Ein Crêpe in Ploumanac'h oder Spielzeit mit Picknick am steinigen Strand beim Parkplatz (die schmalen steilen Stufen direkt an der Parkplatz-Zufahrt hinunter) können die Tour abrunden.

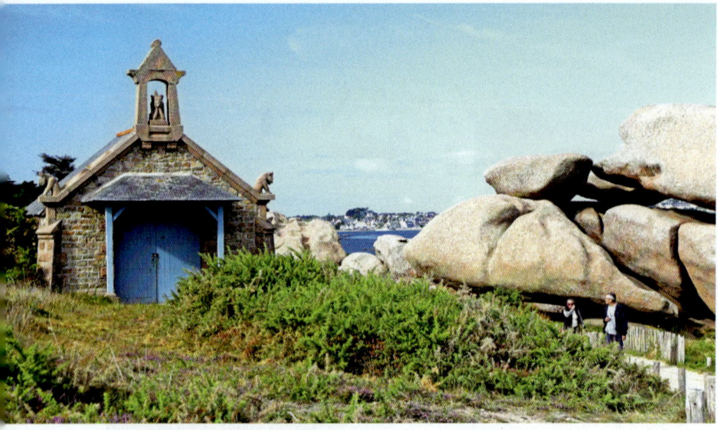

Die dekorative Kapelle aus rosa Granit.

Highlights

Felsskulpturen aus rosa Granit sind nur eine Attraktion an diesem besonders malerischen Abschnitt der Küste. Der alte Leuchtturm von Mean Ruz, eine hübsche kleine Kapelle und das beliebtes Touristenstädtchen Ploumanac'h – hier folgt ein Highlight auf das andere.

Wanderung: Vom Parkplatz aus wandern wir am Meer entlang und gucken direkt auf die ersten Felsformationen. An einer **Y-Verzweigung** ❶ halten wir uns rechts und umrunden ein kleines, natürliches Hafenbecken. Große Bäume unterhalb einiger Häuser werfen hier etwas Schatten. Wieder halten wir uns rechts und gehen am Ende der Betonrampe einige Stufen hinauf. Eine Verzweigung ermöglicht rechts einen Abstecher zur **ersten großen Felsengruppe** ❷.

Der geradeaus weiterführende Kiesweg bringt uns zu einer direkt benachbarten, höher aufragenden Gruppe und von dort nach links zurück zum Hauptweg, dem wir nach rechts folgen. Bei der nächsten Verzweigung führt ein Pfad nach rechts über einen natürlichen Damm zur nächsten kleinen **Felslandschaft** ❸, durch die Pfade hindurchführen. Über den Damm geht es zurück zum Hauptweg nach rechts. An der folgenden Verzweigung steigen wir erst links zu einem kleinen **Wachturm** hinauf, dann gegenüber Richtung Meer zu einem ehemaligen Pulverlager. Wir gehen

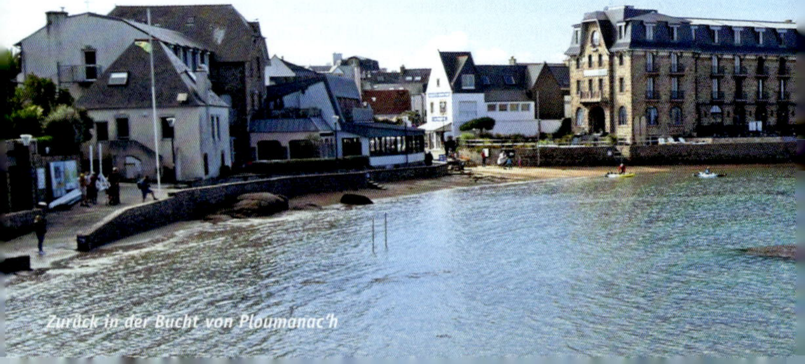

Zurück in der Bucht von Ploumanac'h

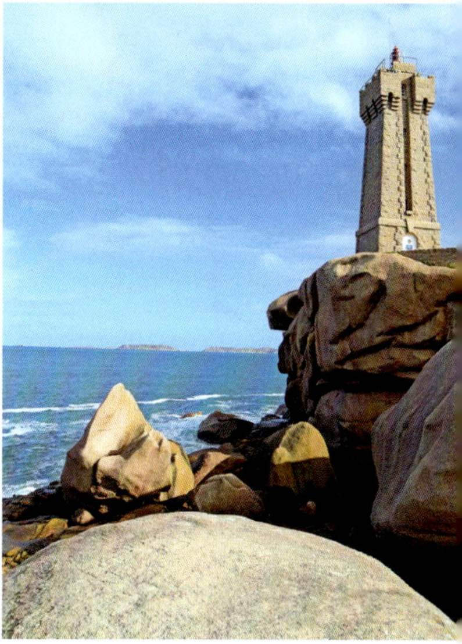

Am Phare de Mean Ruz

an diesem vorbei. Dahinter führt ein Abzweig zu einer weiteren großen Gruppe vom **Wasser geformter Felsen** ❹.

Zurück auf dem Rundweg erreichen wir eine Kreuzung, hinter der sich ein großer **Parkplatz** befindet, und steuern rechts unterhalb der Häuser auf den Leuchtturm zu. Wir wandern am **Maison de Sauvetage** (Wasserwacht) vorbei und zwischen dem Infozentrum **Maison du Littoral** ⑤ und einer rosafarbenen Villa hindurch. Hier führt links ein breiter Weg zum Informationszentrum, gegenüber befindet sich eine versperrte Zufahrt zu einem Privatgrundstück. Dahinter folgt rechts der Abzweig zum **Phare de Mean Ruz** ❻. Er führt über Felsen und Stufen an der Küstenlinie entlang. Auf die schmale Landzunge rechts neben dem Leuchtturm kommt man am einfachsten, wenn man rechts am Wächterhäuschen vorbeigeht. Der Leuchtturm von Mean Ruz schützt die Hafeneinfahrt nach Ploumanac'h und wurde 1945 gebaut, nachdem der aus dem Jahr 1860 stammende Vorgänger im Zweiten Weltkrieg zerstört wurde.

Zurück auf dem Hauptweg kommen wir an einer rosa **Kapelle** vorbei, die aber nicht zugänglich ist. Ein weiterer Abzweig führt nach rechts zu Felsen. Dann geht es rechts zu einem Aussichtspunkt mit Blick auf die von Inselchen übersäte **Bucht von Trégastel**. Hinter diesen Abstechern biegt der Weg ins Inland ab. Zwischen Bäumen hindurch und an Grundstücken vorbei gelangen wir zu einer geschützten Bucht mit dem Strand **Saint-Guirec** ❼. Auf dem Weg oberhalb des Sandstrandes geht es an Cafés vorbei und in den Ort hinein.

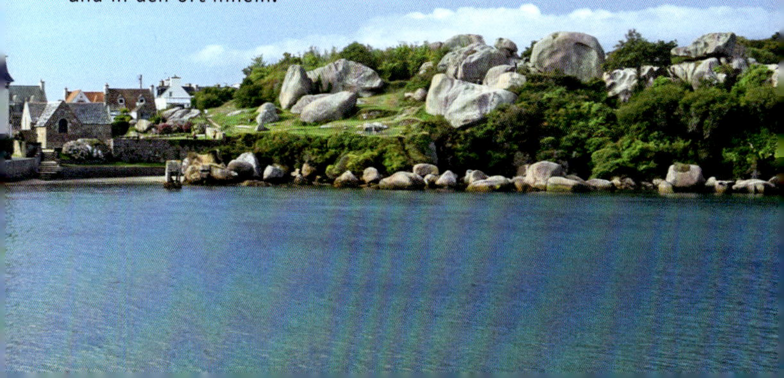

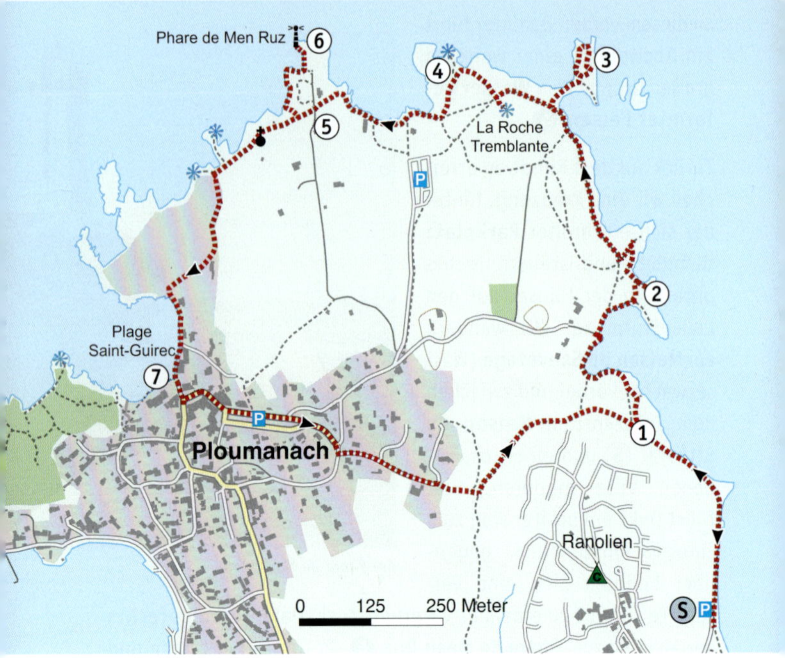

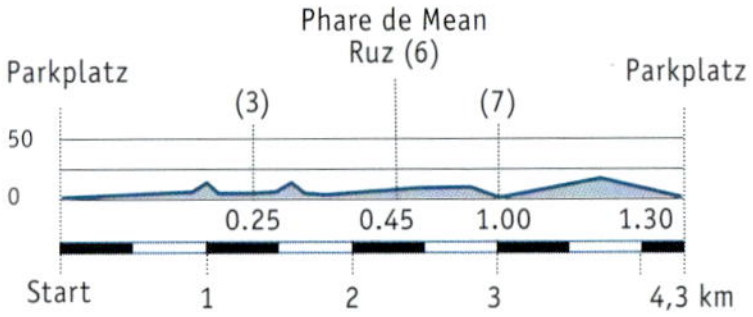

An der ersten breiten Straße gehen wir links und passieren Souvenirgeschäfte und Restaurants. Hinter einer Rechtskurve kommen wir zu einem großen **Parkplatz**. An dessen anderem Ende folgen wir der Zufahrtsstraße und biegen in der folgenden Rechtskehre in die zweite Straße nach links ab. Beschildert ist hier **»Retour Ranolien«**. Wir folgen dem Sträßchen bis zu einer Linkskehre, in der wir auf einem Fußweg geradeaus weiterwandern. Jetzt geht es durch eine mit Felsen gespickte Heidelandschaft. An einer Verzweigung halten wir uns links und gehen um den großen Campingplatz herum. In der Folge laufen wir geradeaus, gelangen zur Küste und folgen rechts dem Weg zum Parkplatz.

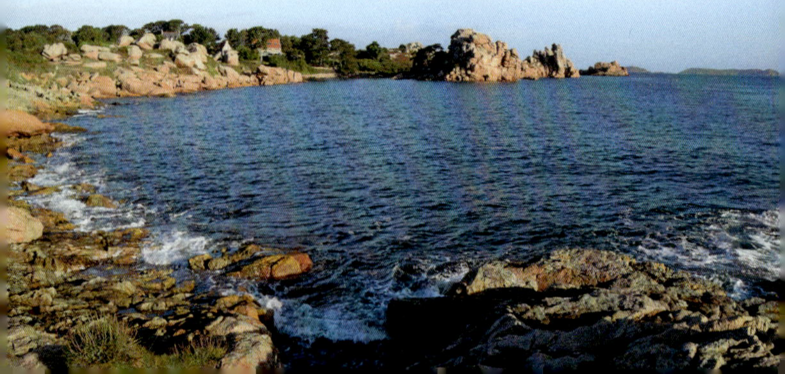

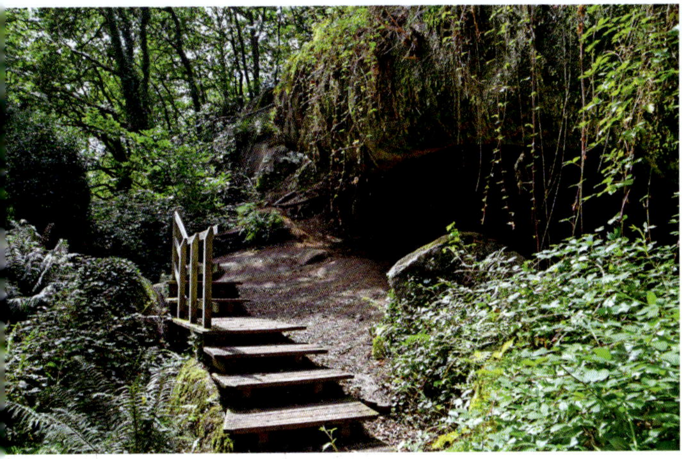

110 m

STRECKE 5 km

1 h 45

ab 6

Das Traouïero-Tal

13

Wild, grün und felsig

Das Tal des Traouïero gehört zu den Flusstälern, in denen sich im Laufe von Jahrtausenden große Granitbrocken im Talgrund sammelten. Wenn auch die Felsen hier nicht so dicht liegen wie in anderen Tälern mit Granit-»Chaos«, so wirken sie doch im dichten Grün und mit Moos überwachsen ungemein verwunschen und romantisch. Durch unseren Start von der westlichen Talseite und die Abstecher auf weniger ausgebaute Pfade im Tal können wir dem Andrang, der hier in der Hauptsaison herrscht, ganz gut aus dem Weg gehen.

Für Botaniker ist das Tal eine Fundgrube mit ursprünglichen Geranienarten und Farnen, die aus der Zeit der Entstehung des Granits vor über 300 Millionen Jahren stammen. Der Tourist erlebt eher einen ursprünglichen, wilden Mischwald mit Eichen und Kastanien.

Wanderung: Auf der Straße gehen wir einige Meter zurück und biegen an einem hübschen **Wegkreuz** nach rechts in einen Fußweg ab. Am Friedhof lassen wir zuerst einmal den beschilderten **Zugang ins Tal des Traouïero** ❷ links liegen und gehen weiter geradeaus. Wir halten uns hinter dem Wasserturm schräg links und entdecken hinter den Häusern einen großen, ungewöhnlichen **Kalvarienberg** ❶. Er wurde 1872 von Pater Bouget, Pfarrer von Trégastel, am höchsten Punkt des Ortes erbaut – als Zeichen des Friedens nach dem Deutsch-Französischen Krieg. Hier sollen auf Wunsch des Pfarrers alle Menschen, gleich welcher Nation und Sprache, in Frieden miteinander verbunden sein. Im Sockel befindet sich eine Kapelle, die der »Lieben Frau

TOUREN-STECKBRIEF

Anfahrt: Von Perros-Guirec auf der D788 nach Ploumanac'h (Tregastel/Trebeurden), durch den Ort und 250 Meter nach der zweiten Brücke (mit Gezeitenmühle) links Richtung »Le Bourg«. Der Straße folgen, bis geradeaus die Kirche zu sehen ist. Der Parkplatz befindet sich bei **GPS N 48°48'37.1", W 3°29'56.3"** vor der Kirche links.

Von Tregastel kommend auf der D788 Richtung Perros-Guirec, noch in Tregastel am Wohnmobil-Stellplatz vorbei und die nächste Straße hinter dem gelben Gebäude der Biscuiterie des Îles rechts. Dann geradeaus zur Kirche fahren.

Anspruch und Charakter: Unkomplizierter Weg, meist auf Pfaden im Wald.

Markierung: Keine.

Info: Der Hauptweg durchs Tal befindet sich auf der linken Seite des Traouïero. Wir wechseln mehrfach auf die rechte Seite, weil es dort ruhiger ist. Nach starken Regenfällen bietet es sich an, auf dem Hauptweg zu bleiben.

Mit Kindern: Um die Tour zu kürzen würden wir den Abstecher zum Kalvarienberg weglassen sowie den Abstecher ab ❺ zum See

der Barmherzigkeit« gewidmet ist. Ein spiralförmiger Pfad führt an vielen Nischen mit Statuen vorbei zum höchsten Punkt, auf dem das Kreuz in den Himmel ragt.

Wir gehen zurück zum **Abzweig ins Tal** ❷ und biegen jetzt rechts ab. Unser Pfad führt an einer gemauerten Quelle vorbei und taucht in urwaldartiges Grün ein. An einer Kreuzung gehen wir geradeaus und kommen in einen Talgrund mit **Brücke** ❸. Wir überqueren diese nicht, sondern biegen etwa 30 Meter vorher rechts ab. An Felsen vorbei wandern wir bergauf. In einem **Taleinschnitt** ❹ ignorieren wir zwei Rechtsabzweige und den Pfad, der aus dem Einschnitt hochkommt, und gehen an den Felsen entlang weiter talaufwärts. Wir überqueren die nächste **Brücke** und halten uns rechts, bis wir auf gemauerte Säulen treffen.

Die **Säulen** waren die Stützen einer sogenannten Laufkatze, eines Kranelements, das entlang eines horizontalen Trägers zu verschieben war und über Hubseile verfügte. Sie wurden gegen

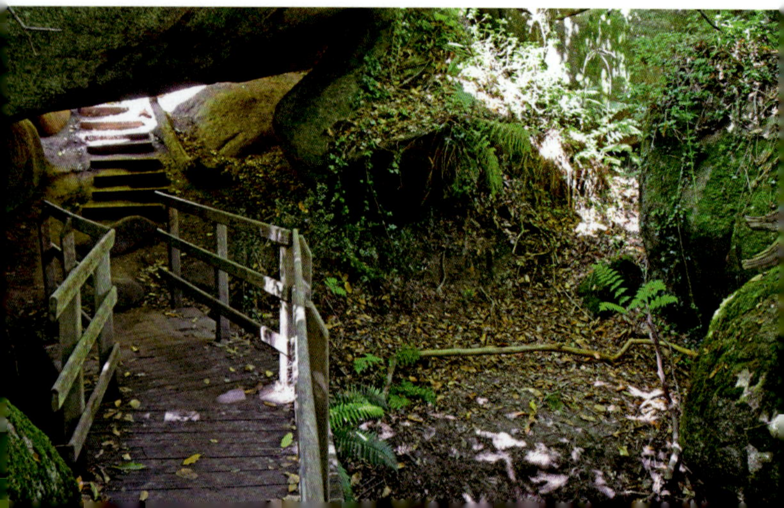

Ende des 20. Jahrhunderts erbaut und waren Teil eines **Steinbruches**. Links unter Efeu versteckt finden sich die Reste eines kleinen Gebäudes, das wahrscheinlich als Schmiede diente.

Highlights

Im Tal des Traouïero haben sich riesige Granitbrocken gesammelt, die den urwaldartig wuchernden Wald in eine mystische Zauberwelt verwandeln. Um dem größten Rummel zu entgehen, nähern wir uns dem Tal quasi »durch die Hintertür«.

Von hier gehen wir **zurück zur Brücke**, bleiben aber diesmal zuerst noch auf der rechten Talseite. Der schmale Weg führt zunächst im Tal entlang, dann im Einschnitt steil hinauf. Dort gehen wir nach rechts, bis zur **ersten Bachbrücke** ❸ zurück und überqueren diese. Wir halten uns links und wandern am rechten Talrand entlang. Bei einigen großen Felsen kann der Weg sehr matschig sein. Viele kleine Holzstämme helfen uns über die kurze, feuchte Passage. Dann geht es aufwärts und nach rechts. Bei der nächsten Verzweigung biegen wir links ab und laufen zwischen vermoosten Steinen wieder zum Talgrund hinunter. Unten halten wir uns rechts und folgen ab jetzt immer dem Hauptweg im Tal. Wer leise ist, kann hier das Gurgeln des Traouïero unter den riesigen Felsblöcken zur Linken hören.

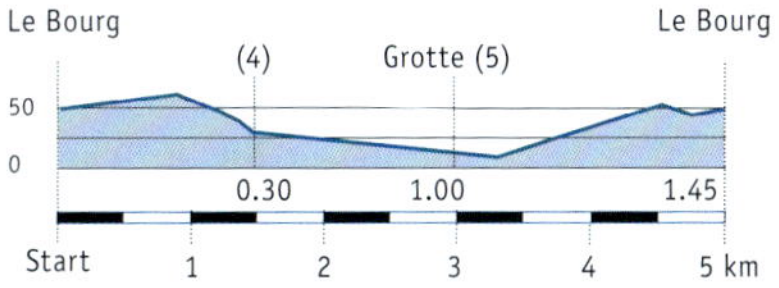

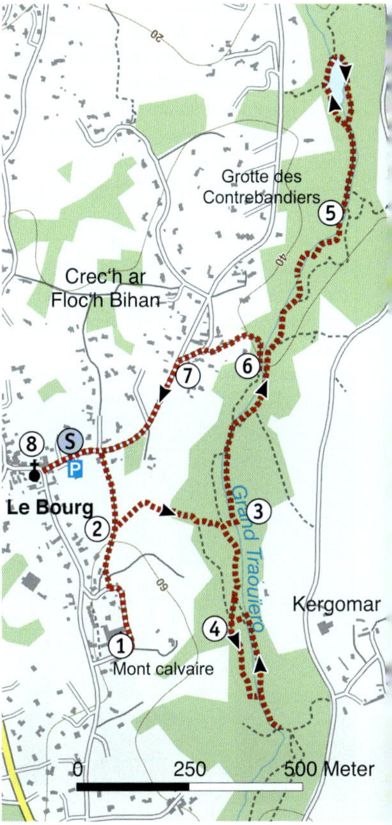

Wir wandern zwischen riesigen Granitblöcken und unter ihnen hindurch. Dann folgt ein meist guter Weg mit einzelnen Engstellen und Kraxelpassagen. Bei der nächsten Verzweigung wählen wir den Weg nach links zu einer **Grotte** ❺, die schon als Versteck für Schmuggler diente und als romantischer Treffpunkt für Verliebte bekannt ist. Im Zweiten Weltkrieg hat man hier zeitweise Pferde untergebracht.

Dahinter halten wir uns links, wandern zunächst auf Stegen

und anschließend auf gutem Weg zum **Stausee der alten Wassermühle von Lost Logoden**. Die Mühlenruine befindet sich auf der linken Talseite weiter abwärts auf Privatgrund. Der weitere Weg führt hier aus dem Tal heraus, ebenfalls weiter abwärts befinden sich die Reste eines früheren Granitsteinbruches.

Abenteuerlustige können den kleinen Stausee umrunden. Am südlichen Seeende geht es an einer Y-Verzweigung geht es kurz steil hinunter und zwischen hohen Felsen hindurch. Bei einem großen Stein kann der Bach überquert werden und auf der anderen Seite geht es links hoch zum bekannten Hauptweg.

Diesem folgen wir zurück und ignorieren alle Abzweige nach links, bis wir zur Kreuzung an der **Steinbrücke »Pierre Tombale«** ❻ kommen. Bei dieser handelt es sich um einen Grabstein aus dem Jahr 1833, der nach der Schließung des Friedhofs von Tropéric gegen 1950 seinen Dienst als Brücke über den Kerougant antrat.

Wir überqueren die Brücke und wenden uns nach rechts. Der Weg, der hier aus dem Tal führt, war bis zur Eröffnung der Küstenstraße im Jahr 1922 der einzige Weg, der Trégastel mit dem Ortsteil La Clarté auf der anderen Talseite verband. Oben kommen wir in den kleinen Weiler **Tropéric** mit typischen alten Häuschen aus der Zeit der Revolution, deren frühere Strohdächer durch Schiefer ersetzt wurden. Auf der linken Straßenseite steht ein **Pestkreuz** ❼ (kroas ar vossen), das am Ende der verlustreichen Pestepidemie von 1636 hier aufgestellt wurde. Die Unebenheiten auf dem senkrechten Kreuzbalken sollen an die tödlichen Pestbeulen erinnern.

Wir biegen links ab und wandern auf dem Sträßchen links aus dem Ort hinaus, nach Le Bourg und zurück zum Parkplatz. Ein kurzer Abstecher in den Ort bringt uns noch zur Kirche Saint-Anna, die einen Besuch lohnt.

Église de Saint-Anna

Die Kirche wurde im 12. Jahrhundert auf den Grundmauern einer älteren Kirche errichtet und später vielfach erweitert. Das große Hauptportal im Westen gehört zu den ältesten Gebäudeteilen und markiert den Übergang zwischen Romanik und Gotik, ebenso wie die große Seitenkapelle im Süden. Der Chor wurde im 14. Jahrhundert erbaut. Aus dem 18. Jahrhundert stammen unter anderem der Südeingang, durch den die Kirche betreten wird, und der ungewöhnliche halbkreisförmige Kuppelbau, in dem das Beinhaus zu finden ist.

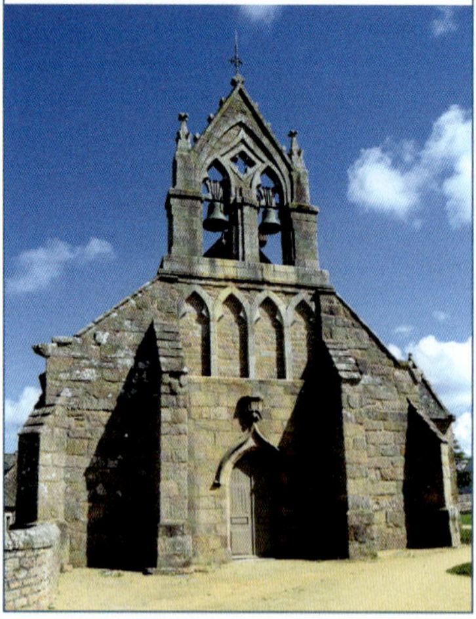

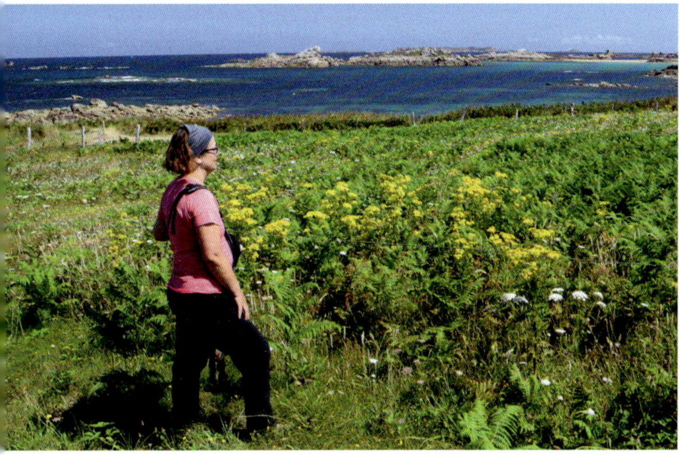

120 m

STRECKE 10,2 km

3 h

ab 10

Um die Halbinsel von Lendrellec

14

Traumstrände, Dünen und zwei Dolmen

Die langen weißen Sandstrände der Halbinsel von Landrellec sind von Steinfeldern aus rosa Granit eingerahmt. An der nördlichen Landspitze türmt sich der Sand zu grasbewachsenen Dünen. Auf dem Weg durchs Landesinnere kommen wir zudem an zwei großen, gut erhaltenen Dolmen vorbei. Diese Wanderrunde liegt etwas abseits der beliebtesten Ecken der Côte de Granit Rose und so hält sich auch der Besucheransturm in Grenzen.

TOUREN-STECKBRIEF

Anfahrt: Von der D788, zwischen Trébeurden und Trégastel, nach Landrellec abbiegen und der Straße bis zum Meer folgen. Dort gibt es bei **GPS N 48°48'58.3", W 3°32'22.4"** einige Parkbuchten. Der Parkplatz liegt neben dem Restaurant Le Macareux und nahe am Camping Municipal, die hier auch beschildert sind. Etwas weiter am Meer entlang befindet sich ein Parkplatz mit Höhenschranke.

Anspruch und Charakter: Gute Pfade, an wenigen Stellen sandig, kein Schatten, Badesachen mitnehmen. 3,2 Kilometer auf Asphalt.

Markierung: Entlang der Küste weiß-rot, im Inland teilweise gelb.

Info: Zum Schutz der Vegetation in den Dünen bitte an Wege halten!

Mit Kindern: Um die Runde auf insgesamt 3,5 Kilometer zu kürzen, biegen wir am Wendehammer ❸ rechts ab und folgen der Straße. An der nächsten T-Kreuzung geht es rechts und dann die nächste Straße links (Route de Toul Trez). Nach 40 Metern auf den Fahrweg nach rechts abbiegen. Dann überqueren wir eine Kreuzung und wandern geradeaus zum Parkplatz zurück. Mit Spielpause am Strand Toull Bihan ❷ kann aus der Tour ein schönes Halbtagsprogramm werden.

Highlights

In dieser ruhigen Ecke der Côte de Granit Rose könnt ihr neben den typischen Felsformationen auch noch einen Dolmen erkunden, in dessen Inneren ein ungewöhnliches Relief zu finden ist.

Wanderung: Wir parken direkt an einem schönen, im Sommer beliebten Strand. Parallel zum Parkplatz verläuft ein Pfad im schmalen Dünenstreifen, dem wir nach Norden folgen. Er führt um eine Landzunge herum und trifft auf einen kleineren, **felsgerahmten Strand**. Dann bringt er uns zur Straße, auf der wir nach links gehen. Hier befindet sich rechts der **Parkplatz mit Höhenschranke**.

Schnell wird aus der Straße wieder ein Naturweg, der immer am Meer entlang und mit weiten Blicken über die Bucht aufwärts führt. Wir wandern durch eine mit Gras und Heide bewachsene Dünenlandschaft. Diese ist geschützt und darf nur extensiv als Weidefläche genutzt werden. An einer **Y-Verzweigung** gehen wir nach rechts, um zu einem Aussichtspunkt zu kommen. Wir ignorieren dabei einen Abzweig nach links und befinden uns nach einer Rechtskehre an einem betonierten **Bunkerfundament** ❶, zu dem ein schmaler Pfad hinaufführt. Hier können wir die großartige Rundumsicht genießen.

Dann geht es nach rechts weiter und gleich darauf biegen wir zweimal links ab. Mit grandioser Sicht auf die **Bucht von Grève Blanche** mit ihren Inseln steigen wir wieder zum Uferpfad hinunter und folgen diesem nach rechts. An einer T-Kreuzung halten wir uns links und erreichen eine stille Bucht. Der fantastische, bei Ebbe unglaublich weite Sandstrand **Plage de Toull Bihan** ❷ wird von schwarzen Felsen und Büschen eingerahmt. Wir schauen auf etliche Inseln.

Vor dem Strand führen ein paar Stufen hinauf ins Grün. Anschließend wandern wir direkt oberhalb an der Bucht entlang. Es geht durch alten Kieferbestand, Felsen im Schatten laden zum Sitzen ein. An einer Grundstücksmauer müssen wir nach rechts ausweichen. Unser Weg wird zur Schotterstraße und trifft auf einen **Wendehammer** ❸. Hier nehmen wir den Fahrweg nach links. Er führt zu einem kleinen Parkplatz und zu einem Strand, von dem das Wasser bei Ebbe extrem weit zurückweicht.

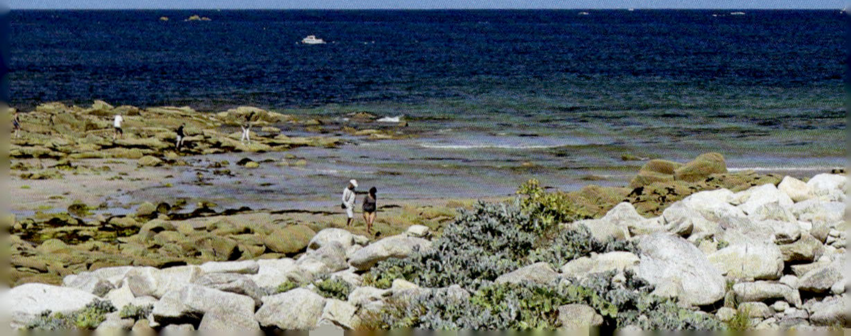

Am Ende des Parkplatzes laufen wir links über flache Felsen, dann führt unser Weg wieder als Pfad an der Bucht entlang. Wir wandern teilweise durch offenes Gelände und teilweise zwischen Büschen und Bäumen. Zur Linken kündigen Salzwiesen das Ende der Bucht an. Wir bleiben auf unserem Pfad, bis wir auf Asphalt treffen. Der Straße folgen wir nach rechts (hier gibt es einige Parkplätze am Straßenrand), queren die D788 und biegen 300 Meter weiter rechts in die »Route de Kerguntuil« ein. Wir passieren einige Industriegebäude, dann wird die Straße schmaler. Hinter einem einsamen Gehöft rechts kommt der erste **Dolmen** ❹ links in der Wiese in Sicht. Von ihm führt ein Pfad zu einer **Allée Couverte** am hinteren Wiesenende. Dieser Platz ist auch mit dem Auto erreichbar. Es gibt einzelne Parkplätze am Straßenrand.

Dolmen de Kerguntuil

Der Deckstein des ersten Dolmens ist 2,4 Meter breit, fünf Meter lang und wiegt stolze 20 Tonnen. Er liegt auf drei Tragsteinen. Das hintere Ende des Bauwerks ist mit einer Trockensteinmauer verschlossen, denn der Dolmen war lange Jahre bewohnt. Dazu erweiterte der »Hausherr« das alte Bauwerk mit einem Holzanbau.

Die Allée couverte wurde nach dem Fund zweier Kragenflaschen, runder Keramikflaschen aus der Trichterbecherkultur (3500-2800 v. Chr.), auf der Suche nach weiteren Relikten fast zerstört. Sie ist nur notdürftig wiederaufgebaut. Am Eingang fehlt einer der Tragsteine. Im Inneren sind paarweise angeordnete kugelförmige Reliefs zu erkennen, die als Brustpaare interpretiert werden, und die neolithische Magna Mater, die Mutter Erde, symbolisieren könnten.

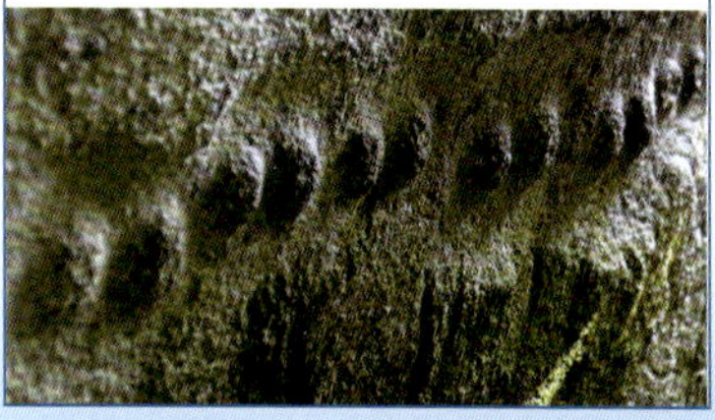

Von der **Allée couverte** führt ein Pfad durchs Gebüsch zu einer Seitenstraße, an der wir rechts und dann sofort wieder links gehen. Bald wechselt der Belag zu Schotter. Wir kommen an einem **Golfplatz** vorbei und queren anschließend zwei Straßen. Aus unserem Sträßchen wird ein Fußweg, der erneut auf eine **Straße** ❺ trifft.

Wir biegen in die nächste Straße rechts ab und wandern durch ein gepflegtes Wohngebiet. An der der nächsten **T-Kreuzung** wenden wir uns nach links in den »Chemin de Brenello« und wandern auf der Schotterstraße mit Blick aufs Meer bis hinunter

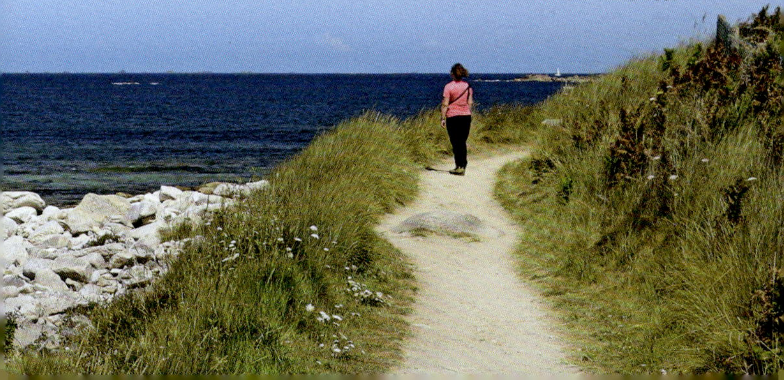

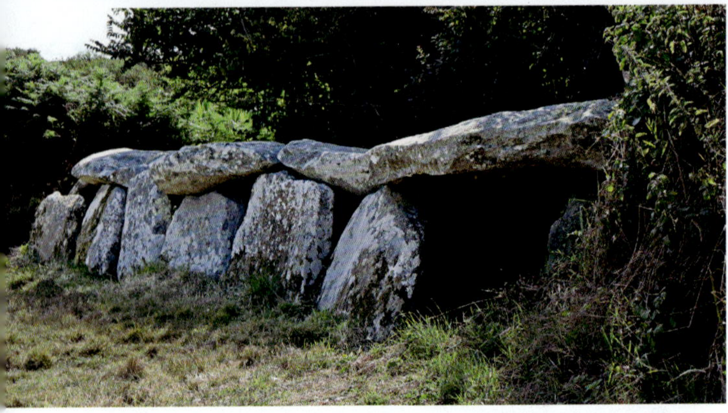

Die Allee couverte de Kerguntuil wurde bei der Suche nach Relikten fast zerstört.

in eine Bucht. Wenige Schritte nach links bringen uns zur Durchgangsstraße, der wir rechts folgen, um sie kurz darauf auf einem am Ende der Bucht links abzweigenden Schotterweg wieder zu verlassen. Von diesem wechseln wir nach knapp 200 Metern auf den weiß-rot markierten Uferpfad.

An Wiesen entlang und zwischen Büschen hindurch wandern wir an der Bucht entlang bis zu ihrer Spitze. Über eine **kleine Brücke** ❻ gehen wir geradeaus auf Häuser zu. Hinter dem zweiten Haus zweigt ein Pfad nach links ab. Er führt in Schleifen zum **Campingplatz**, wobei wir einen Fahrweg queren müssen. Dann geht es weiter über den Campingplatz, hinter der ersten Reihe der Camper entlang und an der Imbissbude vorbei, die nur abends geöffnet ist.

Anschließend folgen wir der Zufahrtsstraße und wechseln an deren Ende auf einen Fußpfad, der an der Bucht entlang zum kleinen Hafen **Port de Landrellec** ❼ führt. Am Ende einer Parkfläche geht es auf dem Pfad weiter, vorbei an einem schönen Strand, über dem man bei Ebbe eine vorgelagerte Insel erreichen kann. Wir wandern weiter entlang der Küste, durchqueren dabei eine Dünenlandschaft und treffen nach einer Felsspitze auf eine wei-

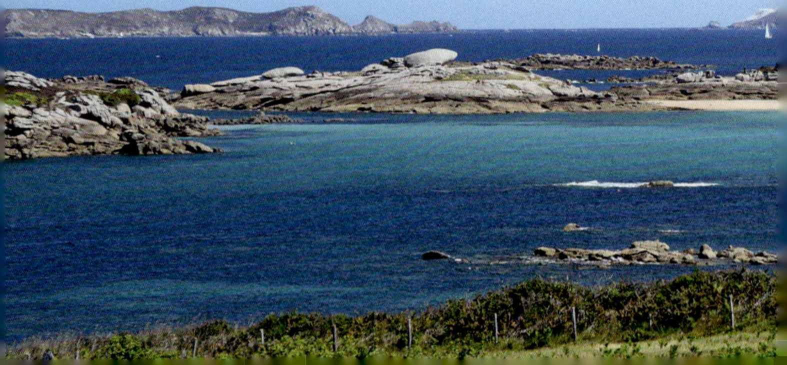

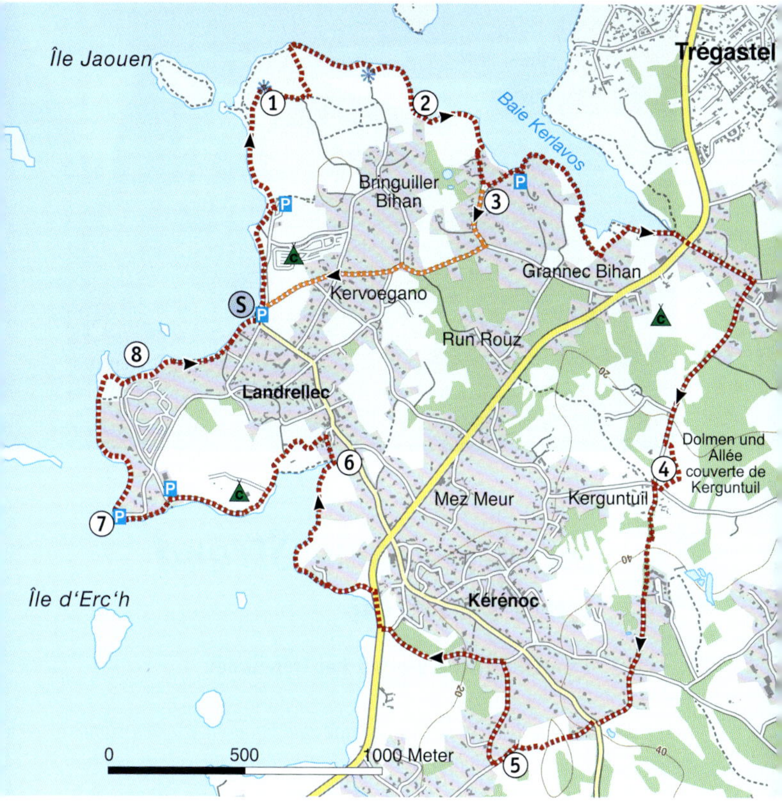

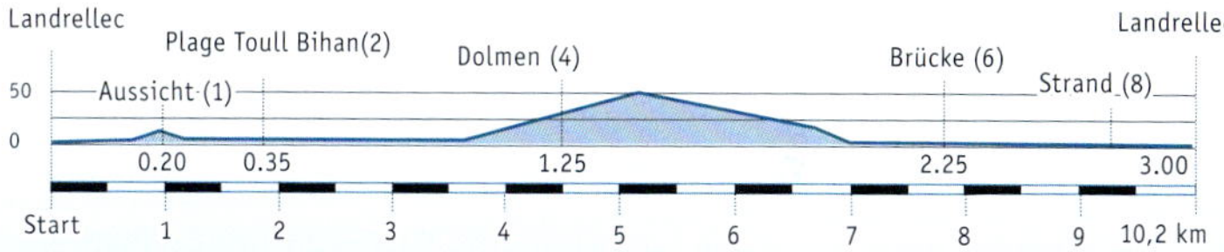

tere **Traumbucht** ❽. Oberhalb versteckt sich ein Camp für Mitglieder der Studentenorganisation GCU in den Dünen. In der nächsten großen Bucht erreichen wir schließlich wieder unseren Startpunkt.

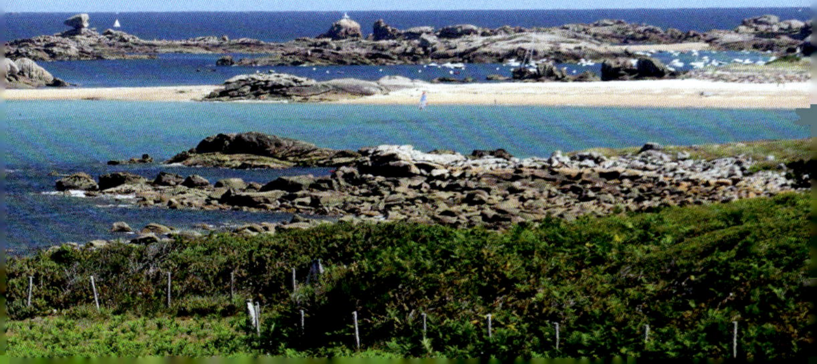

110 m

STRECKE 7,7 km

2 h 30

ab 8

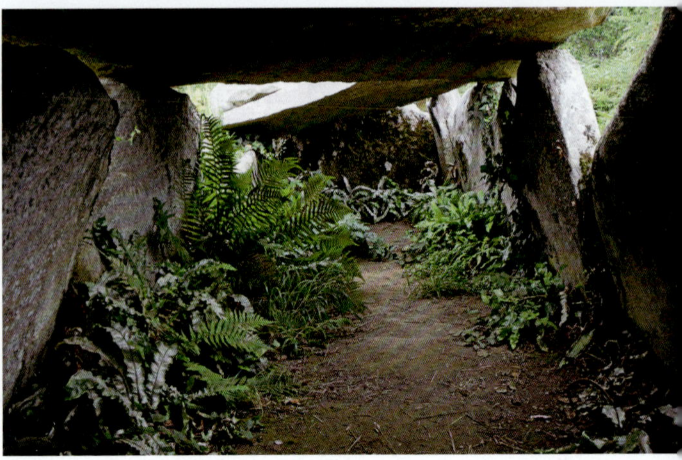

15 Sumpfwiesen, Strand und Dolmen

Landschaftliche Vielfalt bei Trébeurden

Auf dieser abwechslungsreichen Runde durchqueren wir das sumpfige Busch- und Waldgebiet »Marais du Quellen« mit seinen weiten Feuchtwiesen. Dann geht es an der Bucht vor der Île Grande entlang und wir entdecken gleich mehrere schöne Strände. Unterwegs treffen wir auf Menhire, einen großen Gangdolmen und ein Schiffsskelett. Es gibt hier so viel zu sehen, dass die Wanderung wahrscheinlich etwas länger dauern wird.

Wanderung: Wir starten am kleineren Parkplatz links neben der Informationstafel. Nach 50 Metern können wir an einer **T-Kreuzung** links zu einem **Beobachtungsstand** abbiegen. Vor allem morgens und abends hat man hier die Chance, Tiere in den Sumpfwiesen zu sehen.

Zurück auf dem Weg geht es teilweise über Stege an den Sumpfwiesen entlang und durch den Wald. Wir durchqueren **zwei Gatter**. Unser Pfad quert einen Röhrichtbestand und taucht wieder in den wild verwachsenen, niedrigen Wald ein.

Bei einem **Pferch** ❶ gehen wir rechts hoch, überqueren die Schotterstraße und folgen der Asphaltstraße nach rechts. Sie führt uns in einer Linkskehre zur **Rue de Keragiou** ❷, die wir geradeaus überqueren. In der folgenden Rechtskurve gehen wir geradeaus weiter und folgen dem breiten Fahrweg abwärts. Wir durchwandern ein kleines, flaches Tal, in dem dichter Urwald

TOUREN-STECKBRIEF

Anfahrt: Auf der D788 von Lannion kommend nach Trébeurden fahren, am ersten großen Strand, an dem die Straße direkt an der Bucht verläuft, nach rechts auf den Parkplatz »Marais du Quellen« bei **GPS N 48°46'52.4", W 3°34'41.6"**. 120 Meter weiter befindet sich ein weiterer, großer Parkplatz. Wohnmobile sind auf beiden Plätzen verboten!

Von Trégastel kommend an Penvern und der dazugehörenden Bucht vorbei und zwei Buchten weiter fahren, dann links parken.

Für Wohnmobile: Auf dem Campingplatz an der Route übernachten. Parkplätze bei der Touristeninformation von Trébeurden an der D788 (1 km südlich).

Anspruch und Charakter: Gute Wege und Pfade, am Meer geht es weglos über flache Felsen, teilweise Schatten. 1,5 Kilometer auf Asphalt.

Markierung: Keine.

Info: Im Juli und August organisiert die Touristinformation geführte Besichtigungen durch das Marais du Quellen.

Mit Kindern: Für eine kurze Runde (3,3 km) folgen wir der Beschreibung bis zur ❶ und gehen dann an der Straße links. Wir ignorieren zwei Abzweigungen nach rechts und halten uns in der Linkskehre (schon mit Blick in Richtung Küste) leicht rechts und biegen in einen Fahrweg zwischen Mauern und einem Haus ein. Er wird zum schattigen Pfad und endet auf dem Gelände eines Tauchcenters, das wir durchqueren. Wir folgen der Straße weiter zur D788, gehen rechts an dieser entlang und biegen nach 150 Metern links ab. Jetzt sind wir auf Weg zum Strand von Toeno ❻.

Highlights

Ein Dünengürtel trennt den Süßwassersumpf Marais du Quellen vom langen Strand. Wenn ihr Glück habt, könnt ihr auf der Runde zwischen Meer und Sumpf nicht nur Vögel beobachten, sondern auch die Camarguepferde, die frei im Feuchtgebiet weiden.

wuchert. Als Hohlweg führt unser Weg wieder aufwärts, ein Abstecher nach rechts bringt uns zum kleinen **Menhir Milin ar Lann** ❸. Die Vegetation ist jetzt wieder offener, stellenweise gehen wir über blanken Fels. An einer **Y-Verzweigung** wählen wir den schattigen Wiesenweg nach links. Er führt abwärts und trifft auf eine Straße, der wir geradeaus hinunter folgen. An einer **T-Kreuzung** gehen wir rechts und biegen sofort in die nächste Straße nach links ein. Dann überqueren wir die D788 und laufen auf Schotter weiter geradeaus. An zwei aufeinander folgenden Verzweigungen halten wir uns rechts und wandern an Salzwiesen entlang bis zur **Zufahrt zur Île Grande**. Hier geht es rechts an der Straße entlang, bis 100 Meter weiter rechts ein Fußweg abzweigt, der zur **Allée Couverte de Prajou-Menhir** ❹ führt. Aus sieben Deckplatten gebaut und 14,5

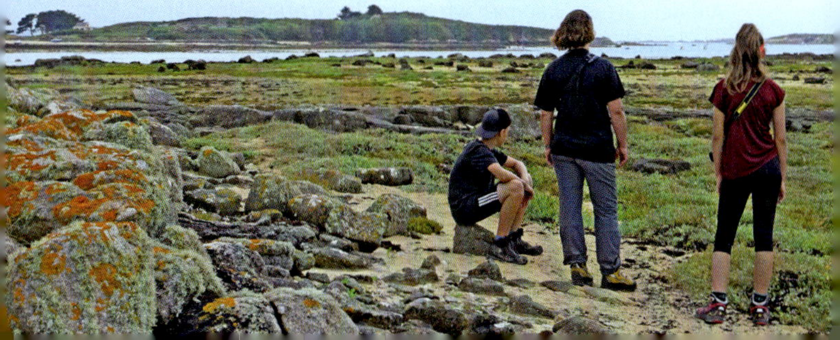

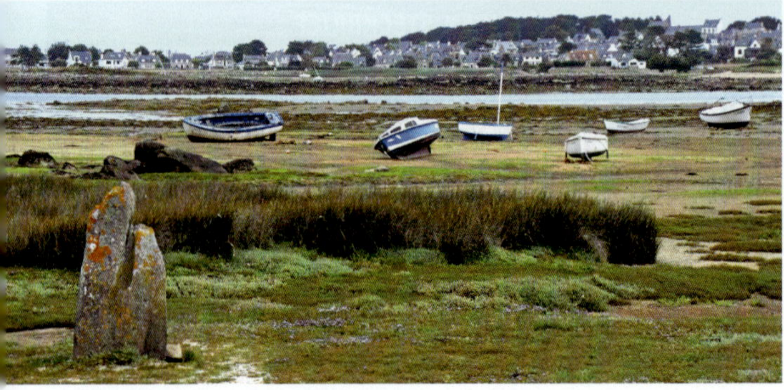

Die Sumpfwiesen des Marais du Quellen
Das Sumpfgebiet war ehemals eine kleine Meeresbucht. Sie wurde vor etwa 200 Jahren durch ein Dünenband komplett vom Meer abgeschnitten, sodass sich hier ein Süßwasser-Sumpf bildete. Lange hat man das Marais bewirtschaftet: als Weideland und zur Brennholzgewinnung. Manche Wiesen wurden auch gemäht. Als dies nicht mehr passierte, verbuschte das Gebiet immer mehr. Deshalb wurden hier 1988 Camarguepferde angesiedelt, welche die jungen Triebe kappen und damit das Land offen halten, was die Biodiversität wieder gesteigert hat. So haben sich Röhricht, Feuchtwiesen und extensiv genutzte Wiesen zum Lebensraum für Vögel und andere Tiere entwickelt.

Meter lang, entstammt dieses Megalith-Bauwerk wahrscheinlich dem dritten Jahrtausend vor unserer Zeitrechnung. Auch hier soll sich auf vier Steinen ein Relief von Brustpaaren mit darunterliegender Halskette befinden, die der neolithischen Muttergöttin zugeordnet werden. Für Laien sind sie aber kaum zu finden.

Von der Allée Couverte gehen wir auf gleichem Weg entlang der Salzwiesen zurück. Bei hohem Wasserstand biegen wir an der ersten Verzweigung links, an der zweiten rechts ab. Wir passieren einen kleinen Sandstrand, treffen auf einen Wasserlauf, der über ein paar Steine überquert werden kann, und kommen zur **Plage Notenno** ❺. Bei niedrigem Wasserstand können wir an der ersten Verzweigung rechts gehen. Dieser Pfad endet an der Spitze der grün bewachsenen Landspitze. Ab hier geht es über sandig-kiesigen Grund und teilweise flache Felsen um die Spitze herum, wobei wir die Stille der weiten Bucht und großartige Ausblicke auf die Île Grande genießen können. Auch so treffen wir auf den kleinen Sandstrand und den Wasserlauf.

Auf dem Strand wandern wir weiter in Richtung des Hafens. Kurz vor einem **Schiffsskelett** können wir links auf die Böschung hochgehen. Von hier aus führen schmale Pfade zur Straße. Dieser folgen wir nach rechts. In die zweite Straße, den »Chemin du Toëno«, biegen wir nach rechts ein. Hier steht ein weiterer kleinen **Menhir** in der Wiese am Rand der Bucht und wir kommen zum schönen Strand **Plage de Toëno** ❻. Wir gehen links am Strand entlang. Kurz vor den Felsen führt dann ein Hohlweg ins grüne

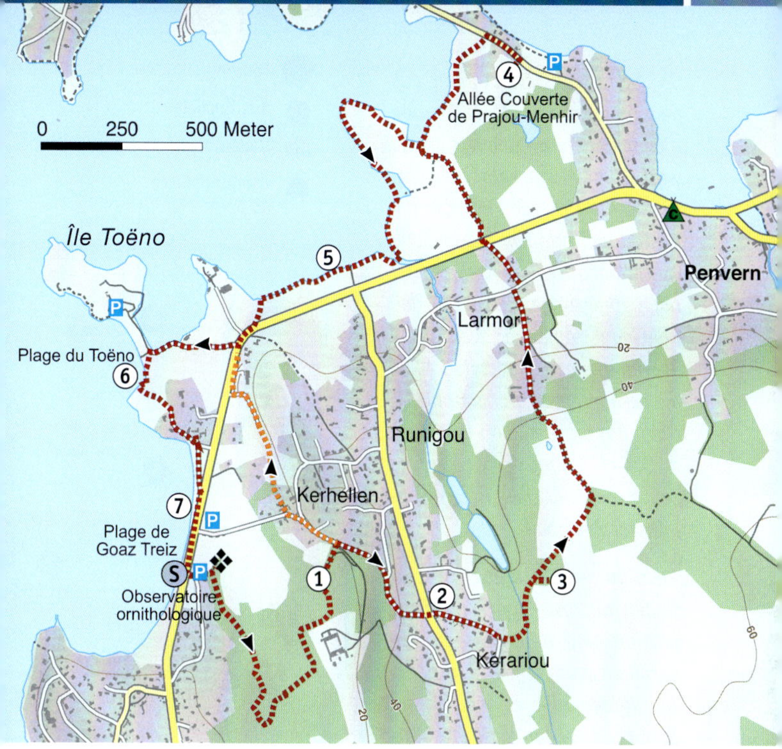

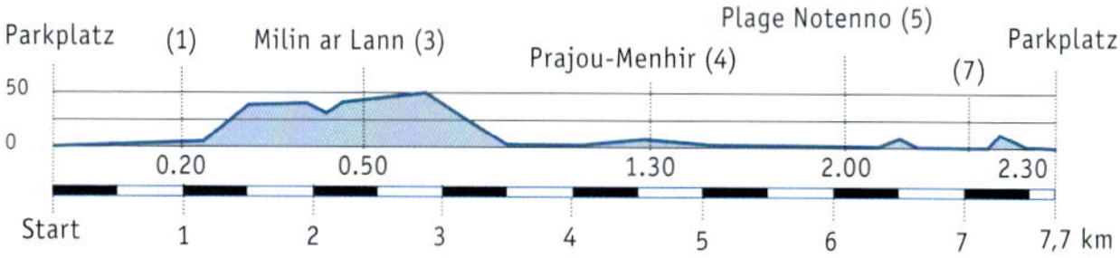

Dickicht. Er bringt uns zu einem Sträßchen, dem wir nach rechts zur **Plage de Goas Treiz** ❼ folgen. Alternativ können wir die knapp 300 Meter bis zum Strand auch über die Felsen an der Landspitze kraxeln. Das erfordert etwas mehr Zeit sowie Geschick und Trittsicherheit, aber keine großen Kletterkünste. Dann laufen wir an der **Plage de Goas Treiz** entlang, bis wir unseren Parkplatz erreichen.

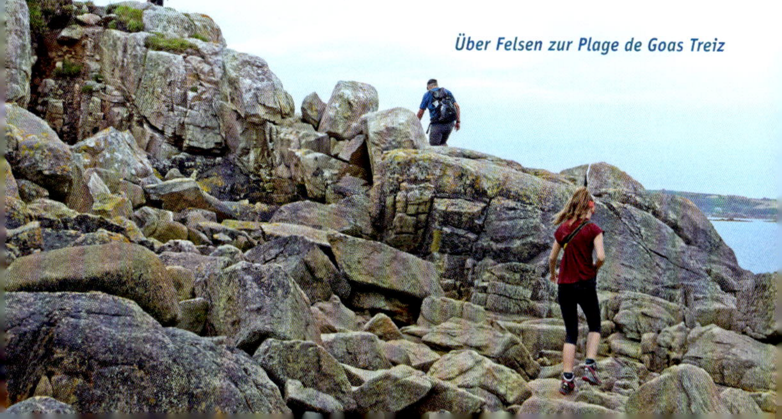

Über Felsen zur Plage de Goas Treiz

Der Name Finistère stammt aus dem Römischen: »Finis Terrae« – Ende der Welt – nennt man die westlichen Halbinseln der Bretagne, die sich wie Finger in die Weiten des Atlantik recken. Wer weiter nach Westen strebt, trifft nach einer langen Reise auf den Kontinent Amerika. Vor 2000 Jahren endete hier tatsächlich die bekannte Welt. Der bretonische Name für diese Region ist »Penn ar Bed« – Haupt der Welt – und zeugt vom selbstbewussten Weltbild der Bretonen.

Auch an der Küste des Finistère finden wir rosa Granit. Die Felspartien sind durchbrochen von karibisch anmutenden Stränden. Im Norden gibt es viele fjordähnliche Gezeitenflüsse. Im Westen prägen die schroffen Kaps, die den Atlantikwellen trotzen, die Küstenlandschaft. Zwischen den felsigen Vorposten ziehen sich lange Meeresbuchten ins Land, in deren Schutz sich weite, oft windige Strände verstecken. Im Süden dagegen dominieren lange Sandstrände und felsige Küsten.

Bei Westwind trifft ein Wetterwechsel das Finistère in der Regel als Erstes, sowohl im Guten wie auch im Schlechten. Hier toben im Winterhalbjahr die heftigsten Stürme. Hier trifft auch der Spruch, dass man in der Bretagne »vier Jahreszeiten an einem Tag erleben kann«, am ehesten zu. Das bedeutet aber auch, dass Regenwetter oft so schnell wieder abzieht, wie es gekommen ist.

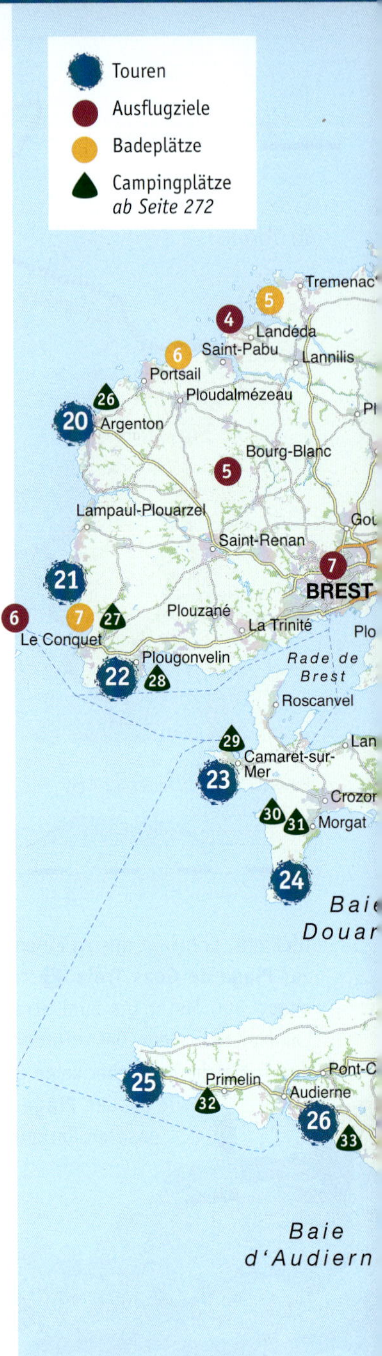

Zum Département Finistère gehören auch große Teile des Inlandes, dem wir aus Gründen der Reiseorganisation ein eigenes Kapitel gewidmet haben.

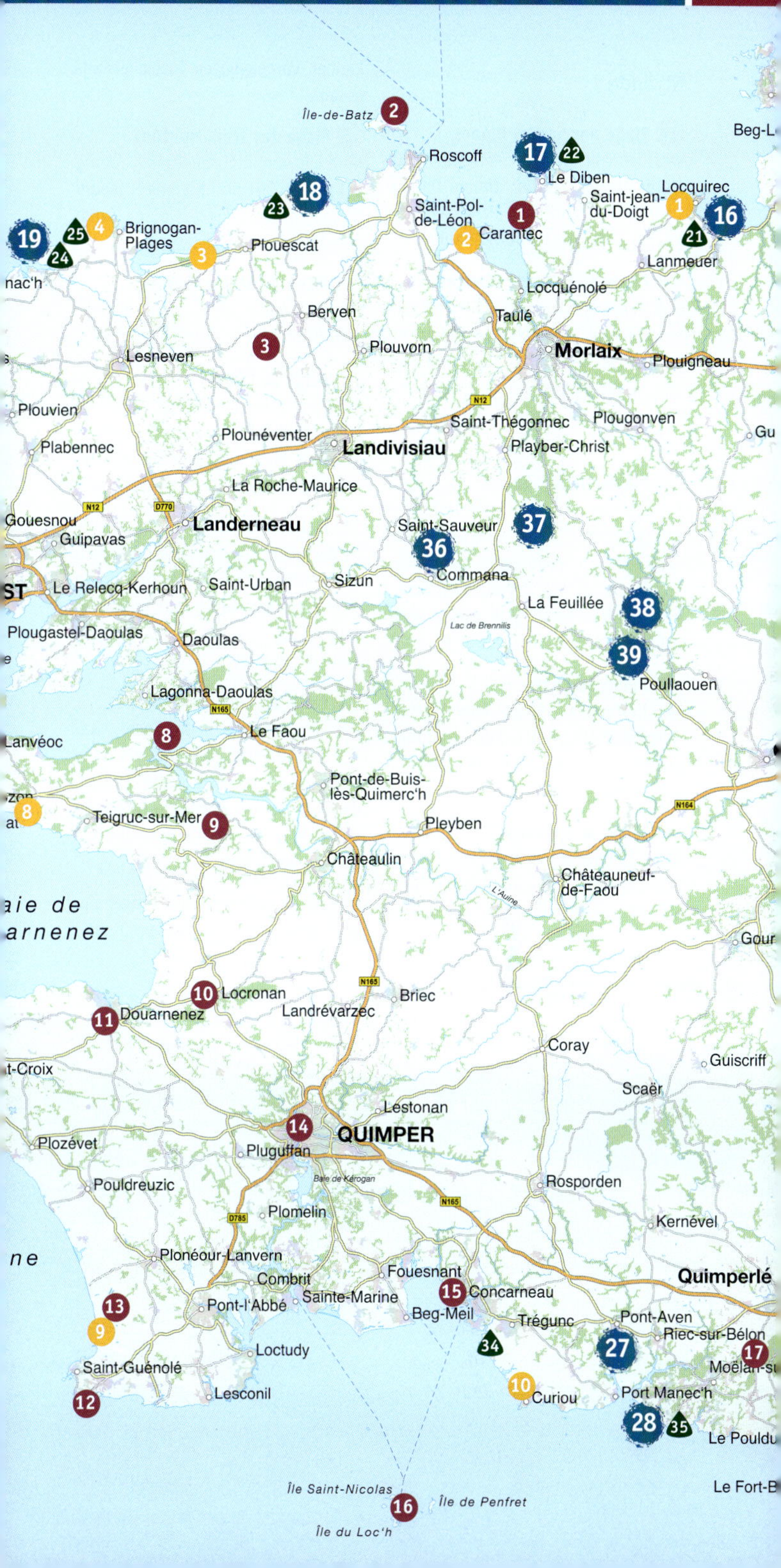
Île-de-Batz
Roscoff
Beg-L
Le Diben
Saint-jean-du-Doigt
Locquirec
Saint-Pol-de-Léon
Carantec
Brignogan-Plages
Plouescat
Lanmeur
Locquénolé
Berven
Taulé
Morlaix
Plouigneau
Lesneven
Plouvorn
Plouvien
Saint-Thégonnec
Plougonven
Plabennec
Plounéventer
Landivisiau
Playber-Christ
Gu
La Roche-Maurice
Gouesnou
Guipavas
Landerneau
Saint-Sauveur
Commana
Le Relecq-Kerhoun
Saint-Urban
Sizun
La Feuillée
Lac de Brennilis
Plougastel-Daoulas
Daoulas
Poullaouen
Lagonna-Daoulas
Le Faou
Lanvéoc
Pont-de-Buis-lès-Quimerc'h
Teigruc-sur-Mer
Pleyben
Châteaulin
Châteauneuf-de-Faou
L'Aune
Gour
Locronan
Douarnenez
Landrévarzec
Briec
Coray
Guiscriff
Scaër
Lestonan
QUIMPER
Plozévet
Pluguffan
Baie de Kerogan
Rosporden
Pouldreuzic
Plomelin
Kernével
Plonéour-Lanvern
Combrit
Fouesnant
Quimperlé
Concarneau
Pont-l'Abbé
Sainte-Marine
Beg-Meil
Trégunc
Pont-Aven
Riec-sur-Bélon
Loctudy
Saint-Guénolé
Lesconil
Curiou
Port Manec'h
Le Pouldu
Île Saint-Nicolas
Île de Penfret
Île du Loc'h
Le Fort-B
N12
D770
N165
N164
D785

Strände

1 Plage des Sables Blancs
Westlich von Locquirec gelegener 400 Meter langer Strand. Durch Dünen vom Ort getrennt, am Rand schöne, felsige Bereiche, nicht überlaufen.

2 Plage de la Grève Blanche
Strand mit feinem, sehr weichen Sand bei Carantec. Bei Ebbe kann man zu Fuß zur vorgelagerten Île Callot gehen, wenn man auf die Gezeiten achtet und den Rückweg rechtzeitig antritt!

3 Plages de Ker Emma
In der fast sechs Kilometer langen Bucht vor den Dünen von Ker Emma befindet sich eine weite Sandlandschaft, die bei Ebbe vor allem am westlichen und östlichen Ende extrem weit trockenfällt.

4 Plage du Phare
Bei Brignognan-Plage. Ungezähmtes Ambiente mit vielen Felsen, unbewacht, aber ideal zum Rasten, Spielen und Entdecken.

5 Plage de Kervenni
Hübsche halbrunde Bucht mit Strand und Uferpromenade. Bei Ebbe ist statt Schwimmen das Erforschen der vielen kleinen vorgelagerten Inselchen angesagt.

6 Plage des Trois Moutons
Nördlich von Ploudalmézeau. Wenig bekannter, fast drei Kilometer langer Strand hinter Dünen, weißer Sand, türkisfarbenes Wasser.

7 Plage de Blancs Sabons
Beeindruckend, weiß, weit, windig. [› Tour 21]

8 Plage de l'Aber
Sandstrand zwischen Klippen und mit Dünenlandschaft, an einer Flussmündung in Crozon gelegen. Das Ufer fällt flach ab.

9 Plage de Tronoën
In der Bucht von Audierne, nördlich der Pointe de la Torche erstrecken sich insgesamt fast zwölf Kilometer wilder Sand- und Kiesstrand vor einer Dünenlandschaft.

10 Plage de Trévignon
Bei Kite-Surfern beliebte Bucht, südlich von Trégunc, mit weißem Sand und glasklarem Meer. Schön ist auch der Blick auf die Pointe de Trévignon mit ihrer Festung sowie hinüber zu den Glenan-Inseln.

Weitere besonders schöne Strände liegen auch an unseren Wanderrouten.

Blick auf die Bucht von Aber Wrac'h.

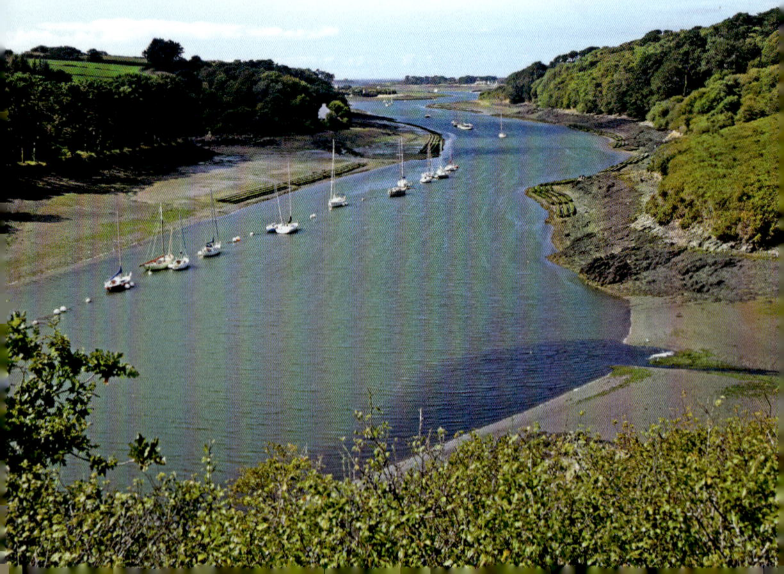

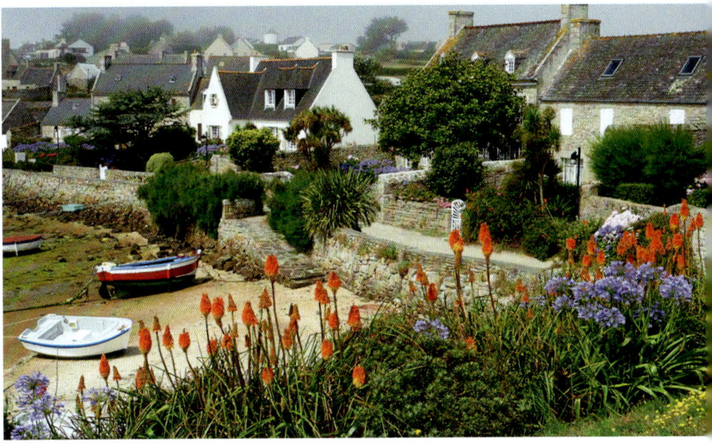

Ausflugsziele

1 Cairn de Barnenez

Das riesige Grabmonument stammt aus dem 5. Jahrtausend vor unserer Zeitrechnung und ist damit 2000 Jahre älter als die ägyptischen Pyramiden. Als Trockenbauwerk geschichtet, umschließt es elf Gänge mit Grabkammern. Es ist 75 Meter lang, 28 Meter breit und heute etwa sechs Meter hoch. Früher als Tumulus mit Erde bedeckt, wurde es 1955 wiederentdeckt, kurzzeitig als Steinbruch genutzt und dann unter Schutz gestellt.
Mai und Juni täglich 10–12.30 und 14–18 Uhr, Juli und August 10–18.30 Uhr, September und April Di bis Fr 10–12.30 und 14–17.30 Uhr. Eintritt €6, unter 18 Jahre frei.

2 Île de Batz

Die autofreie Insel lockt mit hübschen Sandstränden, der Ruine der romanischen Kapelle Saint-Anna, dem botanischen Garten »Jardin Georges Delaselle«, einem Leuchtturm, der eine fantastische Aussicht über die Insel ermöglicht und unaufgeregter Ruhe. Die Insel kann in etwa 2,5 Stunden auf dem Küstenpfad umwandert werden, alternativ stehen Leihräder zur Verfügung.
Fähre: Ganzjährig vom Vieux Port in Roscoff, Dauer 15 Minuten. Hin- und Rückfahrt €10, Kinder 4 bis 11 Jahre €6, bis 4 Jahre €2.
Leuchtturm: Geöffnet Ostern bis Allerheiligen Mi bis So 13.30–16.30 Uhr, im Juli und August 11–17 Uhr. Eintritt: €5,50, Kinder €2,50.
Jardin Georges Delaselle: April bis Mitte Oktober 11–18 Uhr, zweite Oktoberhälfte 11–17.30 Uhr. Eintritt €6, Kinder 7 bis 16 Jahren €3. www.jardin-georgesdelaselle.com

3 Château de Kerjean

Das Schloss wurde in den Jahren 1510 bis 1590 im Stil der italienischen Renaissance erbaut und steht inmitten riesiger Ländereien. Umgeben von einer Festungsmauer wirkt der Bau mächtig und doch verspielt. Antike Möbel, Figuren in zeitgenössischer Kleidung und Multimedia-Animationen lassen die Geschichte in den 25 Sälen des Schlosses lebendig werden. Der fast 20 Hektar große Park ist ideal für einen anschließenden Spaziergang.
Geöffnet April bis September 14–18 Uhr (außer Di und bei Aufführungen), Juli und August 10–18.30 Uhr.
Im Winterhalbjahr zeitweise 14–17.30 Uhr. Eintritt €8, Jugend 7 bis 17 Jahre €1, Familie €35.

4 Aber Wrac'h und Leuchtturm Île de Vierge

Wie ein Fjord wirkt die weit ins Landesinnere vordringende Meeresbucht an der Mündung des Flusses Aber Wrac'h in die Keltische See. Ein Aussichtspunkt befindet sich an der D 113 südlich von Plouguerneau.

Der kleine Ort L'Aber Wrac'h an der westlichen Meeresöffnung bietet neben einem großen Sporthafen und Bootsverleih auch Restaurants und Bars. Von hier werden Rundfahrten angeboten, unter anderem zum auf einer Insel vor dem Ort erbauten Leuchtturm **Phare de l'Île de Vierge**, der mit 82,5 Metern der höchste Leuchtturm Europas ist. Bei schönem Wetter lohnt es sich hinaufzusteigen.
Überfahrt von Landéda €20, Kinder 4 bis 12 Jahre €14, Kinder 1 bis 3 Jahre €5, Eintritt Leuchtturm €3,50, Kinder ab 5 Jahre €2.
Abfahrten im Sommerhalbjahr, gezeitenabhängig. Bei starker Ebbe ist ab Castel Ac'h auch der Weg zu Fuß möglich. Dann erfolgt die Rückfahrt mit Boot ab Castel Ac'h.

Bei Portsall, zwölf Kilometer Luftlinie westlich des Aber Wrac'h, lief bei Orkan und nach irreparablem Schaden der Steueranlage im März 1978 die **Amoco Cadiz** auf Felsen, brach auseinander und verschmutzte mit 1,6 Millionen Barrel Öl etwa 350 Kilometer Küstenlinie und gehört damit zu den größten Ölunfällen der Geschichte. Heute ist das Wrack ein beliebter Tauchplatz.

5 Eremitage Saint-Hervé

In einem Wald in der Gemeinde Lanrivoaré befindet sich die legendenumrankte Einsiedelei. Der um 520 geborene und von Geburt an blinde Sankt Hervé soll sein Leben in Armut und Demut verbracht und mehrere Jahre hier in den Wäldern gelebt haben – an seiner Seite ein gezähmter Wolf. Die Legende erzählt, dass dieser als Strafe dafür, dass er Hervés Hund oder auch Esel verschlungen hatte, an seiner Seite ausharren und ihn wie ein Blindenhund begleiten musste.
Ganz real sind vor Ort die Grundmauern einer Kapelle mit Steinaltar aus dem 10. Jahrhundert zu sehen, eine gefasste Quelle und eine halb in den Boden eingelassene Hütte aus Trockensteinmauern. Es ist vor allem die stille Romantik, die diesen Ort faszinierend macht.
Parkplatz bei GPS N 48°29'43.0, W 4°37'28.0 für zwei bis drei kleinere Fahrzeuge auf dem Seitenstreifen.

6 Île de Ouessant

Wie ein Vorposten der Bretagne und Frankreichs liegt die Insel 20 Kilometer vor dem Festland im rauen Atlantik. Eine wilde Landschaft mit schroffen Steilküsten und fünf Leuchttürmen erwartet den Besucher. Aufgrund der Größe von etwa 15 Quadratkilometern lohnt es sich, am Anleger der Fähre ein Fahrrad auszuleihen. Allerdings fordern immer wieder kleinere Steigungen heraus.
Fähren fahren ganzjährig von Brest und Conquet, Neben-/Hauptsaison €32–38, Kinder 4 bis 17 Jahre €22. pennarbed.fr

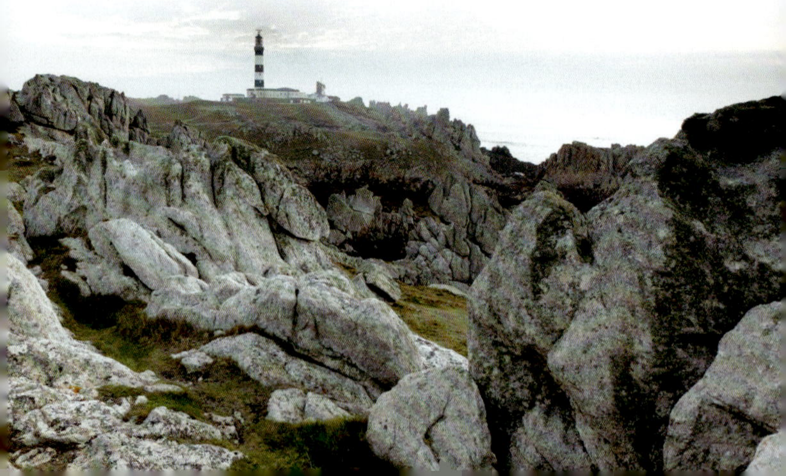

Einer von fünfen: der Phare du Créac'h auf der Île de Ouessant

7 Brest

Die große, quirlige Stadt – Industriezentrum mit Handels- und Marinehafen – bietet sich vor allem zum Besuch der Festung mit Schifffahrtsmuseum sowie des Aquariums Océanopolis an. Beide liegen knapp fünf Kilometer voneinander entfernt direkt am Meer.

Im Juli und August werden in Brest die »Jeudis du Port« gefeiert, die Hafendonnerstage mit Straßenfest, Konzerten und anderen Veranstaltungen.
Musée National de la Marine, Château de Brest, Boulevard de la Marine, Eintritt €7, reduziert €5,50.

Océanopolis, Rue du Moulin Blanc, 29200 Brest. Öffnungszeiten siehe Website www.oceanopolis.com. Eintritt €22,90, 14 bis 17 Jahre €17,50, 3 bis 13 Jahre €14,60.

8 Abbaye de Landevennec

Beim Besuch der wildromantisch hoch am Ufer der Aulne gelegenen Abtei taucht man in die Geschichte der Bretagne ein. Gegründet von Sankt Guénolé gegen Ende des 5. Jahrhunderts, ist die Abtei eines der ältesten Klöster der Bretagne und blickt auf eine wechselvolle Geschichte zurück. Erstmals bereits 913 durch die Wikinger geschleift und im Laufe der Zeit mehrfach wieder aufgebaut, zeigt die Ruine heute karolingische (9. Jahrhundert), romanische (12. und 13. Jahrhundert) und maurische Stilelemente (17. Jahrhundert).
Geöffnet April bis Juni und Mitte September bis Anfang Oktober 10.30–18 Uhr, Sa, So 10.30–13 und 13–18 Uhr, Juli bis Mitte September Mo bis So 10.30–19 Uhr.
Eintritt €7, Kinder 8 bis 15 Jahre €3,50, Familie (2 Erw., 2 Kids) €19.

In der Flusskehre, direkt westlich der Abtei, befindet sich ein Schiffsfriedhof der französischen Marine. Er ist vom Aussichtspunkt (Belvédère) an der Uferstraße zwischen D60 und Landevennec gut zu sehen.

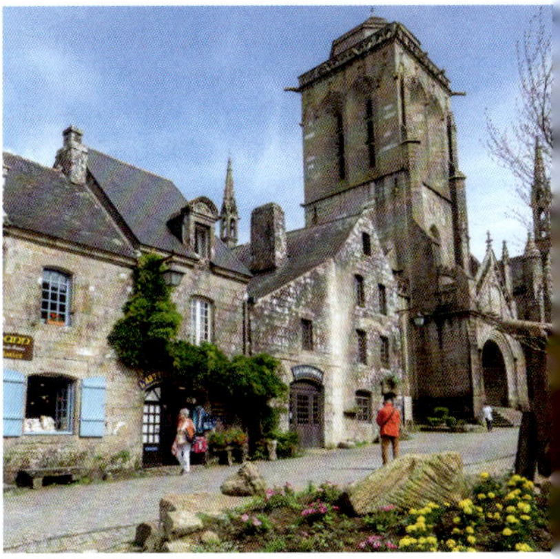

9 Ménez Hom

Der 329 Meter hohe erloschene Vulkan Ménez Hom befindet sich am Fuß der Halbinsel von Crozon. Eine Straße führt bis kurz unter den Gipfel. Bei gutem Wetter ist die Aussicht grandios. Der Blick reicht über die Aulne und den Hafen von Brest im Nordwesten, die Halbinsel und die vom Cap de la Chèvre begrenzte Bucht von Douarnenez im Westen bis zu den Monts d'Arée im Nordosten.

Neben Wanderern und Radfahrern tummeln sich hier Paraglider. Die Heidekuppen laden zu einer ausgiebigen Rast ein.

10 Locronan

Ab dem 14. Jahrhundert mit Segeltuchweberei zu Reichtum gekommen, ist der kleine Ort heute einer der am besten erhaltenen mittelalterlichen Städtchen. Granithäuschen säumen die Gassen und den Platz vor der gotischen Kirche Locronan du Bois, dem Heiligen Ronan geweiht. Hier findet einer der schönsten Weihnachtsmärkte der Bretagne statt. Für mehrere Filme diente der Ort als Kulisse.

11 Douarnenez mit Museumshafen

Der im 12. Jahrhundert gegründete Ort verfügt über vier Häfen und den fünftgrößten Fischereihafen Frankreichs. Am schönsten sitzen kann man in den kleinen Restaurants und Bars am Port de Rosmeur. Vormittags werden in der Halle des Fischmarktes

»Les Halles« fangfrische Meeresfrüchte angeboten. Vom Quai du Petit Port in die Rue Anatole France sind es 200 Meter.
Markt: Mittwoch und Samstag am Port de Plaisance

Beim Port Rhu können im Museumshafen alte Boote besichtigt werden: ein Fischerboot, ein historisches Bakenschiff, ein Schlepper, ein Binnenschiff, ein Küstendampfer, ein Leuchtschiff und eine arabische Dau. In den Hallen ist außerdem eine Sammlung unterschiedlichster Schiffe aus verschiedenen Kulturen ausgestellt.
Geöffnet Anfang April bis Anfang November 10–12.30 und 14–18 Uhr (Mo geschlossen, außer in französischen Schulferien). Eintritt €7,50, Kinder €4,50, Familie €20. Ohne Ausstellung etwas günstiger.

12 Leuchtturm Phare d'Eckmühl

Der 1897 eingeweihte Phare d'Eckmühl an der Pointe de Penmarc'h ist mit 65 Metern einer der höchsten Leuchttürme Europas. Er wurde neben zwei älteren Leuchttürmen erbaut. 307 Stufen führen auf den Umgang unterhalb der Kuppel. Zu seinen Füßen befindet sich eine Kapelle aus dem 15. Jahrhundert. Außerdem ist hier das letzte Ruderrettungsboot mit dem Namen »Papa Poydenot« zu besichtigen. Der Leuchtturm wird aus Sicherheitsgründen nur in Gruppen von maximal 40 Personen besucht.
Geöffnet April bis Juni, September. 10–12.30 und 14–18 Uhr, Juli und August 10–18 Uhr, März, Oktober bis Mitte November 13.30–17.30 Uhr. Eintritt €2,70, Kinder €1,20, Familie €7,40.
Im Juli und August sind am Dienstag nächtliche Besuche nach Reservierung möglich. Tel. 0033 (0)298 58 7287. €7, Kinder 7 bis 16 Jahre €4, Familie €21.

13 Notre-Dame de Tronoën

Die gotische Kapelle liegt sechs Kilometer nördlich von Penmarc'h und hat einen der ältesten Kalvarienberge der Bretagne, der unter den Kreuzen von Golgotha verschiedene Szenen aus dem Leben Jesu darstellt. Kirche und Berg wurden im 15. Jahrhundert von Templern erbaut, die den Glockenturm als Wachturm nutzten.

14 Quimper

Am Zusammenfluss von Jet, Steir und Odet gelegen ist »Kemper«, bretonisch für »Zusammenfluss«, eine der sieben alten Bischofsstädte und wird beherrscht von der großen Kathedrale Saint-Corentin, die dem ersten Bischof geweiht ist. Rund um die Kathedrale lohnt ein Bummel durch die Stadt mit ihren schönen Fachwerkhäusern und zum Ufer des Odet. Hier befindet sich auch das »Museum der schönen Künste«. Vor allem im Stadtteil Locmaria ist die Fayence-Malerei in den Porzellan-Manufakturen ein wichtiger Wirtschaftszweig.

15 Concarneau

Bekannt ist die Stadt sowohl als großer Fischereihafen als auch für ihre Altstadt. Die Ville Close, die befestigte Altstadt, die sich auf einer Insel im Hafenbecken befindet, erreicht man nur über eine Brücke im Westen oder eine kurze Fährfahrt von der Ostseite. Der Rundgang durch die engen Gassen und auf der Stadtmauer ist beliebt. Der Fischmarkt »Les Halles« ge-

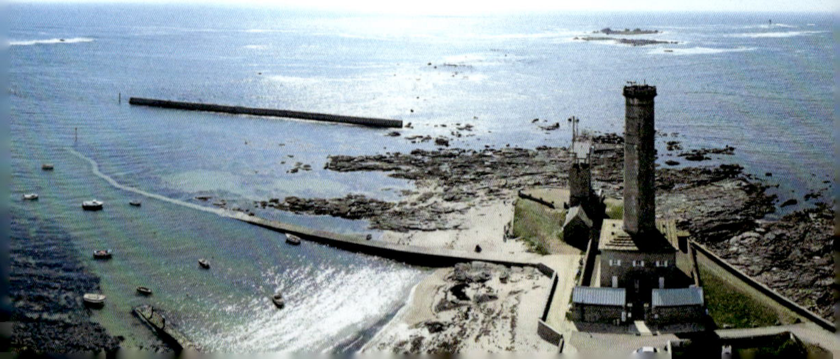

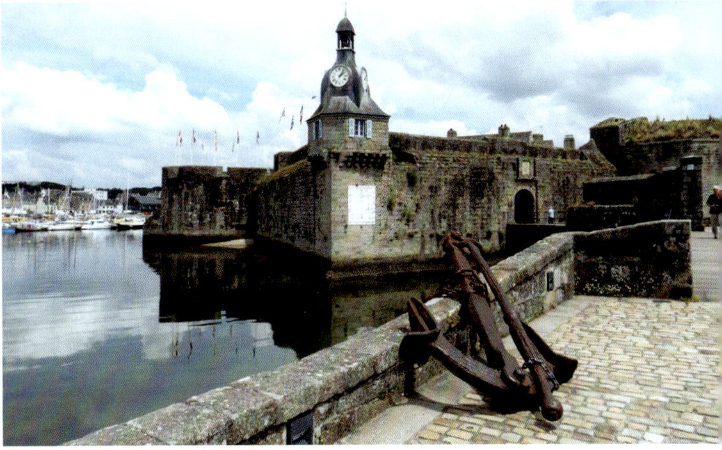

genüber der Brücke zur Ville Close ist jeden Morgen von 8–13 Uhr geöffnet. Mitte August wird für mehrere Tage das Festival der Blauen Netze »Filet bleus« mit Paraden und Musik gefeiert.
Markt: Montag und Freitag

16 Glenan-Inseln

Das etwa 18 Kilometer vor Concarneau liegende Archipel ist ein Wassersportzentrum und ein beliebtes Ziel für Tagesausflüge zum Baden. Schneeweiße Strände, klares smaragdgrünes Wasser, unzählige Segelboote und vorgelagerte Inselchen bieten den wunderschönen Rahmen.

Nur die Île de Saint-Nicolas wird von den kleinen Fähren angefahren, außerdem gibt es etwa einstündige Rundfahrten durch das Archipel. Auch Ausflüge mit dem Seekajak und Fahrten mit einem Glasbodenboot können gebucht werden. Allerdings ist so ein Tagesausflug, vor allem für eine Familie, kein ganz günstiges Unterfangen. Abfahrten gibt es zweimal täglich von Bénodet und Concarneau, im Hochsommer auch von Loctudy, Beg-Meil und Port-la-Forêt.
Ticket für Hin- und Rückfahrt plus Archipelrundfahrt €49, 13 bis 17 Jahre €42, 4 bis 12 Jahre €25, 0–3 Jahre €7.
www.vedettes-odet.com

17 Klosterruine Saint-Maurice-de-Carnoët

Im Wald von Carnoët befinden sich die Ruinen des Zisterzienserklosters aus dem 12. Jahrhundert. Erhalten sind die Kirchenfassade, der Kapitelsaal und das Haus des Abtes aus dem 18. Jahrhundert, welches heute Heimat für eine Kolonie Fledermäuse ist. Ein Audioguide erklärt die Anlage auch auf Deutsch. Auf dem Weg vom Parkplatz zum Kloster liegt die Crêperie de Saint Maurice.
Geöffnet April bis Oktober, So und Ferientage 14–18 Uhr, Mitte Juni bis Mitte September von 11–19 Uhr, Eintritt €5, Jugend 12 bis 16 Jahre €3.

Blick vom Phare de Eckmühl

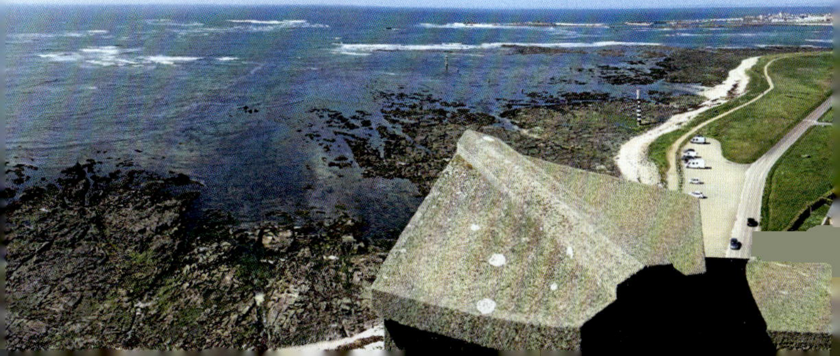

195 m

STRECKE 7,5 km

2 h 30

ab 8

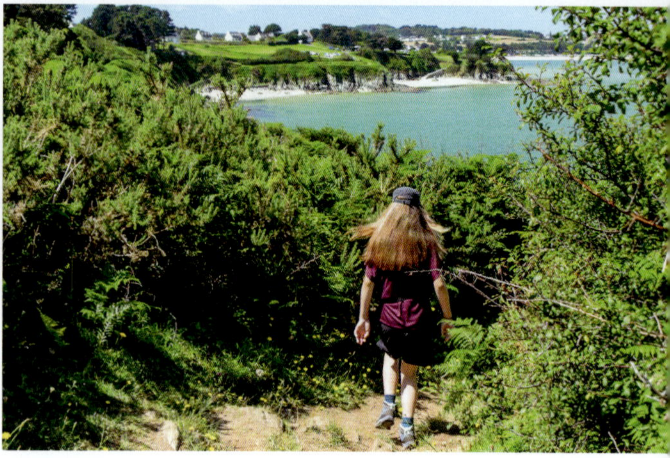

16 Pointe de l'Armorique

Traumhafte Buchten und historische Entdeckungen

Abwechslungsreich präsentiert sich die Halbinsel von Kercoz, die in der Pointe de l'Armorique ihr nördliches, felsiges Ende findet. Wir durchwandern Heideland und Küstenwald, treffen auf schroffe, felsige Klippen und versteckte Buchten. Außerdem erwarten uns die Ruine einer römischen Therme und zwei Kapellen aus dem Mittelalter. Die schöne kleine Runde ist auch an einem heißen Sommertag gut machbar.

Wanderung: Zwischen den Picknickbänken führt der Zöllnerpfad weiß-rot markiert nach Norden. Erst wandern wir durch ein Spalier aus hohem Farn, dann spenden niedrige Eichen Schatten, und immer wieder führen einige Holzstufen auf- und abwärts. Beim kleinen **Strand von Porz Mellec** (1) treffen wir auf eine Straße und gehen

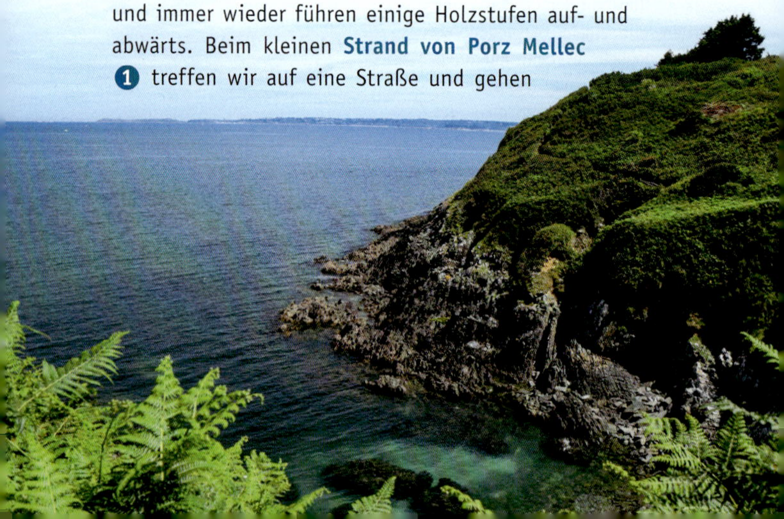

nach links. In der nächsten, scharfen Linkskehre mit kleiner Parkbucht wandern wir rechts in den Wald. Bei zwei Verzweigungen bleiben wir rechts an der Küste und laufen über viele Stufen hinaus zur nördlichen Spitze der **Pointe de l'Armorique**. Dort wird der Blick frei nach Westen auf Loquirec und die gleichnamige Bucht mit ihren vielen Stränden.

Highlights

Felsbuchten mit gut versteckten, leuchtend weißen Stränden und türkisblauem Wasser sind das Highlight dieser Tour. Außerdem könnt ihr die Ruine einer römischen Therme erkunden, die hier über Jahrhunderte im Sand verborgen war.

Vorbei an einer Orientierungstafel gelangen wir zwischen Farn und Liguster zu einer **Felsenbucht**, zu der kein Abstieg möglich ist. Hier und an einer folgenden Verzweigung halten wir uns rechts. Unter Kiefern kommen wir zu einer **Quelle** ❷, deren Wasser über moosige Felsen in ein kleines Becken läuft.

Ein Stück weiter führt eine lange Folge von Stufen hinunter zur **Plage de Tossenn ar C'hoz**. Auf dem gegenüberliegenden Betonweg steigen wir dann wieder hoch. Der Fahrweg führt zu einem großen Parkplatz. Dort laufen wir auf der Straße weiter vorbei an der **Plage des Curés** und um eine Felsspitze in Richtung der großen **Bucht von Locquirec** ❸. Wo die Straße sich zur Bucht senkt, biegen wir schräg links ab auf einen Fußweg (weiß-rot) und genießen die Aussicht auf die Bucht vom oberhalb der Straße unter Kiefern und Zypressen verlaufenden Weg. Er bringt uns zu den **Thermen von Hogolo** ❹.

Wir treffen an der Nordseite auf die fast 25 Meter lange Anlage, die auf den Anfang des 1. Jahrhunderts datiert wird. Die drei kleinen Räume dienten als Garderobe, Fußbad und kaltes

TOUREN-STECKBRIEF

Anfahrt: Auf der D 786 durch Plestin-les-Grèves fahren. Beim Restaurant La Marina (rechte Seite) links in Richtung Pointe de l'Armorique/Manoir de Kerallic abbiegen, dann dem fünften Abzweig rechts in Richtung Beg Douar bis zum Parkplatz folgen: **GPS N 48°41'01.0", W 3°36'59.0".**

Anspruch und Charakter: Küstenpfad, 1,6 Kilometer auf Asphalt, immer wieder Stufen. Anfangs teilweise im Schatten, überwiegend schattig ab Punkt ❺.

Markierung: Entlang der Küste weiß-rot (GR 34, Zöllnerpfad), im Inland gelb-grün markiert.

Einkehr: Strandbistro Le Petite Bain 150 Meter nach ❸ (dazu bei ❸ nicht abbiegen), Crêperie de la Mer 300 Meter westlich von ❺, Restaurant Le Marina an der Straßenkreuzung vor ❻.

Mit Kindern: Mit Kleinen bietet sich ein Spaziergang bis zur Pointe de l'Armorique an und beim Rückweg ein Badestopp am kleinen Strand Porz Mellec. Auch die Felsen und die kleine Sandbucht direkt am Parkplatz laden zum Entdecken ein (2,1 km, ↓↑ 40 m). Außerdem lohnt ein Besuch der Thermen, die von der sehr beliebten Plage de Curés schnell zu erreichen sind, Parkplatz bei N 48°40'54.5", W 3°38'06.8".

Schwimmbecken. Dann folgen zwei rechteckige Thermen-Räume, in denen die Besucher auf seitlichen Bänken schwitzten, mit den Füßen im warmen Wasser und in der mit Dampf gesättigten Luft. Das große Rechteck im Süden diente als Holzlager für die Versorgung der Kessel, deren heißer Dampf unter den Boden der Thermen geleitet wurde. Um 200 wurden die Thermen in Wohnbereiche umgewandelt und um 300 zerstört. Eine angewehte Düne überdeckte und schützte die Überreste, die 1892 entdeckt und in der Folge ausgegraben und restauriert wurden.

Wir gehen weiter auf dem Weg, der oberhalb der Thermen verläuft. Bei der nächsten Verzweigung halten wir uns rechts und an den Stufen zum Strand geradeaus. Zwischen Wiesen und Hecken, vorbei an Picknickbänken und einem Wohnmobilstellplatz, treffen wir auf die **Straße D 42**.

Wir überqueren sie geradeaus und laufen auf die **Kapelle Sainte-Barbe** ❺ aus dem 16. Jahrhundert zu. Direkt vor dem ehrwürdigen Gemäuer biegen wir auf den Fußweg nach rechts ab. Im Schatten von Bäumen wandern wir über die Halbinsel Richtung Osten, teils auf einem Hohlweg, dessen Seiten üppig mit Farn bewachsen sind. Rechts von uns plätschert ein kleiner Wasserlauf. Wir erreichen Asphalt, gehen rechts und an der nächsten langgestreckten Kreuzung geradeaus, vorbei an Gewächshaustunneln. Von hier aus blicken wir auf das **Schloss de Kérallic** von 1899, das sich in Privatbesitz befindet.

An der T-Kreuzung biegen wir rechts ab auf den Seitenstreifen der D 42. Bei der nächsten **Kreuzung** ❻ geht es links weiter auf dem Fußweg neben der D 786. Er führt schräg links weg und zur **Kapelle Saint-Efflam** von 1888. Unterhalb befindet sich ein aufwendig gestaltetes Brunnenhäuschen mit Schieferkuppel aus dem 16. Jahrhundert. An der Küstenstraße gehen wir links (Zugang zur Bucht nach 100 Metern rechts). Zwischen privaten Grundstücken und Häusern treffen wir auf eine Grundstücksmauer und gehen an dieser links über Stufen hinauf (hier rechts ebenfalls Zugang zur Bucht). Oben biegen wir rechts ab und sind wieder auf dem weiß-rot markierten Zöllnerpfad unterwegs.

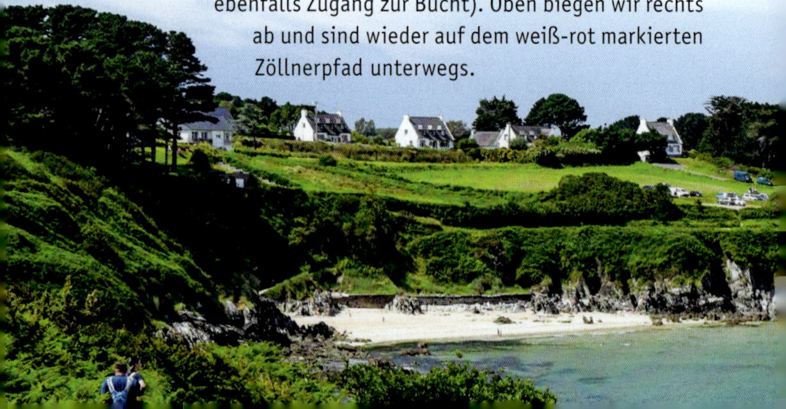

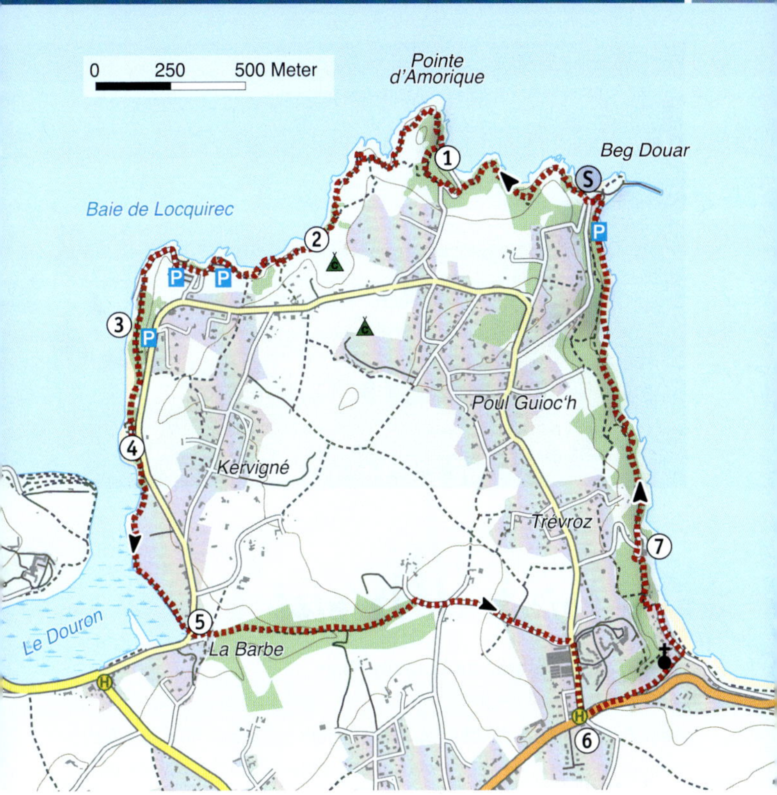

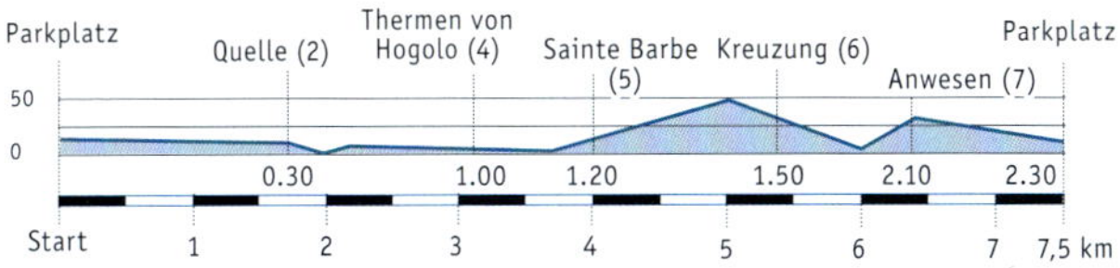

Vor einem **Anwesen 7** führen Stufen links hoch zur Zufahrtsstraße, wo wir rechts abbiegen. In der folgenden 180-Grad-Kehre wandern wir geradeaus weiter auf breitem Weg in den Wald. Nur manchmal geben die Bäume den Blick auf das Meer frei. In einem offenen Bereich unter Kiefern führt ein steiler, rutschiger Pfad hinunter auf die Felsen. Jetzt sind wir fast am Ziel, in gut 250 Metern ist der Parkplatz an der Pointe de Beg Douar erreicht.

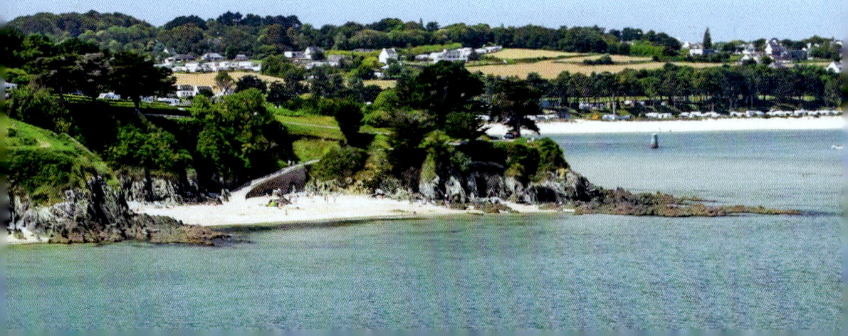

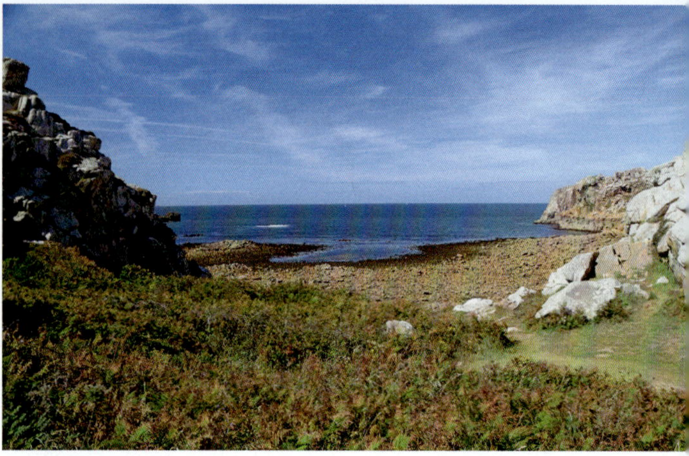

160 m

STRECKE

7,3 km

2 h 30

ab 8

17 Pointe de Primel

Rosa Granit und blaues Meer

Wem Ploumanac'h zu überlaufen ist, dem sei diese Tour ans Herz gelegt! Fantastische Felsformationen, weite Ausblicke, Relikte alter Festungsanlagen und ein romantisches Felsrund machen den Reiz der Wanderung um die langgezogenen Landspitze aus. Im zweiten Teil der Tour ändert sich der Charakter der Landschaft. Auf dem hier wenig begangenen Zöllnerpfad durchstreifen wir oberhalb der Klippen raue Wiesen und eine wilde Heidelandschaft und haben dabei besten Ausblick über die Bucht von Sainte-Barbe.

Wanderung: Wir wandern durch die Schranke am Parkplatzende geradeaus auf das **Zöllnerhaus auf den Felsen** zu. Bei der ersten Verzweigung gehen wir geradeaus, bei der zweiten, bereits im Bereich von Farn und Heide, halten wir uns rechts. 100 Meter weiter halten wir uns links und wandern leicht aufwärts mit fan-

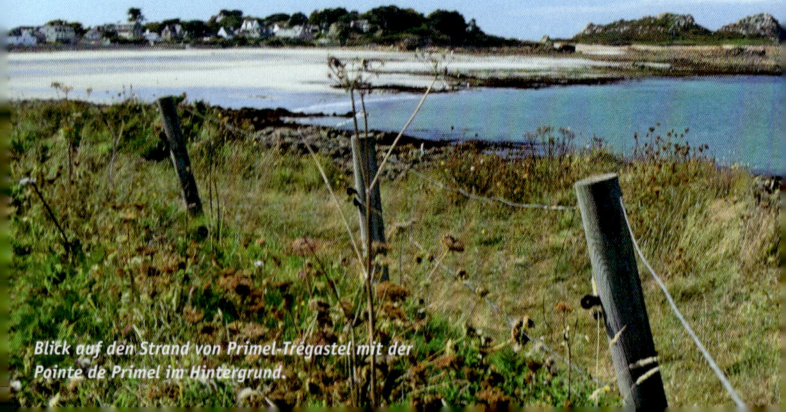

Blick auf den Strand von Primel-Trégastel mit der Pointe de Primel im Hintergrund.

TOUREN-STECKBRIEF

Anfahrt: Von Morlaix fahren wir in Richtung Norden nach Plougasnou, dort geht es weiter in Richtung Primel-Trégastel. Am Strand zweigt die Straße in den Ort ab, nach knapp 250 Metern biegen wir links in Richtung »Parking / Camping de la Mer« ab.

GPS N 48°42′51.6″, W 3°48′56.2″

Anspruch und Charakter: Schmale Wanderpfade, im Bereich der Spitze der Landzunge auch steinig, kein Schatten. Rückweg auf einer schmalen Straße. 3,2 Kilometer auf Asphalt.

Markierung: Im Bereich der Küste östlich von Primel-Trégastel weiß-rot.

Mit Kindern: Wir folgen der Tourenbeschreibung bis zum Felsenrund ❹ und gehen dort, wie beschrieben, zur kleinen Straße. Dort verlassen wir die Runde nach links. In einer Rechtskehre geht es geradeaus auf einen Fußweg zwischen Hecken, an der folgenden Y-Verzweigung links. Wir passieren die Felsgruppe ❹ und laufen bis zur kleinen Bucht nördlich davon. Von dort geht es, vielleicht nach einem Spielstopp in der Bucht, schräg rechts über einen Wiesenpfad in Richtung Campingplatz und zum Parkplatz zurück. (Strecke 2,8 km)

Vorsicht: Keine Sicherung bei Le Gouffre und weiteren Felsen!

tastischer Sicht über die Küste in Richtung Inselspitze. Ein Abstecher nach rechts führt zu einer kleinen Freifläche über der Bucht, auf der ein **Menhir** ❶ thront.

Highlights

Die Felsen aus rosa Granit sind eine der spannendsten Küstenformen der Bretagne. Ihr könnt sie hier noch einmal auf einem wenig begangenen Abschnitt des Küstenpfades erleben.

Zurück auf unserem Weg, führt dieser nach links und quert die Halbinsel. Auf der anderen Seite biegen wir rechts ab und kommen zu **Le Gouffre** ❷, einem etwa zwei Meter breiten, fast senkrechten Einschnitt, der sich quer über die Landspitze zieht. Hier führten, während des Anstiegs des Meeresspiegels vor etwa 10.000 Jahren, tektonische Brüche in weicheren Gesteinen zu Erosion. Scheint der Abstieg in den Schlund der Gouffre bei Ebbe noch halbwegs realisierbar, so ist die fast senkrechte Wand auf der gegenüberliegenden Seite nur mit etwas Klettererfahrung zu überwinden.

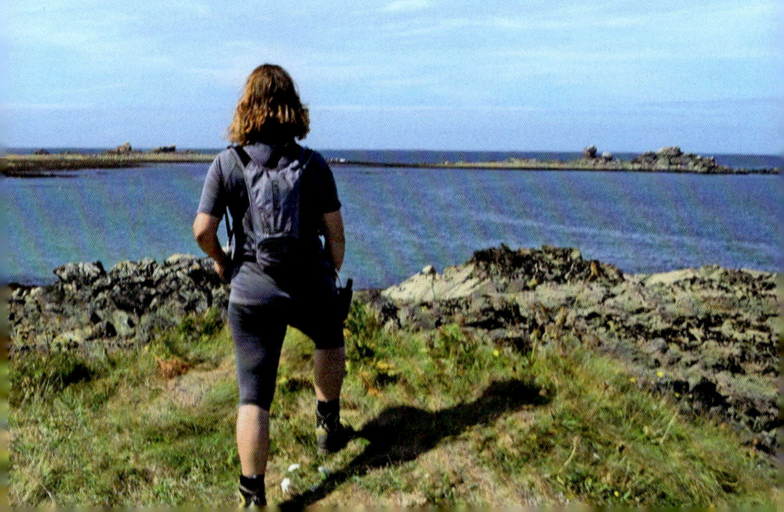

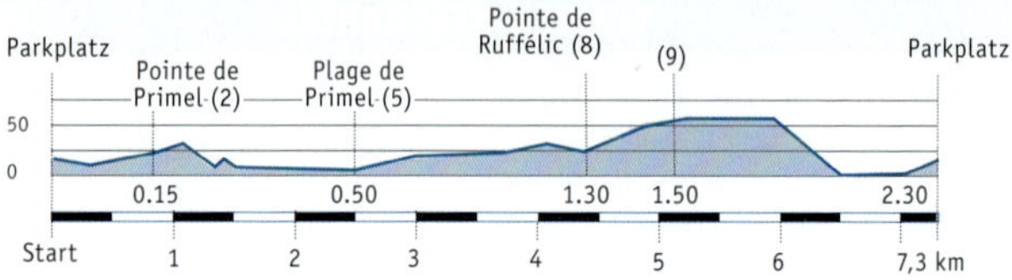

Wir gehen also zurück und halten uns jetzt an der Westseite der Halbinsel. Wir passieren Mauerreste einer alten Befestigungsanlage aus dem 18. Jahrhundert und erreichen nach einem geröllig-steinigem Anstieg einen kleinen **Pass mit grandioser Aussicht**. Auf der anderen Seite geht es wieder abwärts, aber auf halber Höhe zweigt ein Weg nach links hoch zum **Haus der Zöllner** ❸ ab. Zum Schluss geht es etwas kraxelig über ein paar Felsen, dann ist das kleine Gebäude mit Kamin, gemauerter Decke und kleinem Anbau erreicht.

Wir kraxeln wieder hinunter und wandern dann auf dem steinigen Pfad auf den vor uns liegenden **Strand** zu und oberhalb an diesem entlang. Hinter der ersten Felsengruppe biegen wir nach rechts ab. In der zugemauerten Höhle in den Felsen vor uns, einem **Pulverlager aus dem Zweiten Weltkrieg**, leben heute Fledermäuse. Rechts davon in einer Senke befindet sich der Durchgang ins nächste Felsenrund. Der einfachste Abstieg befindet sich ganz links. Bei Nässe oder wenn der Abstieg zu steil erscheint, gehen wir zurück zum Hauptweg, nach rechts und hinter den nächsten Felsen wieder rechts. Hier führt ein steiniger, aber einfacher Weg ins Felsenrund.

An dieser Stelle befand sich im Mittelalter eine Burg, heute nennt man den Ort **Salle Verte** ❹. Mit etwas Fantasie lassen sich Reste der Fundamente ausmachen. Am interessantesten

Pointe de Primel

Die Felsen ragen bis zu 48 Meter über das Meer und die strategisch günstige Lage wird von den Menschen seit Urzeiten genutzt. Im Neolithikum standen auf der Pointe de Primel Befestigungswälle. Dabei wurden natürliche Erhebungen mit Kies und Steinen zu Wällen vergrößert. Diese »Éperon barré« ziehen sich in langen Linien über die Spitze der Halbinsel, sind aber für Nicht-Historiker kaum zu erkennen. Auch ein schlanker Menhir blieb aus der Steinzeit hier zurück.

Im Mittelalter wurde im Schutz der Felsen an der Westseite eine Burg gebaut. Von dieser sind heute nur noch Fundamente zu erahnen. Zur Zeit der Österreichischen Erbfolgekriege Mitte des 18. Jahrhunderts, als Frankreich und Großbritannien auf unterschiedlichen Seiten kämpften, entstand hier eine Befestigungsanlage mit Mauern und Schutzwällen. »Le Corps de Garde«, ein Wachhaus, befand sich wahrscheinlich auf der vorderen Landspitze und kontrollierte so die Flussmündungen bei Morlaix und Lannion. Reste einer Batterie (Befestigungsanlage) sind an der Westküste zu sehen.

Die »Cabane des Douaniers« wurde in Napoleonischer Zeit am Ende des 18. Jahrhunderts zur Kontrolle des verstärkten Warenhandels erbaut. Im Zweiten Weltkrieg wurde die Landspitze als »Widerstandsnest 56« und damit Teil des Atlantikwalls befestigt. Es existieren eine unterirdische, nicht zugängliche Kasematte, sowie ein ehemaliges Pulvermagazin in einer Felsenhöhle, die heute Fledermäusen Zuflucht bietet.

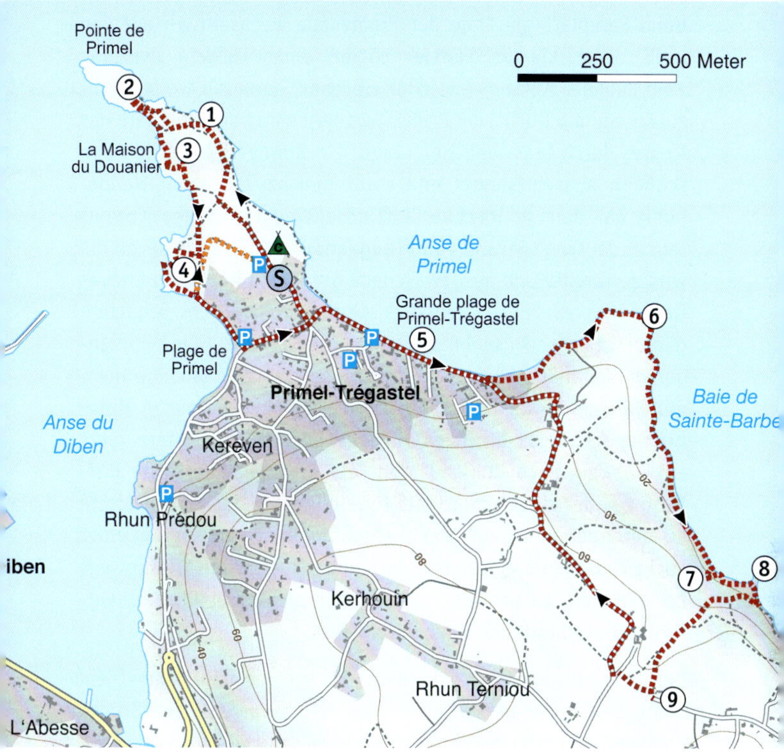

sind aber eigentlich die Felsen. Hier gibt es Plätze zum Sitzen mit faszinierendem Blick auf die Bucht und das Meer.

Wir queren die »Salle Verte« und wandern küstennah weiter. Zwischen hohen Hecken erreichen wir eine schmale Asphaltstraße und folgen ihr nach rechts, bis zu einem Parkplatz an der Durchgangsstraße. Hier wenden wir uns nach links und steuern die andere Seite der Landzunge an. Am Meer angekommen, spazieren wir am fast 700 Meter langen und bei Ebbe über 400 Meter breiten Sandstrand der **Plage de Primel** **5** entlang.

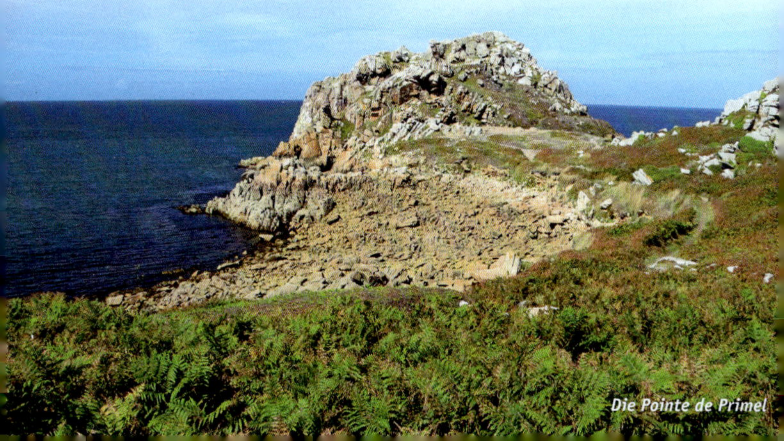
Die Pointe de Primel

Beim Parkplatz am Ende der Promenade wechseln wir auf den weiß-rot markierten **Sentier côtier**, einen Fußweg zwischen zwei Zäunen. Anfangs zwischen Büschen, dann mit weiter Sicht zurück auf die Bucht von Primel wandern wir immer oberhalb des Meeres durch Gras- und Heideland. Ein **Bunker** ❻ bietet einen schönen Aussichtspunkt und stellt gleichzeitig einen Wendepunkt dar, denn ab jetzt verläuft unser Weg nach Süden. Vor uns taucht der lange **Strand von Plougasnou** auf und links davon die wild zerfurchte und ausgewaschene Steilküste **Roche du Chevalier**. Auf einem kurzen Wegstück spenden hohe Büsche Schatten, dann erreichen wir einen steileren, mit Farn und Heide überzogenen Küstenabschnitt. Schließlich quert der Weg einen grünen, mit Bäumen bewachsenen Einschnitt auf einer schmalen **Holzbrücke** ❼. **Jetzt heißt es aufpassen:** Nach 160 Metern führt ein Abzweig nach links auf den Felsvorsprung **Pointe de Ruffélic** ❽, der ein schöner Platz für ein Picknick ist. Noch weitere 60 Meter gehen wir auf dem Küstenpfad, dann ist rechts in einer Lücke zwischen den Büschen das Ende eines breiten Wiesenwegs zu erkennen, zu dem ein nur schwach sichtbarer Pfad hinaufführt. Diese Stelle ist nicht beschildert!

Dem Wiesenweg folgen wir rechts hinauf und nähern uns dem dicht bewachsenen Seitental, das wir zuvor auf der Brücke querten. Rechts plätschert der Bach im beinahe zugewucherten Einschnitt. Schließlich erreichen wir den Schatten von Bäumen, kommen an **gemauerten Staubecken** vorbei und treffen neben einem **Gehöft** ❾ auf einen geschotterten Weg. Wir biegen hier rechts und an der nächsten T-Kreuzung links ab. Schnell erreichen wir eine Straße, die **Route de Rhun Izella**, und folgen ihr nach rechts bis Primel. Durch Felder, vorbei an einzelnen Häusern, einem verfallenen Gehöft und immer wieder mit weiter Sicht über den mit Inseln gesprenkelten Atlantik wandern wir das wenig befahrene Sträßchen entlang und ignorieren alle Abzweige. In Kehren abwärts und durch den kleinen Ort Run Izella führt es uns zum Beginn der Strandpromenade. An deren anderen Ende geht es links und gleich wieder rechts zu unserem Parkplatz.

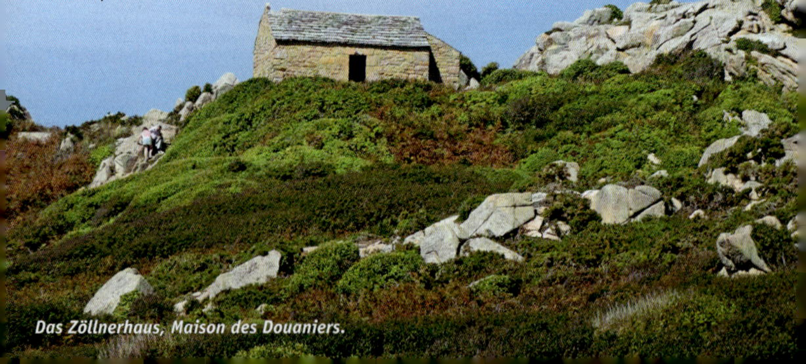

Das Zöllnerhaus, Maison des Douaniers.

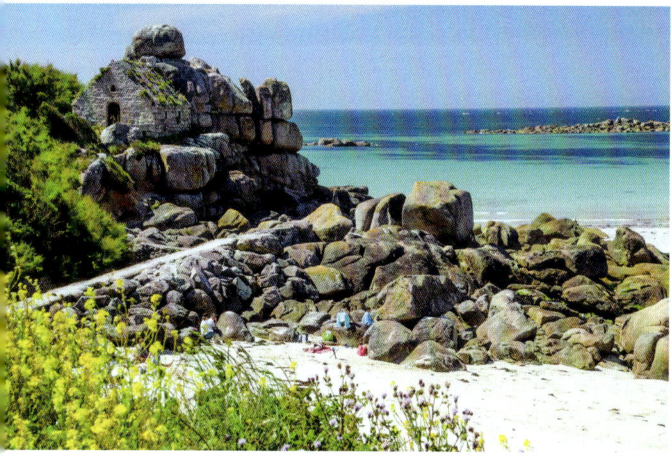

80 m

STRECKE 11,1 km

3 h 30

ab 12

Rund um Poulfoën

18

Entdeckungen rund um einen karibischen Strand

Viel zu sehen gibt es an diesem ruhigen Küstenabschnitt: Kleine Strände wechseln sich ab mit flacher Felsküste und am Ende leuchtet die fast karibische »Plage des Amiets«. Wer leise ist und genau hinschaut, entdeckt an diesem abgelegenen Zipfel der Küste sicher auch die Korriganen, die bretonischen Feen, die versteckt in den Felsen leben. Eher praktisch veranlagte Naturen genießen die typisch bretonische Landschaft mit Heideland, Gemüsefeldern, einem unter Schutz gestellten Feuchtgebiet und hübschen Weilern.

Wanderung: Mit dem Rücken zum Parkplatz starten wir auf der Küstenstraße nach rechts vorbei am Campingplatz und einer ersten Bucht mit Felsen und Sandstreifen. Wo die Straße ins Inland abbiegt, geht es direkt hinter der Hecke rechts auf den weiß rot markierten Zöllnerpfad. Ab jetzt sind wir auch auf dem Circuit des Korrigans unterwegs. Erst am Feldrand, dann ein paar Stufen abwärts und anschließend rechts wandern wir auf einige aufällige **Felsen** ❶ zu. Laut alten keltischen Legenden leben hier die Korriganen. Sie können unterschiedlichste Gestalten annehmen, gaukeln Wanderern Trugbilder vor und erscheinen nachts als wunderschöne Frauen mit langen Haaren, die Männer verzaubern und Kinder mitnehmen.

Wir umrunden die flache Kuppe, auf der sich neben den Felsen der Korriganen zwei **Picknickbänke** finden. Beim Fahrweg entlang der nächsten Bucht geht es rechts weiter. Er führt zu einer **Straße**, der wir nach rechts folgen. Am Ende der Straße geht

TOUREN-STECKBRIEF

Anfahrt: In Louescat auf der D330 in Richtung Camping Poulfoën fahren, bei Erreichen der Küste rechts abbiegen. Der Parkplatz folgt nach 200 Metern auf der linken Seite neben dem Campingplatz, **GPS N 48°41'16.2", W 4°10'01.3".**

Anspruch und Charakter: Kein Schatten, häufiger Wechsel zwischen Pfaden, Feldwegen und kleinen Straßen, 4 Kilometer auf Asphalt.

Markierung: Weiß-rot entlang der Küste, im Inland teilweise gelb.

Einkehr: Keine.

Mit Kindern: Der Weg lässt sich gut in zwei kurze Runden teilen. Für eine Runde durchs Sumpfgebiet starten wir am Parkplatz an der Plage des Amiets ⓫ **GPS N 48°41'28.8", W 4°09'02.5"** und wandern wie beschrieben bis Wegpunkt ⓬, biegen dort links ab in die Rue de la Palud und nach dem Gemüsegroßhandel links in die Rue de Kerfissien. Dort geht es erst geradeaus und bei der zweiten Verzweigung rechts erreichen wir Wegpunkt ❽ und folgen der Beschreibung. (3,2 km, ↓↑10 m)
Für eine Runde um die Felsen der Korrigans starten wir wie beschrieben und biegen bei ❹ die erste Straße links ab (nicht die Hofzufahrt scharf links!), um zurück zum Parkplatz zu wandern. (6 km, ↓↑20 m)

unser Weg links neben der Zufahrt zu einem Grundstück geradeaus weiter. Vorbei an Artischockenfeldern kommen wir zum **Menhir de Cam-Louis** ❷, der mit sieben Metern Höhe der siebthöchste in Frankreich ist.

Wir folgen weiter dem Hauptpfad durch Grasland mit Blick auf die felsige Küste und vorbei an zwei kleinen Stränden. Der Pfad wird zum Fahrweg und Asphaltsträßchen. Wo dieses ins Inland abknickt, biegen wir direkt an einer kleinen Bucht rechts ab (weiß-rot). Wieder kommen wir an mystischen Felsen vorbei, passieren eine Schranke und wandern auf Asphalt durch den Weiler **Ty Garde** mit seinen fast mondänen Häusern. Beim ersten **Abzweig** ❸ gehen wir rechts, bei zweiten links in die Rue de la Chapelle.

Die Straße wird kurzzeitig zum Feldweg. Wieder auf Asphalt wandern wir immer geradeaus, überqueren die nächste Kreuzung und befinden uns jetzt auf einer Straße mit Fahrbahnmarkierung. Schon bei der nächsten Möglichkeit biegen wir rechts ab auf einen Fahrweg. Wir wandern um zwei Linkskehren durch Artischocken- und Gemüsefelder und halten uns an-

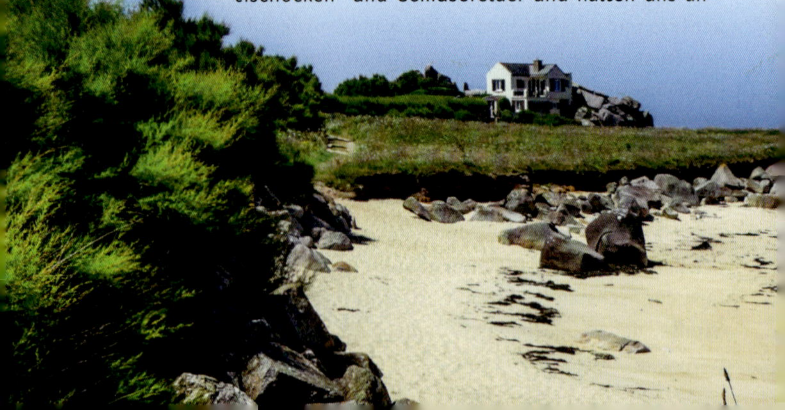

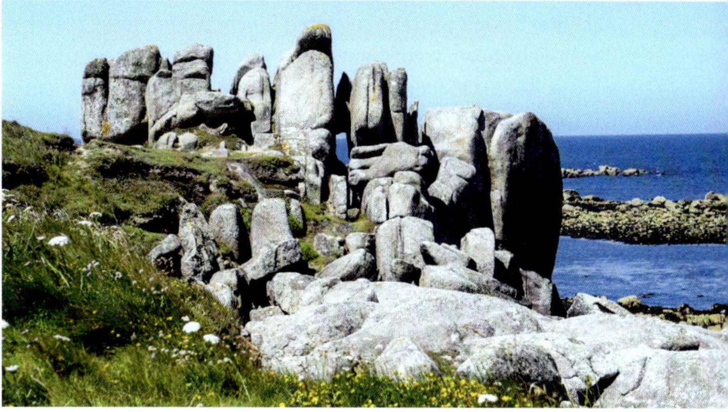

schließend geradeaus auf dem Hauptweg. Dabei laufen wir an der **Abzweigung des Circuit des Korrigans** ❹ vorbei, den wir hier verlassen.

Highlights

Knubbelige Felsen aus Granit und der schneeweiße Strand von Amiets vor tükisblau schilderndem Wasser – beim abgelegenen Ort Poulfoën wird die Bretagne noch einmal karibisch.

Der nächste Ort **Kerscouarnec** empfängt uns mit Bruchsteinhäusern. Wir treffen auf eine Straßenkehre und gehen rechts. Die folgende **T-Kreuzung** überqueren wir und folgen einem Fahrweg. Er wird zum Wiesenweg und biegt vor einem Feld scharf rechts ab. An der nächsten Verzweigung geht es geradeaus weiter. Nach dem Linksbogen treffen wir auf Asphalt, biegen bei der nächsten Verzweigung rechts ab nähern uns wieder einem Ort.

Im Weiler **Kerveuleuc** ❺ geht es dann die zweite Straße nach links. Wir wählen hinter einer Hecke den ersten Abzweig nach rechts, einen Wiesenweg. Er trifft auf einen Fahrweg, auf dem wir geradeaus weitergehen. Dann überqueren wir die D 330 und kommen zum **Menhir d'Irvit** ❻. Bei der nächsten Verzweigung wählen wir links den Wiesenweg und kommen zu einer T-Kreuzung, an der wir rechts abbiegen. Einen Abzweig weiter folgen wir dann dem Fahrweg nach links. Er führt zur **Straße nach Kerfissien** ❼, der wir nach links folgen.

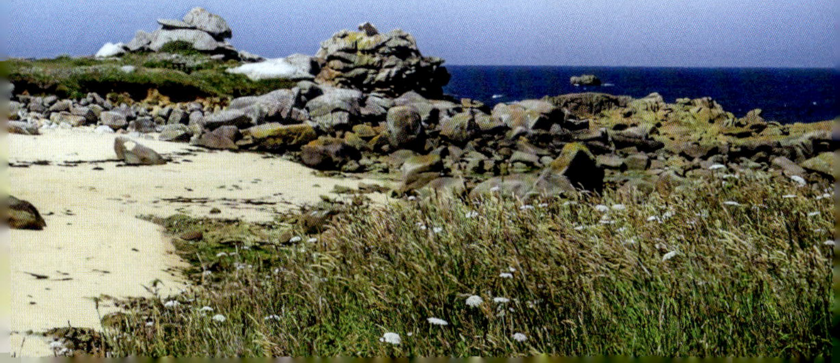

Auch **Kerfissien** besteht aus alten Bruchsteinhäusern, zwischen denen Felsen verstreut liegen. Vor den letzten Häusern biegen wir auf das Sträßchen nach rechts ab. In der Linkskehre halten wir uns geradeaus auf dem gelb markierten Feldweg und betreten das Feuchtgebiet **Palujous Tanguy Prigent** ❽. Hier sind wir umgeben von wild wuchernden, bunt blühenden Wiesen, die durch Buschreihen und Weiden unterteilt werden. Ursprünglich waren die Palujous ein »Aber«, ein langer Meeresarm, der 1,7 Kilometer Richtung Südosten bis Kergallec reichte. Ende des 17. Jahrhunderts bildete sich zum Meer eine Düne aus, wodurch der Meeresarm zu einem Sumpf verlandete und der Bach Lavillo kurz vor dem Meer einen Umweg nach Westen nehmen musste. Heute sind hier verschiedenen Orchideen und seltene Vögel zu finden.

Wir folgen der gelben Markierung durch das Feuchtgebiet und umrunden zuerst die wilde Wiese vor uns: Nach einem Rechtsbogen gehen wir an der Schranke geradeaus. Dann kommen wir zu einer **Beobachtungsstation** am Röhricht des Baches Lavillo und biegen dort links ab. In Sichtweite der ersten Häuser biegen wir vor der letzten Buschreihe rechts ab und kommen zwischen Wiesen und Tamarisken zur breiten **Holzbrücke über den Lavillo** ❾. Auf der anderen Seite gehen wir links zur Straße. Hier befindet sich ein **Lavoir**, ein alter Waschplatz.

Ein **Zebrastreifen** hilft uns über die vielbefahrene Straße. Auf der anderen Seite folgt der Wiesenweg weiter dem Bachlauf, bis er vor der nächsten Brücke rechts abknickt. Wenige Schritte weiter biegen wir links zur Straße ab (hier gelbes Kreuz).

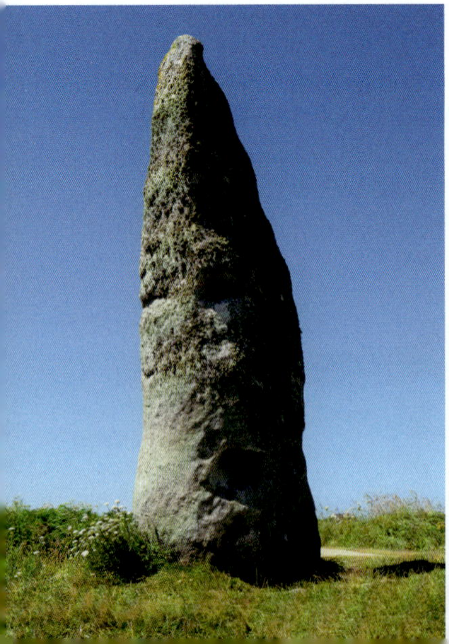

Auf dem Fußweg an der Straße kommen wir zum Kreisverkehr bei der ungewöhnlichen **Kapelle Saint-Anne de Kerfissien** ❿. Gebaut 1950 vereint sie moderne und klassische Elemente.

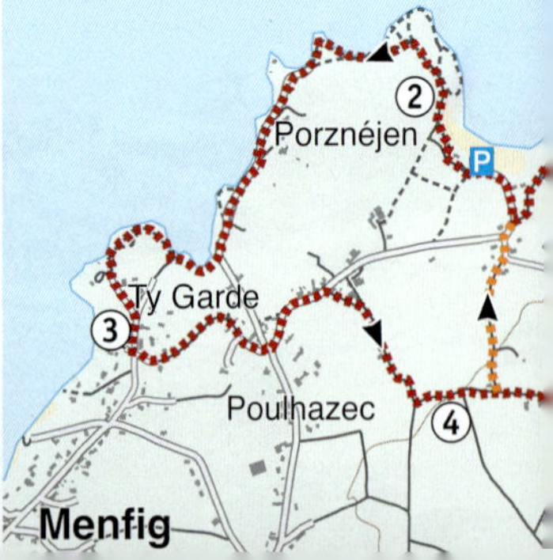

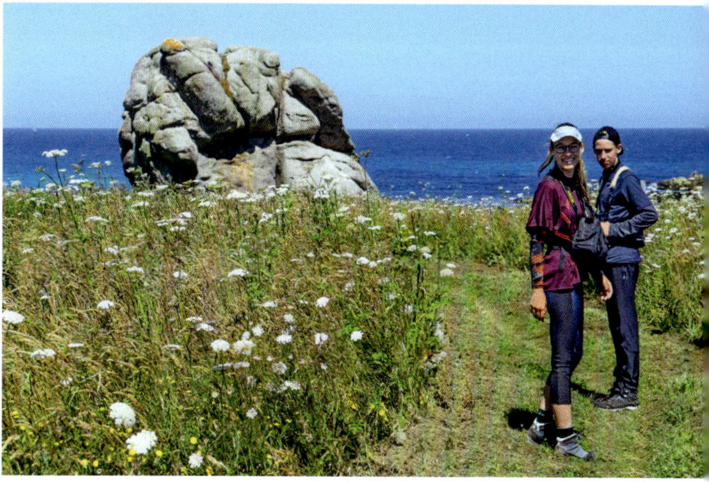

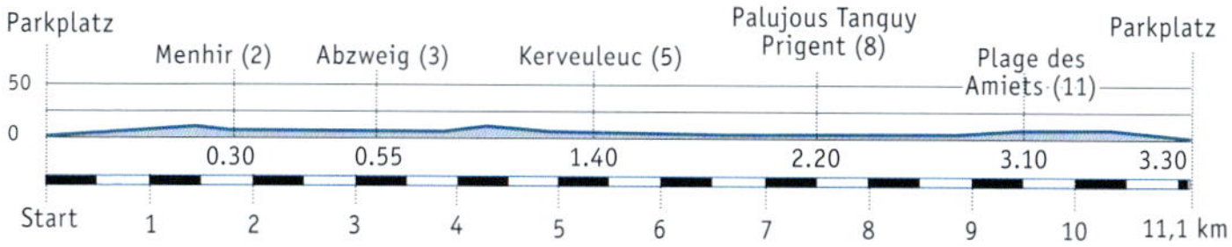

Am Kreisverkehr geht es rechts und über den Lavillo, den die Dünen hier zu einem Bogen nach Westen gezwungen haben. Dann laufen wir auf die traumhafte **Plage des Amiets** ⓫ zu, deren weite, weiße Sandfläche mit einzelnen Felsen gespickt ist. Der Farbkontrast zwischen dem Blau des Meeres und dem Grau-Grün der Felseninsel am Westrand der Bucht macht die Idylle perfekt. Auf der Felseninsel befindet sich der **Corps de Garde Lavillo** – ein Wachposten versteckt hinter Felsen. Er wurde zwischen 1730 und 1740 erbaut, um von dort die vorbeifahrenden Schiffe im Blick zu behalten.

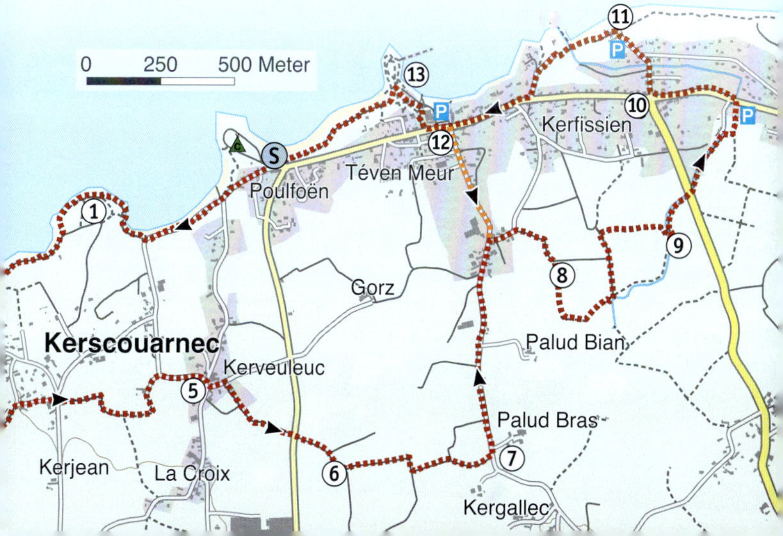

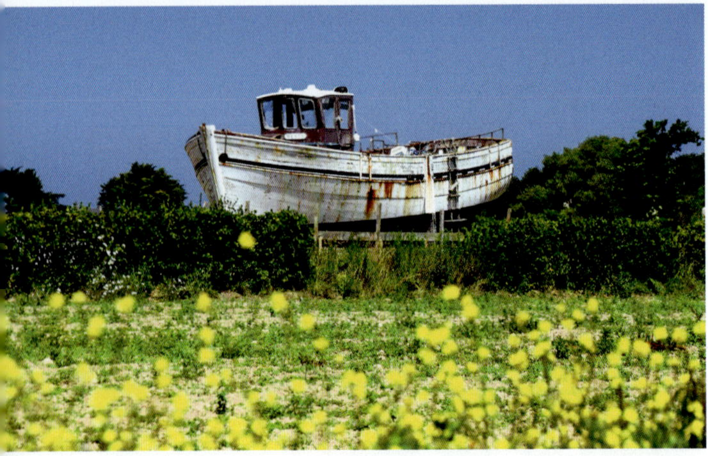

Unser Rückweg verläuft auf dem Dünenkamm vor der ersten Hausreihe. Wir folgen dem Weg nach links. Vor der **Brücke über den Lavillo** führt ein kurzer Abstecher nach rechts, auf dem man zu einem ehemaligen Zöllnerhaus laufen kann. Dort gibt es hübsche Pausenplätze auf den Felsen mit Blick auf das Meer.

Wir gehen über die Brücke, biegen nach dem Parkplatz links ab und folgen an der Durchgangsstraße dem Fußweg nach rechts bis zum **Dorfplatz ⓬**. Hier geht es hinter dem Parkplatz rechts in eine Sackgasse zwischen Häusern, der wir bis zu einem tief eingeschnittenen Querweg folgen. Hier können wir geradeaus auf die kleine **Halbinsel ⓭** laufen mit Aussicht auf die unglaublich schöne Küste. Dort ist auch ein Tangofen zu entdecken.

Der schönste Weg zurück zum Parkplatz verläuft von hier aus oben auf den Dünen. Vom Ort kommend führt er bei besagtem Querweg auf Fahrspuren schräg links hinauf.

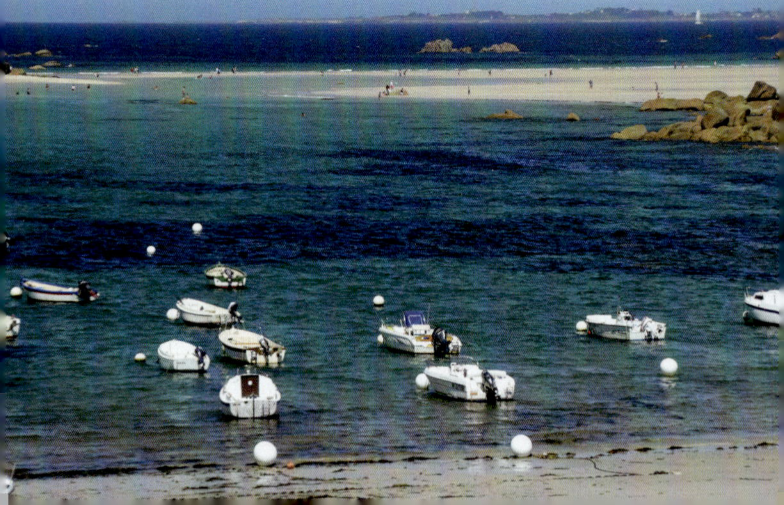

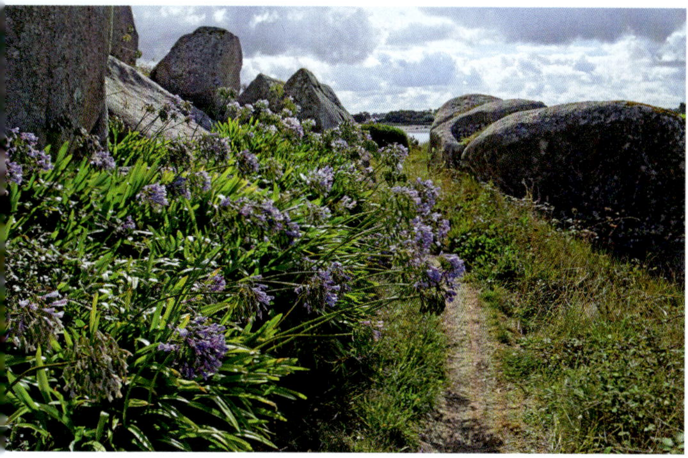

45 m

STRECKE 9,6 km

3 h

ab 10

Karibische Strände bei Kerlouan

19

Auf dem Küstenpfad »Neiz Vran«

Welche Strände sind die schönsten: Einzelne mit Felsen gerahmte Buchten wie die in der Anse de Tresseny, die bei Ebbe völlig trockenfällt? Oder kilometerlange Sandebenen mit Blick auf flache Felsgruppen und den Atlantik? Auf jeden Fall ist der Kontrast von weißem Sand, rundgeschliffenen Felsen und Wasser in allen Schattierungen zwischen Türkis und tiefblau einfach umwerfend. Obendrein verfällt die Halbinsel außerhalb der Hochsommersaison beinahe in den Dornröschenschlaf, was sie noch attraktiver macht.

Wanderung: Vom Parkplatz aus wenden wir uns Richtung Meer und folgen der Straße nach links durch die Siedlung. Hier ist der alte Küstenweg weggebrochen, deswegen muss unsere Wanderung leider auf Asphalt starten. Wie zum Trotz ragen fast mythisch wirkende Felsen aus den Wiesen hervor. Nach knapp 800 Metern führt unser Sträßchen an einem ersten wunderschönen, mit grün-gelben Zedern und Granitsteinen gerahmten **Sandstrand** **1** entlang. Bei Ebbe können wir ab hier problemlos durch die Buchten laufen: Auf diese und einen felsigen Vorsprung folgen zwei weitere kleine Buchten und dann eine breite Landzunge mit vielen Felsen – dort, etwa bei den hohen Felsen oben auf dem Ufer, führt der offizielle Weg endlich direkt an die Küste und es gibt immer wieder kleine Zugänge. Offiziell folgen wir weiter der Straße und passieren einen Fußweg zum Strand gegenüber der **Impasse des Aigrettes** sowie einen zweiten, an

TOUREN-STECKBRIEF

Anfahrt: Von der D 788 in Lesneven auf die D 25 in Richtung Guissény fahren und nach 6,5 Kilometer rechts auf die D 38 nach Kerlouan abbiegen. Am Ortseingang von Kerlouan links in Richtung Pointe de Neiz Vran und dann immer der Vorfahrtstraße folgen. Der Parkplatz befindet sich hinter dem Campingplatz bei **GPS N 48°39'2.0", W 4°25'56.2".**

Anspruch und Charakter: Küstenpfade, Fahrwege und Straße. Kein Schatten. 3,9 Kilometer auf Asphalt.

Markierung: Im Bereich der Küste weiß-rot, ansonsten schwarz markiert.

Mit Kindern: Wie beschrieben starten und nach 700 Metern auf der Straße bei ❶ auf die Strände ausweichen (bei Flut müssen wir oben auf der Straße bleiben). Nach dem ersten größeren und einem zweiten kleineren Felsvorsprung zum breiteren Strandzugang ❷ (hinter Häusern) gehen. Hier geradeaus ins Inland wandern und der schmalen Straße für einen Kilometer folgen (drei Kreuzungen überqueren). Dann treffen wir auf den Strand Plage de Karreck Hir ❾. Dort geht es links zurück auf den Rundweg (Strecke: 4,5 km).

Mit ganz Kleinen lohnt es auch, einfach zum kleinen Parkplatz an der Insel Énez Amann ar Rouz ❿ zu fahren bei **GPS N 48°39'19.0",W 4°26'4.5"**, von dort die Insel zu erkunden (nur bei Ebbe möglich) und in Richtung des ersten Strandes ❾ nach Osten zu laufen.

dem die größere Verzweigung nach **Poul Feunteun** ❷ liegt. Wir folgen der Straße noch weitere 180 Meter und biegen am Ende einer großen Wiese, die in Richtung Bucht mit Felsen gerahmt ist, nach rechts ab. Am Ufer treffen wir auf den alten Uferpfad und wenden uns nach links.

Unser Pfad schlängelt sich jetzt wenige Meter oberhalb traumhafter, kleiner Buchten entlang, zu denen immer wieder kleine Pfade hinunter führen. Bei einem Haus führt der Weg kurz ins Inland, quert die Zufahrt und hält dahinter wieder auf die Bucht und auf die Salzwiesen an ihrem Ende zu. Gegenüber, oberhalb von ebenfalls leuchtend weißen und felsverzierten Stränden, sehen wir die **Kirche von Guissény** und einen größeren Schulkomplex mit Grund- und Mittelschule. Die uns zugewandte Seite

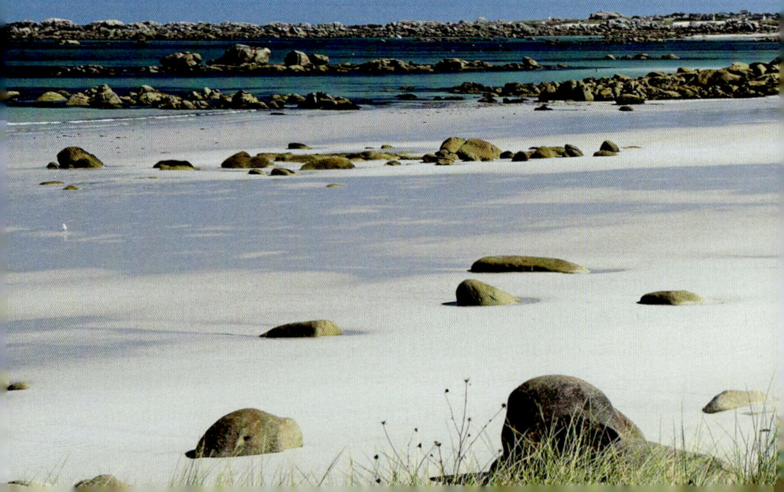

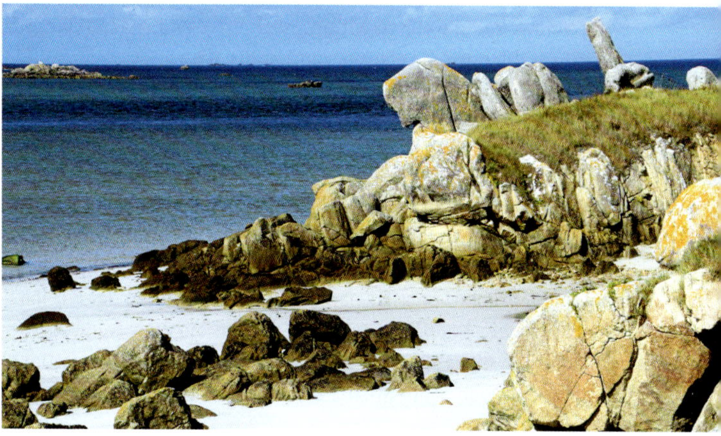

beherbergte bis 2004 eine Fachoberschule und verfällt seitdem.

Wir treffen erneut auf die **Straße 3**, biegen aber sofort am Ende des kleinen Strandes wieder nach rechts auf den Uferpfad ab. Schon im Bereich der Salzwiesen angelangt, mündet er in einen breiten Schotterweg. Hier besteht bei sehr starker Flut Überschwemmungsgefahr.

Highlights

Weite Strände mit weißem Sand, übersät mit tausenden Granitblöcken, die das Meer glatt geschliffenen hat – dazwischen leuchtet das Wasser in allen Blautönen. Die Küstenlandschaft von Kerlouan ist einmalig!

An der folgenden T-Kreuzung gehen wir auf bröckeligem Asphalt nach rechts. Wir wandern um eine Rechtskehre und steuern dann links auf die Häuser zu. Wir gehen an diesen vorbei und zweigen beim ersten Feldweg vor einer **Reihe von Büschen und Bäumen 4** nach links ab. Er führt uns um eine Rechtskehre, an einem Haus vorbei und dann quer über eine kleine Wiese. Bei der nächs-

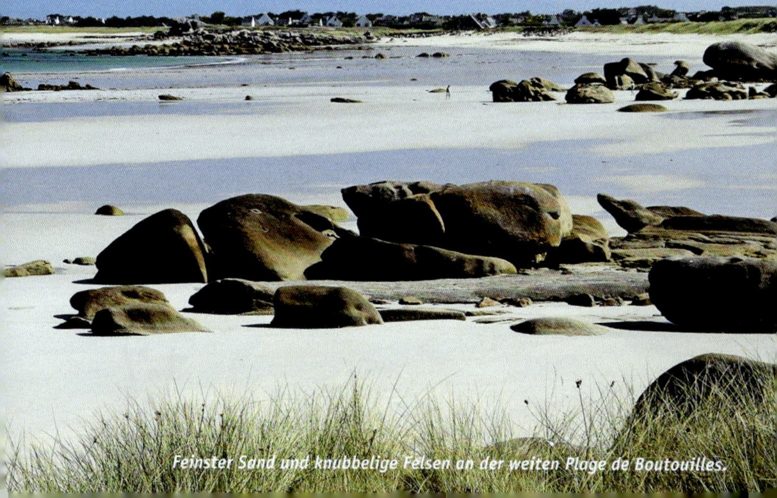

Feinster Sand und knubbelige Felsen an der weiten Plage de Boutouilles.

ten Verzweigung wenden wir uns nach links und spazieren durch Gemüsefelder auf die Häuser von **Lanhir** ❺ zu.

Dort gehen wir nach rechts und dann gleich wieder auf der Straße nach links. Vorbei an einem **Parkplatz** überqueren wir die Hauptstraße (nach Regen hier links und nächste rechts wegen des dann nassen Grabens, s.u.) und biegen 100 Meter weiter in einer Linkskehre auf einen Wiesenweg nach links ein. Der Weg führt zwischen Grundstücken hindurch und entwickelt sich kurzzeitig zu einem Graben. Er trifft dann auf eine Straße, an der wir nach rechts gehen. Nach wenigen Metern wird sie zum Feldweg. Wir treffen auf ein **Feld** ❻, das wir umrunden, indem wir links, dann rechts und schließlich auf Schotter wieder links wandern.

Der Schotterweg wird im Verlauf zu Asphalt und führt uns in Bögen um Grundstücke herum, bis zu einer Straße. Hier gehen wir rechts und sehen die Dünen schon vor uns. Am Gelände eines ehemaligen Campingplatzes, dem Treffpunkt der örtlichen Surfschule und einem Fußballplatz vorbei können wir geradeaus hoch auf die Dünen wandern. Vor uns erstreckt sich eine unglaublich weite, weiße, feinsandige Bucht, in deren türkis-blauem Wasser bei Ebbe unzählige Felsen und Felsgruppen leuchten. Sie heißt **Plage Boutrouilles** ❼.

Rechts von uns befindet sich ein Strandzugang. Wir wandern nach links und kurz auf Sand, dann meist auf Gras an einem Holzzaun entlang, der die Dünen schützen soll. Immer mit Blick auf die Bucht erreichen wir einen Parkplatz bei der **Station der Wasserwacht** ❽. Hinter dieser gehen wir rechts und nehmen den Pfad nach links hoch auf die Dünen. Vor den Grundstücken ist der Dünenweg aus Sicherheitsgründen gesperrt, wir müssen zur Straße hinuntergehen und halten uns rechts.

Bei der nächsten Möglichkeit, einem sehr breiten Schotterweg, biegen wir nach rechts ab. Am Wegende geht es schräg links und am Wendehammer auf dem Fußweg weiter. Dann führt der Küstenweg immer am mit Felsen übersäten Strand **Plage de Karreck Hir** ❾ entlang. Wir queren dabei einige Strandzugänge.

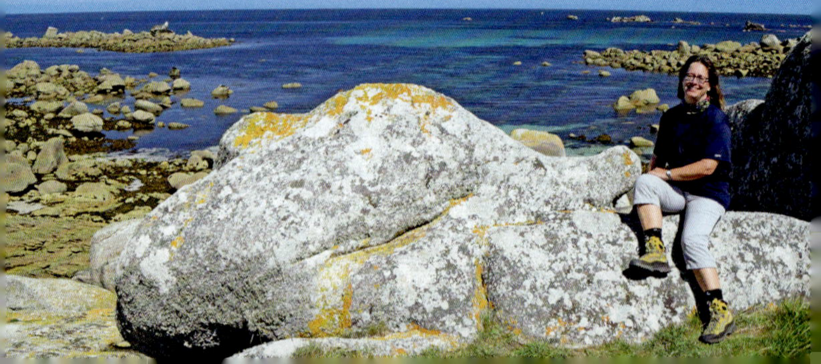

Am Ende der Bucht schlägt der Pfad einen Bogen um die Mündung eines kleinen Baches, bleibt aber im Anschluss auf den Dünen, um kurz vor dem betonierten Damm auf die Straße zu münden. Wir folgen der Straße nach rechts und biegen am Ende der Bucht wieder nach rechts in die Dünen ab.

Jetzt durchquert unser Weg einzelne Felsen und hält schließlich auf einen ehemaligen **Bunker** vor einer kleinen Anhöhe zu. Hier lohnt ein **Abstecher** nach rechts zu einem romantischen Wiesenplatz zwischen Felsen mit toller Aussicht auf die Bucht und die flache **Insel Énez Amann ar Rouz** ⑩. Unser Weg knickt vor dem Bunker nach links ab und führt zuerst oberhalb der Bucht und dann an privaten Grundstücken entlang. Wir treffen auf eine Straße, wenden uns nach rechts und halten direkt auf die Insel zu. Bei Ebbe kann sie problemlos besichtigt und auf einem Pfad umrundet werden.

Nach wenigen Schritten geht es links zu einem kleinen Parkplatz hinauf. Kurz vor dem Strandzugang biegen wir links auf einen Pfad ein. Er führt am **Gelände eines ehemaligen Campingplatzes** vorbei. Wir stoßen auf eine Hecke und gehen links an dieser entlang zur Straße hinunter. Dort wandern wir auf Dünenpfaden an der Bucht entlang zu unserem Parkplatz zurück.

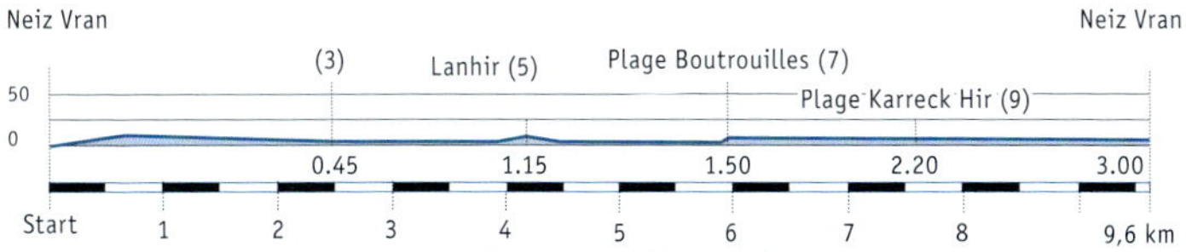

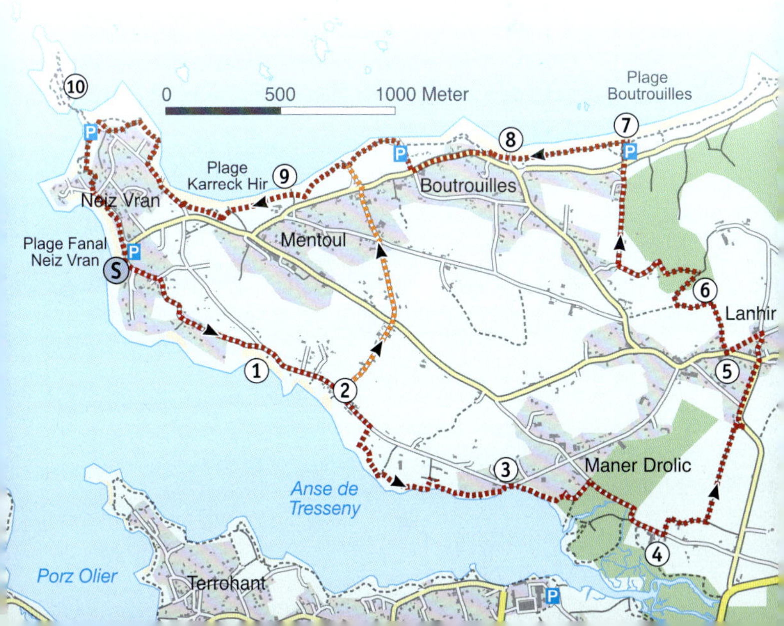

110 m

STRECKE 8,8 km

2 h 45

ab 10

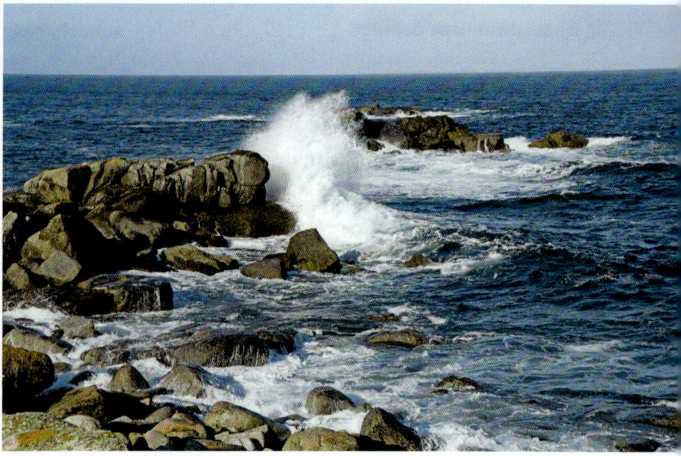

20 Bauwerke aus Jahrtausenden

Abwechslungsreiche Runde an der schroffen Küste von Porspoder

Felsige Klippen, die die Brandung des weiten Atlantiks brechen, und ein Leuchtturm mitten im Meer gehören zu den Highlights dieser beschaulichen Wanderrunde. Kleine Ortschaften mit geschützten Hafenbecken, alten Fischerhäuschen und verschachtelten Bauernhöfen aus Naturstein erwecken den Eindruck, als sei hier tatsächlich die Zeit stehengeblieben. Neben den alten Verbindungswegen im Landesinneren erinnern Lavoirs, Dolmen, Menhire und eine Kapelle aus dem Mittelalter an Kulturen aus früheren Zeiten.

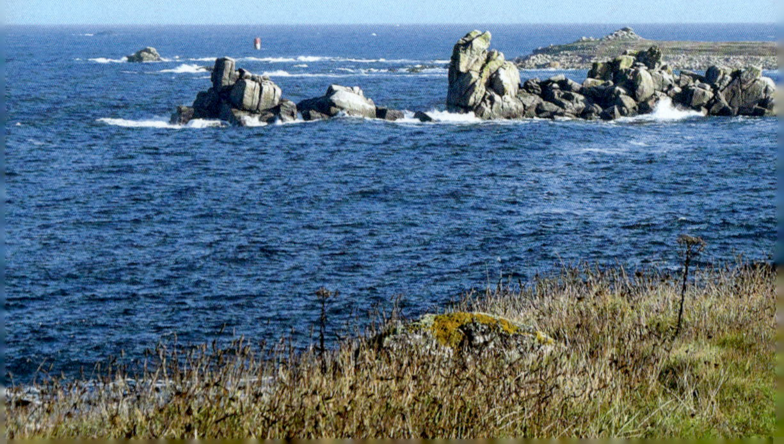

TOUREN-STECKBRIEF

Anfahrt: Auf der D27 von Norden oder Süden nach Porspoder. Dort ist das »Centre de Loisirs de la Marine« beschildert (kleines, blaues Schild). Kurz vor dem Centre abbiegen in Richtung »Table d'Orientation Gard Sign«. Parkplatz bei **GPS N 48°30'19.0". W 4°46'24.2"**.

Anspruch und Charakter: Einfache Runde auf Pfaden, Fahrwegen und Sträßchen, kaum Schatten. 3,7 Kilometer auf Asphalt.

Markierung: Am Meer weiß-rot, im Landesinneren gelb.

Mit Kindern: Gekürzte Runde mit Start in der Bucht von Melon ❸ bei **GPS N 48°29'04.6", W 4°46'17.4"**. Wohnmobile dürfen zur Zeit noch am Strand von Leurvéan ❹ parken. Von dort der Beschreibung folgen bis ❻. Auf dem Rückweg beim Kreuz nicht nach rechts, sondern geradeaus weiter nach Traonigou laufen. Dort geht es links und kurz darauf für knappe 100 Meter links an der Hauptstraße entlang. Dann biegen wir rechts in eine schmale Straße ein, folgen ihr bis zu einer 90-Grad-Rechtskehre. Dort geht es links und nach der Rechtskurve links in einen Fußweg, dann sind wir wieder auf dem beschriebenen Weg. *Strecke: 4,2 km, davon 2,2 km Asphalt.*

Wanderung: Vom Parkplatz aus gehen wir zuerst hoch zum **Aussichtspunkt mit Orientierungstafel**. Neben der rauen, felsigen Küste sieht man hier auf der rechten Seite die Presqu'île Saint-Laurent und mitten im Meer den Leuchtturm **Phare du Chenal du Four**.

Direkt unterhalb des Aussichtspunktes führt ein Pfad zum Meer, von dem wir sofort nach links auf den weiß-rot markierten Küstenweg GR34 wechseln. Am Zaun eines Militärgeländes wandern

Phare du Chenal du Four

Um die enge und wegen starker Strömungen sehr schwierige Durchfahrt in den Ärmelkanal sicherer zu machen, wurde der Leuchtturm von 1869 bis 1873 auf einer Felsinsel mit nur 25 Metern Durchmesser erbaut. Seit 1874 weist das Feuer den Schiffen ihren Weg, nur im Zweiten Weltkrieg wurde der Turm für drei Jahre evakuiert. Seit 1993 ist er nicht mehr ständig besetzt. Der Leuchtturm selbst steht in sehr gefährlichem Gewässer. Bei starkem Seegang kann die Gischt der brechenden Wellen bis über die Laterne reichen. Während der etwa 120 Jahre, in denen der Leuchtturm permanent besetzt war, starben bei Kenterungen der Versorgungsschiffe insgesamt zwölf Seeleute.

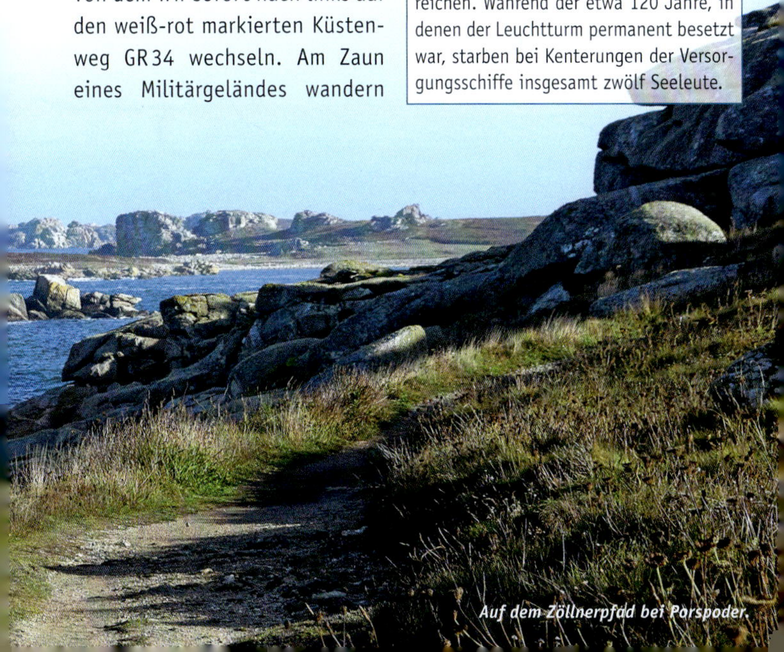

Auf dem Zöllnerpfad bei Porspoder.

Highlights

Kleine Dörfer, ein Leuchtturm im Meer, Lavoirs, Dolmen, Menhir und eine Kapelle – in der rauen Küstenlandschaft verstecken sich hier spannende Bauwerke aus verschiedenen Jahrtausenden.

wir nach rechts zu den Felsen der **Pointe de Garchine** ❶, an denen sich bei Flut die Wellen brechen.

Weiter geht es entlang der Küste. Wir treffen auf einen Fahrweg, den wir aber schon nach einigen Metern wieder nach rechts verlassen. Bei der nächsten **Verzweigung** können wir uns rechts halten und kommen so näher an den Klippen und an einer Bank vorbei – die Wege treffen sich anschließend wieder. Dann erreichen wir die Bucht des Weilers **Mazou** ❷, der zum Teil aus winzigen, alten Natursteinhäuschen besteht. Am **Hafen** gehen wir für gute 100 Meter auf Asphalt und biegen dann nach rechts auf einen Wiesenweg ab. Er wird zum Pfad und bringt uns zu einem **Kiesstrand**. Am Ende der ersten Befestigungsmauer wenden wir uns auf den Fußweg links hoch zur Straße und zum Ort. Dort halten wir uns rechts.

In der jetzt folgenden Rechtskehre gehen wir geradeaus weiter und dann direkt nach links auf einen Fußweg zwischen hohen Hecken. Er trifft auf einen Fahrweg und wir wenden uns sofort nach rechts auf einen weiteren Fußweg. Dieser mündet in eine kleine asphaltierte Straße und führt durch eine Siedlung bis zur schönen, geschützten **Bucht von Melon** ❸ mit Sandstrand, einem Lavoir und Blick auf die vorgelagerte Île de Melon.

Gegen Ende des 19. Jahrhunderts wurde hier rosa Granit mit relativ grober Körnung abgebaut und unter anderem für die Erweiterung des Militärhafens von Brest verwendet. Auf der Insel befinden sich mehrere Megalithanlagen.

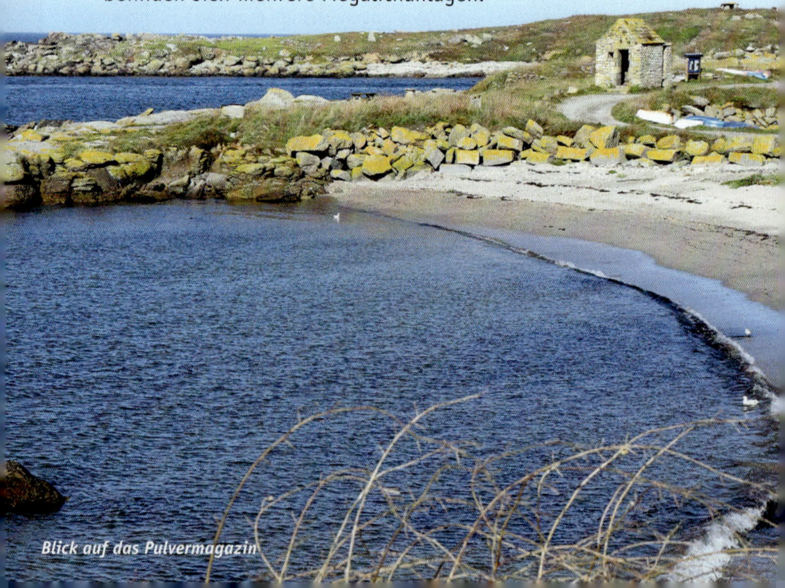

Blick auf das Pulvermagazin

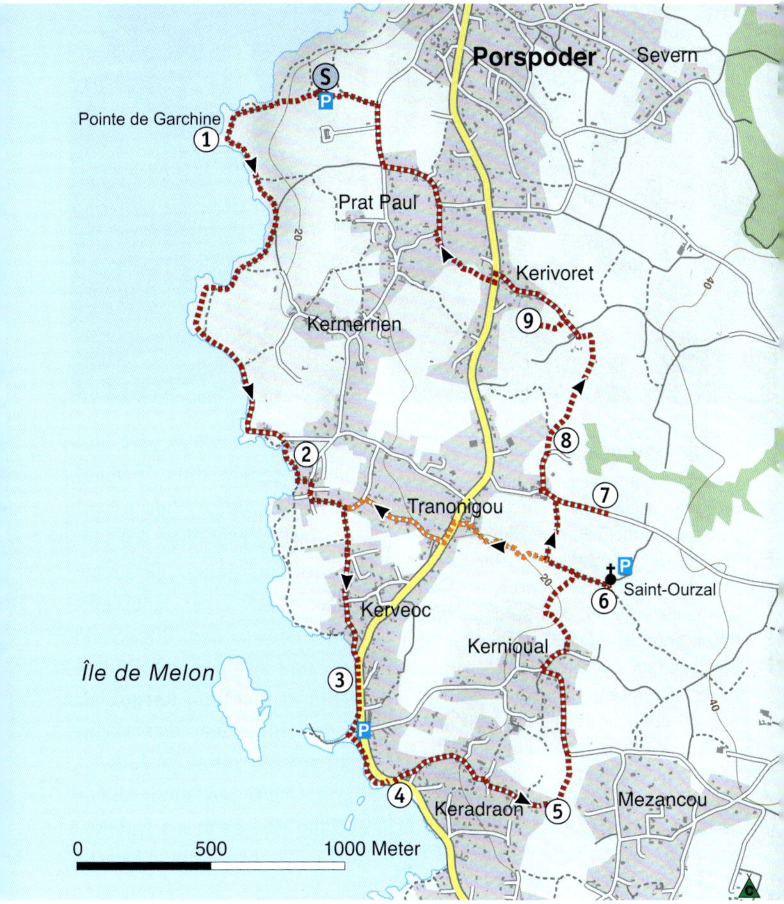

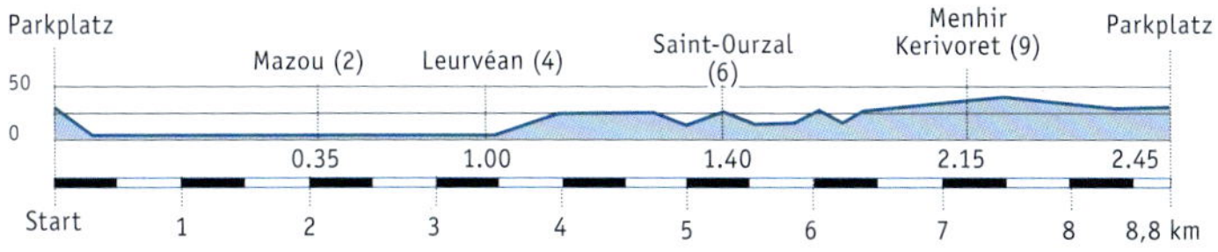

Wir wandern um die Bucht in Richtung der gegenüberliegenden Landzunge, auf der sich ein **altes Pulvermagazin** und davor ein **Tangofen [› Tour 26]** befinden. Am Parkplatz und am Restaurant laufen wir vorbei und steigen vor dem Strand links auf die Dünen hinauf. Dann folgen wir dem Pfad in Straßennähe bis zur **Bucht von Leurvéan** ❹.

Hier überqueren wir die D 27, wandern links die Route de Leurvéan hinauf und folgen ihr durch die Siedlung, ohne abzubiegen. Dabei ignorieren wir eine Sackgasse, halten uns vor einem alten Gehöft rechts und folgen dann der Mauer nach links. Am letzten **Haus** ❺, auf dessen Grund sich ein verfallenes Gebäude mit

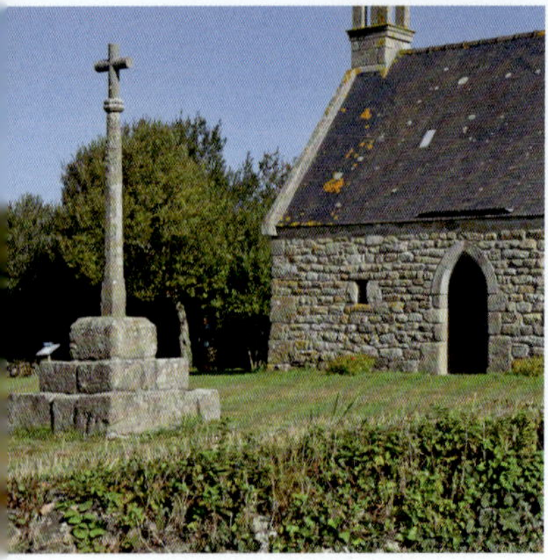

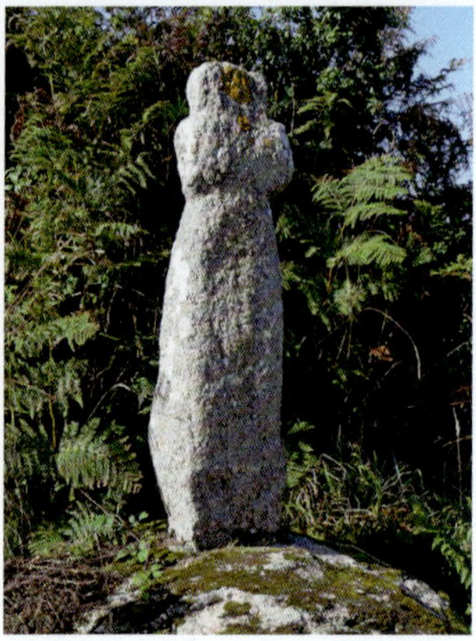

Kapelle Saint-Ourzal
Unter anderem wegen der neben der Kapelle gelegene Quelle mit gallischer Stele, die durch Herausmeißeln eines Kreuzes christianisiert wurde, geht man davon aus, dass die Ursprünge dieser Anlage im fünften Jahrhundert liegen. Sie ist dem Heiligen Ourzal geweiht, der im 6. Jahrhundert in die Bretagne kam, um den christlichen Glauben zu verbreiten. Legenden ranken sich um den Ort, so sollen die Frauen der Seeleute den Staub gefegt haben, damit der Wind ihn zu ihren Männern trug und sie sicher nach Hause kommen könnten. Das heutige Gebäude an diesem Ort wurde 1639 erbaut. Es war bereits fast zur Ruine verfallen, als sich ab 1979 Menschen aus der Umgebung und mehrere Jugendprojekte der Kapelle annahmen und sie restaurierten.

auffälligem Turm befindet, biegen wir schräg links in einen Feldweg ab. Durch Wiesen, Farn und Büsche erreichen wir eine **Straße** und gehen geradeaus weiter. Nach einer Linkskehre genießen wir den Blick auf's Meer und zweigen sofort nach rechts in Richtung **Kergoz** ab. In der folgenden Rechtskehre geht es links auf einen Fußweg. Dieser führt an einer Mauer entlang und dann als Hohlweg durch dichtes Grün abwärts. Wir kommen an Felsen und einem niedrigen **Granitkreuz** vorbei. An der nächsten T-Kreuzung wählen wir den Weg rechts zur **Kapelle Saint Ourzal** ❻, einem friedlichen Ort im Wald mit Blick auf das Meer.

Von der Kapelle gehen wir zurück zur letzten Verzweigung und dort geradeaus weiter. Am nächsten Abzweig bei einem alten Kreuz biegen wir rechts ab, passieren ein Lavoir und treffen auf eine Straße. Hier lohnt ein weiterer Abstecher auf der Straße nach rechts. Nach einer Weile ragt der große **Menhir Traonigou** ❼ links über die Böschung, der Zugang befindet sich dahinter. Hier treffen wir zuerst auf den kleineren Menhir mit einer Höhe von knapp drei Metern, an ihm vorbei gelangen wir durch das aktuell sehr zugewachsene Gelände zum größeren Menhir mit über vier Metern Höhe. Es handelt sich um Granitsteine aus dem Gezeiten-Flusssystem des Aber Ildut, der sich in etwa drei Kilometer Luftlinie südlich befindet. Ursprünglich waren sie Teil einer Steinreihe aus mindestens vier Steinen, von denen zwei nachweislich am Ende des 19. und zum Beginn des 20. Jahrhunderts im Rahmen von Straßenbauarbeiten zerstört wurden.

Wir wandern auf der Straße zurück und auf die **Häuser** zu. Dort folgen wir der ersten Straße nach rechts. In der nächsten Rechtskehre gehen wir bei einer **Picknickbank** **8** und einem auffälligen Stein auf einem Wiesenweg geradeaus weiter. Wenig später biegen wir rechts ab auf einen alten Weg zwischen überwucherten Mauern. An seinem Ende führt er um eine Linkskehre und auf einen Wirtschaftsweg. Hier befindet sich rechts ein weiteres Lavoir.

Auf Asphalt gehen wir zwischen Lavoir und dem städtischen Bauhof hindurch. Dahinter erreichen wir links einen Wiesenweg. Er bringt uns zu einer Wiese hinter den Häusern von Kerivoret, auf der sich der **Dolmen und der Menhir von Kerivoret** **9** befinden. Bis auf zwei Tragsteine des Dolmen wurden auch sie aus Steinen des »Aber Ildut« gebaut. Der Dolmen besitzt einen weit herausragenden Deckstein. Ein weiterer Menhir befindet sich sichtbar im Privatgarten rechts des Zuganges.

Von den **Megalithbauten** gehen wir auf gleichem Weg zur Straße zurück und halten uns links. An einem Schotterparkplatz vorbei erreichen wir die **Hauptstraße**. Wir gehen links und sofort wieder rechts in den Fußpfad hinter dem letzten Haus. Wir passieren ein weiteres Lavoir und treffen auf eine Zufahrt, der wir zur Straße folgen. An der Straße spazieren wir dann durch den **Ortsteil Prat Paul** und an einem weiteren Lavoir vorbei. An der **T-Kreuzung** vor den Küstenwiesen halten wir uns rechts, wandern an der Zufahrt zum Marinegelände vorbei und dahinter links zum Parkplatz.

Der Dolmen von Kerivoret weist einen ungewöhnlich breiten Deckstein auf.

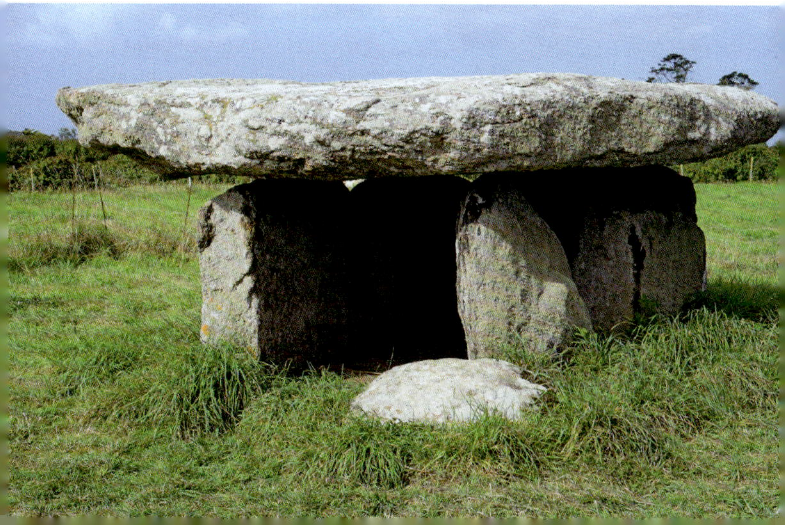

Menhire und Dolmen

Das ganzjährig milde Klima machte die Bretagne schon vor Menschengedenken zu einem guten Siedlungsort. Bereits in der Jungsteinzeit, ab etwa 5000 vor unserer Zeitrechnung, entwickelte sich im Nordwesten Europas eine Kultur, die aufwendige Bauwerke aus riesigen Steinen hinterließ. Deshalb nennt man diese Kultur »Megalithkultur«. »Megalith« bedeutet »großer Stein«. Grundlage für diese kulturelle Leistung war die neolithische Revolution, also das Sesshaft-Werden der Menschen mit Arbeitsteilung, Betreiben von Ackerbau, Viehzucht und Vorratshaltung. Die Bauwerke der Menschen der Megalithkultur sind bis zu 2000 Jahre älter als die ägyptischen Pyramiden, die zwischen 2700 und 2200 vor unserer Zeitrechnung entstanden sind!

Bauwerke der Megalithkultur

Die Menschen der Jungsteinzeit bauten ihre Monumente aus großen, unbehauenen Steinblöcken. Einzeln aufrechtstehend bezeichnet man sie als Menhir.

Menhire wurden auch zu Steinreihen, französisch »Alignement«, oder Steinkreisen gesetzt, die in der Bretagne Cromlec'h genannt werden.

Stützsteine, die einen schweren Deckstein tragen, heißen Dolmen. Handelt es sich um mehrere Decksteine oder Bauten mit Eingang und mehreren Seitenkammern, werden sie auch Ganggrab oder Französisch »Allée couverte« genannt.

Dolmen wurden meist mit einem Grabhügel bedeckt, diesen bezeichnet man als Tumulus oder als Cairn, wenn er vor allem aus Steinen geschichtet wurde.

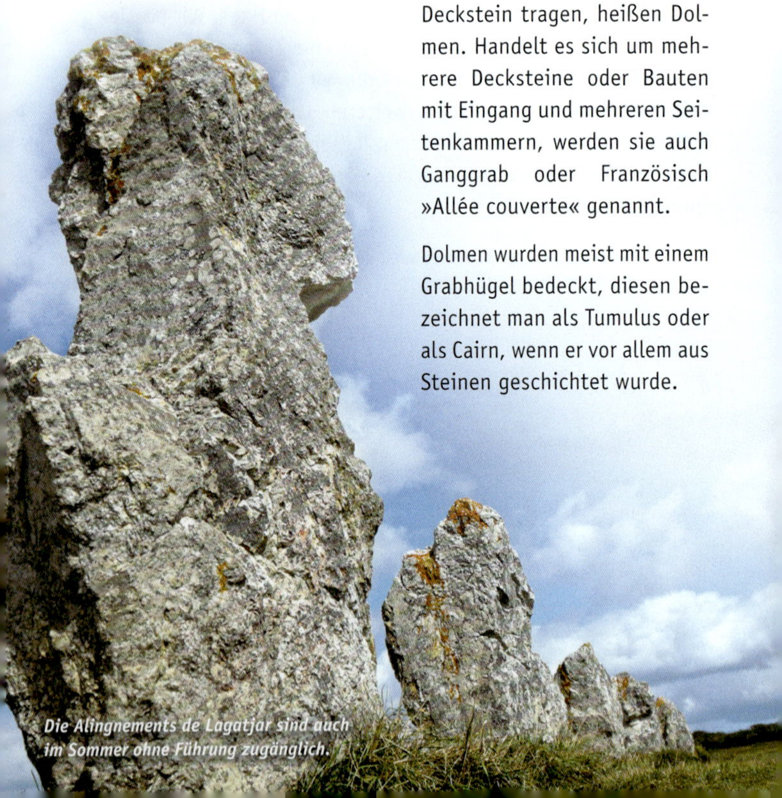

Die Alingnements de Lagatjar sind auch im Sommer ohne Führung zugänglich.

Was war der Zweck dieser Bauten?

Warum und wie die Menschen in der Steinzeit diese riesigen Steine bewegten, und was die so errichteten Anlagen für sie bedeuteten, ist eine der großen, nicht vollständig geklärten Fragen der Archäologie.

Für die Dolmen gibt es eine vergleichsweise sichere Antwort: Sie wurden meist als Grabstätte verwendet. Reste von Keramik, vor allem aus der Glockenbecherkultur, und andere Grabbeigaben wurden in unberührten Dolmen gefunden. Experten vermuten, dass der Totenkult nicht nur den Verstorbenen galt, sondern sich auch an die Ahnen richtete. Darauf weisen Gravuren in Dolmen hin, wie zum Beispiel die stilisierten Brüste, die der Muttergöttin Ana zugeordnet werden. **[› Tour 14]**

Bei den aufrecht stehenden Steinen, die wir von Obelix als Hinkelsteine kennen, ist die Bedeutung weit unklarer. Sind sie Mahnmale und Symbole für Macht? Stehen sie als Orientierungshilfe an wichtigen Verbindungswegen oder markieren sie Kraftorte? Nur wenige Menhire weisen Gravuren auf, allerdings könnten diese im Laufe von Jahrtausenden verwittert sein. Außerdem wurden viele Menhire christianisiert, also mit christlichen Symbolen umgedeutet oder in Kreuzform umgearbeitet.

Steinreihen und -kreise orientieren sich oft an den Himmelsrichtungen und könnten einer Sonnengottheit gewidmet gewesen sein. Manche Steinkreise sind so exakt ausgerichtet, dass man vermutet, sie hätten durch ihren Schattenwurf als Kalender gedient.

Megalithbauwerke in der Bretagne

Während megalithische Bauwerke in Europa und rund um das Mittelmeer weit verbreitet sind, hat man Steinreihen nur im Westen Europas gefunden. Die größten Anlagen dieser Art gibt es hier in der Bretagne. Die bekanntesten sind die legendenumrankten »Alignements de Carnac«, die aus über 2800 Steinen in elf Reihen bestehen.

Auch Menhire und Dolmen finden sich überall in der Bretagne – vor allem an den Küsten. Auf unseren Wanderungen werden wir einige davon entdecken. Besonders viele und aufwendige Bauten sammeln sich rund um den Golf von Morbihan. Dazu zählen, neben der Anlage von Carnac, auch die Steinreihen und Gangdolmen von Kerzerho und Erdeven **[› Tour 30]**, die Dolmen von Locmariaquer **[› Tour 32]**, die Alignements de Lagatjar bei Camaret-sur-Mer **[› Tour 23]**, die Megalithen von Saint-Just **[› Tour 46]** sowie die aufwendig verzierten Grabhügel von Gavrinis und Le Petit Mont. Ein weiterer riesiger Grabhügel befindet sich im Norden der Bretagne: der Cairn de Barnenez.

120 m

STRECKE

6,9 km

2 h 15

ab 8

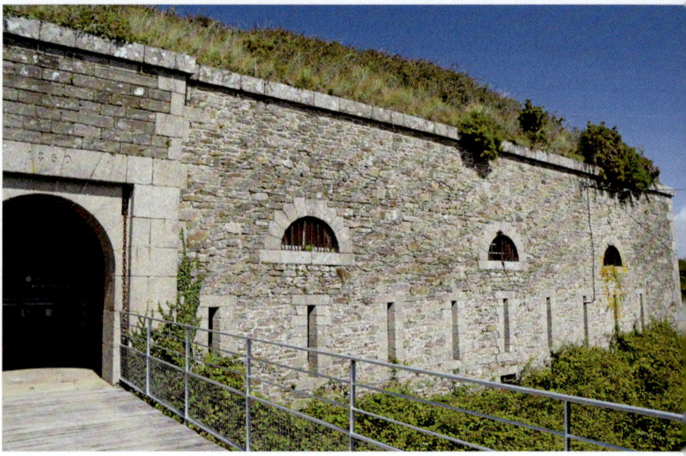

21 Pointe de Kermorvan

Festungsbauten, schroffe Küste und ein riesiger Strand

Durch alle Zeiten war die Pointe de Kermorvan ein strategisch wichtiger Punkt und so finden sich überall Spuren von Festungsbauten, von denen das Fort auf der Îlette der romantischste und verspielteste ist. Heute ist die Landspitze mit ihrem langen, feinen Sandstrand ein Traumziel für Badegäste, Windsurfer und Gleitschirmflieger. Aber auch wer wandert, kommt hier wirklich auf seine Kosten, denn die Ausblicke vom hoch gelegenen Küstenweg über die Bucht und auf den Atlantik sind einfach grandios.

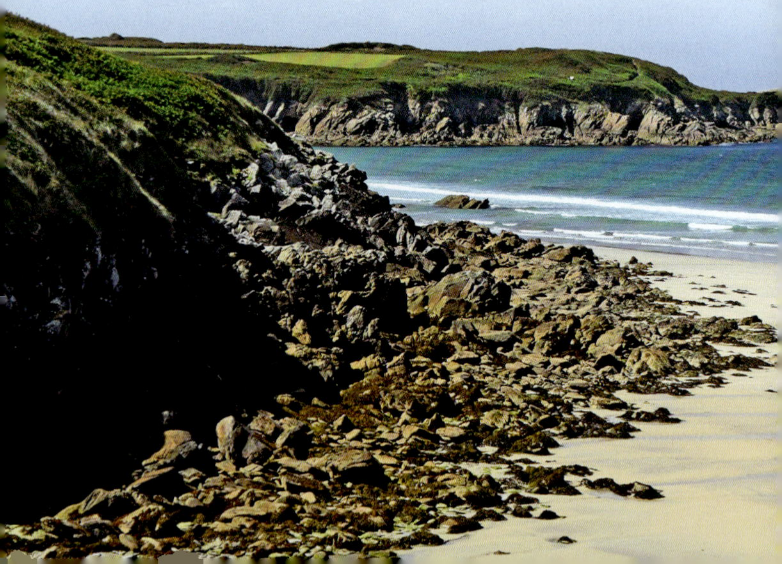

TOUREN-STECKBRIEF

Anfahrt: Von Brest auf der D789 Richtung Pouzané, auf der D789 bleiben Richtung Le Conquet, am Lac de Kerjan rechts Richtung Trébabu und nach 800 Metern links Richtung »Plage des Blancs Sablons« fahren. Hinter Lanfeust noch einmal links in Richtung »Les Blancs Sablons«. Parken könnt ihr gegenüber dem Campingplatz bei **GPS N 48°22'2.8", W 4°45'36.0"** auf dem P4 oder P5. Beide haben eine Höhenschranke.

Ein Wohnmobil parkt ihr auf dem P1, dem Vorplatz des P3 oder auf einem kleinen Schotterplatz der auf P3 folgenden Impasse du Theven. Auch der letzte Parkplatz auf der Landenge hat keine Höhenbegrenzung.

Anspruch und Charakter: Meist gut begehbare Fußwege. 1,3 Kilometer auf Asphalt.

Markierung: An der Küste weiß-rot (außer an der Landspitze).

Mit Kindern: Am besten versuchen wir, am letzten Parkplatz ❸ vor der Inselspitze zu parken und gehen die Runde zu Fort und Leuchtturm. Der Menhir ist für Kinder nicht besonders interessant.

Strecke: 3,5 Kilometer ohne Menhir

Wanderung: Auf dem sandigen Fußweg neben der Straße wandern wir in die Richtung, aus der wir bei der Anfahrt kamen. Am Zebrastreifen hinter dem P4 geht es nach links auf den Feldweg mit Schranke und zum **Fort Saint-Louis** ❶.

Bereits Ende des 17. Jahrhunderts gab es hier insgesamt drei Verteidigungsanlagen, um die Bucht von Blancs Sablons zu sichern. Während der Kolonialstreitigkeiten mit England wurden diese von 1846 bis 1852 umgebaut und um drei weitere Anlagen ergänzt. Hier handelt es sich um eine sogenannte Redoute mit quadratischem Grundriss für 60 Mann Besatzung. Sie liegt, von einem schützenden Graben umgeben, mitten im buschigen Bewuchs. Der Zugang ist verschlossen.

Highlights

Der zwanzig Meter hohe Phare du Kermovan auf der Spitze der Halbinsel ist der am westlichsten gelegene Leuchtturm auf dem französischen Festland. 77 Stufen führen hinauf und eröffnen den Blick über die malerisch zerklüftete Küste.

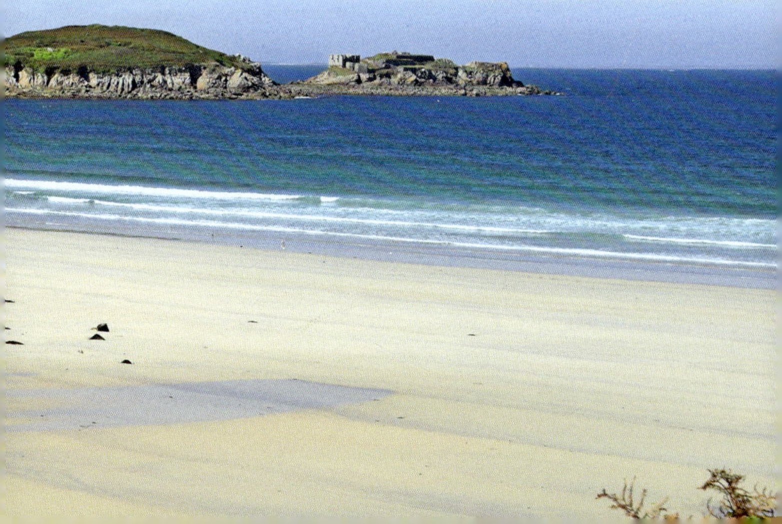

An der Plage de Blancs Sablons

Wir gehen zurück zur Verzweigung vor dem Bauwerk, wenden uns schräg rechts und gehen in Richtung Strand. Hier treffen wir auf einen sandigen Hauptweg, halten uns rechts und steigen ein paar Stufen hinunter zu einer **Wegkreuzung**. Jetzt bietet sich eine fantastische Sicht auf den riesigen Strand **Plage des Blancs Sablons** ❷ und die vorgelagerte Halbinsel mit dem **Fort auf der Îlette**. Wir wählen den Querweg nach links und wandern oberhalb des Strandes entlang. Durch grasbewachsene Dünen kommen wir zu einer zweiten Bucht, die nur bei Flut durch einen Felsvorsprung getrennt ist. Vor uns ist eine **Bunkeranlage aus dem Zweiten Weltkrieg** zu sehen. Wir queren einen Strandzugang, ignorieren alle Abzweige und bleiben auf dem Hauptweg.

Bei einigen Häusern führt der Weg durch Farn und Brombeeren vom Meer weg und oberhalb wild zerklüfteter Klippen zur **Landenge** ❸ mit dem letzten **Parkplatz**.

Wir gehen auf der ab hier gesperrten Straße geradeaus weiter. Sie windet sich in zwei Kehren bergauf und am Abzweig zum Küstenweg vorbei. Von hier sind es noch 170 Meter zu zwei **Menhiren** ❹. Der grö-

Menhire am Wegrand

Zur Zeit des Neolithikums lag der steigende Meeresspiegel zwischen 45 und 15 Metern unter dem heutigen Niveau. Auf dem schroffen Hügel mit Blick aufs Meer, um den sich Wiesen und Sümpfe erstreckten, bauten die Menschen damals Dutzende von Menhiren und mehrere Dolmen. Landwirtschaft und militärische Verteidigung forderten jedoch ihren Tribut und viele Anlagen wurde zerstört, die meisten in den letzten 150 Jahren. Sie sind nur noch auf alten Fotos und Postkarten zu sehen. Von den Gravuren auf einem der Dolmen gibt es Abdrücke im Musée de Préhistoire de Penmarc'h. Der größere der beiden Menhire war zu schwer, um ihn einfach aus dem Weg zu räumen. Er gehörte zu einem Steinkreis von mindestens 13 Menhiren, der sich zwischen den beiden Megalithen aufspannte. Es gibt vier weitere Menhire am Weg. Zwei sind im Bereich der bereits umrundeten Häuser zu finden, zwei weitere stehen in Wegnähe am Rückweg zum Parkplatz.

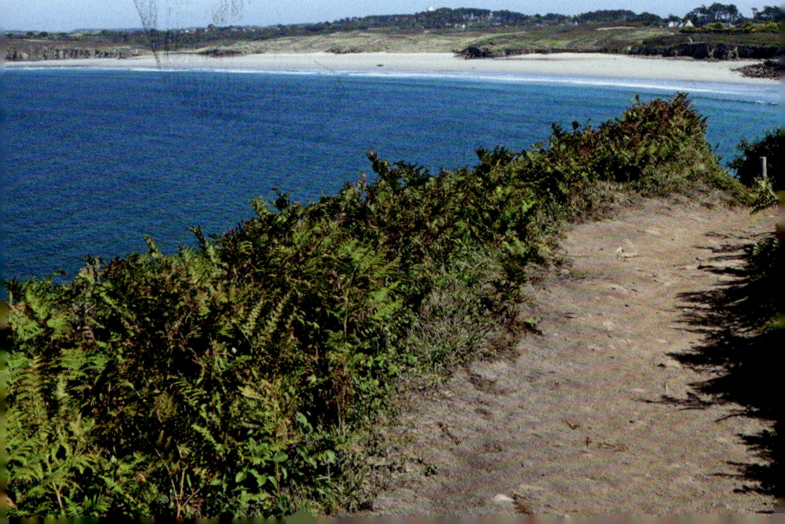

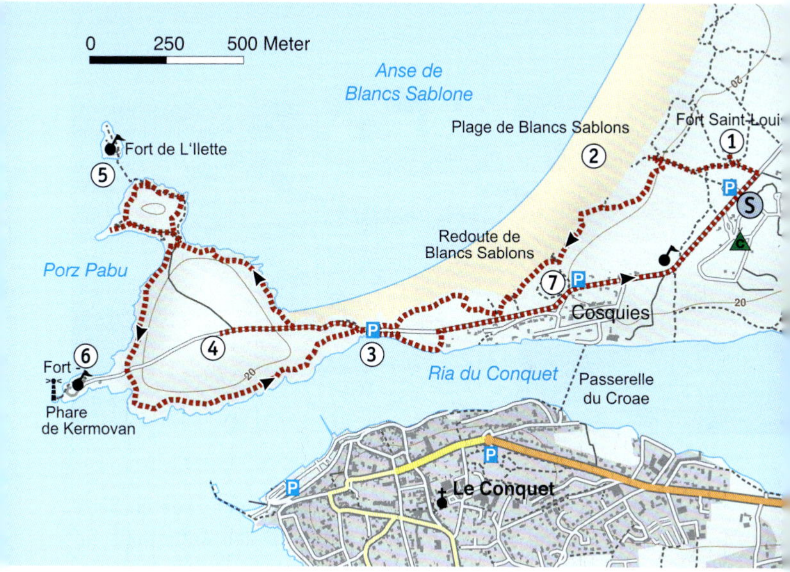

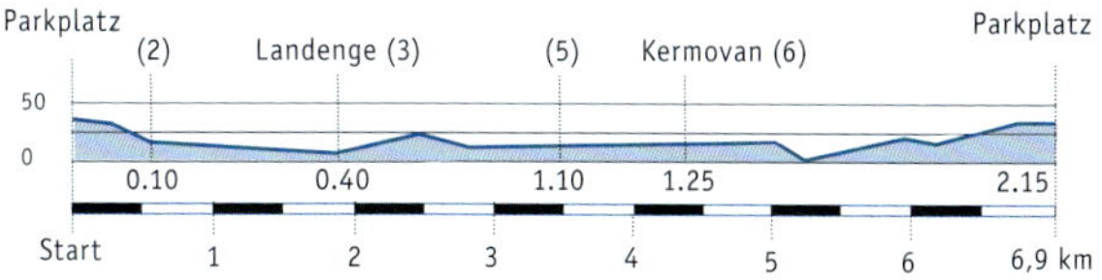

ßere überragt das Gestrüpp auf dem Hügel, während der kleinere sich rechts in einer Hecke versteckt.

Von den Menhiren gehen wir zur letzten Kreuzung zurück und nach links auf den **Küstenweg**. Der breite Pfad führt in Stufen abwärts durch hohen Farn und windet sich mit Blick auf den weiten Strand in sicherem Abstand an den Klippen entlang. An der Verzweigung auf der schmalen Landbrücke halten wir uns zweimal rechts. Hier ist der Bewuchs niedriger. Neben uns erstreckt sich das offene Meer und gegenüber ist eine lange felsige Küste zu sehen, die von hell leuchtenden Stränden unterbrochen ist.

Unerwartet kommt das **Fort de l'Îlette** ❺ in den Blick. Von hier aus scheint es völlig unerreichbar. Einige Schritte weiter führt jedoch ein steiler Pfad in felsigen Stufen hinunter zu der bei Ebbe trocken liegenden Landverbindung. Am schwierigsten ist die Querung des Feldes aus großen,

Fort de l'Îlette
Das Fort auf der kleinen Insel gehört zu den Befestigungsbauten des 19. Jahrhunderts und wurde ab 1847 errichtet, um die Zufahrt zum Hafen von Brest zu überwachen und Anlandungen in der Bucht von Blancs Sablons zu verhindern. Dazu dienten die Schießscharten für Gewehre und größere Öffnungen für Kanonen. Auf dieser je nach Wasserstand und Wetter sehr abgeschiedenen Position gab es eine ständige Besatzung und Magazine für Lebensmittel, Pulver und militärisches Gerät.

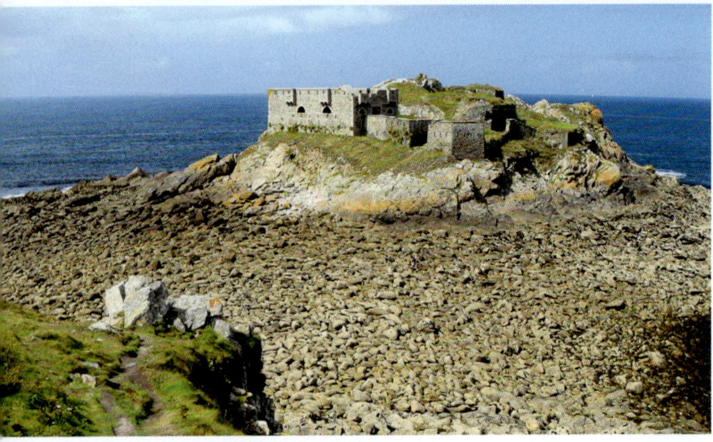

Das Fort de l'Îlette ist bei Ebbe zu Fuß erreichbar.

algenbedeckten und glitschigen Felsen. Auf der anderen Seite führt dann eine Treppe aufwärts. Wenn ihr den Aufenthalt auf der Insel nicht ungeplant ausdehnen möchtet, achtet beim Besuch auf die Tidezeiten!

Wir folgen dem Weg weiter um die Spitze der Halbinsel. Mit Blick auf den Leuchtturm wandern wir an einem Bunker vorbei und abwärts zu einer **größeren Bunkeranlage**. Sie war im Zweiten Weltkrieg Teil des Atlantikwalls. Beeindruckend sind die sich davor aus dem Meer erhebenden, schräg stehenden Felsplatten. Dann kommen wir zu einem Zugang zum **Strand Porz Pabu**. Er ist benannt nach Saint Pabu, einem anderen Namen für den Gründungsheiligen Saint Tugdual, der im 6. Jahrhundert an diesem Strand angelandet sein soll.

Hinter dem Strand halten wir uns rechts und wandern in Richtung Leuchtturm. Kurz eh wir ihn erreichen, sehen wir rechts unten ein großes Wasserbecken in den Klippen. Es wurde mit Quellwasser aus den Klippen gespeist und diente so den Menschen am und auf dem Wasser lange als Trinkwasserquelle. Den Namen **»Piscine des Allemands«**, Pool der Deutschen, erhielt es während der Besatzung.

Dann erreichen wir den asphaltierten Zugang zum **Fort de Kermorvan** und zum **Leuchtturm** ❻, der in exponierter Lage auf einem Felseniselchen steht. Der Turm kann im Sommer auch besichtigt werden.

Das Fort stammt aus der gleichen Zeit wie das auf der Îlette und bewachte die Meerespassage und die Einfahrt zum Hafen von Conquet. Der Leuchtturm wurde 1849 in Betrieb genommen. Mit seinem Standort auf der westlichsten Spitze der Halbinsel wird er nur noch vom Pointe de Corsen weiter nach Westen überragt.

Auf der gegenüberliegenden Seite der Zufahrt gehen wir auf dem **Küstenweg** weiter. Hier ist die Sicht auf Fort und Leuchtturm besser und ein weiterer Bunker zu erkennen. Entlang der Klippen aus schräg stehenden Felsplatten wandern wir, mit großartiger Sicht auf Ort und Hafen, auf **Conquet** zu. Die Hafenmauer und viele alte Gebäude zeugen von der langen Geschichte dieses **Fischereihafens**, der heute ein beliebtes Ziel für Touristen und Wassersportler ist. Hoch über dem Hafen erhebt sich die Maison des Seigneurs aus dem Jahr 1510 (erweitert im 17. Jahrhundert). In Richtung Parkplatz verbergen sich weitere völlig überwucherte Bunker unter Farn. Dann haben wir die Runde um die Spitze der Halbinsel beendet und stehen wieder auf der **Landenge** ❸.

Am Ende des Parkplatzes wenden wir uns auf den Fußweg nach rechts. Er führt ein Stück an dem bei Ebbe völlig trocken fallenden Meeresarm entlang und vor einem Zaun hinauf zur Straße. Ihr folgen wir nach rechts und in der Linkskehre nach links auf den Parkplatz. Hier befindet sich mitten im Parkplatz zwischen Bäumen eine weitere **Festungsanlage** ❼ aus der Mitte des 19. Jahrhunderts. Sie hat beeindruckend trutzige Mauern, kann aber nicht besichtigt werden.

Wir folgen der Straße weiter, zuerst auf dem Gehweg auf der linken Seite. Am Ende der Bebauung wechseln wir auf einen Weg unter Bäumen auf der rechten Straßenseite. Dieser wendet sich schnell wieder der Straße zu. Hier liegt links unter dichtem Gestrüpp verborgen und nicht zugänglich die **fünfte Festungsanlage** aus dem 19. Jahrhundert. Die Fahnen des Campingplatzes sind jetzt schon zu sehen und wir folgen dem sandigen Weg zu unserem Parkplatz.

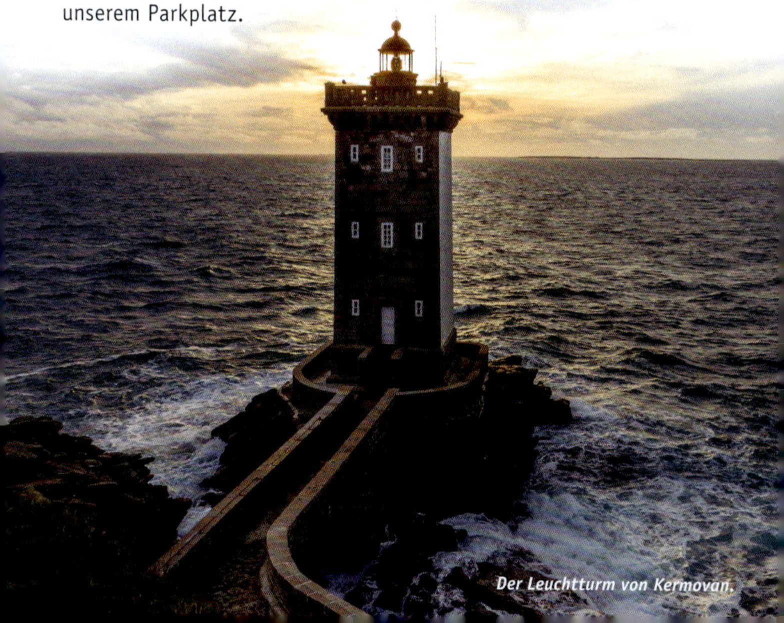

Der Leuchtturm von Kermovan.

110 m

STRECKE 4,7 km

1 h 30

ab 6

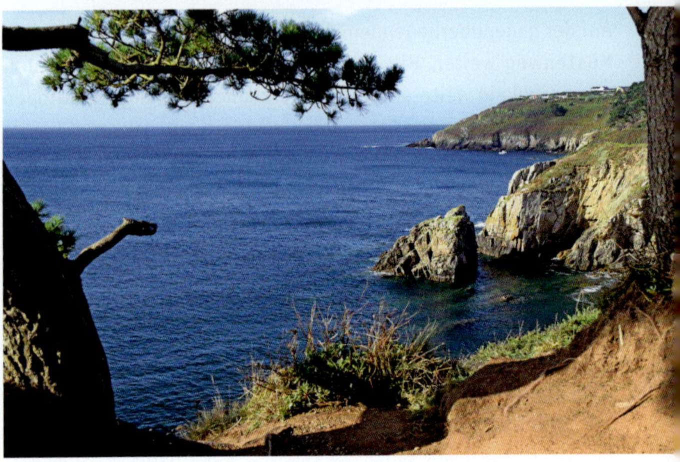

22 Fort de Bertheaume

Vom Fort zum Klippenweg

Großartig liegen die Batterie de Bertheaume und das gleichnamige Fort auf den zerklüfteten, felsigen Ausläufern einer Landspitze. Sie bewachen die Bucht von Brest. Anschließend führt unser Weg durch Gras und Heide auf den hohen Klippen an der Küste entlang und verwöhnt uns mit einer grandiosen Sicht zur Halbinsel von Camaret. Eine kurze, aber beeindruckende Tour.

Wanderung: Wir gehen auf den Eingang des **Fort de Berthaume** ❷ zu und wenden uns direkt davor nach links. An der nächsten Verzweigung, die zum Strand **Plage de Perzel** ❶ hinunter führt, halten wir uns rechts und umrunden das Fort.

Wir schauen jetzt über die Schiffszufahrt nach Brest. Zu ihrem Schutz befand sich hier auf dem Felsen schon im 15. Jahrhundert eine Festungsanlage. Nach deren Zerstörung ließ der berühmte Baumeister Vauban auf der »Îlot« genannten Felseninsel

TOUREN-STECKBRIEF

Anfahrt: Von der D 789 zwischen Kérnagov und Brest nach Plougonvelin. Dort ist das »Fort de Berthaume« beschildert. Parkplatz bei **GPS N 48° 20′15.3″, W 4° 42′04.2″**.

Fort Bertheaume: Das Fort ist derzeit geschlossen und öffnet im Juli 2024 wieder. Infos unter www.fort-de-bertheaume.bzh.

Anspruch und Charakter: Im Bereich der Steilküste schmale Pfade. 1,2 Kilometer auf Asphalt.

Markierung: An der Küste weiß-rot markiert (GR 34).

Mit Kindern: Wenn wir bei der Abkürzung zurückgehen, verringert sich die Strecke um einen Kilometer. Vorsicht zwischen ❷ und ❸, wo der Weg abwärts auf die Klippen zuführt.

1689 eine Festung errichten. Die Anlagen auf dem Festland wurden Mitte des 18. Jahrhunderts erbaut und Ende des 19. Jahrhunderts erweitert. Im Zweiten Weltkrieg war das Fort von den Deutschen besetzt. Die Anbindung der Felseninsel ans Festland erwies sich als besondere Herausforderung. 1694 wurde ein an Kabeln geführter Boot-Shuttle eingerichtet. Erst 1744 hat man die Treppe ergänzt. Ab 1817 bildet eine Seilbrücke die immer noch gefährliche Verbindung. 1900 wurde ein Metallsteg gebaut, der durch Verfall oder Sturmschäden bereits mehrfach erneuert werden musste.

Highlights

Am Atlantik verändert sich die Küste der Bretagne. Das häufig wild heranrollende Meer trifft auf schroffe Klippen und hohe Kaps. In der Zufahrt zur Bucht von Brest thront eine historische Festung auf einem der Felsen.

Wir gehen unter dem **Fußgängerüberweg zum Fort** hindurch. Dieses ist heute durch eine lange Brücke und zwei Seilrutschen, die zu den Parcours eines Hochseilgartens gehören, mit dem Festland verbunden. Jetzt haben wir freie Sicht auf die gegenüberliegende Seite des breiten Meeresarmes, an deren Ende sich die Kaps von **Camaret-sur-Mer** befinden. Die Felsausläufer des **Pointe de Pen Hir** erheben sich schroff am Horizont.

Auf Höhe des Parkplatzes wechseln wir auf den **weiß-rot markierten GR34** und wandern entlang der Küste weiter. Er mündet in eine Straße, der wir an einigen Häusern vorbei aufwärts folgen. Die nächste Kreuzung überqueren wir geradeaus und zweigen, der Markierung folgend, am Ende der Siedlung nach links in

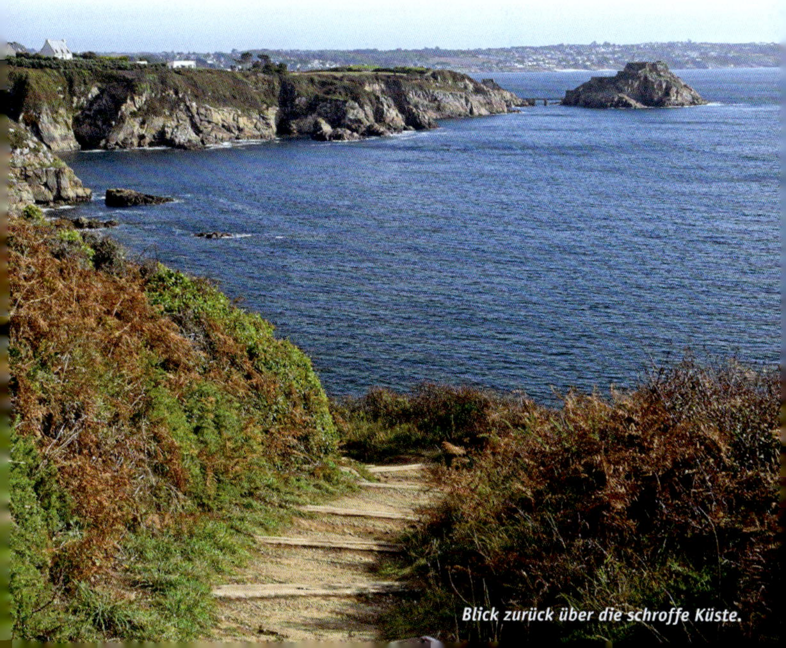

Blick zurück über die schroffe Küste.

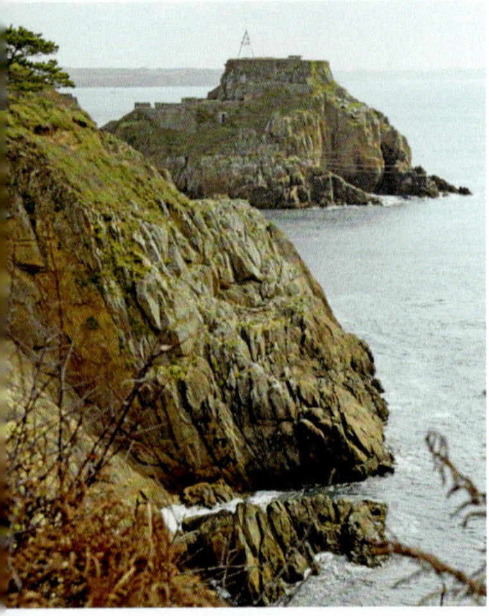

einen Feldweg. An der nächsten Kreuzung halten wir uns links und wandern um eine Rechtskehre hinunter zum Meer. **Vorsicht:** Hier sind die hohen Klippen nur durch einen kleinen Wall vom Weg getrennt! Ab jetzt führt unser Weg immer an der Küste entlang. Es geht durch Wiese, Farn und Heide, oberhalb der schroffen, bis zu 50 Meter hohen Klippen. Ein steiler betonierter Weg bringt uns zu einer Kuppe mit grandioser Aussicht. Dann sehen wir links unter uns **zwei Bauwerke** ❸, zu denen ein steiler Pfad hinunterführt.

Es handelt sich um militärische Stellungen aus dem Zweiten Weltkrieg. Sie dienten, in Zusammenarbeit mit der Batterie von Kerbonn bei Camaret, zur Überwachung der Bucht vor Brest. Hier waren zwei große Beleuchtungsanlagen von je 150 Zentimetern Durchmesser auf Schienen montiert. Außerdem gab es unterirdische Wachräume.

Mit großartiger Aussicht wandern wir weiter. In einer Rechtskehre, die um eine enge Bucht herumführt, zweigt ein kurzer **Verbindungsweg** ❹ nach rechts zum Rückweg ab, sodass wir abkürzen könnten. Die komplette Runde bringt uns weiter zum nächsten schroffen Einschnitt in die Küstenlinie, in dem sich ein kleiner **Wasserfall** ins Meer ergießt. An einer **Verzweigung oberhalb von Stufen** halten wir uns rechts. Hier haben wir beste Sicht auf den See und das dicht bewachsene Tal vor uns.

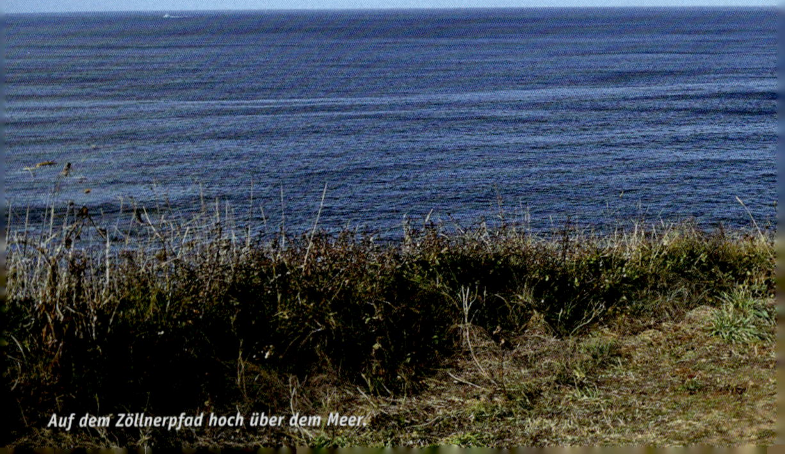

Auf dem Zöllnerpfad hoch über dem Meer.

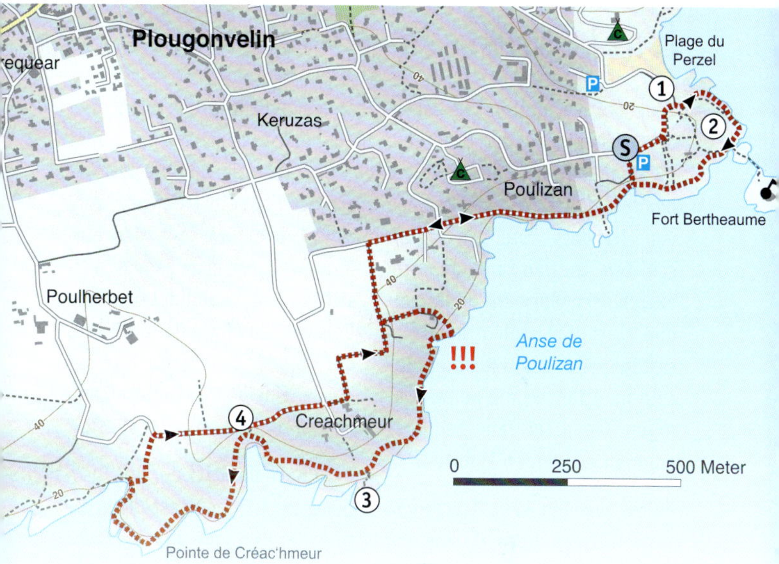

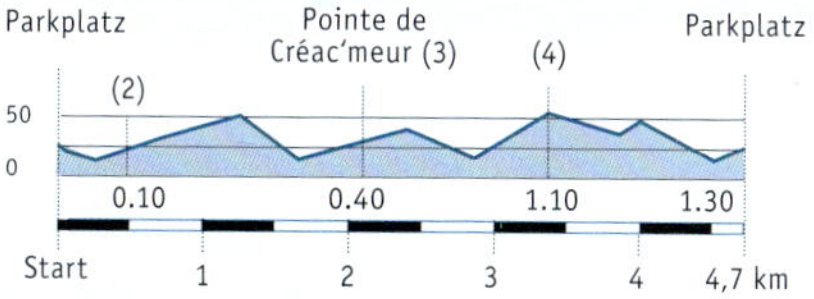

Der Fußweg trifft auf die **Straße** und wir gehen rechts an einer Kläranlage vorbei hoch zur **Kuppe**. Hier überqueren wir die Kreuzung geradeaus und befinden uns dann auf einem Feldweg, dem wir um drei Kehren folgen.

Dann treffen wir auf die uns schon bekannte **Verzweigung**, gehen geradeaus zur Straße und dort nach rechts zurück zum Parkplatz. Wer mag, kann den Ausflug abrunden mit einem Besuch des idyllischen kleinen Strandes, der unterhalb des Forts zu finden ist.

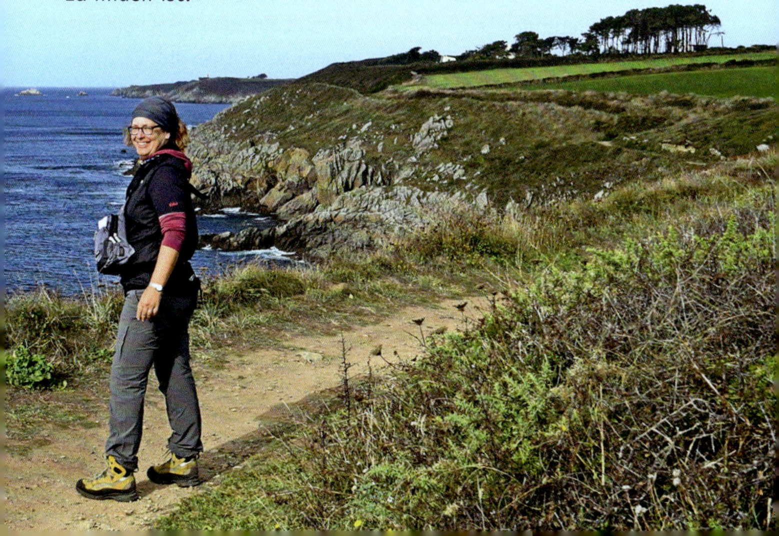

Leuchttürme in der Bretagne

Leuchttürme gelten als eines der Wahrzeichen der Bretagne. 96 Signallichter sichern entlang der felsigen Küste die Passage von Handels- und Passagierschiffen. Ihr Bau fand oft unter extrem schwierigen Bedingungen statt. Sie stehen auf Felsspitzen oder auf kleinsten Inseln im Atlantik, die nur an wenigen Tagen im Jahr per Boot angefahren werden konnten.

Früher war ein Leuchtturm von zwei Wärtern besetzt, die ein großes offenes Feuer in Gang hielten und manchmal wochenlang nicht abgelöst werden konnten. Nach der Entwicklung der Stufenlinse im Jahr 1822 durch den französischen Physiker Augustin Jean Fresnel und der damit verbundenen besseren Fokussierung und höheren Reichweite kamen Öllampen zum Einsatz. Erst viel später wurden die Signalfeuer elektrifiziert und konnten damit auch ohne Personal vor Ort betrieben werden. Der Beruf des Leuchtturmwärters starb aus.

Auch in Sachen Leuchttürme kann die Bretagne mit Superlativen aufwarten: Natürlich steht hier der höchste Leuchtturm Europas – und auch der mit dem stärksten Licht. Selbst bei der Wahl zum Leuchtturm mit der eindrucksvollsten Lage gäbe es aussichtsreiche Kandidaten: Zum Beispiel den **Phare de la Vieille,** der vor der Pointe du Raz auf einem winzigen Felseninselchen mitten in der Brandung steht.

Der **Phare du Stiff** auf der Insel Ouessant ist der älteste Leuchtturm der Bretagne und der zweitälteste in Frankreich. Er wurde 1685 nach Plänen von Vauban erbaut.

Auch der schwarz-weiß geringelte **Phare du Créa'h** steht auf der Île de Ouessant. 1863 erbaut, hat er mit einer Tragweite von 32 Seemeilen das stärkste Signallicht in Europa und eines der stärksten der Welt.

Etwas weiter im Norden, aber ebenfalls im Finistère, ist der **Phare de l'Île Vierge** zu finden. Er steht auf einer Insel bei Plouguerneau und ist mit 82,5 Metern der höchste Leuchtturm Europas.

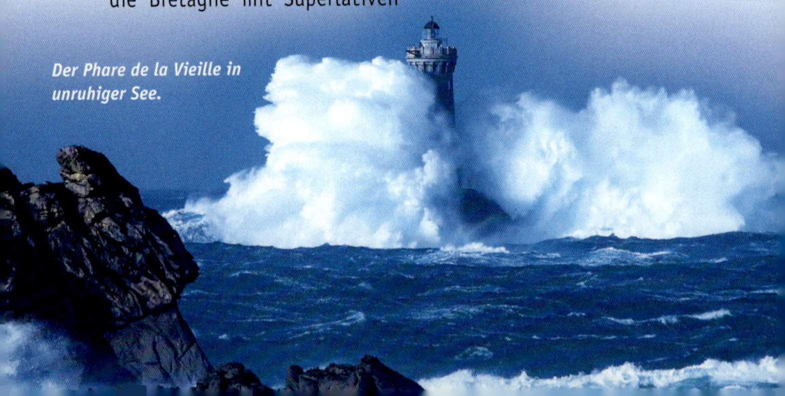

Der Phare de la Vieille in unruhiger See.

Die außergewöhnlichen Talente des Monsieur Vauban

Auf unserer Reise durch die Bretagne begegnet uns immer wieder der Name Vauban. Geboren am 1. Mai 1633 im Burgund, gelang dem jungen Sébastien Le Prestre de Vauban, einem Sohn aus einfachem Adel, durch seine Begabung für Mathematik und Strategie ein rasanter Aufstieg vom Kadetten zum General. Er optimierte nicht nur mit gewitzten Manövern die Belagerungstechnik der französischen Armee, sondern setzte sein Wissen ebenso gekonnt als Ingenieur ein. Als Generalkommissar der Festungsanlagen sicherte er unter Ludwig XIV. Frankreichs Außengrenzen. Dazu renovierte und optimierte er unzählige Burgen. Außerdem war er an der Planung und am Bau von über 30 neuen Anlagen beteiligt. Die Festung von Lille, die auf einem fünfeckigen Grundriss basiert, gilt als sein erstes Meisterwerk.

Vauban wurde außerdem Vater dreier Kinder, war aber im Auftrag des Königs fast ständig unterwegs. Bis zu 5000 Kilometer soll er jährlich in Pferdekutschen zurückgelegt haben.

In der Bretage begegnen wir seinen Bauwerken mit der Tour Vauban **[› Tour 23]** in Camaret-sur-Mer dem Fort de Bertheaume **[› Tour 22]**. Er war außerdem am Umbau der Stadtmauer von Concarneau und der Modernisierung des Schlosses von Brest beteiligt.

Vauban hat in der Bretagne aber auch bei der Planung und Errichtung der allerersten Leuchttürme Spuren hinterlassen. Der Phare du Cap Fréhel **[› Tour 4]** und der Phare du Stiff auf der Ile de Ouessant tragen seine Handschrift.

Als Politiker widmete Vauban sich dem Bau von Verkehrswegen, Kanälen, der Optimierung der Landwirtschaft und der Finanzpolitik. Dabei hatte er vor allem die einfachen Bevölkerungsschichten im Blick. Er warnte auch vor den wirtschaftlichen Folgen der Vertreibung der Hugenotten. Sein Engagement für eine gleichmäßige Besteuerung, die zu Ungunsten des Adels die schwer belastete Landbevölkerung entlasten sollte, brachten ihn beim König und seinen Ministern in Ungnade. Vauban starb wenig später am 30. März 1707 in Paris an einer Lungenentzündung.

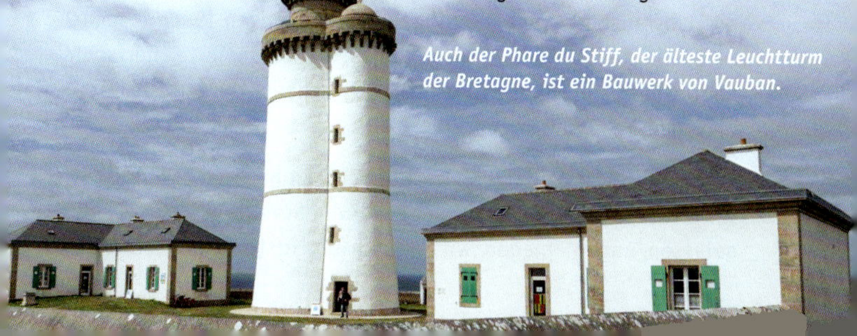

Auch der Phare du Stiff, der älteste Leuchtturm der Bretagne, ist ein Bauwerk von Vauban.

150 m

STRECKE 10,7 km

3 h 30

ab 10

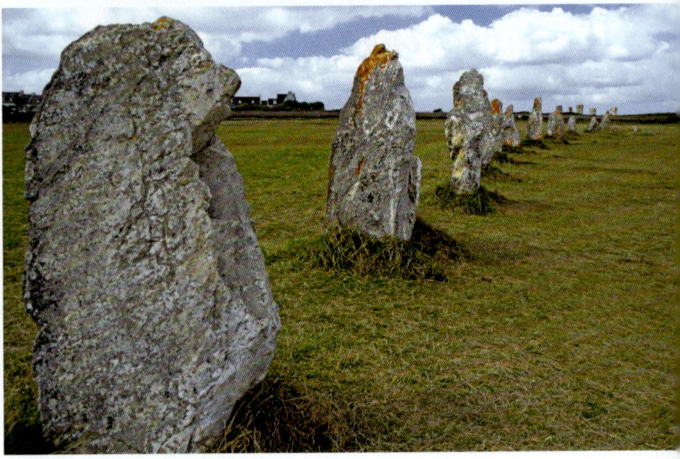

23 Die Kaps von Camaret-sur-Mer

Unvergleichlich wild, zerklüftet und entdeckungsreich

Mit der Pointe de Pen Hir erwartet uns das felsigste, schroffste Kap der Bretagne. Ein absolutes Highlight! Doch das ist nicht alles: Die langen Steinreihen von Lagatjar, ein verfallenes Herrenhaus und der schöne Hafen von Camaret-sur-Mer setzen Akzente auf unserem Weg durch die großartige Landschaft. Auf halben Weg kann außerdem noch ein Museum in einem der alten Bunker besucht werden. Die Ausstellung ist eine Mahnung und dient der Erinnerung an die vermeidbaren Schrecken des Krieges.

Wanderung: Wir starten mit der Besichtigung der **Steinreihen von Lagatjar** ❶. Sie stehen seit 1883 unter Schutz und wurden in den Jahren 1928 bis 1929 restauriert, wobei man viele Steine wieder aufstellte. Von ursprünglich wahrscheinlich 400 Menhiren ragen heute 72 in den Himmel. Sie stehen in drei Reihen, von denen die längste 200 Meter lang ist. An ihrem Ende sind sechs weitere Stümpfe zu sehen. Nachdem der alte Kultplatz während der Jahrtausende viele Nutzungen fand und in den 1930ern sogar zu einem beliebten Platz zum Wildcampen avancierte, herrscht heute auf den gemähten Grasflächen zwischen den alten Menhiren eher heilige Ruhe.

Von den Steinreihen gehen wir auf der D84 nach rechts in Richtung Pointe de Pen Hir. Nachdem wir die Steinreihen hinter uns gelassen haben, biegen wir links in die erste Straße ein und

TOUREN-STECKBRIEF

Anfahrt: Von der N 165 nach Crozon, dann der Beschilderung nach Camaret-sur-Mer folgen. Dort ist die Zufahrt zu den Alignements de Lagatjar mit kleinen blauen Schildern markiert. Parkplatz bei **GPS N 48°16'27.6", W 4°36'34.6"** vor den Steinreihen oder in der nächsten Straße rechts.

Öffnungszeiten: Internationales Museum der Atlantikschlacht, Juli bis September. Eintritt €4.

Anspruch und Charakter: Felsig-steiniger Weg im Bereich der Pointe de Pen Hir. 3,9 Kilometer auf Asphalt.

Markierung: An der Küste weiß-rot, außer an der Pointe de Toulinguet.

Einkehr: Cafés und Restaurants an der Strandpromenade von Camaret.

Mit Kindern: Wir folgen dem Rundweg bis zum Manoir du Cœcilian ❻. Dort wenden wir uns ins Inland und erreichen nach 150 Metern die Steinreihen und den Parkplatz (Strecke: 5,1 km). Vorsicht: Der Weg ist im Bereich der Klippen nirgendwo gesichert!

gehen nach 200 Metern an der T-Kreuzung links. Wir ignorieren einen ersten Fußpfad nach links und folgen dem zweiten, der hinter der Rechtskehre von der Straße abzweigt.

Highlights

Schroffe Klippen und wilde Strände prägen die raue Küste des Finistère. An der Pointe de Pen Hir ist die Küstenlandschaft besonders dramatisch und von den steilen Klippen habt ihr einen spektakulären Ausblick auf den Atlantik.

Zwischen Mauern und Hecken wandern wir immer geradeaus bis zu einer Straße, der wir nach rechts abwärts folgen. Vorbei an alten Gehöften des Weilers Pen Hir erreichen wir eine hässliche Ferienanlage, wenden uns hier nach links und wandern hinunter zum Strand **Plage de Veryac'h** ❷. Die bei Ebbe weite Sandbucht ist wunderschön von steilen Felsklippen gerahmt. In der Linkskehre am Meer gehen wir gera-

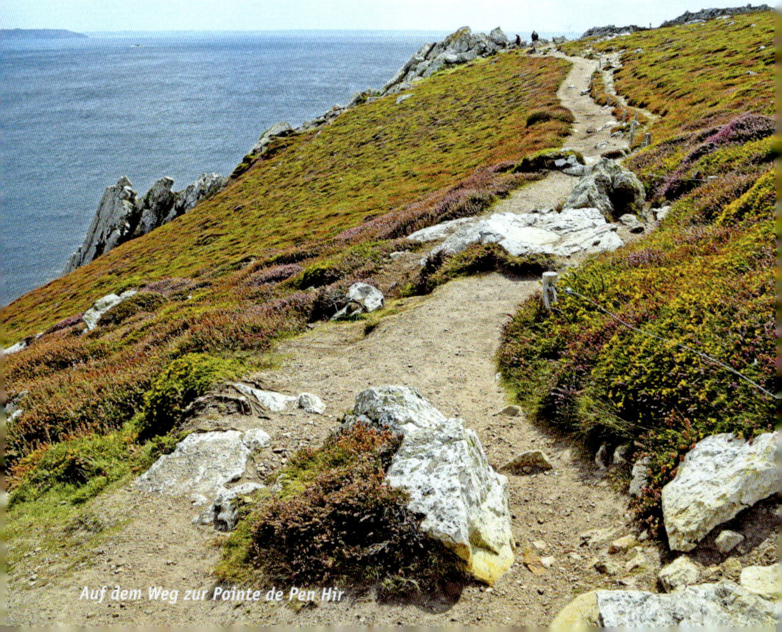

Auf dem Weg zur Pointe de Pen Hir

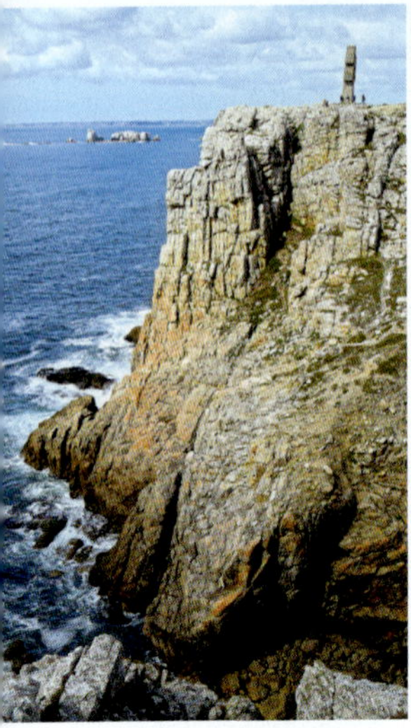

deaus und nach rechts auf den weiß-rot markierten Küstenpfad.

Durch niedrige Heide wandern wir hoch zur Pointe de Pen Hir, halten uns an der ersten **Y-Verzweigung** links und ignorieren dann alle Abzweige nach rechts zum Parkplatz. So erreichen wir ein Felsplateau an der **Pointe de Pen Hir** ❸. Es liegt 70 Meter über dem Meer und ist unglaublich schroff und rau. Auf Pfaden kann man noch ein kleines Stückchen weiter nach vorne laufen und erreicht einen fast senkrechten Einschnitt. Die zerklüfteten Felsen setzten sich in steilen Felsinseln im Wasser fort, so wie der Schwanz eines Drachen. Wie an vielen Stellen der bretonischen Küste sind auch hier Reste von Bunkern zu sehen.

Der Küstenweg führt uns zu einem zweiten, nicht minder beeindruckenden Plateau. Rechts von uns befindet sich der steile Einschnitt mit Namen **»La Salle Verte«**, der grüne Saal, mit beliebten, teilweise sehr schwierigen Kletterrouten.

Dann führt unser Weg zu einem monumentalen Granitkreuz mit zwei horizontalen Balken, dem **Monument aux Bretons de la France Libre** ❹. Es wurde 1951 von General Charles de Gaulle eingeweiht, der nicht nur der erste Ministerpräsident Frankreichs nach dem 2. Weltkrieg war, sondern auch Anführer des Widerstandes des Freien Frankreich gegen die deutschen Besatzer. Es soll an die Bretonen erinnern, die damals für ein freies Frankreich kämpften.

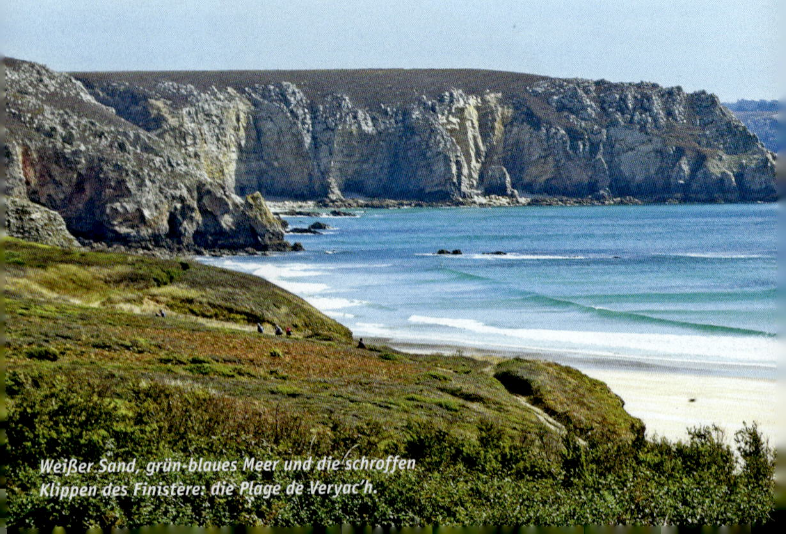

Weißer Sand, grün-blaues Meer und die schroffen Klippen des Finistère: die Plage de Veryac'h.

Wir folgen jetzt immer dem weiß-rot markierten Hauptweg nach Norden, vorbei an niedrigen Ruinen auf der linken Seite. Der Weg führt uns zu einem tiefen, fast senkrechten Einschnitt. An dessen Seitenwänden kann man erkennen, dass die zerklüfteten Ränder von dünnen, fast senkrecht stehenden Felsplatten gebildet werden. Im Meer erhebt sich beeindruckend der **Rocher du Lion**, der Löwenfels, mit einem gezackten Felsbogen.

Vor uns liegt das Gelände des Fort Kerbonn. Hier befindet sich das **Musée Mémorial international de la bataille de l'Atlantique 5**. Es soll über Grenzen hinweg erinnern an das Leid und die unglaubliche Zahl von 45.000 Handelsseeleuten aller Nationen und 30.000 deutschen U-Boot-Matrosen, die bei der Schlacht im Atlantik während des Zweiten Weltkrieges starben. Das Gelände kann frei betreten werden, nur der Eintritt ins kleine Museum ist kostenpflichtig. Im Eingangsbereich sind riesige Anker mit eingravierten Gedichten aufgestellt.

Wir gehen über das Gelände, rechts an den Gräben und am großen Bunker links vorbei und hinter den letzten zwei Bunkern nach rechts auf die Häuser zu. Auf der steinigen Fläche vor den Häusern halten wir uns links. Bei einer Verzweigung bleiben wir rechts auf der Höhe. Links ginge es hinunter zur Plage de Pen Hat mit Badeverbot wegen gefährlicher Unterströmungen. Vor uns liegt eine tiefe Grassenke mit Stränden zu beiden Seiten. Auf der gegenüberliegenden Seite erhebt sich die Pointe de Toulinguet mit prähistorischen Befestigungsanlagen, den Ruinen eines Forts von Vauban aus dem 17. Jahrhundert, Batterien aus dem 19. Jahrhundert und zwei Leuchttürmen. Als Militärgelände darf die Spitze dieser Halbinsel nicht betreten werden.

Deshalb genießen wir die Aussicht und bleiben immer knapp unter der Plateauhöhe bis zum **Manoir du Cœcilian 6**. Saint-Pol-Roux, ein französischer Dichter und Vordenker des Surrealis-

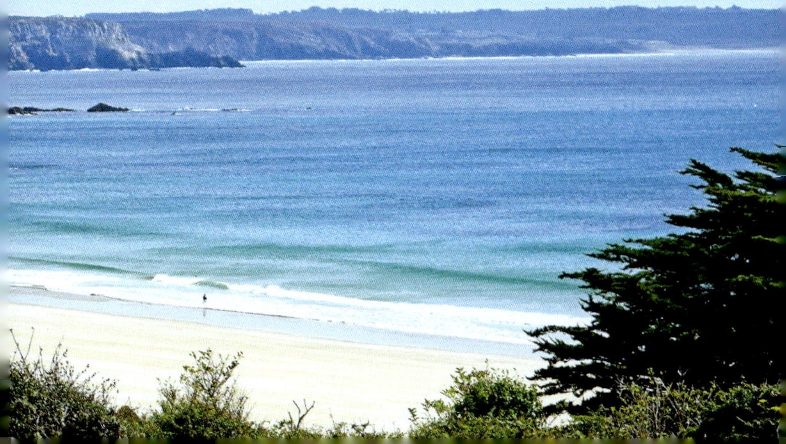

mus, baute dieses herrschaftliche Haus mit acht Türmen im Juni 1905 für sich und seine Familie. Die deutsche Wehrmacht überfiel es mehrfach und zerstörte viele wichtige Manuskripte. 1944 wurde das Haus von den Alliierten bombardiert.

Vom Manoir folgen wir dem Weg weiter durch die Dünen, die hier von vielen Pfaden durchzogen sind, und treffen auf die Straße auf der anderen Seite der Landspitze. Etwa 80 Meter unterhalb eines Zypressenhains entdecken wir gegenüber einer Bank die **weiß-rote Markierung des Küstenpfades**. Mit freiem Blick auf die Meereseinfahrt nach Brest folgen wir ihm durch eine Heidelandschaft. Vorbei an einem Bunker, der wie eine Aussichtsplattform an den Klippen steht, und um eine weitere Bunkeranlage herum wendet sich der Weg zur **Bucht von Camaret**. Dort geht es hinunter zum **Ancien Fortin** ❼, einer Befestigungsanlage, die den Hafen von Camaret schützen sollte.

Am Fortin vorbei erreichen wir eine Verzweigung und gehen nach links hinunter nach Camaret. Bei zwei Verzweigungen halten wir uns links und laufen oberhalb des Strandes auf die **Mole von Camaret** zu. Diese führt uns geradeaus an einem Schiffsfriedhof vorbei und zu zwei weiteren Baudenkmälern, der **Kapelle Notre-Dame de Rocamadour** und der **Tour Vauban** ❽. Der sechseckige und vierstöckige Turm mit halbrunder Schutzmauer wurde Ende des 17. Jahrhunderts von Vauban geplant und beauftragt. Er sollte die Meerenge von Brest schützen. Noch vor Fertigstellung wurde die Anlage von einem großen Geschwader englisch-holländischer Kriegsschiffe angegriffen, der Angriff wurde abgewehrt.

Die **Kapelle** wurde erstmals im 12. Jahrhundert erbaut, die ältesten Teile des heutigen Gebäudes stammen aber aus dem Jahr 1527. Ihren Namen verdankt sie ihrem Standort: »Roc'h a Dour« ist bretonisch und bedeutet »Fels in der Mitte des Wassers«.

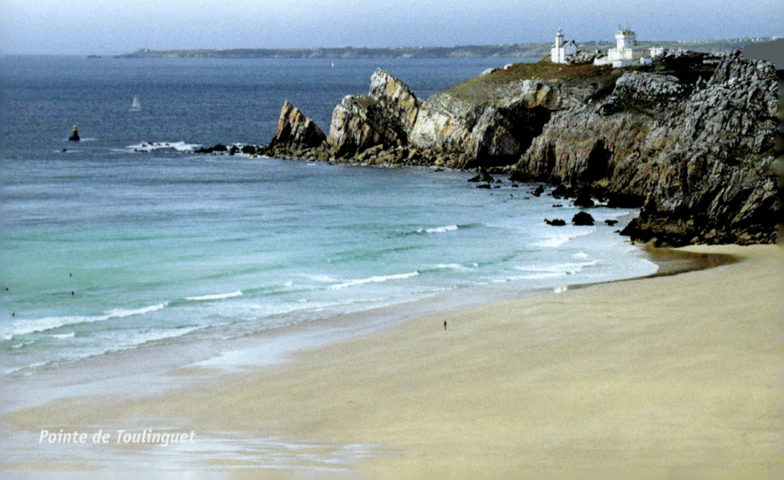

Pointe de Toulinguet

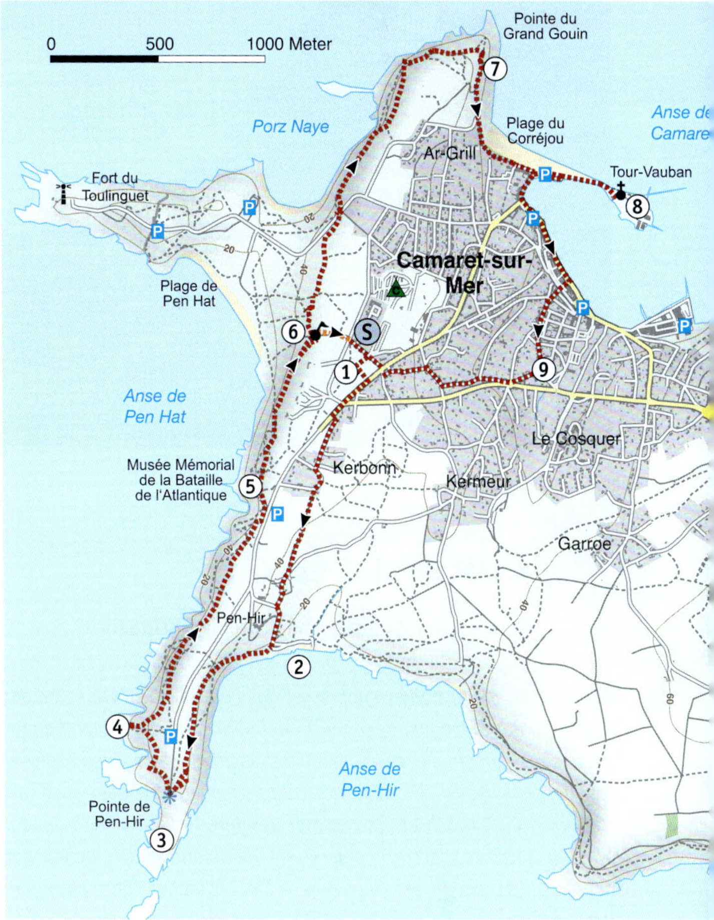

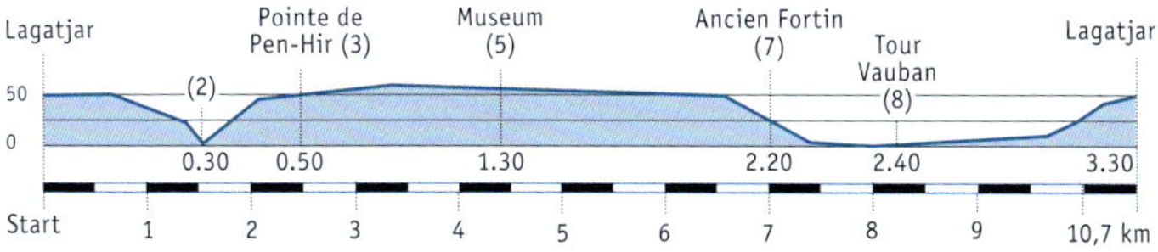

Von der Mole gehen wir zur Hafenpromenade mit ihren Restaurants, Cafés und Crêperien. Hinter dem alten Kran biegen wir in die dritte Straße nach rechts ein und kommen ins »Quartier des Artistes«. An hübsch renovierten Häusern mit Blumenschmuck und Ateliers vorbei erreichen wir einen kleinen Platz mit Café und gehen dann immer geradeaus zur **Kirche Saint-Rémi** **9**. Dort biegen wir schräg rechts in die **Rue Louis Pasteur** ein und wählen im Kreisverkehr die zweite Straße rechts. Sie heißt **Rue de Lagatjar**. Wir folgen ihr um eine Rechtskehre und biegen dann nach links in die schmale **Rue des Celtes** ein. An ihrem Ende halten wir uns rechts und stehen wieder vor den Steinreihen.

280 m

STRECKE 10,8 km

3 h 30

ab 10

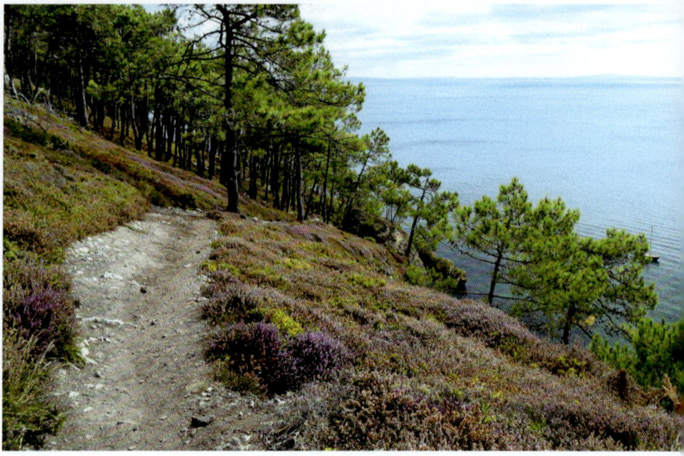

24 Cap de la Chèvre

Von wilden Buchten und schroffen Klippen

Mit über 90 Meter hohen Klippen ist das Cap de la Chèvre eines der höchsten der Bretagne. Besonders beeindruckend bei dieser Wanderung sind jedoch die zwei völlig unterschiedlichen Küstenseiten. Auf der Ostseite ist das Kap zwar wild und zerfurcht, aber auch mit Kiefern grün bewachsen und es gibt geschützte kleine Buchten. Im Westen durchwandern wir eine karge Heidelandschaft, neben der schroffe Felsspitzen ins Meer ragen. Ein Abstecher führt zu einem großen Strand.

Die Gebäude am Cap de la Chèvre
Das **Denkmal** wurde 1988 in einer ehemaligen Geschützstellung erbaut. Es dient der Erinnerung an alle Marineflieger, die seit dem Beginn der Marinefliegerei im Jahr 1920 im Nordatlantik gefallen sind. Ihre Namen sind an den Wänden eingraviert.

Bei den **Batterien am Cap de la Chèvre** handelt es sich um französische Bauwerke. Bereits im 18. Jahrhundert wurden hier Festungen angelegt, die weitgehend zerstört sind. In den 1940ern baute Frankreich neue Bunker und Geschützstellungen. Nach der Besatzung banden die Deutschen die Batterien in ihren Atlantikwall ein. Der heutige **Leuchtturm** wurde 1971 gebaut, nachdem der alte im Jahr 1944 zerstört worden war.

Wanderung: Vom Parkplatz gehen wir am Leuchtturm und am **Denkmal** ❶ rechts vorbei und wenden uns dahinter nach links auf den **weiß-rot markierten Küstenpfad**.

An der Verzweigung hinter dem **Militärgelände** halten wir uns rechts – die Pfade nach links führen zu weiteren Bunkern und Geschützstellungen. Ab jetzt wandern wir immer an der Küste entlang durch niedrige Heide mit Stechginster, die den ganzen Sommer über lila oder gelb blüht. Wir befinden

TOUREN-STECKBRIEF

Anfahrt: Von der N 165 der Beschilderung nach Crozon folgen und dort den Hinweisschildern zum Cap de la Chèvre. Der Parkplatz befindet sich am Straßenende bei **GPS N 48° 10'18.3", W 4°33'3.1"**.

Anspruch und Charakter: Teils etwas felsiger Weg im Bereich der Steilküste mit kurzen steilen Anstiegen. 400 Meter auf Asphalt.

Markierung: An der Küste folgen wir dem weiß-rot markierten GR 34.

Mit Kindern: Um die Runde zu kürzen gehen wir bis zur Verzweigung ❸. Dort wechseln wir nach links auf den gelb markierten Weg und biegen nach kurzem steilem Anstieg wieder links ab. Geradeaus geht es in das alte Fischerdorf Rostudel. In einer Rechtskehre wählen wir den zweiten Abzweig nach links und wandern auf einem gelb markierten Wiesenweg um eine Rechtskehre (Linksabzweig ignorieren). Wir queren die D 255 und gehen immer geradeaus, bis wir wieder auf den Küstenweg treffen, dem wir nach links folgen. Vorsicht: der Weg führt an der steilen Uferböschung entlang!

Strecke: 4,7 Kilometer

Highlights

Das beliebte Cap de la Chèvre, an dem sich immer viele Menschen drängen, lassen wir schnell hinter uns, um die ebenso beeindruckende stille Küstenlandschaft an seinen Seiten zu erkunden.

uns 90 Meter über dem Meer, rechts von uns zieht sich ein steiler, heidebewachsener Abhang hinunter und geht in die senkrechten Klippen über. Vor uns liegt die **Bucht von Douarnenez**, rechts davon erstrecken sich das Cap Sizun und die Insel Sein im Meer. Vor einem schroffen Einschnitt wendet sich unser Pfad kurz ins Land, an der folgenden Verzweigung gehen wir nach rechts.

Wir umrunden die **Klippen von Men Coz** und blicken vor uns auf zwei Buchten, die von schroffen, ausgewaschenen Klippen gesäumt werden. Durch Farn wandern wir abwärts und am Ende eines Fahrweges vorbei, dann erreichen wir einen dicht bewachsenen Bereich. Hier befindet sich rechts eine über und über **von Efeu bewachsene Ruine** ❷, die fast wie ein verwunschenes Märchenhaus wirkt. Einige Schritte weiter sehen wir links eine **Quelle mit Wasserbecken**, deren Wasser heute zwar nicht mehr ins Becken läuft, wohl aber für das urwaldähnliche Grün sorgt.

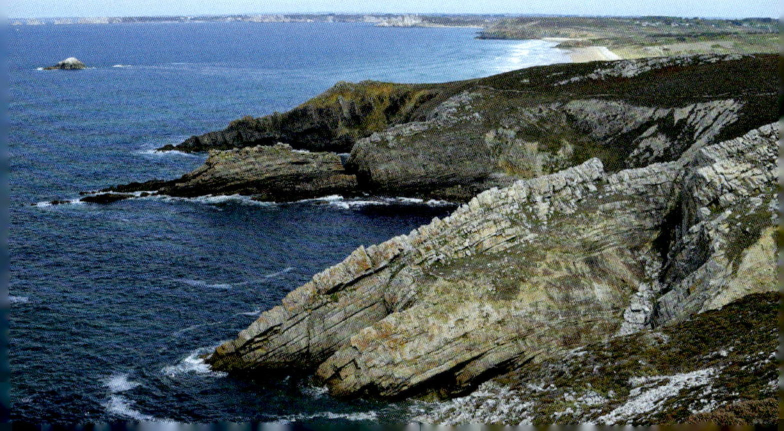

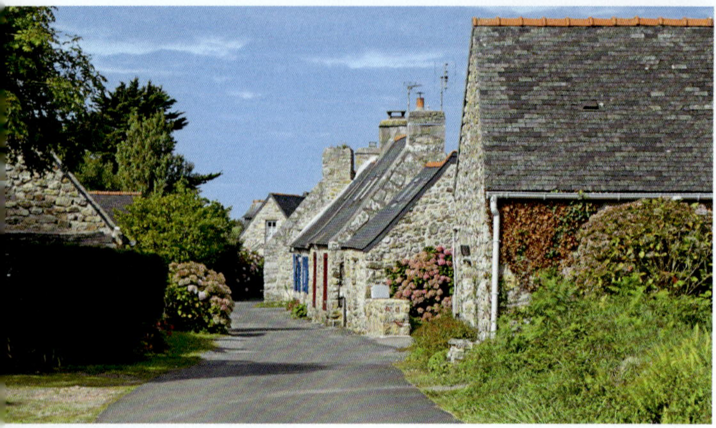

Im Dorf Ménesguen

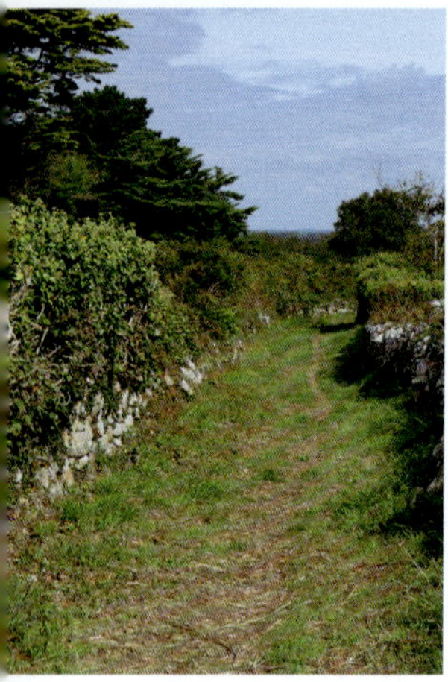

Kurz führt unser Pfad steil aufwärts und aus der grünen Oase hinaus. Dann treffen wir auf einen breiteren Weg und wenden uns nach rechts. Weiter geht es aufwärts bis zu einer **Verzweigung** ❸, an der wir nach rechts abbiegen. Nur kurz wandern wir steil abwärts, dann bleiben wir auf der Höhe und umrunden eine markante Klippe. Dahinter führt der Weg oberhalb der schönen **Anse Saint-Nicolas** ❹ entlang. Zwischen einzelnen Kiefern und durch ein kleines Wäldchen marschieren wir abwärts und kommen an einem tiefen, senkrechten Einschnitt mit unerreichbarer Kiesbucht vorbei.

Etwas oberhalb der Klippen passieren wir dann weitere tiefe Felseinschnitte. Zwei Abzweige nach links zur Straße ignorieren wir und gelangen in einen lichten Kiefernwald. Von einer **Felsspitze** haben wir eine fantastische Aussicht auf unseren bisherigen Weg und die Bucht Saint-Nicolas mit ihren kleinen, den Klippen vorgelagerten Felsspitzen.

Dann wandern wir an drei einzelnen Häusern vorbei. Hinter dem dritten zweigt ein deutlicher Pfad nach links ab. Er wird zum Schotterweg, der zur Straße führt. Hier biegen wir rechts und sofort wieder links in das Sträßchen nach **Ménesguen** ❺ ab. Vorbei an alten, hübsch renovierten Fischerhäusern erreichen wir den Abzweig eines Fahrweges nach rechts und folgen ihm zwischen Häusern und Mauern. In einer Rechtskehre gehen wir geradeaus auf einem Wiesenweg an einem Grundstück vorbei. Durch Hecken kommen wir auf **freie Heidefläche** mit einer Traumsicht über die Halbinsel nach Norden zum Cap von Pen Hir.

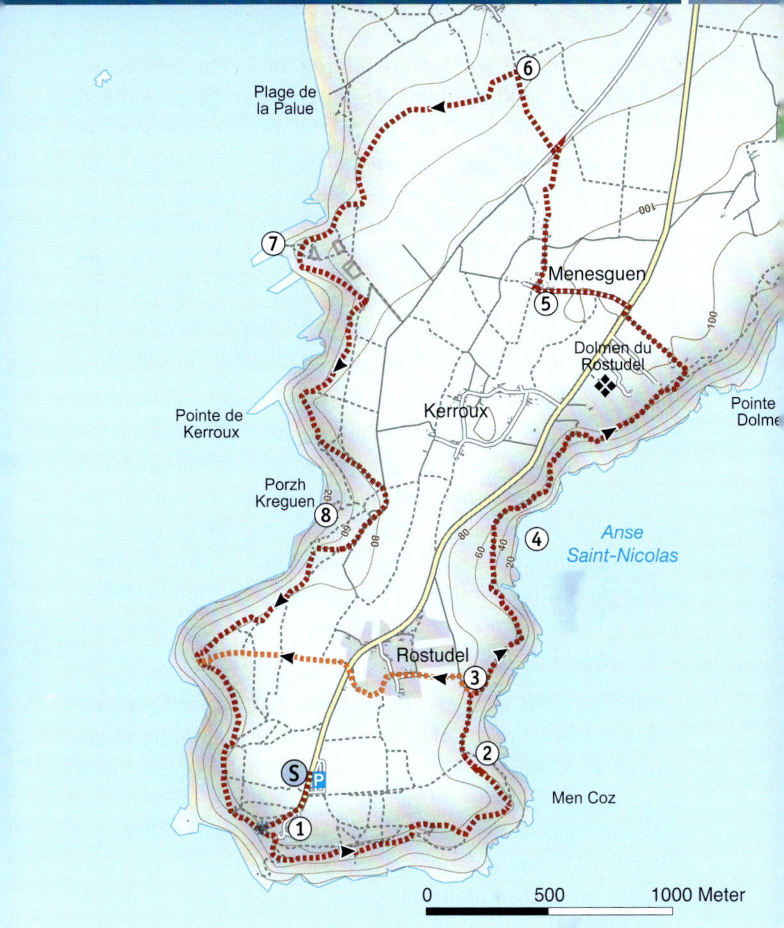

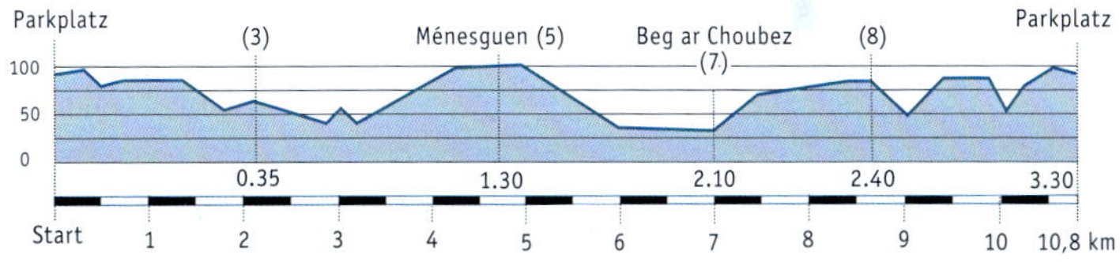

Wir treffen auf einen Schotterweg, folgen ihm nach links und biegen nach wenigen Metern rechts ab. Der Weg ist gelb markiert und wird zu einem Wiesenweg zwischen Mauern. Er führt abwärts auf Kerdreux zu und zu einer **Verzweigung 6**, an der wir uns nach links wenden. In einem waldigen Bereich treffen wir auf einen **Fahrweg**, dem wir geradeaus folgen. In einer langen Linkskehre führt er zur Küste. Wer zur **Plage de la Palue** möchte, muss hier nach rechts abbiegen. Wir bleiben links auf dem weiß-rot markierten Küstenpfad. In der ersten Rechtskehre wird der Weg etwas matschig. Wir folgen dem Hauptweg mit tollem Blick auf den Strand und gehen nicht links hoch.

Oberhalb einer kleinen, schroffen Bucht mit hohen Felsen wandern wir auf die **Klippen von Beg ar Choubez** 7 zu. Ein Pfad führt dorthin und man kann an den Klippen wunderbar sitzen und Pause machen. Auf unserem Hauptweg wird es ab jetzt felsiger und schroffer. Oberhalb der **Bucht von Persig** mit ihrem unerreichbar tief liegenden Kiesstrand wandern wir aufwärts. Oben angekommen halten wir uns rechts und laufen durch Heide an weiteren faszinierenden Klippen entlang. Die Felsen des Cap de la Chèvre bestehen aus bis zu 550 Millionen Jahre altem intrusivem Gestein und aus dem Schiefer des Urkontinents Amorica.

Hinter der **Felsspitze Pointe de Kerroux** wendet sich der Pfad Richtung Inland, um die Bucht **Porz Kreguen** 8 zu umrunden. An der Verzweigung vor der Bucht halten wir uns links und wandern an einem Mäuerchen entlang. Um den hier stark erodierten Küstenpfad zu vermeiden, gehen wir an der T-Kreuzung nach links und sofort danach auf dem Fahrweg nach rechts. Im **Wendehammer** halten wir uns links und folgen dem breiten Weg an seinem Ende geradeaus, um nach nur 20 Metern wieder nach rechts abzubiegen.

Unser Pfad quert jetzt einen Einschnitt. Im Anstieg halten wir uns sofort rechts und treffen anschließend auf den völlig ausgewaschenen Küstenpfad. Ihm folgen wir nach links. Links ist jetzt der Leuchtturm wieder zu sehen, wir halten uns immer rechts auf dem **markierten Küstenpfad**. Einen letzten steilen und steinigen Ab- und Aufstieg müssen wir bewältigen, dann führt uns der inzwischen breite Hauptweg zu einer **Aussichtsplattform** oberhalb einer kleinen felsigen und sehr schmalen Landzunge. Neben den Bunkerresten fällt hier die große Ansammlung von Steinmännchen ins Auge. Dann sind es nur noch wenige Meter zur Gedenkstätte, an der wir uns links zum Parkplatz wenden.

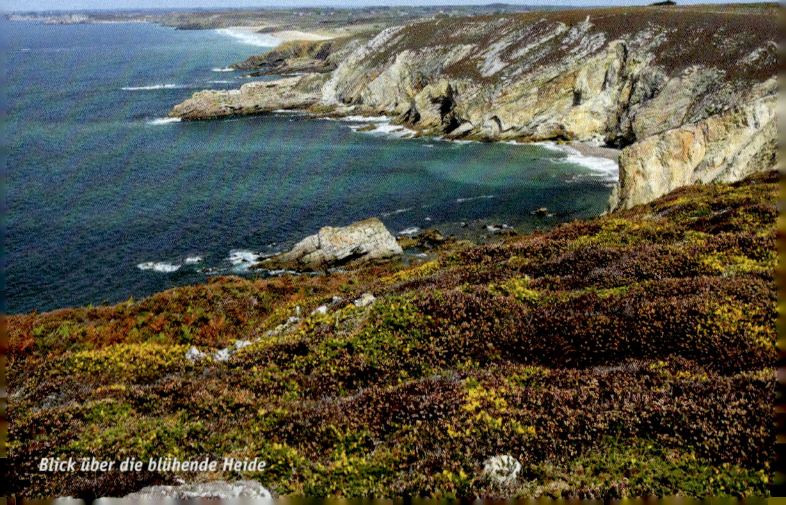

Blick über die blühende Heide

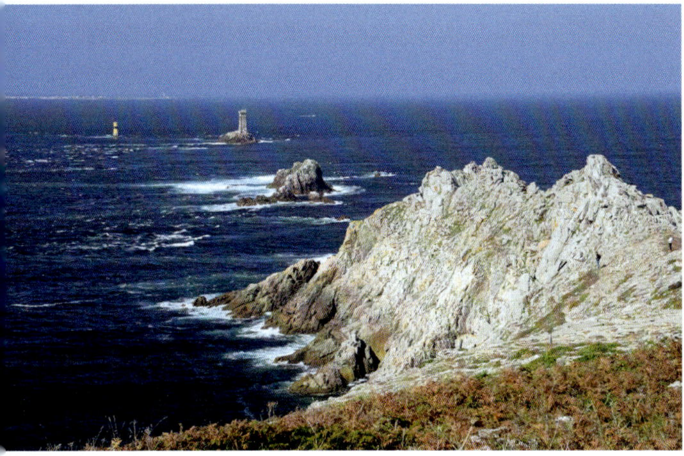

290 m

STRECKE 9,7 km

3 h 15

ab 10

Pointe du Raz

25

Um den Vorposten im Atlantik

Die Pointe du Raz ist eines der touristischsten Kaps der Bretagne. Wenn wir sie in einem stillen Moment erwischen, fühlt sich die raue Landspitze wirklich nach dem »Ende der Welt« an, für das sie immer wieder gehalten wird. Wir stehen hier aber gar nicht am westlichsten Zipfel des französischen Festlandes. Dieser ist einige Kilometer weiter nördlich an der weit weniger bekannten Pointe de Corsen zu finden. Die Wanderung lohnt sich aber trotzdem sehr. Auf dem Weg durchs Inland und zurück zum Kap wird es schnell ruhiger und die Landschaft ist auch dort wirklich beeindruckend.

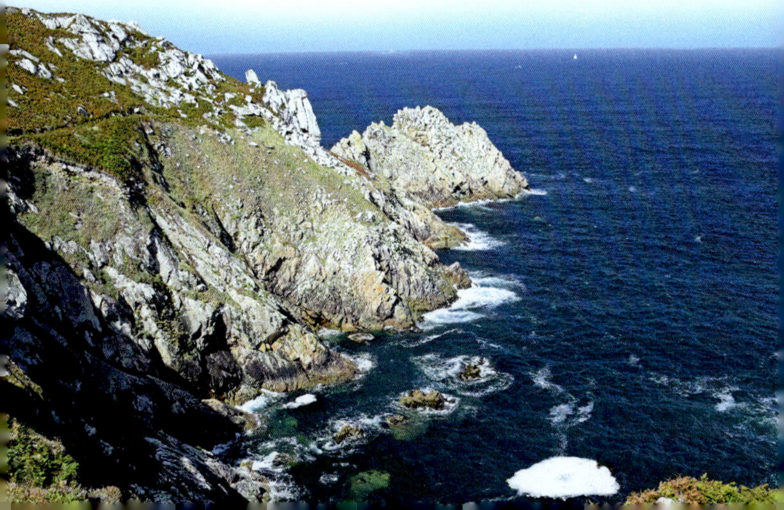

TOUREN-STECKBRIEF

Anfahrt: Von Quimper der D784 bis Audierne und weiter zur Pointe du Raz folgen bis zum zentralen Parkplatz bei **GPS N 48°02'13.4", W 4°43'0.1"** (kostenpflichtig).
Parken ist außerdem möglich beim Strand an der Baie des Trépassés bei **GPS N 48°02'44.0", W 4°42'16.8"**.
Öffnungszeiten: Infozentrum am zentralen Parkplatz April bis September 10.30–18 Uhr, im Juli und August 10–19 Uhr. Im Oktober 10.30–17.30 Uhr. Parkgebühr €8.
Anspruch und Charakter: Kurze steilere Passagen, dort ausgewaschen. Trittsicherheit erforderlich. Kein Schatten.
Markierung: Im Bereich der Küste weiß-rot. Die Querung durchs Inland ist gelb markiert.
Einkehr: An der Plaza am Parkplatz.
Mit Kindern: Um die Runde mit Kindern zu kürzen, gehen wir vom Parkplatz aus über die Plaza, vor dem Informationszentrum rechts und kommen so auf die Nordseite des Kaps. Wir überqueren den Wendehammer nach rechts, folgen der gegenüberliegenden Straße und biegen nach wenigen Metern links auf einen breiten Fahrweg ab. An der ersten Verzweigung links, dann noch mal links und geradeaus erreichen wir den Küstenweg bei Punkt ❸ und biegen links ab in Richtung Pointe du Raz.
Auf dem Rückweg haben wir die Wahl, ob wir auf dem weiß-rot markierten Küstenpfad folgen oder geradeaus auf dem Betonweg entlangspazieren.
Strecke: 4,8 km bei Wahl des Küstenweges.
Mit trittsicheren Kindern: An der Verzweigung unterhalb des Aussichtsturmes können wir zur kleinen Bucht ❽ hinuntersteigen. Sie ist ein wunderbarer Naturspielplatz für kleine Entdecker.

Highlights

Wir lieben sie, die besonderen Orte mit »Am-Ende-der-Welt-Feeling«. Die Pointe du Raz mit ihren steil zum Atlantik abfallenden Klippen, ist ein wirklich beeindruckendes »Ende der Welt« und außerdem einer der westlichsten Punkte des französischen Festlandes.

Wanderung: Vom Parkplatz aus gehen wir zur großen Plaza mit Boutiquen und Restaurants. Am Informationszentrum vorbei wandern wir weiter und passieren den **Aussichtsturm** auf der linken Seite. Dann treffen wir auf den **Küstenpfad** und halten uns rechts. Unter uns befindet sich der kleine, enge **Naturhafen von Port de Bestrée** ❶, der mit einer zusätzlichen Betonmole vor Stürmen geschützt ist.

Brandung an der Baie des Tréspassés.

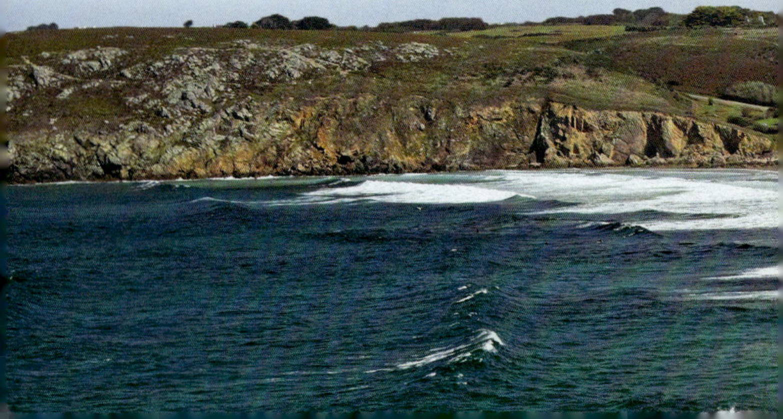

Wir folgen dem Weg oberhalb der Klippen auf der mit Heide bewachsenen Steilküste. Dabei ignorieren wir alle Abzweige auf Klippen oder auch nach rechts hoch zum betonierten Weg auf der Höhe. Wir treffen auf Beton und wenden uns vor einer **Statue** nach links zum Kap. Die Figur der **Notre-Dame des Naufragés**, der Mutter Gottes der Schiffbrüchigen, besteht aus Carrara-Marmor. Sie wurde in Anwesenheit von über 8000 Pilgern aus der ganzen Bretagne im Jahr 1904 eingeweiht.

Schroff und steil liegen die Klippen der **Pointe du Raz** ❷ vor uns. Mit ihren felsigen Ausläufern scheint sie sich weit ins Meer zu strecken. Zwei Leuchttürme schützen Schiffe vor den Klippen im Meer, rechts der Phare la Vieille, links der Phare la Plate. Dahinter ist die kleine **Île-de-Sein** zu sehen.

Die Île-de-Sein

Auf der nur neun Meter hohen Insel, die acht Kilometer vor der Pointe du Raz im Atlantik liegt, leben immerhin 224 Menschen. Zwischen der Pointe du Raz und der Insel befindet sich die gefährliche Durchfahrt Raz de Sein, eine wichtige Passage zwischen dem Atlantik und dem Ärmelkanal, denn westlich der Insel verhindern Felsbänke für fast 50 Kilometer eine Durchfahrt. In der Raz de Sein herrschen je nach Tidenstand Strömungen von bis zu sechs Knoten (11 km/h).

Die beiden Leuchttürme sichern zusammen mit einem weiteren vor der Pointe du Van die Durchfahrt. Unter schwierigen Bedingungen wurde der Leuchtturm Phare de la Vieille zwischen 1879 und 1887 fertiggestellt. Die kleine Insel, auf der er gebaut wurde, konnte nur an 30 Tagen im Jahr angefahren werden. Er war ständig mit zwei Wärtern besetzt, die manchmal wochenlang nicht abgelöst werden konnten, und wurde erst 1995 als vorletzter im Meer stehender Leuchtturm Frankreichs automatisiert.

In einem Rechtsbogen wandern wir auf dem breiten Steinweg weiter. Bei allen Verzweigungen halten wir uns links. Der Weg wird zum Pfad und ein Abstecher nach links führt zu **Felsen mit großartiger Sicht** über die Baie des Tréspassés zur Pointe du Van.

Unser Weg führt, mit Blick auf die Bucht und den weiten Strand an ihrem Ende, über ausgewaschene Steine abwärts. An zwei Verzweigungen halten wir uns links auf dem Küstenpfad und wan-

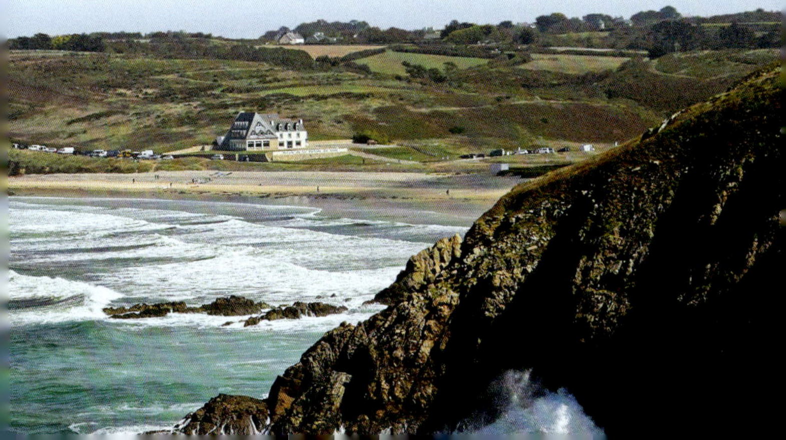

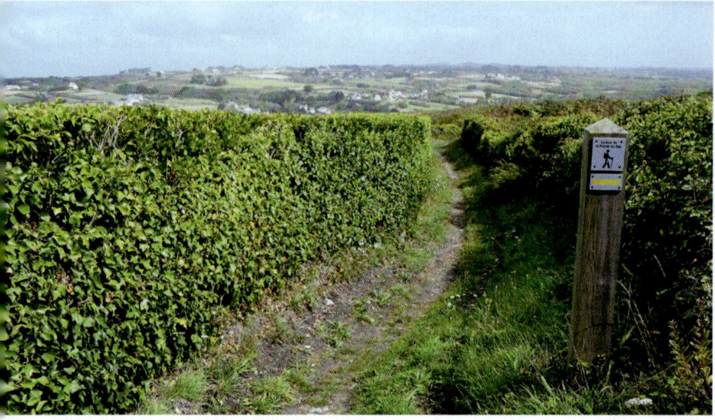

dern oberhalb der Steilküste um die **Bucht von Poulmontré** ❸, einen engen Einschnitt in den Klippen, herum. Dann geht es auf einem steinigen Pfad bergab.

Nach der Umrundung der nächsten Kuppe blicken wir auf die Steilklippen, die den Strand begrenzen. Hier tost das Wasser und spritzt meterhoch, auch ohne dass ein Sturm tobt. Vor uns liegt der letzte Anstieg auf diese Seite des Kaps, dabei sollten wir uns umdrehen und den Rückblick auf die faszinierenden Klippen genießen, die zwischen uns und der Pointe du Raz aus dem Meer ragen. An einer Verzweigung halten wir uns links und gehen steil und stufig-sandig hinunter Richtung **Strand** ❹. »**Baie des Trépassés**« bedeutet Bucht der Verstorbenen. Der Name könnte seinen Ursprung in dem keltischen Brauch haben, die hier verstorbenen Druiden zur Île de Sein zu bringen. Ursprünglich hieß die Bucht jedoch wahrscheinlich »Bae an Avon«, Bucht der Quelle, denn im Hinterland befinden sich Quellen und ein kleiner Süßwassersee, die für Seefahrer von großem Wert waren. Da sich die Bucht genau nach Westen öffnet, ist sie heute auch ein beliebter Surfspot.

Chapelle Saint-Michel

Die Kapelle wurde im 16. Jahrhundert erbaut, nachdem durch eine Pestepidemie ein großer Teil der Bewohner Kervarocs starben. Anfang des 19. Jahrhunderts wurde sie fast völlig abgerissen für militärische Baumaßnahmen. Bei Restaurierungen Ende des 19. Jahrhunderts wurden unter dem Steinboden der Kapelle Knochen gefunden, die zu den Toten der Epidemie gehören sollen.

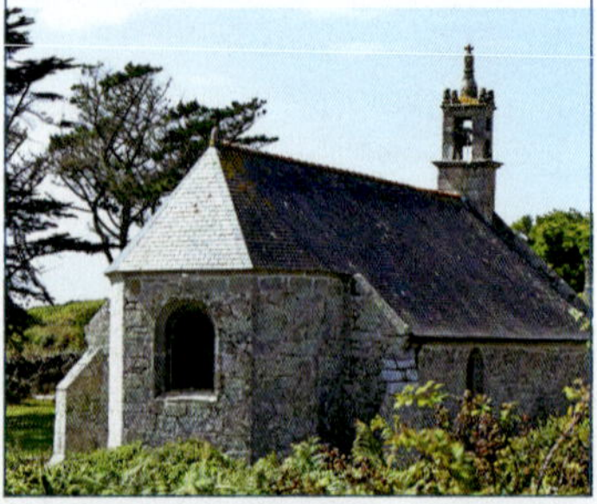

Fast unten angelangt, biegen wir bei **zwei Bunkern** nach rechts ab und folgen ab hier der gelben Markierung. Auf einem Wiesenweg geht es geradeaus und hinter einigen Büschen

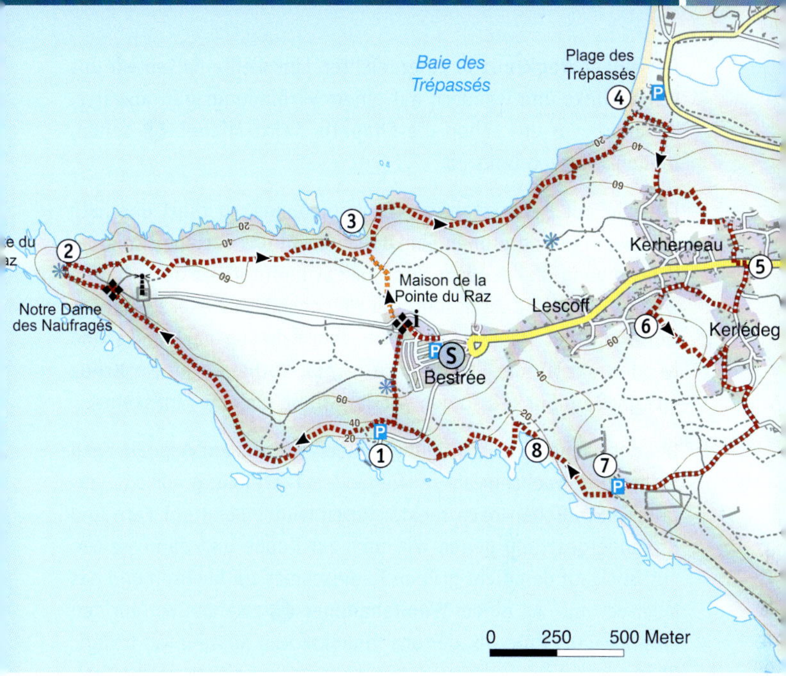

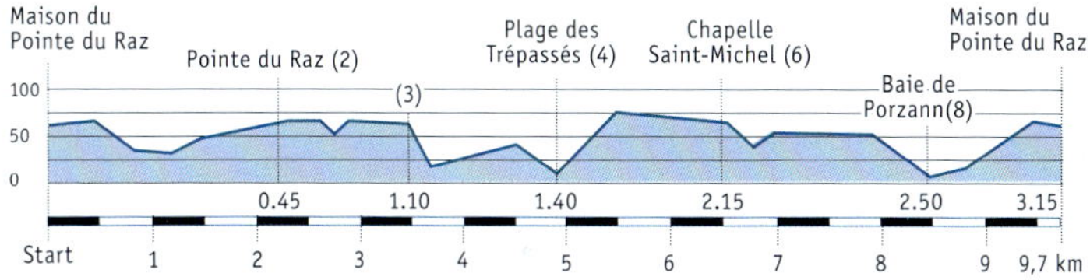

rechts hoch zum Fahrweg. Dort biegen wir rechts und sofort wieder links ab und steigen zu den Häusern von **Laoual** hinauf. Bei einem **Lavoir** mündet unser Weg in eine Straße, der wir durch den Ort aufwärts folgen. Wir biegen die erste Straße links ab, halten uns in der folgenden Verzweigung links und treffen auf einen **alten Verbindungspfad**, dem wir folgen.

An einigen Stellen geben die Hecken eine grandiose Sicht Richtung Pointe du Van frei. An einer Wegkreuzung halten wir uns schräg rechts und wandern zwischen Mauern nach **Kerherneau**. Wir treffen auf Asphalt, passieren einen schattigen Picknickplatz und erreichen die **D 784** ❺, die Zufahrt zur Pointe du Raz. Dort gehen wir nach links und biegen sofort in die nächste Straße nach rechts ein.

Bei der nächsten Straße nach rechts biegen wir erneut ab, sie wird nach wenigen Metern zum breiten Fußweg. Da wir die Kuppe der Landspitze gequert haben, schweift unser Blick jetzt nach Süden über das Meer. Wir treffen auf eine Straße am Rande von Lescoff, gehen geradeaus weiter und an der T-Kreuzung links.

Bei einem **Wegkreuz** in einer leichten Linkskehre halten wir uns schräg links und wandern auf einem Verbindungspfad abwärts. Wenn wir vor uns schon die **Chapelle Saint-Michel** 6 sehen, biegen wir nach links ab.

Der hier mit Beton stabilisierte Verbindungsweg führt oberhalb der feuchten und grünen Senke rechts von uns entlang. An einer Verzweigung, bei der es rechts zum Lavoir unterhalb geht, halten wir uns links. In Kehren führt der Weg hoch zum Weiler **Kerlédeg**. Unterhalb der Häuser folgen wir dem Fahrweg nach links und wenden uns an der Straße nach rechts. Vorbei an einem **Kreuz auf großem Sockel**, folgen wir der Straße um eine Linkskehre.

Bei der nächsten Verzweigung wenden wir uns auf Asphalt nach rechts und wechseln an der folgenden **T-Kreuzung** auf das verfallene Sträßchen nach rechts. Durch wildes Land mit Farn und Brombeergestrüpp gehen wir hoch zur Kuppe und dann weiter, mit Blick auf den dicht grünen Taleinschnitt zur Rechten und das Meer vor uns. An einem **Wendehammer** 7 zweigen wir auf den Fußweg nach links ab, der uns hinunter zum Küstenpfad bringt. Oberhalb grandios zerklüfteter Klippen folgen wir diesem nach rechts.

Der Pfad führt uns hinunter zur wunderschönen kleinen **Bucht von Porzann** 8, die mit großen Steinen gefüllt ist und zwei Süßwasserzuläufe hat.

Wir umrunden sie und wandern auf der anderen Seite aufwärts zu einem **Felsplateau mit großartiger Weitsicht**. Wir laufen an wild zerfurchten und unterspülten Felsen und einem riesigen **Steinbogen** vorbei und kommen zu einem weiteren Felsplateau. Von hier aus ist die Zufahrtsstraße zum kleinen Hafenbecken Port de Bestrée zu sehen. Wir queren sie geradeaus und wenden uns dann nach gut 100 Metern rechts hoch zu Aussichtsturm und Plaza.

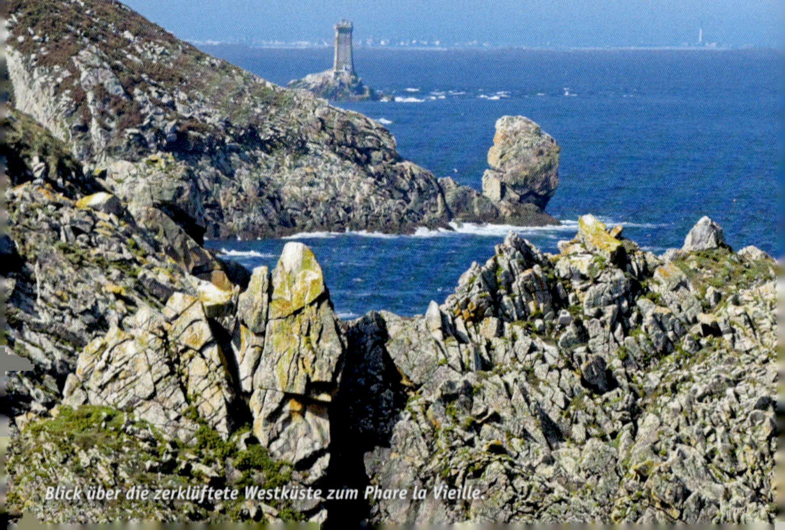

Blick über die zerklüftete Westküste zum Phare la Vieille.

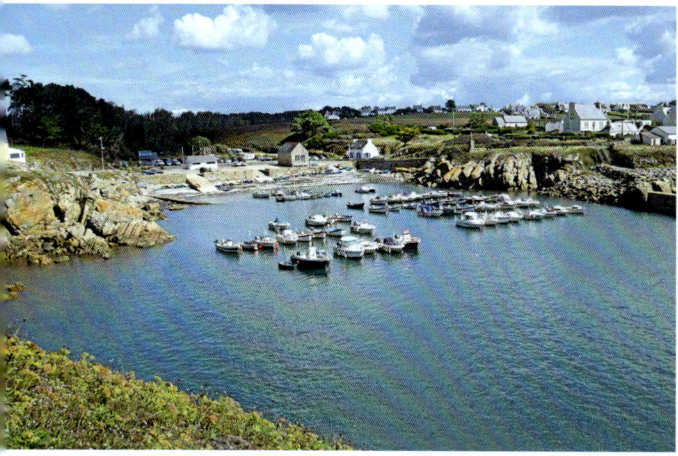

120 m

STRECKE 8,3 km

2 h 30

ab 8

Pors Poulhan

26

Entdeckungen an der Bucht von Audierne

Vom liebenswerten Mini-Hafen von Pors Poulhan begeben wir uns auf Entdeckungstour: wir erkunden eine alte Mühle, eine wildromantische Quelle, Dolmen und altsteinzeitliche Gräber. Dazwischen genießen wir den weiten Blick über die Bucht von Audierne, kommen zu einem besonders schönen Strand und wandern an der felsigen Küste zurück. Auf dieser Tour abseits der üblichen Touristenpfade gibt es viele Höhepunkte und auch viele schöne, stille Plätze zum Rasten.

TOUREN-STECKBRIEF

Anfahrt: Zwischen Audierne und Quimper im Dorf Plouhinec von der D784 nach Pors Poulhan abbiegen (kleines Schild, groß ist die »Moulin de Tréouzien« beschildert). Der Straße folgen bis zum Parkplatz im Hafen von Poulhan bei **GPS N 47°59′10.9″, W 4°27′44.2″.**

Moulin de Tréouzien: Geöffnet Mai bis September Do bis So 10–12 und 14–18 Uhr, Brotverkauf am WE. Eintritt frei.

Centre d'Interprétation Menez Dregan: Infos zu den archäologischen Funden, Juli und August Mo bis So 10.30–12.30 und 14–18 (außer Di vormittag), sonst über das Office du Tourisme de Plouhinec. Tel. 0033 (0)2 98 70 74 55, Eintritt frei.

Anspruch und Charakter: Meist gute Pfade. Ein Kilometer auf Asphalt.

Markierung: Bis hinter Kerdréal gelb, entlang der Küste weiß-rot markiert.

Einkehr: Bar les Côtiers am Hafen von Pors Poulhan sowie der sehr beliebte Crèpes-Wagen gegenüber (letzterer ab Mai an Wochenenden, in den Ferien Juli bis Mitte September täglich).

Mit Kindern: Der Pfad, der beim Lavoir unterhalb der Kapelle Saint-They ❸ nach links abzweigt, führt durch das Tal hinunter zum Strand ❼.

Strecke: 4,3 km, mit Abstecher zum Lavoir/Quellbecken ❹ sind es 5,3 km.

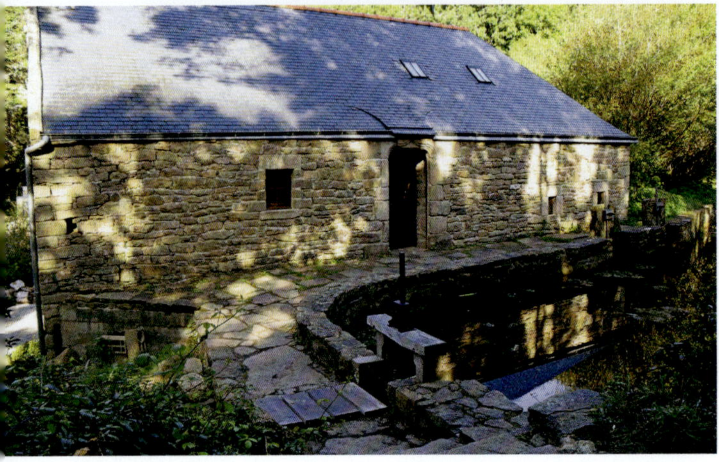

Moulin de Tréouzien

Die schön restaurierte Mühle wurde bereits vor der Französischen Revolution gebaut. 1812 kaufte sie Joseph Donners, der das Gebäude erweiterte. Unter anderem baute er den ungewöhnlichen Taubenschlag im ersten Stock, der an den vielen Einflugöffnungen erkennbar ist. Die Mühle wurde bis zum Zweiten Weltkrieg als Familienbetrieb bewirtschaftet und verfiel dann. Ab 2013 wurde sie renoviert und ist jetzt für Besucher geöffnet. Im Erdgeschoss sind der alte Wohn-Küchenraum mit großer Feuerstelle und Brotbackofen zu erkennen sowie die beiden Wasserschächte für den Betrieb des Mühlrades. Im Obergeschoss befanden sich die Schlafräume, in denen zwei Schrankbetten ausgestellt sind. Hier schliefen die Menschen in halbsitzender Position. Der kleine Stausee hinter der Mühle diente der Wasserversorgung.

Wanderung: Auf dem ersten Teil unserer Tour folgen wir den gelben Markierungen. Sie führen uns hinter dem Toilettenhäuschen auf einen breiten Weg, der im Tal aufwärts in Richtung »**Moulin de Tréouzien**« führt. Vorbei an sumpfigem Schilfbestand, einem Trimm-Dich-Pfad und hohen Pappeln gehen wir bis zur **Mühle** ❶.

Von der Mühle wandern wir weiter talaufwärts, bis gegenüber eines Gehöfts und vor einem kleinen Ziegenstall ein Fußpfad nach links zur **Moulin de Vent** abzweigt. Er bringt uns zur Ruine einer **Windmühle** ❷, die an prominenter Stelle mit weiter Sicht über die Bucht von Audierne stand.

Auf der Meerseite der Mühle führt ein breiter Weg nach rechts zwischen Büschen hindurch. Dann biegen wir nach rechts ab und kommen zur Straße. Hier wenden wir uns links und an der T-Kreuzung nach rechts. Hinter den ersten **Häusern von Kerruc** geht es links in die nächste Straße und, mit Blick auf die Meeresbucht, leicht abwärts durch Felder. Wir durchqueren die **Siedlung Kergoz** und laufen dann geradeaus auf einem Feldweg weiter. Zwischen Farn und Brombeeren führt er uns in ein mit vielen Pappeln bestandenes Tal. Am Lavoir halten wir uns ebenfalls geradeaus und steigen hinauf zur **Kapelle Saint-They** ❸, deren Ursprünge aus dem 16. Jahrhundert stammen.

Dann folgen wir dem Fahrweg zwischen Büschen und durch den Wald weiter bergauf bis zu einer Linkskehre. Hier machen wir einen etwas abenteuerlichen Abstecher nach rechts, der nach viel Regen zu matschig ist: Ein Pfad führt rechts hinunter ins Tal, um uns herum ist alles moosig und feucht. Auf Holzstämmen werden matschige Stellen und kleine Wasserläufe gequert, dann erreichen wir ein **altes Quellbecken** und ein **Lavoir** ❹, die sich wie verwunschen mitten im Wald verbergen. Vorsicht, beim Lavoir ist der Boden sehr nass und man sinkt tief ein! Auf gleichem Weg gehen wir zurück und biegen am Fahrweg rechts ab.

Highlights

Lange Strände und viele historische Fundstätten machen die idyllische Küste um das noch recht unbekannte Dorf Pors Poulhan zu einem besonderen Kleinod.

An der nächsten **T-Kreuzung** halten wir uns rechts und biegen dann links auf den Feldweg vor einer großen Hofanlage ab. Diesem folgen wir um eine Linkskehre auf das Meer zu. Dann geht es rechts auf dem breiten Schotterweg bis zur Straße, der wir nach rechts folgen. In der Rechtskehre hinter den Häusern von **Kerdréal** ❺ wenden wir uns auf den Fahrweg nach links. Wir folgen ihm nach rechts, ignorieren dabei einen Pfad von links und wählen an der nächsten Verzweigung den Weg nach links. **Wir verlassen dabei den gelb markierten Weg**.

Durch hohes Gestrüpp aus Farn, Efeu und Brombeeren laufen wir auf den Strand **Plage de Mesperleuc** ❻ zu und treffen oberhalb auf den Küstenweg. Dort biegen wir scharf links ab und folgen der weiß-roten Markierung nach Südosten. An einzelnen Stellen sind die niedrigen Klippen hier bis zum Weg weggebrochen.

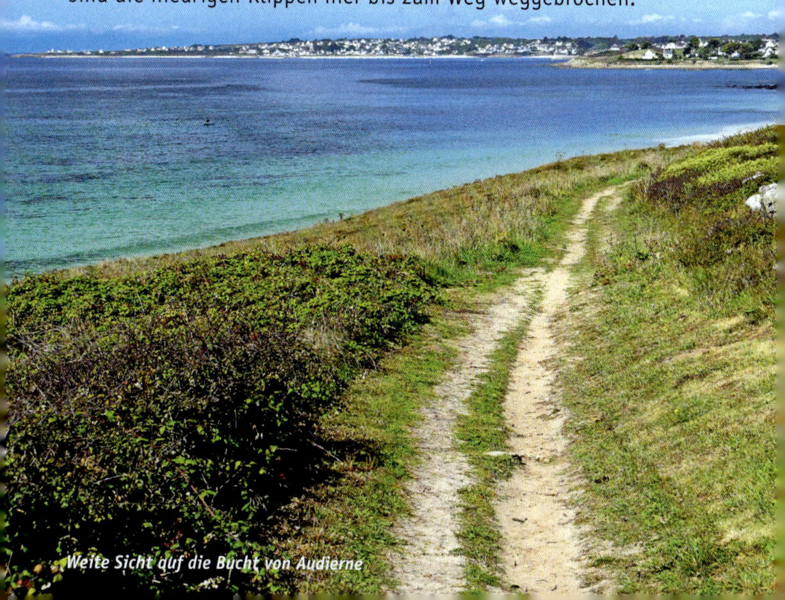

Weite Sicht auf die Bucht von Audierne

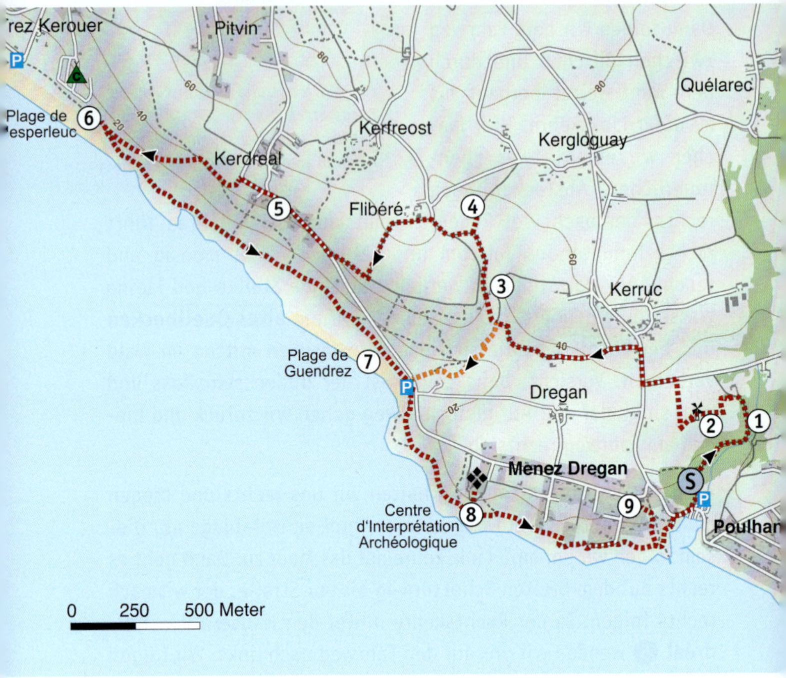

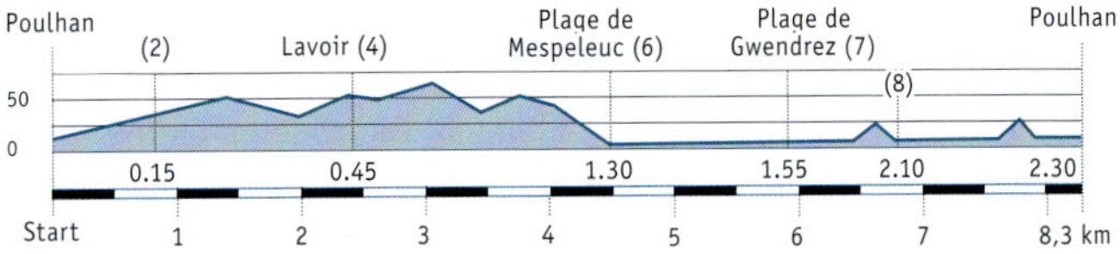

Neben uns verstecken sich viele kleine Buchten aus Felsen, Sand und Kies und das Meer wartet mit allen Farben zwischen tiefblau und helltürkis auf. Schmale Pfade führen hinunter und laden zu einer Rast ein. Entlang der Küste wandern wir zur **Plage de Guendrez 7**.

> **Le Four à Goémon – der Tangofen**
> Es handelt sich dabei um Tangöfen. Diese wurden in der Bretagne vom 16. bis Anfang des 19. Jahrhunderts genutzt. In Steingräben, die in einzelne Abschnitte unterteilt waren, wurde zuerst ein Bett aus Ästen entzündet. Dann hat man getrocknete und gepresste Algen darauf gelegt und verkohlt. So erzeugte man sogenannte Sodabrote. Soda wurde in großen Mengen in der Glasherstellung verwendet, was zur Entwicklung einer beachtlichen Seetang-Fischerei führte. Auch Jod konnte so gewonnen werden. Die Einfuhr chilenischen Sodas machte die Tangöfen dann überflüssig. Heute wird die Substanz chemisch hergestellt.

Schon am Beginn der Dünen ist ein erster **Four à Goémon** zu erkennen, in den Dünen ist ein zweiter beschildert. Oberhalb des Strandes wandern wir in den Dünen direkt daran vorbei. Dann kommen wir zur Wasserwacht und überqueren den Parkplatz. Dahinter geht es zwischen Mauer und Bunker rechts hinauf. Jetzt laufen wir oberhalb eines sehr felsigen Küstenabschnittes entlang. An einer umzäunten felsigen Kuppe erreichen wir die **Grotte de Ménéz Dregan** ❽.

Links oberhalb befindet sich das Gebäude des »**Centre d'Interprétation de Ménez Drégan**«. Von der Grotte führt ein Pfad nach links auf das frei zugängliche Gelände, auf dem sich die jungsteinzeitliche **Nekropole Pointe du Souc'h** befindet. Ab jetzt sind wir auf einem archäologischen Lehrpfad unterwegs, dessen Informationstafeln aber nur mit Französischkenntnissen hilfreich sind.

Die Grotte von Ménéz Dregan

Die Grotte direkt unterhalb der Kuppe wurde 1985 entdeckt und seitdem fanden hier systematisch Ausgrabungen statt. Sie war in der Altsteinzeit zwischen 500.000 und 300.000 vor unserer Zeitrechnung in sechs verschiedenen Perioden bewohnt. Es wurden sechs Feuerstellen freigelegt, die teilweise mit Steinblöcken, Kieseln und Felsplatten begrenzt waren und erste hausähnliche Strukturen bildeten. Neben Holzkohle wurden Knochen, Feuersteine und weitere Relikte entdeckt, die Hinweise darauf geben, dass die frühen Menschen große Säugetiere jagten und aßen.

Zurück auf dem **Uferweg** wandern wir weiter zwischen den ersten Häusern und dem Meer hindurch. Bei einem alleine stehenden weißen Tor führt der Weg nach rechts. Vorbei an einem weiteren Tangofen erreichen wir einen Aussichtspunkt mit Bank über dem Meer. Hier führt ein Pfad nach links ins Freigelände hinter dem letzten Grundstück und in einer Linkskehre auf die **Allée couverte de Porz Poul'han** ❾ zu. Der lange Gangdolmen stammt aus der späten Jungsteinzeit (3300 bis 2800 v. Chr.). Sechzehn Tragsteine stützen zwei große Decksteine über einem gepflasterten Innenraum. Auch in der Bronzezeit und zu gallo-römischer Zeit wurde er für Bestattungen genutzt. Nach massiven Zerstörungen im Zweiten Weltkrieg wurde er 1989 restauriert. Vom Dolmen gehen wir zurück zum Aussichtspunkt und nach links zur Bucht von Pors Poulhan.

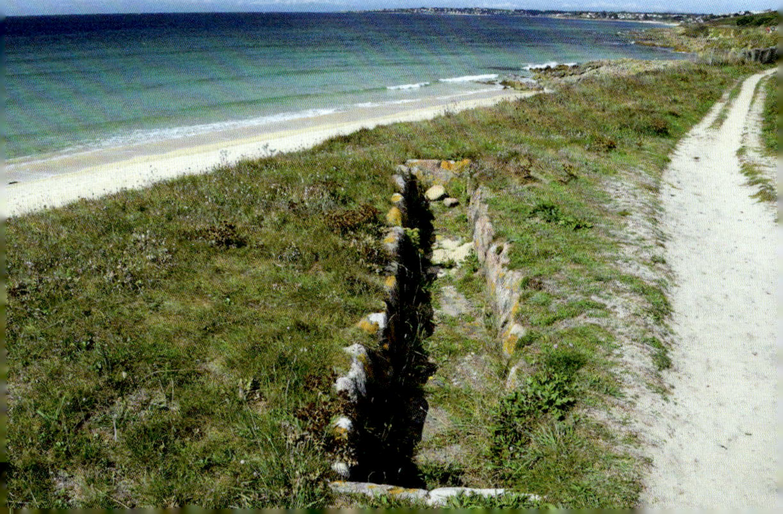

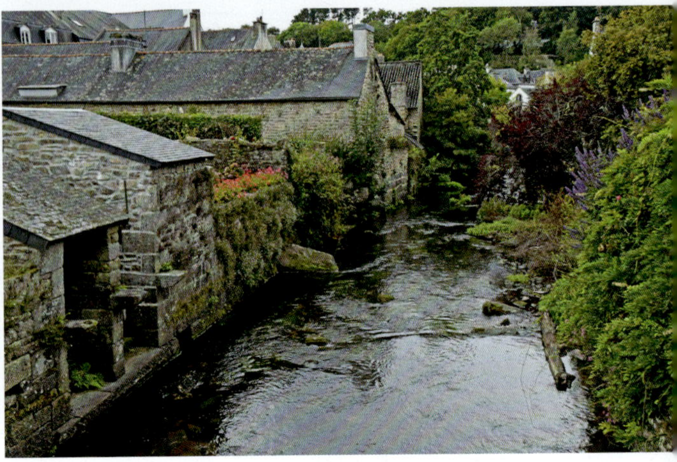

130 m

STRECKE

7,7 km

2 h 30

ab 8

27 Pont Aven

In die Täler rund um die Künstlerstadt

Auf unserer Wanderung entdecken wir den beliebten Künstlerort Pont-Aven auch abseits der üblichen Touristenwege. Während der Weg entlang des Flüsschens Aven im Bois d'Armour als Lieblingsort der Kunstschaffenden der École de Pont-Aven gilt und relativ viele Menschen anzieht, ist es im romantischen Tal des Penanroz meist einsam. Hier treffen wir auf die verwilderte Ruine des Château de Rustéphan. Zwischendurch schlendern wir natürlich auch durch die Gassen des beliebten Künstlerdorfes Pont-Aven mit seinen Cafés, Restaurants und Galerien.

TOUREN-STECKBRIEF

Anfahrt: Von der N 165 folgen wir zwischen Quimper und Quimperle der Beschilderung nach Pont-Aven. Am Ortseingang geht es beim Intermarché scharf rechts auf den Parkplatz »Pontic Malo« bei **GPS N 47°51'30.0", W 3°45'13.1"**. Wohnmobile dürfen hier bis zu 24 Stunden stehen.

Kapelle von Trémalo: Ganzjährig geöffnet 10–17 Uhr, Juli und August bis 18 Uhr.

Markierung: Bis Pont-Aven gelb markiert. (Circuit de Vallée de Penanroz)

Anspruch und Charakter: Gute Wege und viel Schatten. 3,4 Kilometer auf Asphalt.

An der Strecke: Dicht bewachsene Täler, Schlossruine, Künstlerstadt Pont-Aven.

Einkehr: Restaurants in Pont-Aven.

Mit Kindern: Eine klassische Runde durch Pont-Aven führt vom Parkplatzende einen Fußweg links hoch zur D 783. Diese überqueren wir und gehen auf der Rue des Fleurs zur nächsten Kreuzung. Dort biegen wir links ab und laufen am kostenpflichtigem Parkplatz am Friedhof vorbei in die Stadt. An der Brücke halten wir uns rechts und folgen dem Weg bis zur Brücke an der Mühle ❹. Ab dort geht es weiter wie beschrieben, ohne den Abstecher zur Kapelle ❻.

Strecke: 4 km

Wanderung: Auf der Zufahrtstraße zum Parkplatz wenden wir uns nach links, wandern auf dem Fußweg neben der Straße leicht bergauf und entfernen uns vom Ort. Bei der ersten Verzweigung nach links gehen wir über eine **Brücke** und in den Wald. Wir halten uns rechts, queren den Bach erneut und gehen links neben einem **MTB-Parcours** ❶ entlang. Vor einem Haus wenden wir uns nach rechts und bei der Zufahrt zum Parcours nach links.

Highlights

1886 entdeckte der Maler Paul Gauguin seine Liebe zum kleinen Dorf Pont-Aven in der Bretagne. Hier begann er seinen einzigartigen Stil zu entwickeln, der später die moderne Kunst beeinflussen sollte. Wir erkunden nicht nur das Dorf mit Cafés und Galerien, sondern auch die malerische Umgebung, die den Künstler zu seinen Bildern inspirierte.

Bei der nächsten Verzweigung gehen wir links und wandern jetzt am waldigen Talrand entlang vorbei an Felsen und knorrigen Bäumen. Rechts von uns auf der Wiese warten **Trimm-Dich-Geräte** auf Sportler. Kurz vor der Straße gehen wir nach rechts über eine **Brücke** und dann schräg links über die Wiese hoch zu einer Kreuzung, an der ein Stromkasten steht. Hier halten wir uns links und folgen dabei dem Schild »D 783 à 500 m«.

Durch schattigen Wald erreichen wir einen asphaltierten Abzweig nach rechts. Er führt uns nach Rustéphan. Kurz vor den Häusern

Château de Rustéphan

Das Schloss wurde 1480 von Jean du Fou, dem Kammerherrn und Mundschenk Ludwigs XI. erbaut. Bereits im 18. Jahrhundert war es verfallen und wurde in der Folge vor allem als Steinbruch genutzt. Schaut man auf alte Bilder, handelte es sich bei dem Turm mit geschmücktem Portal um einen mittig stehenden Hauptturm, von dem sich das Herrenhaus zu beiden Seiten erstreckte. Die linke Außenmauer ist ebenfalls noch erhalten. Der Aufbau der Ruine ist besonders gut zu überblicken, wenn wir kurz vor den Häusern von Rustéphan stehen.

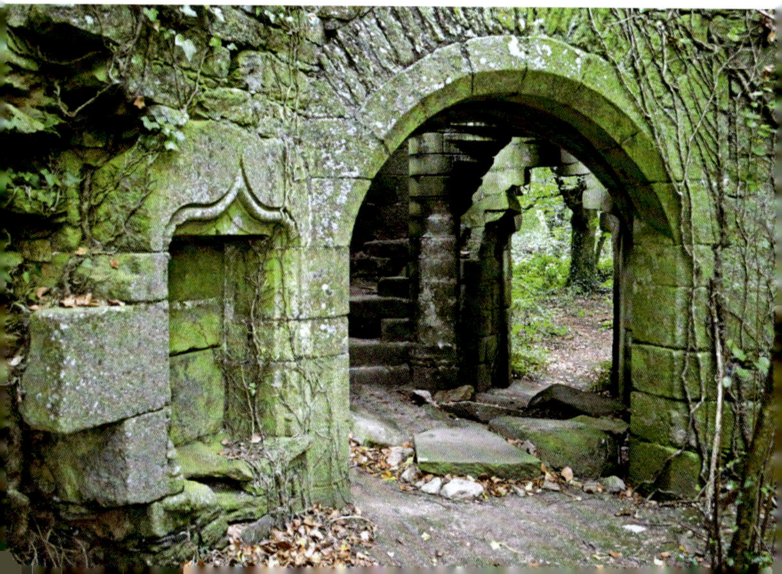

biegen wir in einen Forstweg nach links ab. Nach wenigen Metern ist die **Ruine** ❷ rechts im Wald zu sehen. Ein guter Pfad führt dorthin, allerdings ist er aus Sicherheitsgründen mit Bauzäunen abgesperrt. Wer sich der Ruine trotzdem über den seitlich vorbei führenden Pfad nähert, erkennt auch den Grund. Wie im Dornröschenschlaf versunken, ragen zwei mehrstöckige Türme mit Mauerresten aus dichtem Grün hervor. Die Ruine ist über und über von Efeu bewachsen und wild romantisch, wie eine Erscheinung aus alter Zeit, aber leider auch schwer einsturzgefährdet.

Wir gehen auf der Stichstraße zurück, queren die Verbindungsstraße und wandern geradeaus in den Wald. Wir folgen dem von knorrigen Bäumen gesäumten Weg um eine **Rechts-Links-Kehre** in der Senke des Baches. Dann leitet uns der Weg geradeaus zur **D 783** ❸. Wir gehen nach links, überqueren die Straße an der nächsten Kreuzung und wandern in den **Chemin de Lesdomini**, einen Feldweg hinter der Bushaltestelle.

Einige alte Bäume spenden Schatten, dann treffen wir auf ein Sträßchen, gehen geradeaus weiter und überqueren eine Vorfahrtstraße. Unter Maronen und Zypressen folgen wir dem leicht rechts versetzt weiterführenden Fahrweg. Hinter den letzten Häusern von **Lesdomini** geht es dann links. Immer im Schatten

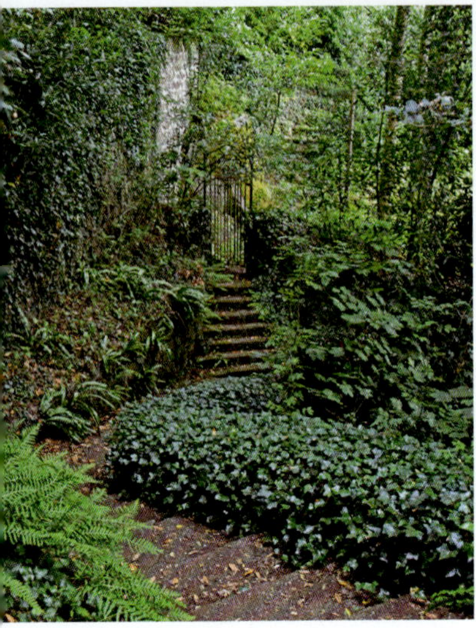

Die Künstlerkolonie in Pont-Aven

Vom 17. bis zum 19. Jahrhundert lebte Pont-Aven von seinen 15 Mühlen. Um sie zu betreiben, wurde der Aven an mehreren Stellen aufgestaut. Günstig war auch die Lage an einem Naturhafen durch das lange Mündungsdelta des Aven.

Ende des 19. Jahrhunderts entstand hier eine Künstlerkolonie, die sich für den Ort mit seinen Mühlen, den pittoresken Häuschen, den Felsen im Flussbett und dem Farbenspiel im Wald begeisterten. Ab 1886 entwickelte der Impressionist Paul Gauguin in Zusammenarbeit mit anderen Malern die »École de Pont-Aven«, eine Bewegung, die als Basis der modernen Malerei gilt. Auch heute noch wird Kunst in Pont-Aven großgeschrieben. Es gibt eine Kunstschule, ein städtisches Kunstatelier, ein Kunstmuseum und viele private Ausstellungen. Der Ort ist eines der bekanntesten Ausflugsziele der Bretagne.

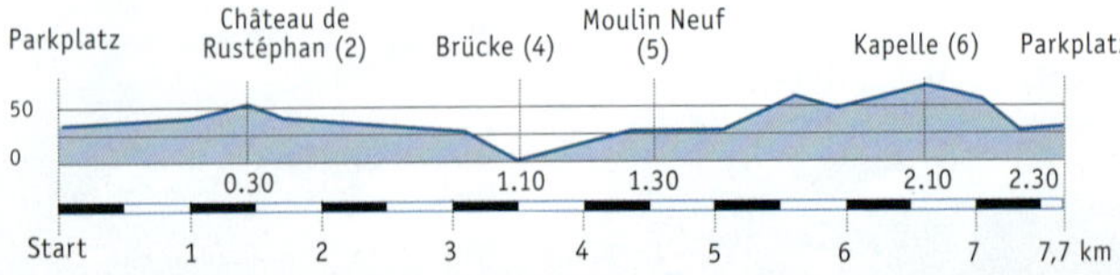

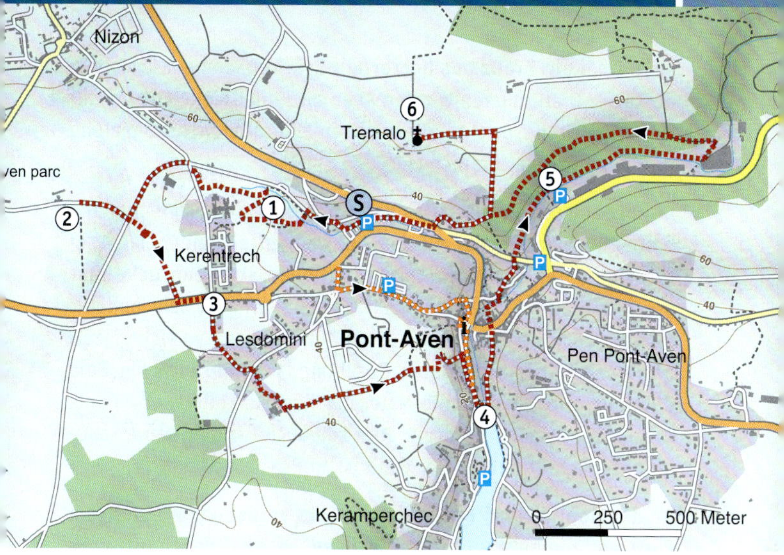

alter Bäume wandern wir geradeaus, überqueren eine weitere Straße und halten uns bei der folgenden **Kreuzung** geradeaus. Wir folgen dem Wiesenweg entlang einer Grundstücksmauer. Am Ende des Grundstückes geht es nach links, über Stufen in eine romantische Senke hinunter und dann rechts zur Straße. Wir biegen rechts ab und überqueren hinter der **»Moulin du Grand Poulguin«** die **Brücke über den Aven** ❹. Von der Brücke aus können wir das felsige Bachbett und die ehemalige Mühle besonders gut sehen.

Bei Niedrigwasser sieht man auf der linken Seite des Hafens einen großen Felsen in Form eines Schuhs. Er trägt den Namen **»Le Sabot de Gargantua«** – der Huf des (Riesen) Gargantua.

Hinter der Brücke halten wir uns links und kommen im Ortszentrum zur **Place de l'Hôtel de Ville** mit Restaurants und Cafés. Ein Abstecher nach links bringt uns zur zentralen Brücke am malerischen Aven. Wir wenden uns von der Place de l'Hôtel de Ville nach rechts und biegen nach etwa 100 Metern links in ein schmales Gässchen ab, in dem mehrere Restaurants ausgeschildert

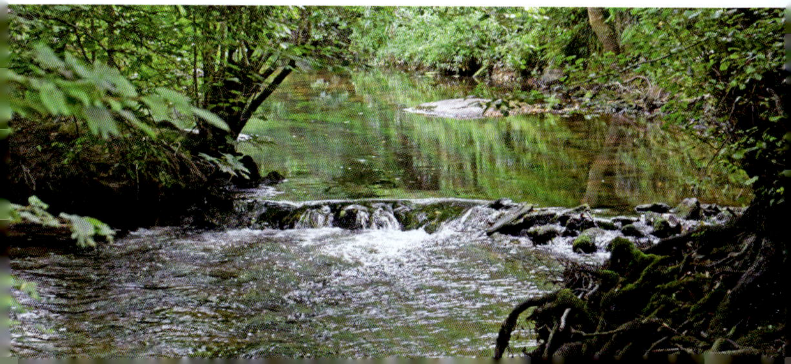

sind. Über ein **Kreuz aus hölzernen Brücken**, Teil der Promenade Xavier Grall, queren wir den Aven an seiner vielleicht romantischsten Stelle direkt unterhalb einer größeren Ansammlung rundgeschliffener Granitfelsen.

Auf der anderen Bachseite folgen wir der Straße nach rechts und halten uns dann rechts auf dem Fußweg entlang einer Mauer. Er führt hinunter zum **Aven**, unter der hohen **Straßenbrücke** hindurch und aus dem Ort heraus. Der breite Weg ist sehr beliebt, rechts strömt der Aven träge dahin, links verstecken sich einzelne Felsen in der bewaldeten Böschung. Wir sind jetzt im **Bois d'Amour**. Hier suchten die Maler der Künstlerkolonie von Pont-Aven Inspiration und Motive. Hier soll auch Gauguin seine Schüler unterrichtet haben. Der Wald ist in Privatbesitz.

An der **Moulin Neuf** ❺ gehen wir links vorbei und wandern am Fluss entlang bis zur nächsten **Brücke**. Hier halten wir uns links und gehen sofort wieder links in den Wald. Kurz geht es in Kehren steil aufwärts, dann ignorieren wir einen Rechtsabzweig und wandern immer knapp unterhalb der Waldgrenze durch den schönen Mischwald. Hinter einer Picknickbank treffen wir auf eine **Straße**. Hier wenden wir uns nach rechts, dann an der **T-Kreuzung** links und wandern durch eine Allee mit großen alten Bäumen zur **Kapelle von Trémalo** ❻. Sie wurde 1532 gebaut und ist heute in Privatbesitz. Die vielfarbige Christus-Statue inspirierte Gauguin zu seinem »Gelben Christus«.

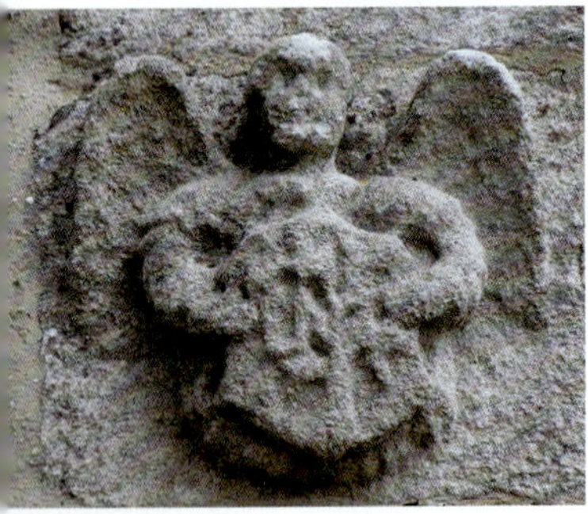

An der Kapelle von Trémalo.

Von der Kapelle wandern wir auf dem gleichem Weg zurück und dann rechts hinunter zur Hauptstraße. Diese überqueren wir und gehen zurück zum Parkplatz.

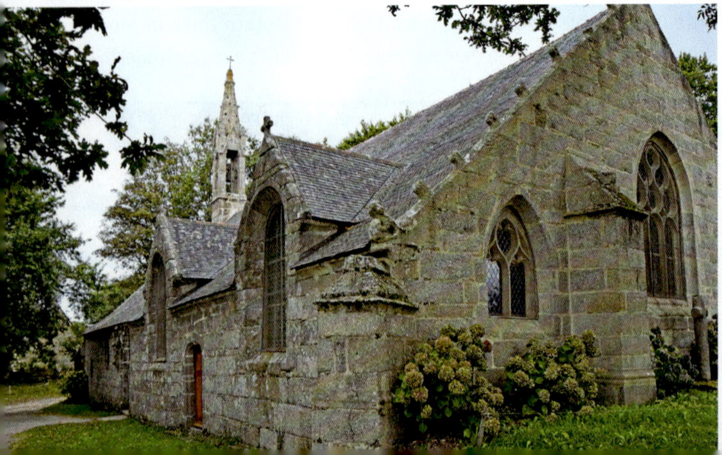

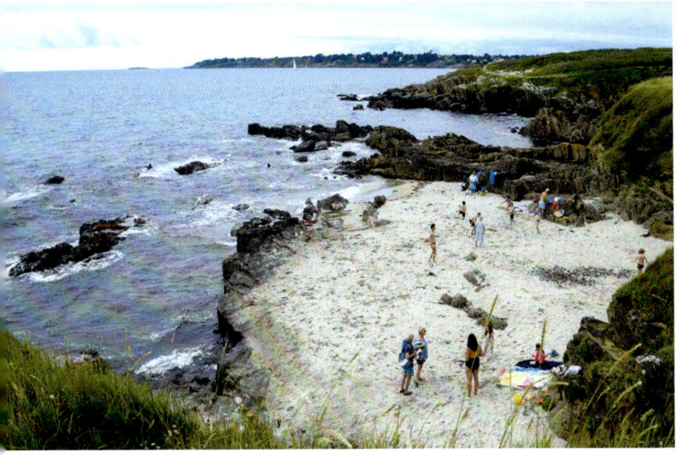

150 m

STRECKE 12,9 km

4 h

ab 12

Die Buchten des Bélon

28

Wasser und Wälder an der Flussmündung

In dieser weniger bekannten Ecke der Bretagne erforschen wir die gut versteckten Sandstrände und stillen Buchten am Ufer des Bélon. Zuerst wandern wir durch Küstenheide, später tauchen wir in den Schatten dichter Wälder ein. Unterwegs gibt es viel zu entdecken: die Allée couverte de Kermeur Bihan, mehrere Bootswracks, eine Ruine oder einfach unseren persönlichen Lieblingsplatz auf Sand oder Felsen am Wasser.

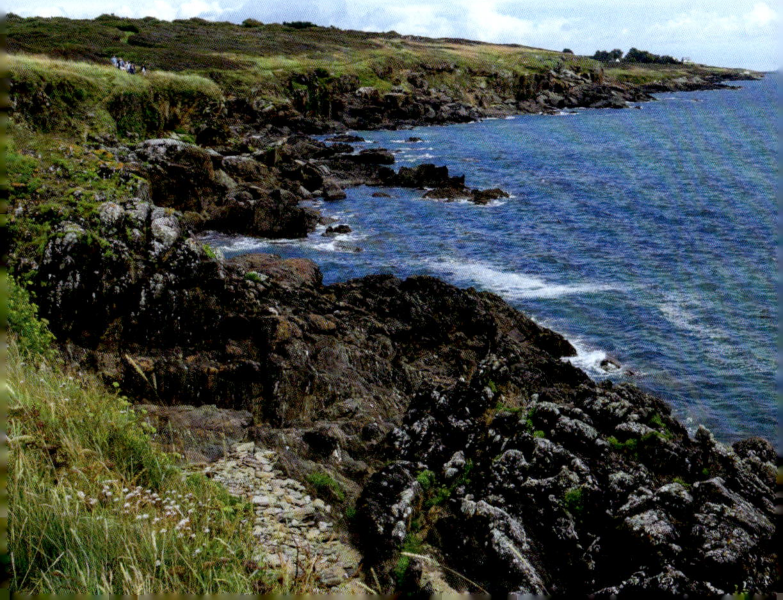

Highlights

Dolmen, Menhire und die Geschichten von Druiden – sie sind untrennbar mit der Bretagne verbunden und Teil ihrer keltisch geprägten Vergangenheit. Der große Dolmen von Kermeur Bihan, den wir auf dieser Tour entdecken, gehört zu den weniger bekannten Bauwerken.

Wanderung: Wir starten entlang der Straße zur linken Seite der Bucht und wandern direkt an der Terrasse des Restaurants »L'Auberge de la Mer« entlang. Jetzt befinden wir uns schon auf dem **weiß-rot markierten Küstenweg**. Er führt uns durch Heideland, das rechts in schroffen Felsen ins Meer abfällt. Zwischen den Felsen versteckt sich der kleine Strand **Plage Grise**. Es folgen weitere Klippen, dann umrunden wir die etwas größere Bucht **Prat Hervet** ❶ mit ihren kleinen, felsgerahmten Stränden. Wir wanden vorbei an der **Kiesbucht von Poersguen**, der Steinplattenreihe eines Tangofens zur Jodgewinnung, einem Four à Goémon und einer weiteren kleinen Kiesbucht. Mit der **Plage de Trenez** ❷ erreichen wir einen größeren Sandstrand. Auf der vorgelagerten Île de Percée befindet sich eine große Bunkeranlage, die bei Ebbe zu Fuß erreichbar ist.

Auf der Straße spazieren wir oberhalb des Strandes entlang. Am Eingang zum **Camping de l'Île de Percée** laufen wir schräg links hoch in Richtung »Entrée 2«. An der nächsten Verzweigung biegen wir rechts und direkt vor der Schranke noch einmal rechts ab auf den weiß-rot markierten Pfad zwischen Hecken. Bald ist der Blick aufs Meer wieder frei und oberhalb schroffer Felsen erreichen wir die tief eingeschnittene Bucht **Poulguen Per** ❸. Wir folgen dem Weg geradeaus und ignorieren zwei Linksabzweige.

TOUREN-STECKBRIEF

Anfahrt: Von Quimperlé fahren wir auf der D 116 nach Moëlan-sur-Mer und weiter nach Kergroës/Kerfany-Plage. In Kerfany-Plage führt die D 116 oberhalb des Strandes um eine scharfe Rechtskurve. Der Parkplatz liegt danach auf der linken Seite bei **GPS N 47°48'08.1", W 3°43'08.2"**.

Anspruch und Charakter: Am Ufer des Bélon überwiegend schattig, im Inland teilweise und an der Küste ohne Schatten. 1,4 Kilometer auf Asphalt. Badesachen nicht vergessen!

Markierung: Weiß-rot entlang Bélon und Küste, teilweise gelb im Inland.

Einkehr: Restaurant L'Auberge de la Mar am Start/Ziel, Tapasbar Le Bar des Îles an der Plage de Trenez in einem roten Bus, im Sommer dort auch Crêperie.

Mit Kindern: Mit Kindern können wir von der Plage de Trenez (beim Campingplatz) zu den Stränden bei Prat Hervet ❶ laufen (2,3 Kilometer hin und zurück). Bei Ebbe können wir außerdem den Bunker auf der Île Percee erkunden, wozu wir ein Stück auf schrägen Felsen klettern müssen, Parkplatz bei **GPS N 47°47'20.7", W 3°42'12.2"**.

Alternativ ist vom Port du Bélon ❾ die Allée Couverte de Kermeur Bihan ❽ gut erreichbar. Dazu vom Hafen auf der Straße nach links gehen und zwischen dem 2. und 3. Haus auf der linken Seite (weiß-rot markiert) links runter (4 Kilometer hin und zurück). Parkplatz bei **GPS N 47°48'44.6", W 3°42'14.8"**.

Start am kleinen Parkplatz (max. zwei PKW) bei der Chapelle de Lanriot verkürzt die Strecke auf drei Kilometer, **GPS N 47°48'32.2", W 3°42'07.9"**.

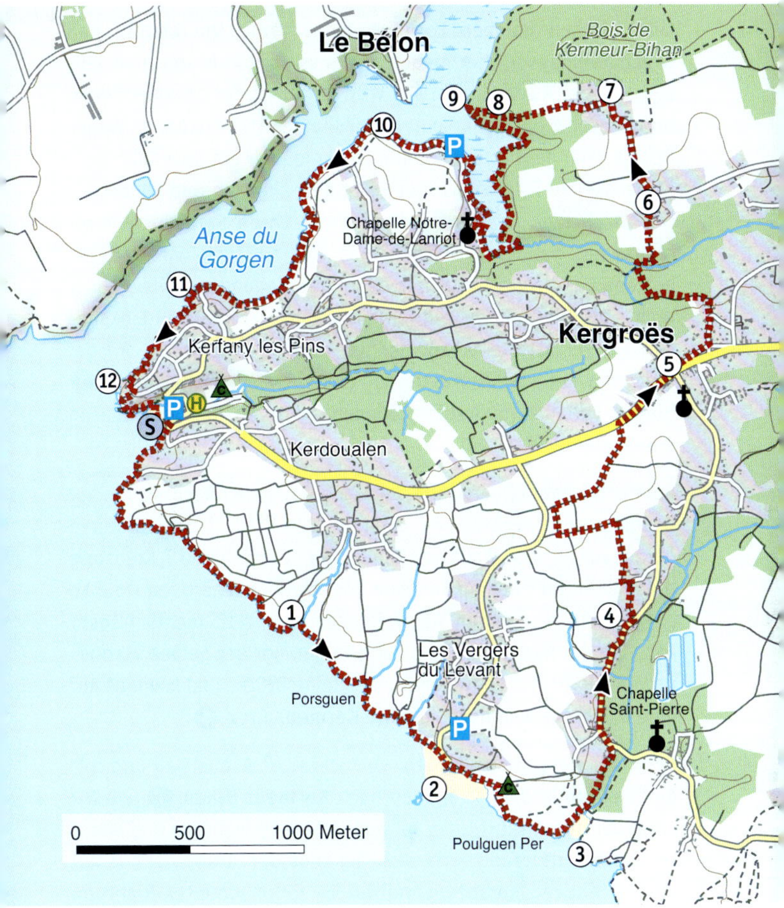

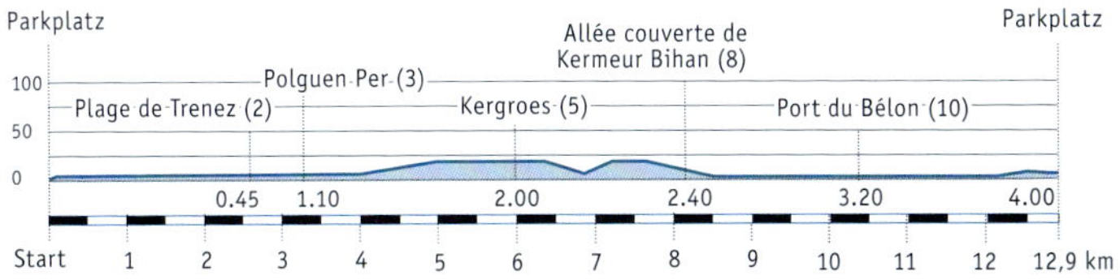

An einer kleinen **Brücke**, die nach rechts zum veralgten Strand führt, gehen wir geradeaus weiter und verlassen den Zöllnerpfad.

Durch dichteren Bewuchs kommen wir zur Siedlung **Kergolaër** und biegen an der Straße links ab. Beim ersten Abzweig folgen wir der Straße um eine Rechtskehre. Es geht zwischen locker verstreuten Häusern weiter, bis nach drei weiteren sanften Kurven am Ende von **Kerliviou** kein weiteres Haus in Sicht ist. Hier führt ein **geschotterter Fahrweg** ❹ schräg links weg, vorbei an einer Hofeinfahrt mit kleinem Türmchen. Er ist markiert mit einem roten Dreieck.

Unter hohen Bäumen treffen wir auf eine **Querstraße** und Bruchsteinhäuser, hier biegen wir links ab und hinter den Häusern rechts. Aus dem Fahrweg wird ein Pfad, der uns durch Wald und Wiesen zu den Fahrspuren eines landwirtschaftlichen Weges bringt. Hier geht es links. Dann spazieren wir auf dem bald grasbewachsenen Feldweg vorbei an Feldern, Wiesen und Waldstreifen. Nach dem zweiten Feld auf der rechten Seite biegen wir rechts ab, wandern zwischen dem Feldrand und wilder Heide entlang, und biegen auf der gegenüberliegenden Seite wieder rechts ab. Diesem Feldweg folgen wir um einen langen Linksbogen bis zur **Straße D 116**, der wir nach rechts folgen. An der Kreuzung mit vier Zebrastreifen im Zentrum von **Kergroës** ❺ biegen wir links und sofort wieder rechts ab und wandern an einem kleinen Park entlang.

Bei der nächsten Querstraße geht es links. In der Rechtskehre der Asphaltstraße wechseln wir dann auf den Pfad, der in der Kurve geradeaus auf den Waldrand zuhält. An der nächsten T-Kreuzung biegen wir links ab und kommen durch wild wuchernden Wald zu einem gelb markierten Abzweig, dem wir nach rechts folgen. Auch an der nächsten T-Kreuzung folgen wir der gelben Markierung nach rechts, überqueren eine kleine Brücke und kommen auf einem Schotterweg hoch zum Ort **Kermeur Braz** ❻.

Vor einer Hofeinfahrt biegen wir rechts auf Asphalt ab und folgen dann links dem Sträßchen nach **Kermeur Bihan** ❼, wo wir vor einer Hofeinfahrt links auf Asphalt weiterwandern und damit die gelbe Markierung verlassen. Am Ende der Straße geht es auf einem Fahrweg geradeaus weiter. Er führt hinunter Richtung Bélon und in den Wald.

Kurz nacheinander führen zwei Pfade nach rechts zur **Allée couverte de Kermeur Bihan** ❽, wobei der zweite breiter ist. Dieser im Wald versteckte Ort wirkt wirklich mystisch. Der niedrige Gangdolmen aus dem Neolithikum liegt gut geschützt unter zwei großen alten Bäumen. Er besteht aus elf seitlichen Tragsteinen und den Endsteinen und ist gut 16 Meter lang, bei einer Innenbreite von bis zu 1,5 Metern. Auf den Tragsteinen lagen ursprünglich acht Deckplatten, von denen sechs erhalten sind. Sie bestehen aus dem rosafarbenen Granit von Moëllan. Die dicks-

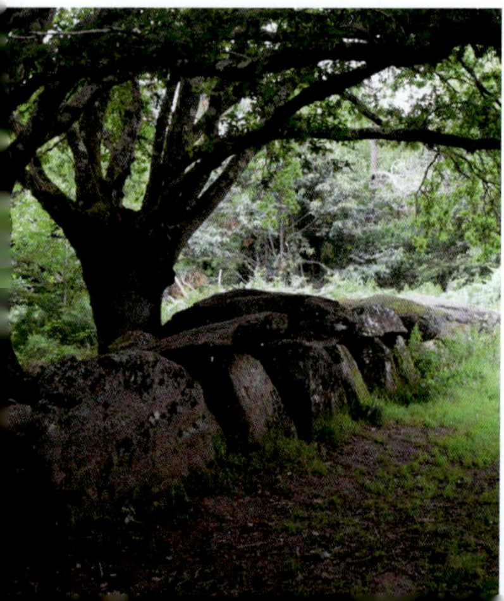

te Platte misst 80 Zentimeter. Bei Ausgrabungen 1882 wurden im Grab unter anderem sechs Äxte, Pfeilspitzen, Anhänger und Keramik der Glockenbecherkultur entdeckt, die auf die Zeit von etwa 2600 bis 2200 vor unserer Zeitrechnung datiert wird.

Zurück auf dem Hauptweg treffen wir am **Bélon** ⑨ auf eine T-Kreuzung und auf den Zöllnerpfad, dem wir nach links folgen. Ab hier führt uns wieder die weiß-rote Markierung.

Entlang der Bucht **Anse de Lanriot** wandern wir durch dichten Wald. In der ersten Seitenbucht entdecken wir ein **Wrack**, dann kommen wir zu einer gemauerten **Quelle** und einer Brücke bei einem Staubecken. An unserem Weg um das Ende der Bucht entdecken wir dann weitere Schiffwracks. Wir wandern jetzt unterhalb von Privatgrundstücken. Bei einer T-Kreuzung gehen wir links hoch zur Straße (hier rechts schmale Treppe zur Bucht). An der Straße wenden wir uns nach rechts und beim nächsten Straßenabzweig kommen wir rechts zum **Hafen Port du Bélon** ⑩.

Hinter den Hafengebäuden führen Stufen links hoch. Oben biegen wir rechts ab. Jetzt sind wir oberhalb des stark von Ebbe und Flut gezeichneten Hauptarms des Bélon unterwegs. Vor einem Grundstück müssen wir nach links hinauf ausweichen, gehen oben rechts und die nächste Möglichkeit wieder rechts abwärts. Dann wandern wir oberhalb der Bucht **Anse du Gorjèn**, in der Austern verfeinert werden. Bélon-Austern wachsen die ersten drei Jahre im stark jodhaltigen Wasser des Golfs von Morbihan. Dann kommen sie zum Reifen in die Buchten der Flussmündung des Bélon, wo sie durch die Mischung aus Süß- und Salzwasser ihr besonderes Aroma erhalten. Unter uns erstrecken sich bei Ebbe drei mit Felsen gesäumte Strände. An der nächsten Landspitze liegt das **Centre Nautique** ⑪, wo der Weg über ein vorgelagertes Gebäude führt. Direkt dahinter ist rechts eine große Ruine im Wasser zu sehen. Unser schmaler Pfad führt hier oberhalb der steilen Felsküste auf und ab, er ist nicht gesichert.

Kurz vor unserem Ziel treffen wir auf einen **Gedenkstein für Kämpfer der Resistance** ⑫. Wir gehen die Stufen an der Mauer hinauf zur Gedenkstätte und auf der Straße nach rechts. Bei Flut müssen wir hier der Straße und der weiß-roten Markierung um die Linkskehre für insgesamt 150 Meter folgen, um dann auf gekiestem Pfad rechts zum Strand zu gehen. Bei Ebbe können wir noch in der Kehre rechts abbiegen. Wir kommen dann zu einem parkähnlichen Gelände mit Bänken und folgen dort dem Pfad nach links. An einer Mauer entlang führt er ungesichert oberhalb der Klippen zum Strand. Breite Stufen bringen uns dann auf den Sand und zum Parkplatz.

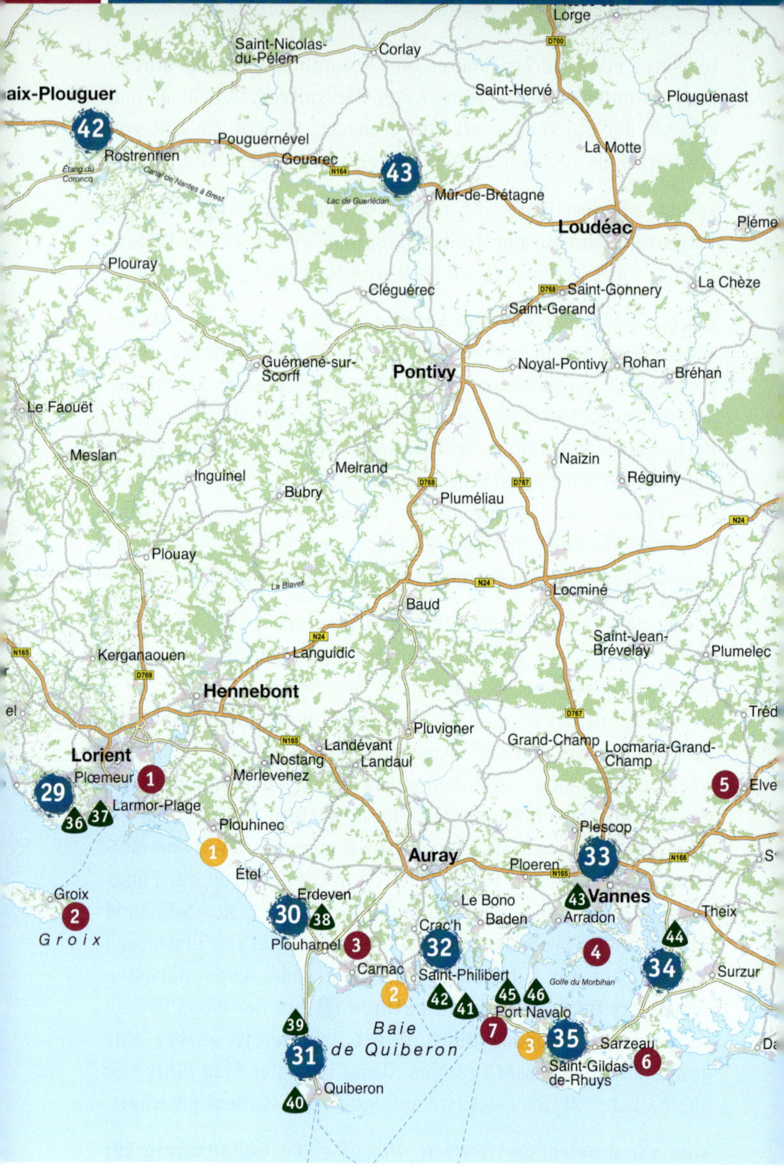

»Mor-Bihan« ist bretonisch und bedeutet »kleines Meer«. Der Golf von Morbihan, eine zum Atlantik hin fast abgeschlossene, sehr geschützt liegende Bucht mit vielen kleinen Inseln gab dem Département seinen Namen. Auch sonst dominieren im Morbihan schöne, lange Sandstrände und felsige Küsten ohne hohe Klippen. Das Klima ist etwas milder als an den anderen Küstenabschnitten, denn durch die Lage im Süden sind die Küsten geschützter vor dem Wind und großen Stürmen. Wahrscheinlich wegen dieser auch vor Jahrtausenden schon optimalen Bedingungen findet sich hier die größte Ansammlung von Megalith-Bauwerken der Bretagne.

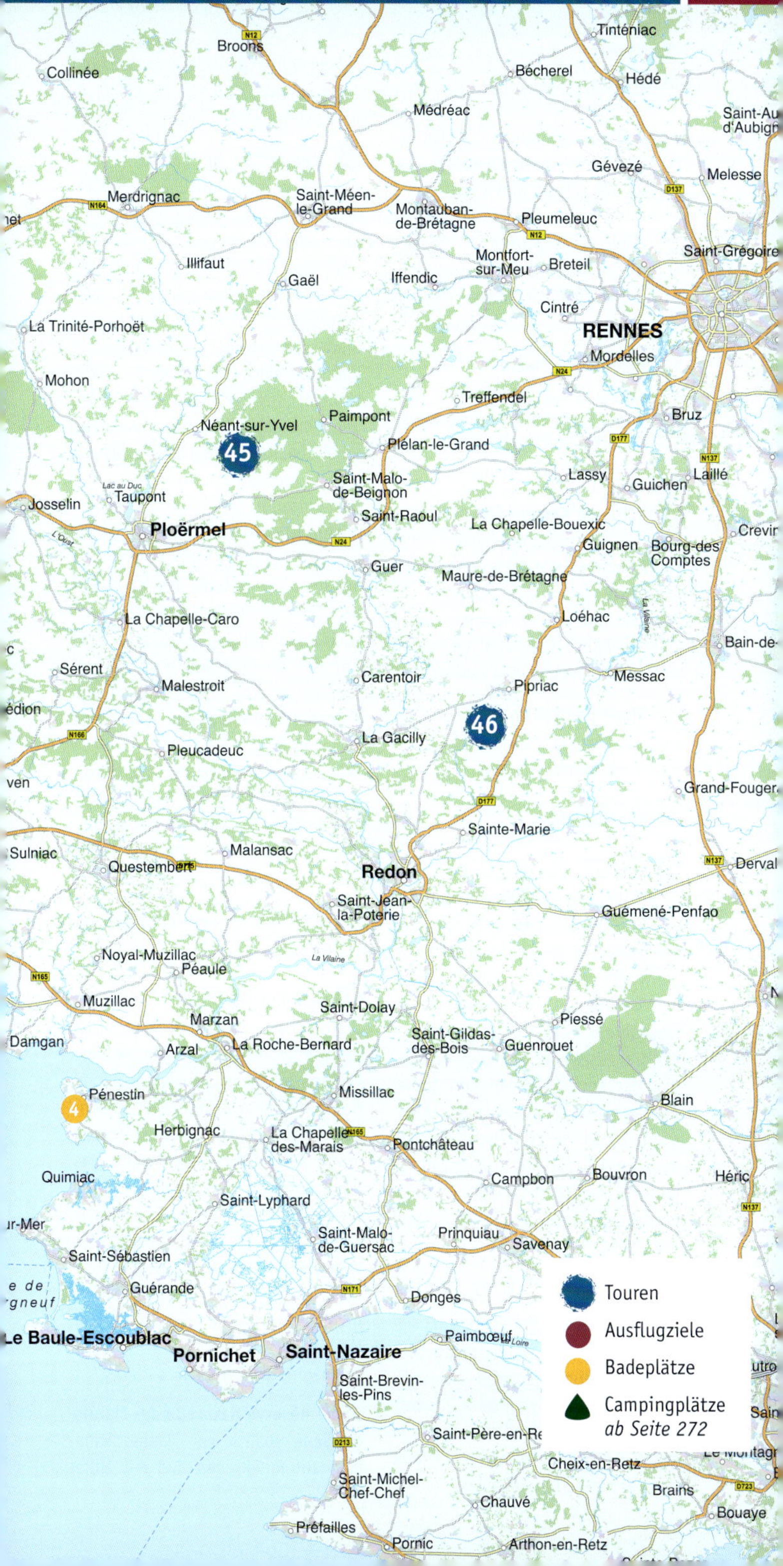

Tinténiac
Broons
N12
Collinée
Bécherel
Hédé
Médréac
Saint-Au
d'Aubign
Gévezé
Melesse
D137
Merdrignac
N164
Saint-Méen-le-Grand
Montauban-de-Bretagne
Pleumeleuc
N12
Saint-Grégoire
Illifaut
Montfort-sur-Meu
Breteil
Gaël
Iffendic
Cintré
La Trinité-Porhoët
RENNES
Mordelles
N24
Mohon
Treffendel
Bruz
D177
Paimpont
Néant-sur-Yvel
45
Plélan-le-Grand
N137
Laillé
Lassy
Guichen
Saint-Malo-de-Beignon
Lac au Duc
Taupont
Josselin
Saint-Raoul
La Chapelle-Bouexic
Ploërmel
Crevin
N24
L'Oust
Guignen
Bourg-des-Comptes
Guer
Maure-de-Brétagne
La Vilaine
Loéhac
La Chapelle-Caro
Bain-de-
Sérent
Carentoir
Messac
Malestroit
Pipriac
édion
46
N166
La Gacilly
Pleucadeuc
ven
Grand-Fougera
D177
Sainte-Marie
Sulniac
Malansac
Questembert
N137
Derval
N165
Redon
Saint-Jean-la-Poterie
Guémené-Penfao
Noyal-Muzillac
La Vilaine
Péaule
N165
Muzillac
Saint-Dolay
Marzan
Piessé
Damgan
Saint-Gildas-des-Bois
Arzal
La Roche-Bernard
Guenrouet
Pénestin
4
Missillac
Blain
Herbignac
La Chapelle-des-Marais
N165
Pontchâteau
Quimiac
Campbon
Bouvron
Héric
Saint-Lyphard
N137
ur-Mer
Saint-Malo-de-Guersac
Prinquiau
Savenay
Saint-Sébastien
e de
rgneuf
Guérande
N171
Donges
Le Baule-Escoublac
Pornichet
Saint-Nazaire
Paimbœuf
La Loire
Saint-Brevin-les-Pins
Saint-Père-en-Re
D213
Cheix-en-Retz
Saint-Michel-Chef-Chef
Brains
D723
Chauvé
Bouaye
Préfailles
Pornic
Arthon-en-Retz
Touren
Ausflugziele
Badeplätze
Campingplätze
ab Seite 272

Strände

Einige besonders schöne Strände liegen an unseren Wanderrouten bei [› Tour 29, 31, 32 und 35].

1 Plage du Magouëro
Langer Sandstrand südlich von Plouhinec. Hinter Dünen gelegen und mit vorgelagerten Felsen im Wasser.

2 Plage du Ty Guard
Hübsche, mit Zypressen bewachsene Bucht mit Sandstrand und Felsen bei La Trinité-sur-Mer. Etwas abseits vom Trubel des Badeortes gelegen.

3 Plage de Kerver / de Govelins
Zwei nebeneinander gelegene Buchten zwischen Saint-Gildas und Arzon. Der erste Strand ist einsamer, am zweiten gibt es im Sommer einen Bootsverleih. Insgesamt erstrecken sich hier fünf Kilometer Sandstrand.

4 Plage de la Mine d'Or
Der lange Strand erstreckt sich unterhalb ockerfarbener Felsen.

Ausflugsziele

1 Zitadelle von Port Louis
Gegenüber von Lorient befindet sich die Zitadelle von Port Louis auf einer Landspitze an der Mündung der Laïta. Sie wurde von 1590 bis 1637 gebaut und beherbergt heute das Nationalmuseum der Marine und das Museum der französischen Ostindien-Kompanie, das auch über den dort früher praktizierten Sklavenhandel informiert. Direkt vor der Zitadelle wartet ein langer Strand mit Restaurant.
Der hübsche Ort Port Louis ist von einer drei Kilometer langen Stadtmauer umgeben.

2 Île de Groix
Mit sechs Kilometern Länge und 2,5 Kilometern Breite ist die drittgrößte Insel der Bretagne reich an Highlights: Megalith-Monumente, Leuchttürme, Forts, eine steile Felsspalte in den Klippen, das »Trou de l'Enfer« und der Strand Grand Sables.

Fähren starten ganzjährig von Lorient. Einfache Fahrt €15,50–19, Kinder 4 bis 18 Jahre €11.

3 Steinreihen von Carnac
Die Steinreihen sind über drei Kilometer lang und wiesen ursprünglich über 3000 Steine auf, die zwischen 4500 und 2800 v. Chr. errichtet wurden. Sie sind heute in drei Gruppen untergliedert. Kermario, östlich der Stadt, besitzt die größten Menhire und insgesamt 1029 Steine. Ménec befindet sich nördlich von Carnac und Kerlescan. Hier ist das am besten erhaltene Steinfeld zu sehen, das mit einem Cromlech abschließt.
Das Betreten der Felder mit Steinreihen ist von April bis September nur mit kostenpflichtiger Führung möglich. Von Oktober bis März können Teile des weitläufigen Geländes auch ohne Führung besucht werden. Wer sich einen ersten Eindruck verschaffen möchte, kann zuerst mit dem Auto auf der D 196 an den Steinreihen entlangfahren.
Öffnungszeiten Maison des Megalithes: Oktober bis März 10–13 und 14–17 Uhr, April bis September 9.30–18 Uhr, Juli und August 9.30–19 Uhr. Führung: €11, Kinder 7 bis 17 Jahre €6.

In Carnac gibt es auch ein Musée de la Préhistoire.

4 Golf von Morbihan
Der Golf von Morbihan, bretonisch für »kleines Meer«, ist durch die enge Passage zwischen Locmariaquer und Arzon mit dem Atlantik verbunden. Seine inselreichen Gewässer bieten einen besonderen Lebensraum. Das Bassin ist ein idealer Aufzuchtsort für viele Fische und die weiten Wattflächen sind ein guter Rastplatz für Vögel. Von Frühjahr bis Herbst werden von den Häfen von Vannes und Arzon aus Inseltouren im Golf von Morbihan angeboten (ab €23, www.compagnie-du-golfe.fr).

In der **Réserve Naturelle des Marais de Séné** südlich von Vannes kann man auf Rundwegen und mit Hilfe

von Infotafeln und Beobachtungstürmen die besondere Natur des Golfs erleben.
April bis Juni 14–19 Uhr, Juli und August 10–13 und 14–19 Uhr. Eintritt €7, Schüler €3,50, Familie €16.

Auf der **Insel Gavrinis** befindet sich eines der bedeutendsten Megalithbauwerke, ein aus Steinen geschichteter Grabhügel, dessen innerer Gangdolmen viele und sehr aufwendige Gravuren aufweist. Es werden nur geführte Besuche durchgeführt, Tickets müssen vorab gekauft werden: cairndegavrinis.com.
Abfahrt ab Larmor-Baden. Eintritt inkl. Bootsfahrt €18, Kinder 10–17 Jahre €8, Kinder 4 bis 10 Jahre €4. (Kombiticket mit Cairn Le Petit Mont erhältlich).

5 Forteresse de Largoët – Die Türme von Elven

Im Wald von Largouët erheben sich die monumentalen Ruinen eines Donjons (Wohnturm) aus dem 14. Jahrhundert und eines Rundturms aus dem 15. Jahrhundert über einem kleinen Stausee.
Geöffnet Mitte März bis Allerheiligen, Di geschlossen, Juli und August täglich geöffnet. Eintritt €6, Kinder €4,50.

6 Château de Suscinio

Im 13. Jahrhundert errichteten die Herzöge der Bretagne hier ihren Landsitz. Er liegt wunderschön zwischen Wald und Sumpfwiesen und mit Blick auf den Atlantik. Die mächtige Burg mit vier runden Türmen ist von einem Wassergraben umgeben und wird seit 50 Jahren restauriert. Heute bietet sie Ausstellungen zum Leben der bretonischen Herzöge, einen Raum mit außergewöhnlichen Wandfliesen aus dem 13. Jahrhundert, geführte Rundgänge, auf denen die wichtigsten Geschichten der Artus-Sage erzählt werden, und eine Multimedia-Ausstellung mit Lichtspielen zur Artus-Sage. Im Außengelände besteht die Gelegenheit für Spaziergänge und Tierbeobachtungen in den Sumpfwiesen. Im Hochsommer taucht man die Burganlage beim »Spectacle son et lumière« in ein buntes Lichtermeer.
April bis Oktober 10–19 Uhr, Juli und August bis 20 Uhr, Februar, November bis Dezember 14–18 Uhr. €11,50, 10 bis 17 Jahre €6.

7 Steingrab Le Petit Mont

Der gewaltige, aus Steinen geschichtete Grabhügel mit seinen 60 Metern Länge und 48 Metern Breite trägt seinen Namen »Kleiner Berg« nicht umsonst. Sein ältester Teil ist etwa 4600 Jahre alt und enthält drei teilweise erhaltene Gangdolmen, die 1906 restauriert wurden. Im Zweiten Weltkrieg bauten die deutschen Besatzer einen Bunker in den Cairn und beschädigten ihn dabei stark.
Tickets sollten in der Hauptsaison vorab gebucht werden, Besichtigung ist mit Tablet oder Führung möglich. Führungen auf Englisch, jeden Dienstag 16 Uhr, Juli und August 15.30 Uhr nach Reservierung möglich.
*Februar und Oktober Di bis So 14–17.30 Uhr, April bis September 14–18.30 Uhr, Juli und August 10–19 Uhr.
Eintritt €7, Kinder 10 bis 17 Jahre €6.
cairndepetitmont.com*

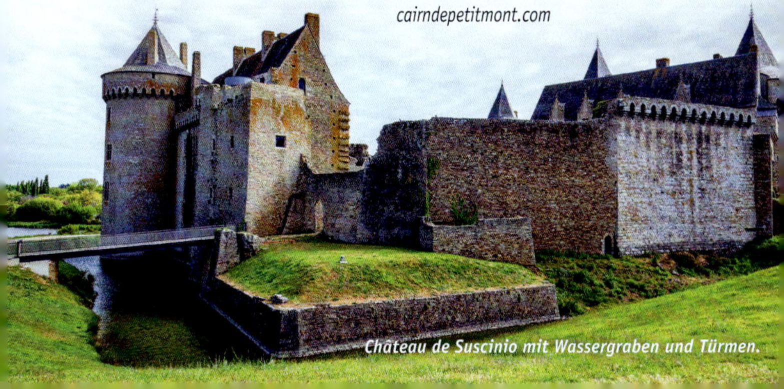

Château de Suscinio mit Wassergraben und Türmen.

55 m

STRECKE 8,5 km

2 h 45

ab 8

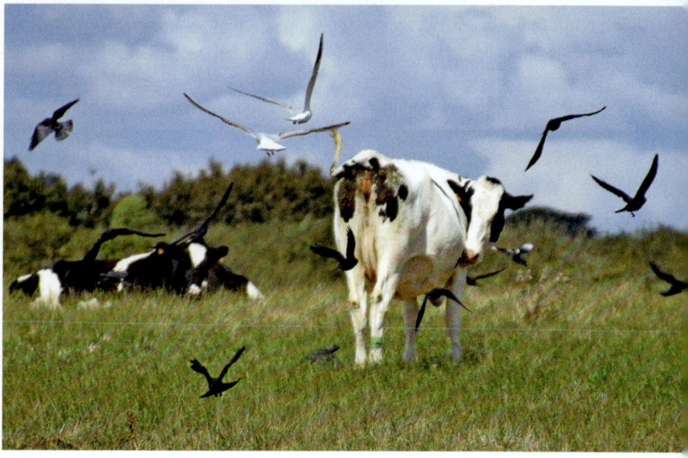

29 Pointe de Talud

Bezaubernde Küste und wildes Hinterland

Der schöne Küstenabschnitt, an dem Felsen mit hübschen Buchten und kleinen Stränden wechseln, erlaubt weite Blicke über den Atlantik und die Île de Groix. Im Inland erwarten uns alte Dörfer, Weiden und wilde Natur sowie ein ungewöhnlicher Dolmen. Zum Abschluss der Wanderung lockt ein Bad an der feinsandigen Plage de Perello.

Wanderung: Vom Parkplatz aus gehen wir nach rechts zur hübschen kleinen Bucht **Plage de Perello** ❶. Am Toilettenhäuschen halten wir uns rechts und biegen sofort nach rechts auf den weiß-rot markierten Fußweg ab. Er führt zum Strand hinunter und dann über **Stufen** rechts hinauf. An der folgenden **T-Kreuzung**, an der links eine Bank mit schöner Aussicht wartet, wenden wir uns nach rechts. Wir passieren einen zweiten kleinen

TOUREN-STECKBRIEF

Anfahrt: Wir fahren von Lorient nach Ploemeur, dort Richtung Lomener und am Ortsanfang weiter in Richtung Le Guermeur. An einer T-Kreuzung geht es links Richtung *Camping Fort de Talud*. Wir folgen den Schildern zum Campingplatz und an dessen Einfahrt vorbei. Dahinter liegt links bei **GPS N 47°41'56.3", W 3°26'48.6"** ein Parkplatz mit Höhenschranke. Wohnmobile könnt ihr auf einem Schotterplatz 130 Meter weiter geradeaus parken.

Anspruch und Charakter: Gute Fußwege und kaum befahrene Straßen, kein Schatten. 2,2 Kilometer auf Asphalt.

Markierung: Entlang der Küste weiß-rot.

Mit Kindern: Mit Kindern empfiehlt es sich, einfach an der Küste entlang zu wandern, zum Beispiel bis zur Orientierungstafel hinter dem Leuchtturm ❷ und zurück (Strecke: 4,4 km). Die Klippen sind hier meist flach.

Highlights

Die stille Küstenlandschaft an der Pointe de Talud liegt abseits der touristischen Pfade und bezaubert mit hübschen kleinen Buchten, alten Dörfern und ländlicher Idylle.

Strand, durchwandern eine Zypressenallee und kommen zu einem Parkplatz. Direkt vor der **Schranke** biegen wir nach links in den Fußweg ein. Er führt hinunter zum Meer und dort nach rechts und durch Heide, die sich nach einem Brand gerade erst wieder erholt. Oberhalb der felsigen Küste geht es weiter bis zu einer hübschen kleinen **Bucht mit Kies und Sand**, die sich gut für eine ruhige Pause eignet.

Wir bleiben weiterhin immer auf dem küstennahen Weg. In der nächsten felsigen Bucht halten wir uns rechts, überqueren einen Parkplatz und gehen an der Schranke vorbei zum **Leuchtturm** ❷ **Le Feu de Kerroc'h**, dem »Feuer von Kerroc'h«, der die Durchfahrt zwischen dem Festland und der fünf Kilometer entfernten Île de Groix sichert. Vom Turm wandern wir rechts an der Küste entlang und dann rechts hinauf zu einem Kreuz und einer Orientierungstafel.

Von dort halten wir wieder auf die Küste zu und gehen oberhalb des Strandes über zwei Parkplätze, an die sich die Küstenpromenade von Kerroch anschließt. Vor einem **Lavoir** ❸ wenden wir uns nach links und wandern erst auf Steinplatten, dann auf Fels an einigen Grundstücken entlang. Hinter den Häusern wird unser Weg zum Pfad und führt zur Straße hinauf.

Wir bleiben kurz auf dem Fußweg neben der Straße. Am nächsten Parkplatz geht es dann wieder links auf den Küstenweg. Wir umrunden die sandige Bucht **Port Coubar** ❹ und spazieren durch Heide und Ginster hinaus zu flachen Klippen. Vor uns sehen wir den Ferienort Le Courégant. Hinter dem ersten Haus wenden wir

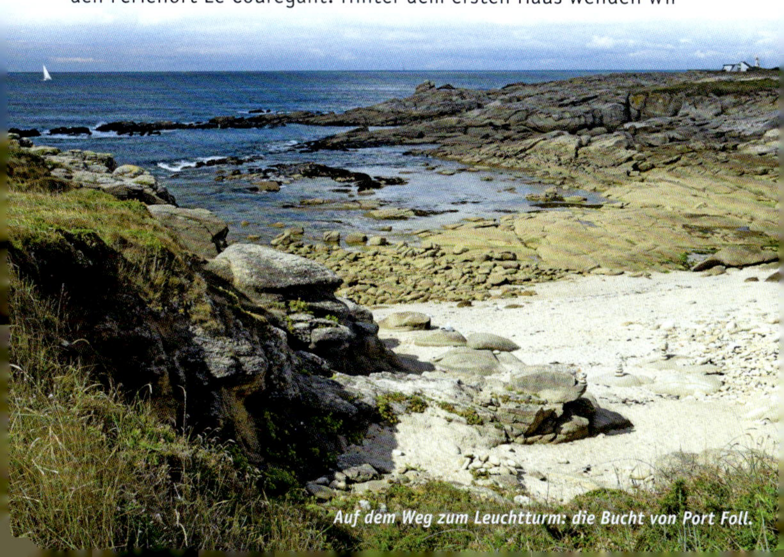

Auf dem Weg zum Leuchtturm: die Bucht von Port Foll.

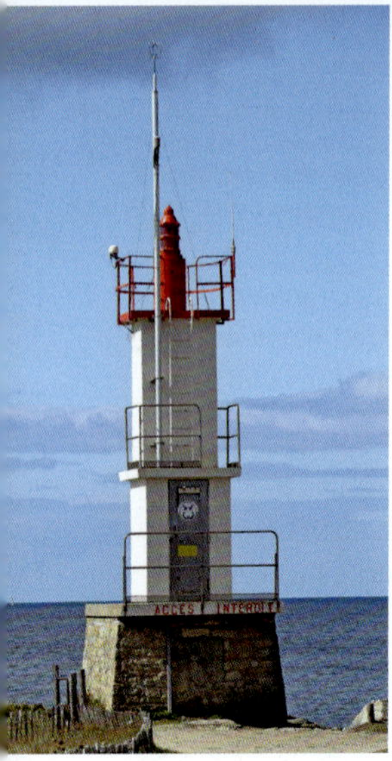

uns auf den Pfad nach rechts und folgen gleich darauf der Straße nach links bis zur Durchgangsstraße.

Wir gehen wenige Schritte nach rechts auf dem Radweg an der Straße entlang, dann können wir den etwas abenteuerlichen Weg durch die Heide wählen: Dort, wo der Radweg direkt an die Straße heranführt, überqueren wir sie und gehen beim Stein auf der gegenüberliegenden Seite einen schmalen, etwas verwachsenen Pfad geradeaus weiter. Nach etwa fünf Metern treffen wir auf einen Wiesenweg und folgen ihm nach rechts. Im Spätsommer marschieren wir jetzt durch ausgesprochen farbenprächtige Heide.

An der ersten Kreuzung gehen wir geradeaus, an der zweiten rechts und dann schräg links. Dieser Pfad führt uns geradeaus zu einem großen, **mit Graffiti besprühten Bunker** ❺. Wir gehen auf ihn zu und direkt davor führt ein kurzer Pfad nach rechts zur Straße. Wenn die Wege zu verwachsen sind, können wir auch dem Radweg folgen und die nächste Straße nach links abzweigen.

Jetzt folgen wir der schmalen Straße durch Wiesen links aufwärts. Sie führt in den **Weiler Le Penher**, den wir nach rechts durchwandern. Hier finden wir eine Mischung aus modernisierten Häusern und alten, bewirtschafteten Höfen mit krähenden Hähnen und Kettenhunden. Wir gehen weiter zum nächsten Ort **Kervernois** und biegen an der T-Kreuzung nach rechts in den **Chemin du Dolmen** ab. Durch wildes Land mit Heide, Hecken und Bauminseln erreichen wir einen **Abzweig** und folgen dem Fahrweg nach rechts. Nach knapp 200 Metern führt ein deutlicher, beschilderter Pfad nach links in die Büsche und bringt uns um eine Rechtskehre zum **Dolmen Ar Roc'h** ❻.

Dolmen Ar Roc'h

Trotz seines sieben Tonnen schweren Decksteins wirkt der Dolmen erstaunlich schlank, wohl aufgrund der schmalen Tragsteine. Er befindet sich in prominenter Lage gut 20 Meter über dem Meer. Die in den Stein geritzten Symbole geben Archäologen Rätsel auf. Bei Ausgrabungen zu Beginn des 19. Jahrhunderts wurden im ursprünglichen Grabhügel Fragmente einer Vase aus der Zeit der Glockenbecherkultur gefunden (2600 bis 2200 v. Chr.).

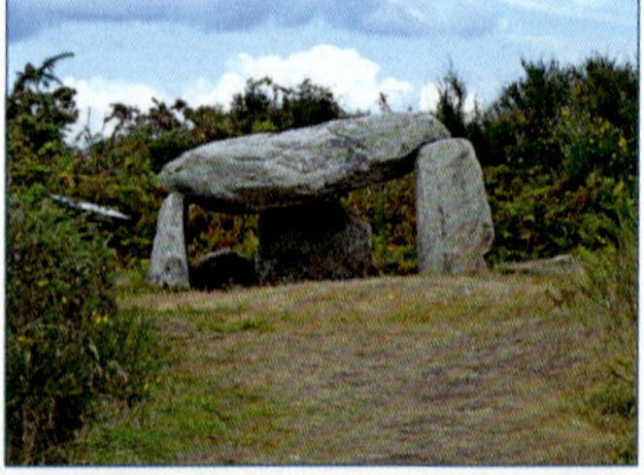

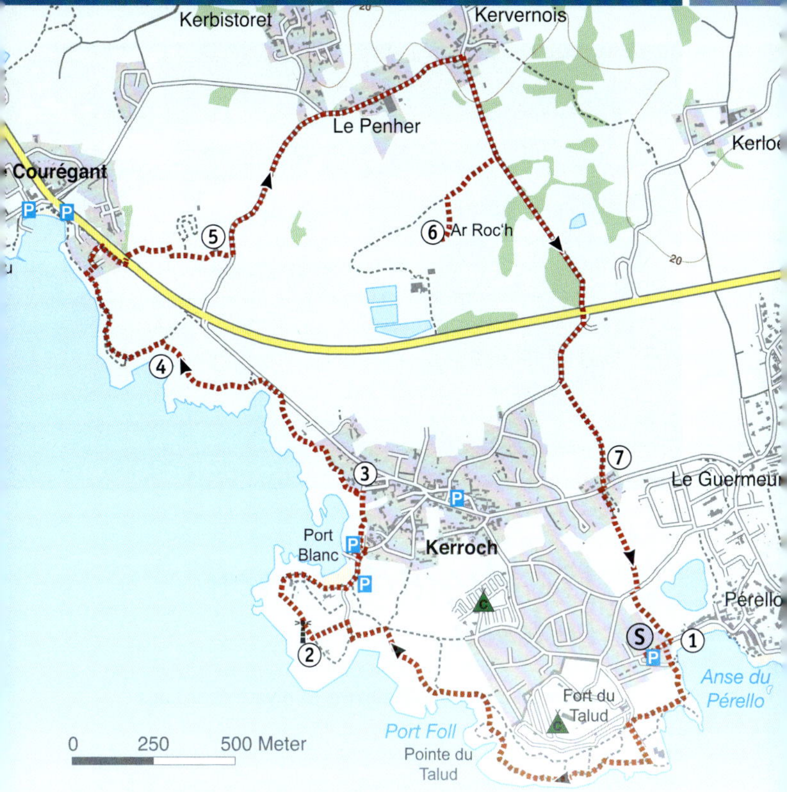

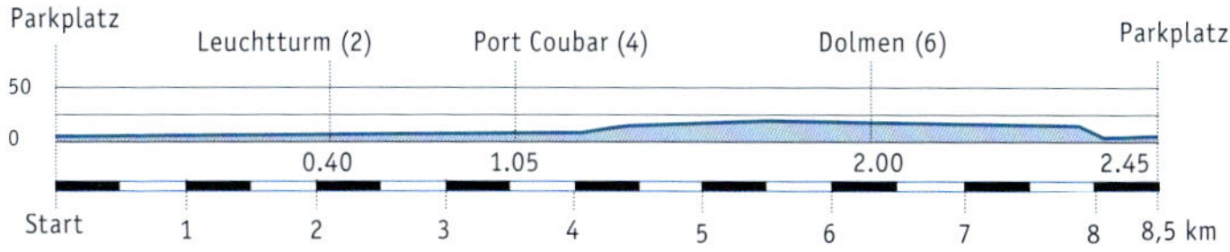

Wir wandern auf dem Pfad und dem Fahrweg zurück zum Chemin du Dolmen und wenden uns dort nach rechts. Durch eine dicht bewachsene Senke, vorbei an einem ehemaligen **Steinbruch**, der sich hinter der Böschung links verbirgt, und im Schatten knorriger Bäume treffen wir auf die **D 152**. Diese überqueren wir geradeaus und folgen der gegenüberliegenden Straße. In der nächsten Rechtskehre wandern wir schräg links auf einem Feldweg weiter. Zwischen den Bäumen sehen wir links zwei Tragsteine, die Reste des **Dolmen de Caudric 7**.

Die direkt folgende Straße überqueren wir schräg rechts und gehen in die **Sackgasse** hinein. Sie wird zu einem Fußweg, dem wir geradeaus folgen. Erneut treffen wir auf eine Straße, überqueren sie, halten uns rechts und biegen dann sofort links in einen Fußweg ein. Er bringt uns zum **Strand von Perello**, wo unser Auto rechts auf dem Parkplatz steht.

65 m

STRECKE

9,5 km

3 h

ab 10

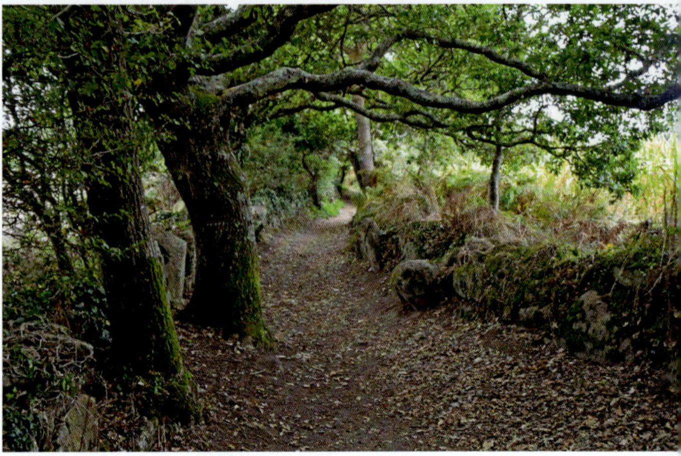

30 Die Megalithen von Erdeven

Bauwerke aus der Steinzeit in mystischer Lage

Megalithanlagen sind in der Bretagne allgegenwärtig und hier findet sich eine der größten Ansammlungen. Der besondere Reiz liegt jedoch in deren Umgebung: Sie stehen mitten im Wald, unter alten Bäumen oder auf kleinen Hügeln. Meist sind sie dort sich selbst überlassen und das Terrain ist nicht speziell für Touristen erschlossen. Wir entdecken Dolmen, Menhire, Steinreihen und einen Cromlec'h in natürlicher Umgebung. Ein wahrhaft faszinierender Weg.

Wanderung: Direkt vor uns liegen die **Alignements von Kerzerho** ❶. Hier befand sich einst eine der größten megalithischen Anlagen, die den Vergleich mit Carnac nicht scheuen musste. Aufzeichnungen von 1884 belegen, dass die in Ost-West-Richtung ausgerichteten Reihen fast zwei Kilometer lang und 65 Meter breit waren und 1100 stehende sowie 5000 liegende Steine aufwiesen. Auch durch den Bau der Straße zwischen Erdeven und Quiberon wurden diese Megalithbauten zerstört. Die heute noch erhaltenen 190 Menhire sind trotzdem beeindruckend. Die Reihen setzen sich zwischen den Hecken nach Osten fort. Zwölf weitere, große Steine befinden sich westlich auf der anderen Straßenseite.

Wir gehen links an den Steinreihen vorbei, an der Mauer nach links und kommen so zu weiteren Menhiren und dem **Table Sacrifice** ❷. Sie gehören zu einer Steinreihe, die sich in leichtem Bogen von Nord nach Süd erstreckt. Die Steine weisen eine Höhe von bis zu sieben Metern auf und sind somit höher als in Carnac. Sie

TOUREN-STECKBRIEF

Anfahrt: Der Parkplatz »Alignements de Kerzerho« befindet sich am Ortsausgang von Erdeven in Richtung Quiberon und Carnac bei **GPS N 47°38'6.5", W 3°08'57.9"** direkt an der an der küstennahen D 781.

Anspruch und Charakter: Teils breite Forstwege, teils Trampelpfade im Wald. 650 Meter auf Asphalt.

Markierung: Es gibt einen beschilderten Sentier des Mégalithes, der nur teilweise mit unserem Weg übereinstimmt.

Mit Kindern: Um die Runde zu kürzen, parken wir am Dolmen Mané Croc'h 7 **GPS N 47°37'41.2", W 3°07'16.3".** Von dort folgen wir der Beschreibung bis Crucuno und lassen den Bogen zum Cromlech aus. Dazu biegen wir an der ersten Abzweigung scharf rechts in die Sackgasse ein und folgen wieder der Wegbeschreibung. Im Weiler Triono 10 wählen wir, wie beschrieben, den Schotterweg nach rechts, verlassen dann aber beim Erreichen des Asphalts die beschriebene Route nach rechts und kürzen ab zu Punkt 4. Es geht aufwärts durch den Wald, dann über mit Büschen bestandenes Gelände. An der Kehre einer Schotterstraße laufen wir noch 200 Meter geradeaus bis zum Abzweig zum Dolmen Mané Braz 4. Ab hier folgen wir der Beschreibung bis Punkt 7. *Strecke: 4,4 km.*

tragen nicht zu Unrecht den Namen **Giganten von Kerzerho**. Der riesige liegende Stein heißt »Table du Sacrifice«, Opfertisch. Es wird erzählt, dass hier in alten Zeiten Druiden bei Vollmond Kinder opferten, was nach heutigem Wissensstand aber eher unwahrscheinlich ist.

Highlights

Die Alignements de Kerzerho bestanden einmal aus Hunderten von Menhiren und gehörten zu den größten megalithischen Kultstätten in der Bretagne. Die Steinreihen sind nicht so gut erhalten aber auch längst nicht so viel besucht wie die im nahen Carnac. So könnt ihr hier eine der alten Kultstätten in einer ruhigen, ursprünglichen Umgebung erleben.

An der ersten **Kreuzung** halten wir uns rechts, treffen bei einem **riesigen Menhir** auf eine T-Kreuzung und biegen rechts ab. Ein kurzes Stück folgen wir einem alten Verbindungsweg, dann mündet dieser in einen Feldweg. Wir gehen rechts durch Wiesen und kommen schließlich wieder in den Wald. Links stehen Kiefern und rechts knorrige Eichen. An einem mit niedrigen Mauern gesäumten Pfad zweigen wir nach rechts ab, folgen der Linkskehre und

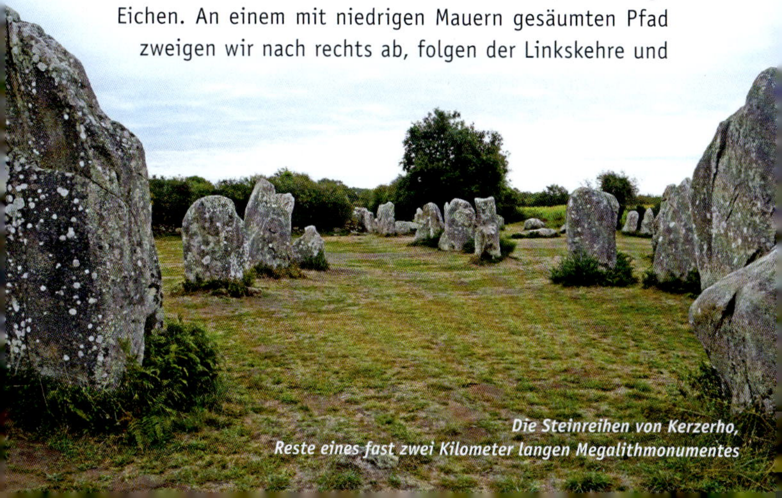

Die Steinreihen von Kerzerho, Reste eines fast zwei Kilometer langen Megalithmonumentes

treffen auf weitere **Menhire ❸**, die hier wie vergessen im Wald herumliegen. Einige von ihnen sind in die begrenzende Mauer integriert. Ein magischer Ort, um die Gedanken wandern zu lassen und sich zu fragen, was die Menschen des Neolithikums vor Tausenden von Jahren wohl dachten und fühlten.

Zurück auf dem Hauptweg gehen wir rechts weiter und folgen dem breiten Weg um eine Linkskehre bis zu einer großen Kreuzung, die wir geradeaus überqueren. Unser breiter Weg beschreibt kleine Bögen. Einen ersten Pfad nach links in den Wald ignorieren wir. Dann treffen wir auf einen felsigen Weg und folgen der Beschilderung links aufwärts zu den Dolmen von **Mané Braz ❹**. Insgesamt vier Dolmen sind auf der Lichtung zu sehen. Der größte Dolmen verfügt über mehrere Seitenkammern. Ursprünglich wurden diese Ganggräber von einem Tumulus, einem Grabhügel, bedeckt. Bei Ausgrabungen wurden Tonscherben, Feuersteinschaber und eine kleine Statuette entdeckt.

Gegenüber dem Zugang zu den Dolmen führt ein **Pfad** an mehreren niedrigen Menhiren vorbei. Wir folgen diesem durch hohen Pinienwald und biegen bei einer **Verzweigung mit einem einzelnen Stein** links auf einen breiten Forstweg ab. Nach etwa 300 Metern wandern wir in einer Rechts-Links-Kehre auf einem schmalen Pfad geradeaus in den lichten Wald. Immer geradeaus geht es an weiteren Stelen vorbei zurück zum Hauptweg. Auf diesem halten wir uns links, wenden uns an der **T-Kreuzung** noch einmal links und biegen sofort wieder rechts in einen grasbewachsenen Fahrweg ein. Er führt um eine Rechtskehre und wird zum Pfad. Wir wandern durch Farn, halten uns an einer **Y-Verzweigung** rechts und sehen wenig später die Steinreihen **Coët-ar-Bei ❺** mit der

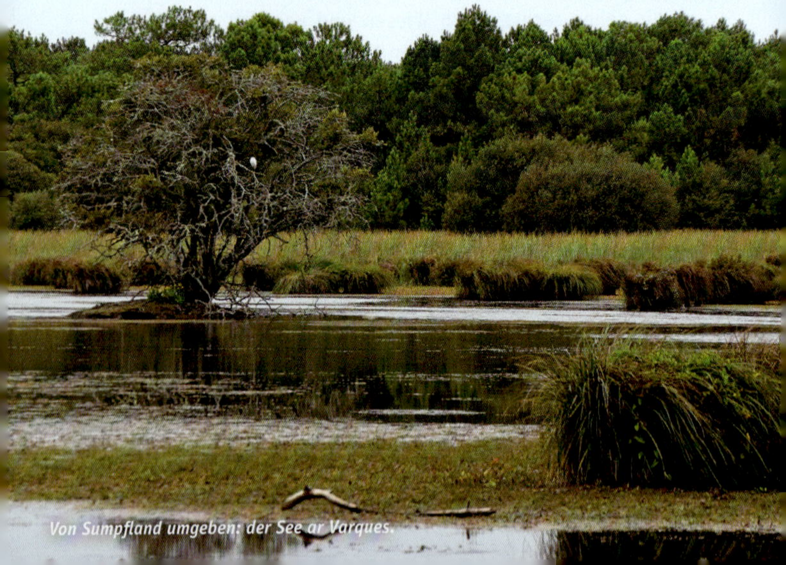

Von Sumpfland umgeben: der See ar Varques.

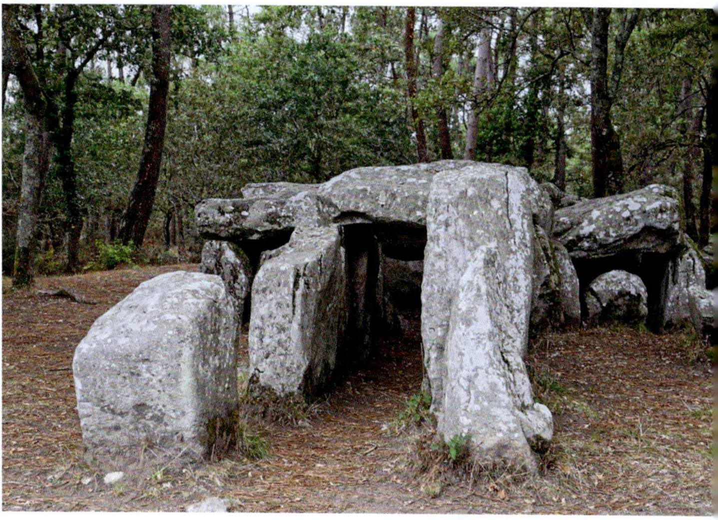

Der Dolmen Mané Croc'h

»Chaise de César«, dem Stuhl des Cäsar. Der riesige Stein ist abgebrochen und sieht jetzt aus wie ein Sitz. Sein Name erinnert an die Besetzung der Bretagne durch die Römer.

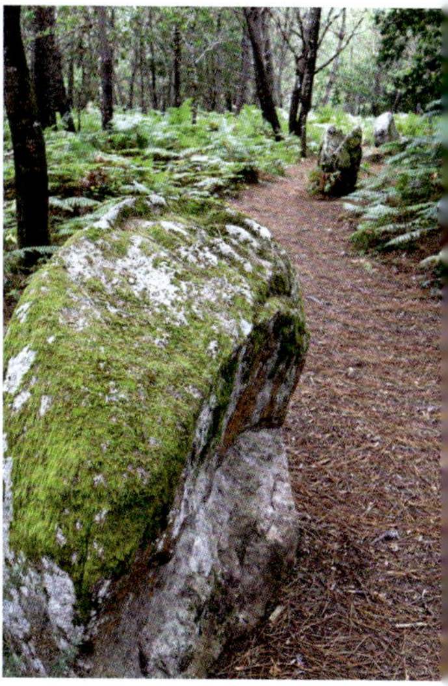

Auf der gegenüberliegenden Seite befindet sich der Hauptzugang, durch den wir zurück auf den Forstweg kommen und nach links weitergehen. Wir gelangen zu einem **Picknickplatz** mit Parkplatz. Rechts führt ein Zugang zum See **er Varques** **6**, einem urigen Idyll mit sumpfigen Ufern und dichtem Sumpfgrasbestand. Gegenüber zweigt ein Pfad ab, der uns zum **Dolmen Mané Croc'h** **7** bringt. In seinem Aufbau ist er dem Dolmen von Mané Braz ähnlich. Er hat ebenfalls vier Seitenkammern, aber keine zusätzliche Kammer am Kopf. Er wurde auf einer älteren, kleineren Grabkammer gebaut. Eine ähnliche ist 20 Meter weiter im Wald zu sehen. Beide Anlagen, Mané Braz und Mané Croc'h, stammen aus der Jungsteinzeit (4000 bis 3500 v. Chr.). Die einzelnen Menhire im Wald sind Reste der zugehörigen Steinreihen.

Wir gehen zurück zum Parkplatz und wandern genau gegenüber auf einem Pfad in den Wald. Es geht durch dichtes Unterholz. Kurz laufen wir neben der Straße, dann führt unser Pfad an einer Wiese entlang, um schließlich in das Dorf **Crucuno** zu führen.

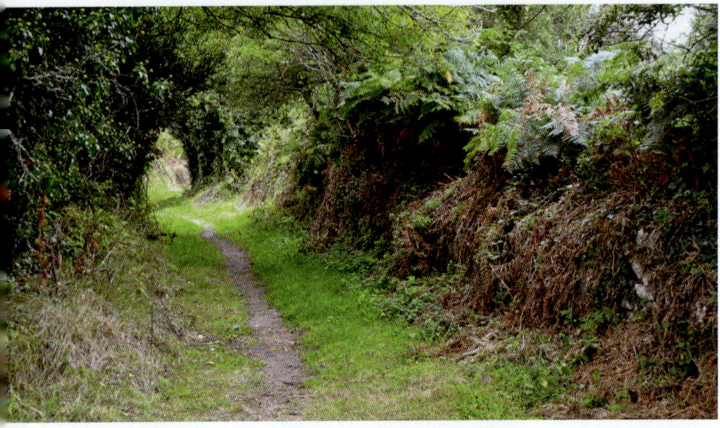

Auf alten Verbindungswegen geht es zurück nach Crucuno.

Dort am großen Dorfplatz ruht schräg links der riesige **Dolmen von Crucuno** ❽. Das gewaltige Bauwerk ist der Überrest einer Allée couverte mit 27 Meter Länge, deren Steine jedoch zum Hausbau verwendet wurden. Trotzdem ist dies der größte Dolmen im Morbihan. Alleine die Deckplatte wiegt 30 Tonnen. Allerdings wirkt er hier, vor »modernen« Mauern, fremd wie ein Ufo oder wie eine Erscheinung aus der Vergangenheit.

Wir wählen jetzt die Straße, die direkt links vom Dolmen zwischen den Häusern hindurch führt. Es geht an einer gemauerten Tränke vorbei und an einer Verzweigung mit einem einzelnen Stein nach rechts. In der folgenden Linkskehre ist rechts der große **Cromlec'h von Crucuno** ❾ zu sehen, zu dem ein Pfad hinaufführt. 22 Menhire bilden hier ein Viereck von etwa 35 Metern Länge und 25 Metern Breite. Der Steinkreis steht auf einer Kuppe und ist in Ost-West-Richtung ausgerichtet. Er wird auf ein Alter von etwa 6000 Jahren geschätzt. Meist herrscht an diesem magischen, abgelegenen Ort tiefe Stille.

Das war das letzte Megalithbauwerk unserer Wanderung und wir folgen jetzt dem Forstweg nach rechts. An der folgenden **T-Kreuzung** biegen wir noch einmal rechts ab. In der nächsten Rechtskehre wandern wir auf einem alten Verbindungsweg geradeaus weiter. Bei einer Verzweigung gehen wir geradeaus, um an der folgenden **T-Kreuzung** nach rechts abzubiegen und dann geradeaus nach **Crucuno** zurückzuwandern.

Wir queren den Platz mit dem Dolmen und gehen geradeaus in die **Sackgasse**. In die erste Straße biegen wir nach links ein. Sie wird zum Feldweg und führt in Kehren durch Wiesen und Felder.

Bei einer **Y-Verzweigung** gehen wir geradeaus weiter, wandern jetzt durch Farnhaine und lichten Wald. An der folgenden

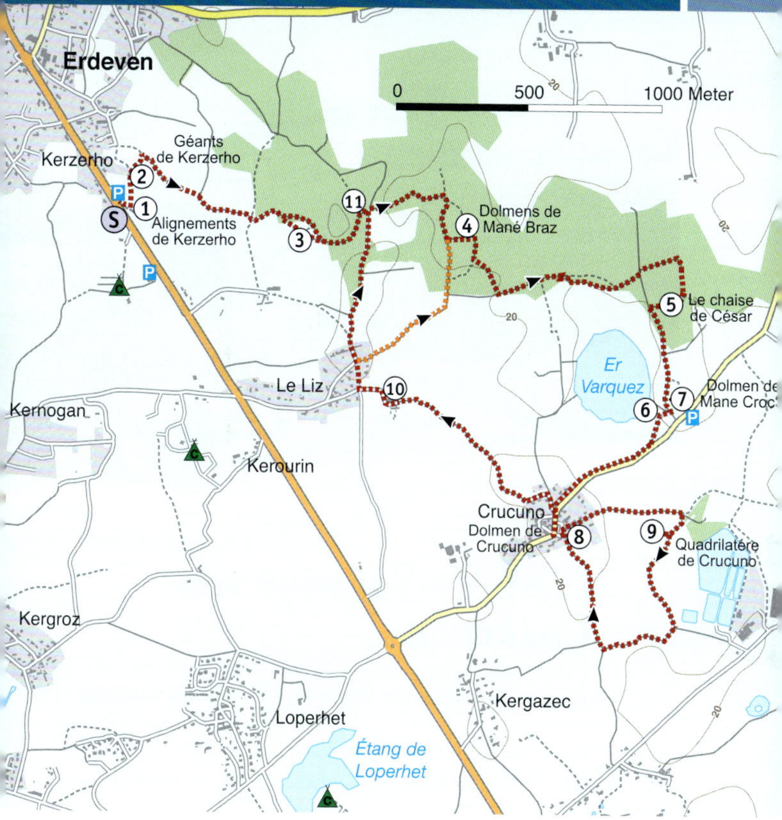

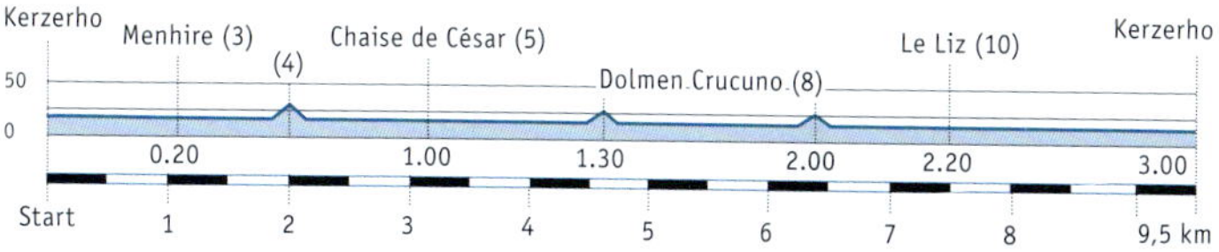

T-Kreuzung wenden wir uns nach links, treffen auf eine Straße und folgen ihr in einer Rechtskehre um den **Weiler Triono** ⑩. Vor den nächsten Häusern biegen wir nach rechts auf einen Schotterweg ab. Immer geradeaus wandern wir ein Stück auf einer Straße entlang. Dann geht es auf einem breiten Schotterweg zwischen Hecken hindurch und in den Wald.

Bei der nächsten großen **Wegkreuzung** ⑪ treffen wir auf den Hinweg und wenden uns nach links. Wir passieren die im Eichenwald versteckten Menhire, kommen zum **Riesen-Menhir** und, links an dem Giganten vorbei, zum Parkplatz.

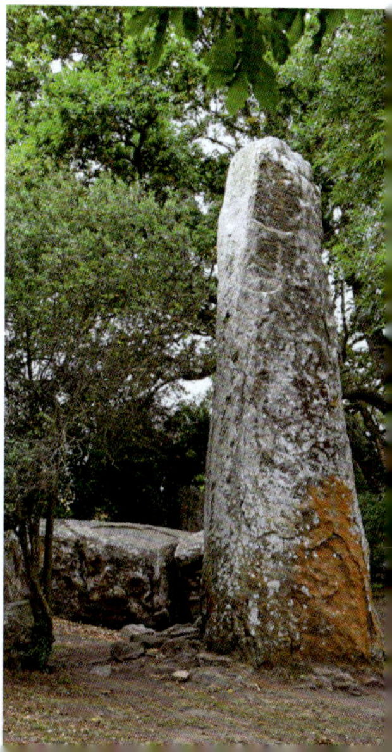

95 m

STRECKE 12 km

4 h

ab 12

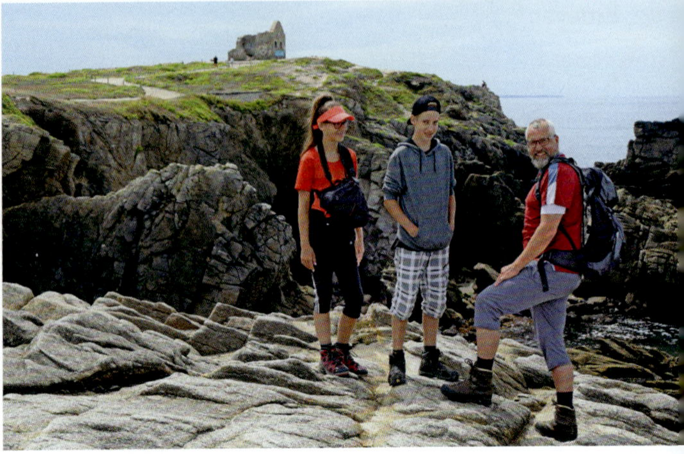

31 Die Côte Sauvage von Quiberon

Eine wilde Küste, die ihrem Namen alle Ehre macht

Hier macht die »Wilde Küste« ihrem Namen alle Ehre: Sie besteht aus schroffen, hohen Klippen, tief eingeschnitten in raues Heideland. Am Fuß der steilen Felsen verstecken sich viele kleine und auch ein paar längere Buchten mit berauschend schönen Stränden, an denen Surfer auf die perfekte Welle warten. Unsere Runde ins Inland führt uns zu einem wenig bekannten Aussichtsturm, der eine großartige Rundumsicht über Quiberon und die großen Meeresbuchten zu beiden Seiten bietet.

Wanderung: Wir überqueren die Straße am **Zebrastreifen** und folgen dem Pfad in Richtung Meer und Landspitze. Dort wo wir auf den Küstenweg treffen, geht es nach links ab. Wir ignorieren alle Abzweige nach links und wandern durch raues Grasland auf die Felsen der Landspitze **Beg en Aud** ❶. Rechts von uns er-

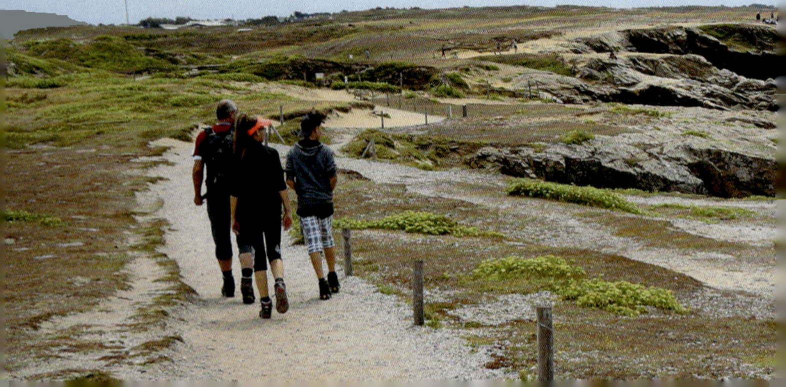

TOUREN-STECKBRIEF

Anfahrt: Von Auray auf der D768 nach Quiberon fahren, vorbei an der Meerenge und am Fort Penthièvre. In Kerhostin rechts nach Portivy/Côte sauvage abbiegen, der Straße durch den Ort folgen und an einer Verzweigung nach links in Richtung »St-Pierre-Quiberon« fahren. An der nächsten Vorfahrt-Achten-Kreuzung geht es nach rechts. Im Kreisverkehr die dritte Ausfahrt (»Côte sauvage«) wählen. Die Straße führt an einer Bucht entlang. Wo sie ins Inland abbiegt befindet sich bei **GPS N 47°31'36.1", W 3°9'21.9"** der Parking du Fozo mit Höhenschranke.

Wohnmobile: An der Vorfahrt-Achten-Kreuzung links und dann die vierte Straße rechts auf die D186A nach Quiberon/Côte sauvage. Dort wo die Straße sich dem Meer zuwendet, gibt es zu beiden Seiten der Straße breite Kiesstreifen. Bitte parkt nur an besonders breiten Stellen oder Ausbuchtungen, da die Streifen auch zum Radfahren genutzt werden.

Anspruch und Charakter: Meist gute und nur im Bereich der Strände sandige Pfade und Wege, keine Absicherung an den Klippen, kein Schatten. 1,4 Kilometer auf Asphalt.

Markierung: Weiß-rot an der Küste.

Info: Wegen starker Strömungen ist das Baden verboten! Zum Schutz der Vegetation bitte Wege nicht verlassen.

Mit Kindern: Für eine kürzere Tour parken wir besser südlich von Port Bara ❺ bei **GPS N 47°30'45.4", W 3°8'58.7"**. Von dort geht es in Richtung Norden zum Porz Guen ❸ und wieder zurück. Dabei viel Zeit zum Erforschen der wilden Strände einplanen. Badeverbot!

Strecke: 3 km hin und zurück.

Vorsicht: Der Weg selbst verläuft nicht in Nähe der Steilkanten. An den ungesicherten felsigen Aussichtsstellen gehören Kids jedoch unter Aufsicht.

Highlights

Die Bilderbuchstrände der Côte Sauvage machen die Halbinsel Quiberon zu einem besonders attraktiven Basisquartier. Der Küstenweg führt uns von einem zum anderen und zu einem Aussichtssturm.

strecken sich felsige Buchten und Klippen, die vom blauen Meer umspült werden. Auf der Landspitze befindet sich ein neolithisches Hügelgrab, das jedoch kaum erkennbar ist. Dafür ist das **Fort de Penthièvre** am nördlichen Ende der Bucht gut zu sehen, ebenso wie unser erstes Ziel, die Ruine an der Pointe du Percho.

Wir wandern jetzt auf der anderen Seite der Landspitze nach Süden. Vor einer Bucht führt unser Weg nach links. In der Folge halten wir uns zweimal rechts und erreichen die westliche Seite

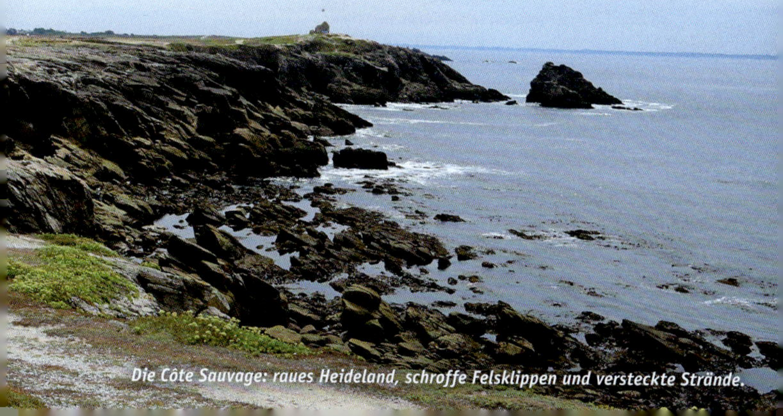

Die Côte Sauvage: raues Heideland, schroffe Felsklippen und versteckte Strände.

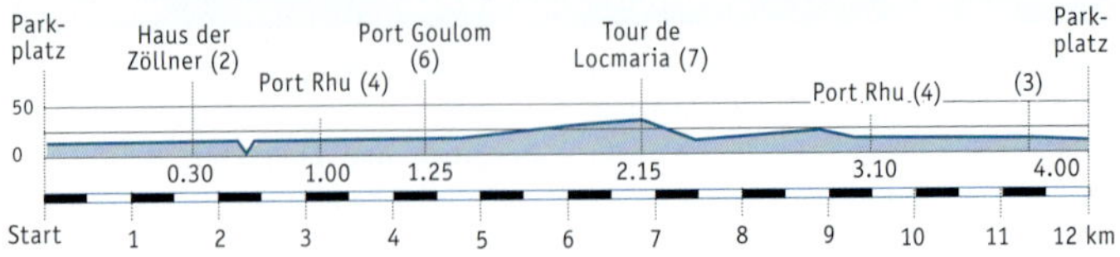

der Halbinsel. Weiter geht es immer auf dem Küstenpfad an den Klippen entlang bis zur **Pointe de Percho** und der dort stehenden »Maison des Douaniers«, dem **Haus der Zöllner** ❷. Die Zollstation sollte den Schmuggel an den Buchten eindämmen. Tatsächlich tragen die von uns heute als Strände betrachteten Buchten alle das Wort »Hafen« im Namen – französisch »Port« bzw. bretonisch »Porz«. Die Sicht der Zöllner von den 65 Meter hohen Klippen war auf jeden Fall großartig.

Wir folgen dem weiß-rot markierten Weg weiter an der Küste entlang nach Süden. Vorbei an den Resten eines Dolmens und dem von beeindruckenden Felsen eingerahmten Strand **Porz Guen** ❸ (auch »Port Blanc«), erreichen wir die nächste Bucht und achten auf eine vom Weg abzweigende Sackgasse: Von hier aus lässt sich der **natürliche Felsbogen in den Klippen** auf der rechten Seite perfekt bewundern.

Dann gelangen wir zu den weitgehend zerstörten **Dolmen von Porz Guen**. Es handelt sich eigentlich um zwei Bauwerke, wobei das dem Meer zugewandte schon zur Hälfte über die Klippen abgerutscht ist. Von dem anderen ist nur noch ein Deckstein deutlich zu sehen. Obwohl die Dolmen von Schatzsuchern heimgesucht wurden, entdeckte man dort bei Ausgrabungen zu Beginn des 19. Jahrhunderts menschliche Knochen. Das Gelände darf nicht betreten werden.

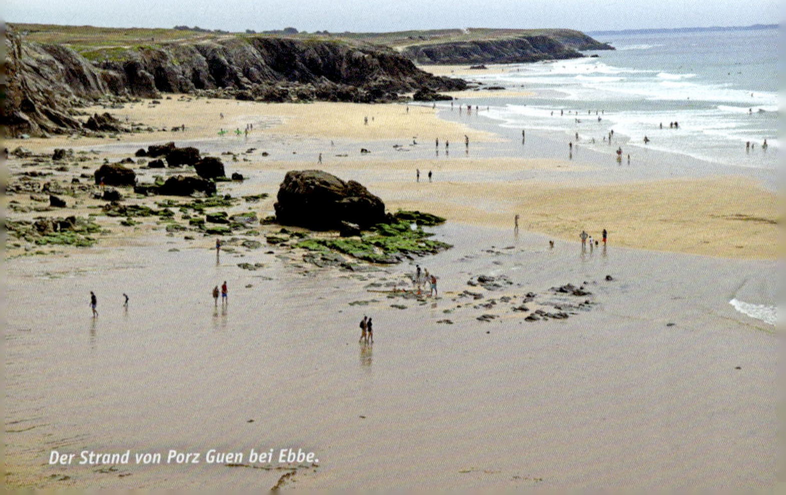

Der Strand von Porz Guen bei Ebbe.

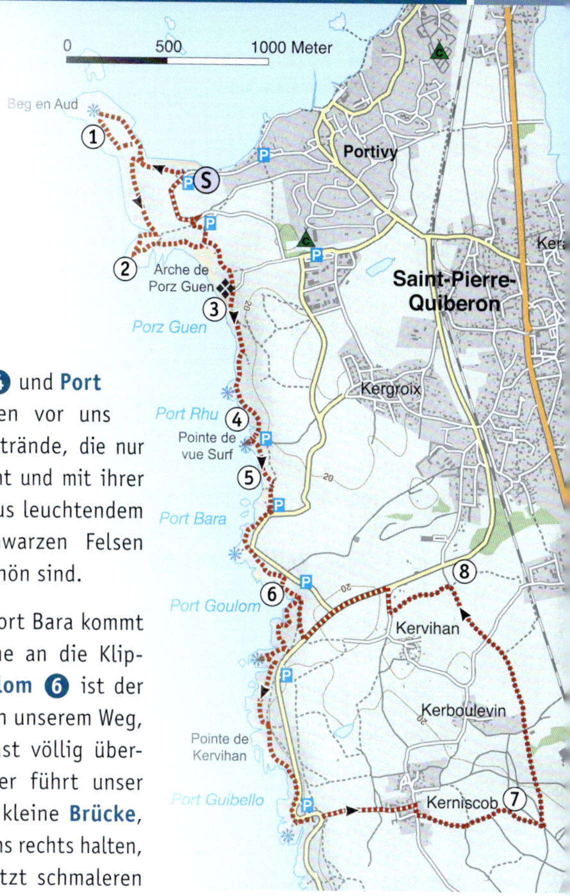

Mit **Port Rhu** ❹ und **Port Bara** ❺ liegen vor uns zwei weitere Strände, die nur bei Flut getrennt und mit ihrer Komposition aus leuchtendem Sand und schwarzen Felsen faszinierend schön sind.

Am Ende von Port Bara kommt die Straße nahe an die Klippen. **Port Goulom** ❻ ist der vierte Strand an unserem Weg, der bei Flut fast völlig überspült wird. Hier führt unser Weg über eine kleine **Brücke**, hinter der wir uns rechts halten, um auf dem jetzt schmaleren Pfad entlang der Klippen weiterzulaufen. Schließlich gelangen wir zu flachen Felsen, auf denen uns große Steinmännchen leiten.

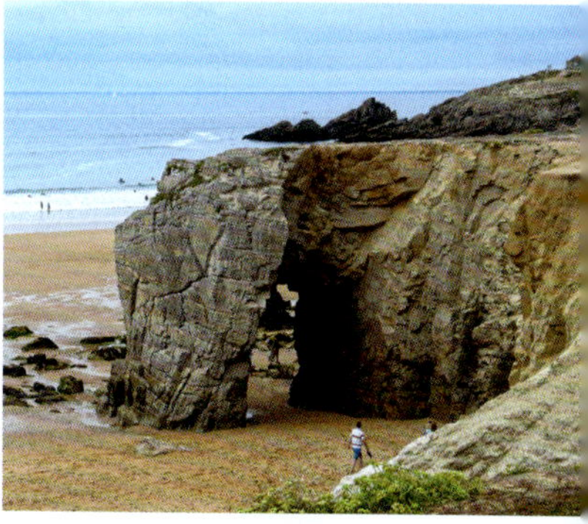

Am alten Lavoir von Kerniscop betreten wir die **Straße** und gehen auf dem breiten Seitenstreifen weiter. In der folgenden Rechtskehre biegen wir nach links auf eine wenig befahrene Straße ins Landesinnere ab und erreichen auf der Kuppe den **Weiler Kerniscob**, eine hübsche Mischung aus neuen und alten Häuschen. An einer T-Kreuzung wenden wir uns nach rechts und biegen nach links in die nächste Straße ein, die **Allée de Sémaphore**. Bald hört der Asphalt auf und wir folgen dem Schotterweg aufwärts, ignorieren dabei alle Abzweige, und erreichen den **Tour de Locmaria** ❼. Von hier oben ist die Aus-

Der Tour de Locmaria
Auf dem mit 33 Metern höchsten Punkt der Halbinsel gab es schon seit 1636 Anlagen zur Überwachung und Verteidigung der Halbinsel. Der ursprüngliche Wachturm wurde 1806 zu einem Signalturm ausgebaut. Dazu erhielt er einen achteckigen Umbau. Auf dem Dach hat man einen langen Mast mit Antennen installiert. Die Signalanlagen und zusätzlichen Gebäude wurden im Zweiten Weltkrieg zerstört und der Turm Ende der 70er-Jahre zu einem Aussichtsturm umgebaut.

sicht unübertrefflich. Wir überblicken kilometerweit die Küste. An der Brüstung hilft eine rund um den Turm laufende Übersichtskarte bei der Orientierung.

Vom Turm folgen wir unserem ursprünglichen Weg leicht rechts weiter und wenden uns an der nächsten Kreuzung nach links. Wir wandern auf einem breiten **Schotterweg** durch Wacholder und Farn, gehen an einer Wohnwagensiedlung sowie an halb verwilderten Pferdeweiden vorbei und queren eine kleine Asphaltstraße geradeaus. An einer Verzweigung halten wir uns leicht rechts und biegen bei den Pferdeständern eines **Reitbetriebs** **8** links ab – geradeaus ist dort bereits die D 186A zu sehen. Der teils sandige, mit Pferdeäpfeln gesprenkelte Weg ist dicht mit hohen Büschen gesäumt. Er führt zu einer Straße, an der wir nach rechts und dann nach links auf die **D 186A** gehen.

Hier können wir auf dem breiten Seitenstreifen gut Richtung Küste marschieren. Wir wandern an der Einmündung der kleineren Küstenstraße vorbei und wechseln bei einer Verkehrsinsel mit Wegweisern auf den bereits bekannten **Küstenpfad**.

Ihm folgen wir zurück, gehen an allen Stränden vorbei und wenden uns beim letzten nach rechts zum **Parkplatz**. Vor diesem führt ein Pfad nach links zur Straße, der wir noch 200 Meter zu unserem Parkplatz folgen.

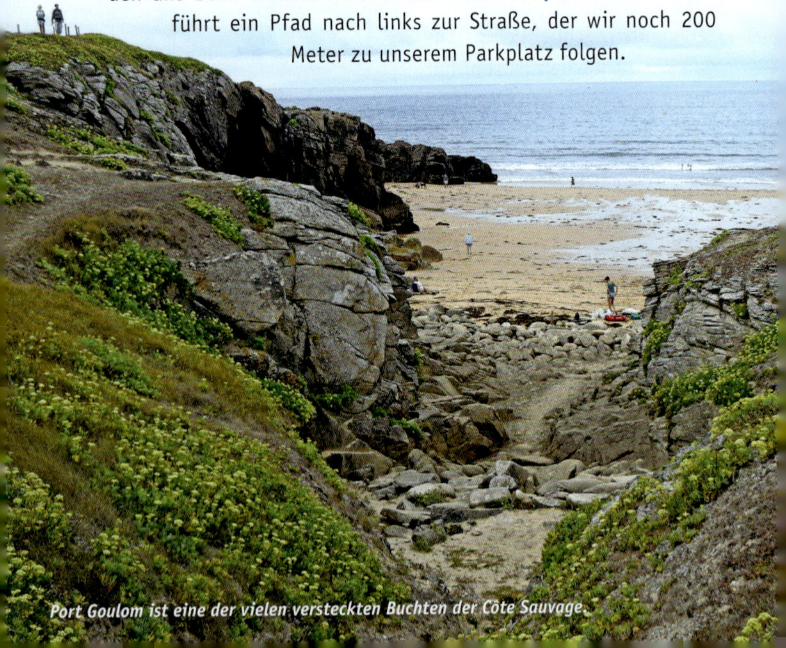

Port Goulom ist eine der vielen versteckten Buchten der Côte Sauvage.

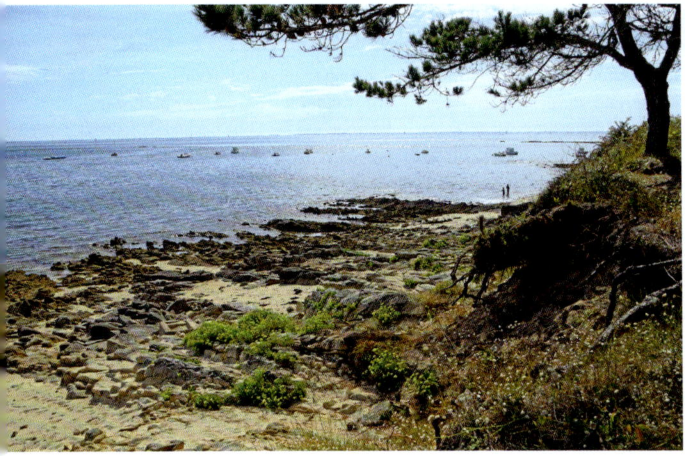

40 m

STRECKE 13,5 km

4 h 15

ab 12

Die Highlights von Locmariaquer

32

Weite Buchten und lange Strände am kleinen Meer

Lange Strände und bei Ebbe trockenfallende Buchten am Atlantik erwarten uns ebenso wie der Hafen von Locmariaquer und die enge Meeresöffnung am Golf von Morbihan. Neben diesen landschaftlichen Highlights entdecken wir mehrere Dolmen und Menhire. Das alles verbinden wir mit einem ruhigen Weg durchs Inland. Eine Rast am Meer oder am Hafen von Locmariaquer können diese beeindruckende Tour abrunden.

Wanderung: Wir überqueren unsere Anfahrtsstraße und gehen über den Parkplatz der **Site des Mégalithes** ❶. Vor dem Eingang halten wir uns rechts und folgen weiter der Straße. In einem Bogen führt sie auf das Zentrum von Locmariaquer zu. Wir biegen in die erste Straße nach rechts ab, die **Ruelle de Bronzo**. Vor der Hausnummer 30 führt ein Fußweg nach rechts zum **Dolmen de Mane Rutual** ❷.

Zurück auf der Straße machen wir wenig Schritte nach rechts und biegen dann sofort nach links in die schmale Straße zwischen Schulgebäuden ein. An der **Tourist-Info** biegen wir rechts ab und überqueren den Parkplatz. An seinem Ende geht es geradeaus hinunter zum **Hafen** ❸. Hier locken Bänke und ein Kai zu einer Rast mit schöner Sicht über den Golf von Morbihan.

Wir laufen am Hafenbecken entlang und kommen zum Haus, in dem Tickets für Fahrten auf dem Golf verkauft werden. Direkt

TOUREN-STECKBRIEF

Anfahrt: Wir fahren auf der D781 nach Locmariaquer und vor dem Zentrum, an einer größeren Kreuzung, nach rechts Richtung »Site des Megalithes«. Hinter den Sportanlagen liegt rechts bei **GPS N 47°34'18.2", W 2°57'10.0"** ein großer Parkplatz.

Anspruch und Charakter: Gute, meist breite Wege, kaum Schatten, 2,6 Kilometer auf Asphalt.

Markierung: Weiß-rote GR-Markierung an der Küste.

Site des Mégalithes de Locmariaquer: September bis April 10–12.30 und 14–17.15 Uhr, Mai bis Juni 10–18 Uhr, Juli und August 10–19 Uhr, Oktober bis März Mo geschlossen.
Eintritt: €6, Kinder bis 18 Jahre frei.

Einkehr: Restaurants am Hafen von Locmariaquer, einfache Snackbar am Kai von Embarcadère le Guilvin.

Mit Kindern: Für die gekürzte Familientour, die bei Ebbe besonders reizvoll ist, parken wir an der Plage de Saint-Pierre ⑪ bei **GPS N 47°33'32.2", W 2°58'09.5"**. Von dort laufen wir in Verlängerung der Zufahrt bis zur Bucht und in dieser nach rechts bis zur breiten Zufahrt unter Zypressen. Dieser folgen wir und biegen im Ort rechts ab, wählen bei der Kapelle die Straße schräg rechts, gehen an der Querstraße rechts und die nächste links in Richtung »Brennegi«. Wir durchqueren das Feuchtgebiet »Marais de Breneguy«, treffen an einer Y-Verzweigung auf das Herrenhaus ⑨ und folgen dem Küstenweg zurück zum Parkplatz. Vor dem Herrenhaus lohnt es sich, links auf den Damm zu steigen, um in die Bucht zu gucken.

daneben beginnt ein Pfad, der zwischen Gebäuden ans Wasser und dann in eine **schmale Gasse** führt. Dieser folgen wir nach links in Richtung »Embarcadère Guivin«. Zuerst geht es an Häusern vorbei, dann wieder ans Wasser, zum **Hotel Neptun** und schließlich zum **Kai** ④.

Hier wenden wir uns nach rechts. An **Picknicktischen** vorbei führt unser Weg auf Mauerkronen direkt an der Bucht entlang, anfangs etwas schmal, aber schnell wieder in angenehmer Breite. Im Wasser sehen wir gemauerte Becken. Sie halten das Wasser zurück und dienten früher der Lagerung von frischen Austern. Vereinzelt kommen sie auch heute noch zum Einsatz.

Bei weiteren **Picknickbänken** und dem Schild »Sackgasse« wenden wir uns nach rechts und steigen zwischen Mauern hinauf zur Straße. Hier geht es rechts und nach wenigen Metern an der Durchgangsstraße wieder links. An der nächsten Verzweigung, nach etwa 300 Metern, biegen wir noch einmal nach links ab. Wir

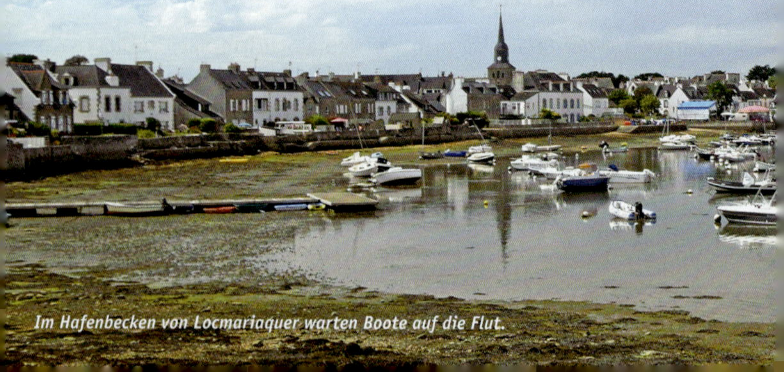

Im Hafenbecken von Locmariaquer warten Boote auf die Flut.

folgen der Straße durch das Wohngebiet, wenden uns am letzten Haus auf der rechten Seite nach links und betreten die **Site naturel protégé de Kerpenhir**. Durch Busch- und Dünenlandschaft folgen wir dem Pfad Richtung Meer. Vom Ufer aus führt ein deutlicher Pfad zwischen Brombeerhecken zu einem **Menhir** 5 hinauf. Der große Stein ist rau, verwittert und scheint die Meerenge zu überwachen.

Dolmen de Mane Rutual
Vor über 6000 Jahren wurde der Dolmen aus 39 Säulen oder Tragesteinen und sechs Deckplatten gebaut. Ein Gang führte zu einer Grabkammer. Früher war der Dolmen mit einem Grabhügel vollständig bedeckt. Bei Restaurierungen in den Jahren 1885 und 1936 wurde die riesige Deckplatte mit zusätzlichen Betonpfeilern gestützt. Da diese mit einem Abzeichen oder Schild dekoriert ist, vermutet man, dass sie vor dem Bau des Dolmens als Menhir aufgerichtet war. Da die unterstützenden Betonpfeiler inzwischen Risse aufweisen und die Grabkammer von Besuchern unter anderem als Feuerstelle genutzt wurde, ist der Zugang zum Dolmen heute aus Sicherheitsgründen gesperrt.

Wir folgen dem Weg weiter zu einer hübschen kleinen **Landzunge mit Bank**, Strand und ruhiger Sicht auf die Meerenge des Golfes von Morbihan. Bei abfallendem oder ansteigendem Wasser ist die starke Strömung in der Meeresenge von hier gut sichtbar! An der folgenden Segelschule gehen wir durch Hecken hindurch zum belebten **Pointe de Kerpenhir** 6. Reste einer alten Festung dienen hier als Aussichtsplattform. Die **Statue Notre-Dame de Kerdro**, 1946 geschaffen, zeigt die Jungfrau mit ihrem Kind und soll über die gute Heimkehr der Fischer wachen. Auf der anderen Seite wird die Zufahrt zum Golf von Port Navalo und seinem Leuchtturm gesichert.

Highlights

In der idyllischen Landschaft an der sanften Küste von Locmariaquer verstecken sich mehrere Dolmen und Menhire – aber auch einige schöne Buchten, in denen ihr gut einen sonnigen Nachmittag vertrödeln könnt.

Auf der zum offenen Meer gewandten Seite wandern wir weiter und folgen dem Pfad unter Kiefern direkt oberhalb der Uferböschung. Unter uns erstreckt sich für die nächsten 1,5 Kilometer die **Plage de Locmariaquer** 7. Zuerst laufen wir auf einem sehr sandigen Pfad parallel zur Straße, hinter der nächsten Zufahrt geht es dann auf einem Fuß- und Radweg direkt neben dieser entlang.

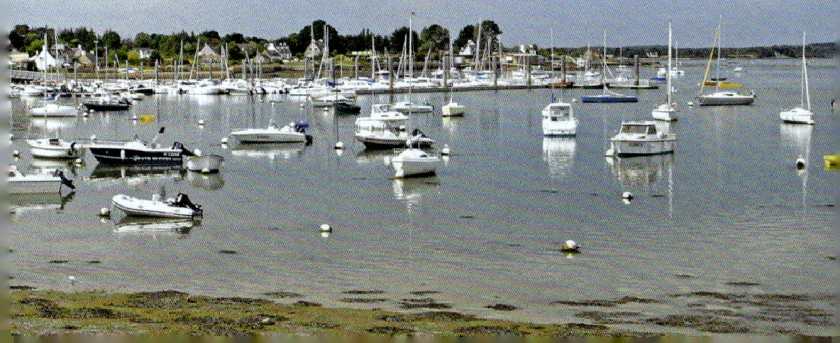

Allée Couverte des Pierres Plates
Im dritten Jahrtausend vor unserer Zeitrechnung wurde dieses Gebäude aus 70 Steinplatten errichtet, von denen heute noch 50 erhalten sind. Es ist 60 Meter lang und besteht aus einem Gang und mehreren Kammern. In seinem Inneren finden sich aufwendige Gravuren. Sein Eingang wird von einem Menhir bewacht. Um das Monument zu schützen, ist das Betreten verboten.

In der Rechtskurve hinter dem Campingplatz gehen wir weiter geradeaus und erreichen wenig später die **Allée Couverte des Pierres Plates** **8**.

Wir folgen dem mit einem Zaun begrenzten Fußweg weiter immer an der Bucht **Anse du Toul Keun** entlang. Der Pfad teilt sich, beide Wege führen jedoch schnell wieder zusammen. Zuerst laufen wir nahe am Wasser, dann durch einen Dünengürtel und schließlich durch hohe Büsche getrennt vom Meer. Wir erreichen einen **Parkplatz** und gehen auf einem gekiesten Fahrweg immer geradeaus. Am letzten Haus führt er als Fußweg weiter an der Bucht entlang.

Hinter zwei kleinen Brücken wenden wir uns nach links und halten auf das Herrenhaus zu, das sich über der Bucht erhebt. Wir kommen zum Damm **Digue de Breneguy,** der die Bucht und das weite Feuchtgebiet **Marais de Breneguy** zur Rechten abtrennt.

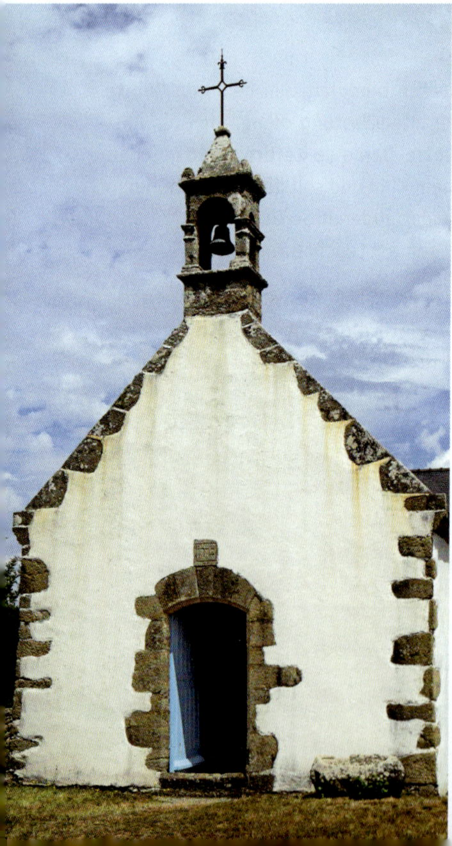

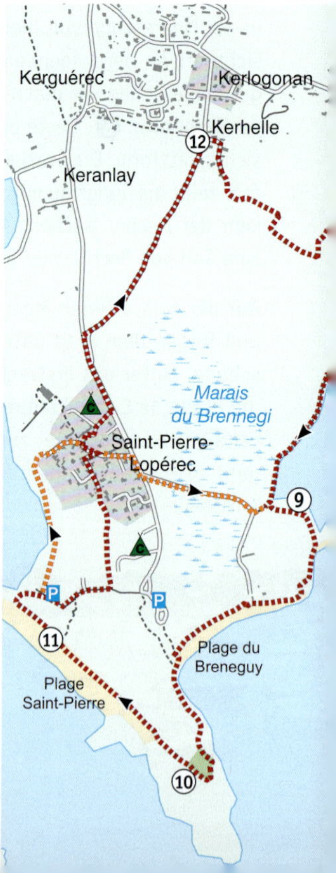

Er wurde etwa 1850 erbaut und 2009 aufwendig renoviert. Der Damm diente der Salzgewinnung und sollte außerdem das Herrenhaus schützen und die vorgelagerten Austernbecken bewässern. Hinter einem Durchgang am Ende des Dammes gehen wir nach links und, hinten am **Grundstück des Herrenhauses** ❾ vorbei, zurück auf den Küstenweg.

Unser Weg beschreibt eine Rechtskehre und hält dann auf die Bucht zu. An dieser entlang, durch Büsche, an Grundstücksgrenzen und einem kleinen Feuchtgebiet vorbei kommen wir zu einer **Verzweigung**, an der wir nach links abbiegen. Einige Meter gehen wir direkt auf dem **Kiesstrand**, dann treffen wir wieder auf den Weg und folgen ihm nach links hinaus auf die kiefernbewachsene **Landspitze Pointe er Hourél** ❿. Hier kann man auf Picknickbänken oder auf dem Boden im Schatten sitzen und das weite Meer bestaunen. Ein magischer Ort!

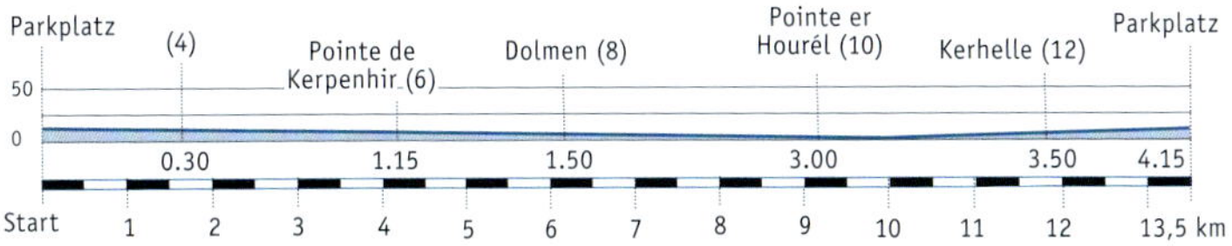

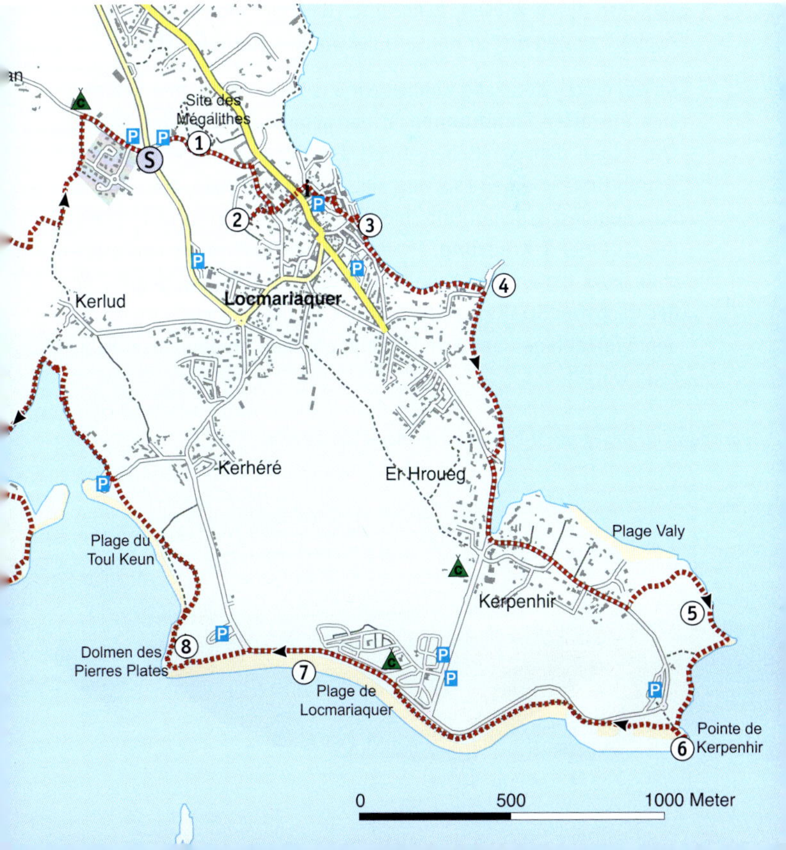

Wir umrunden die Landspitze und treffen auf einen weiteren **Dolmen**, der leider zerstört ist, trotzdem sehr malerisch über dem Meer thront. Drei Tragsteine sind erhalten, die Deckplatte liegt auf dem gepflasterten Boden der früheren Grabkammer.

Weiter führt unser Pfad an der Küste entlang, jetzt oberhalb des schönen Strandes **Plage de Saint-Pierre** ⑪. Vorbei an Bunkern gehen wir durch die Dünen oberhalb des Strandes, suchen uns möglichst den **weiß-rot markierten** im Geflecht der Wege. Dort wo die Bucht zur Rechten und die zerklüftete Landspitze gut sichtbar sind, wenden wir uns nach rechts und halten auf einen **Parkplatz** zu. Wir überqueren ihn und folgen der Parkplatz-Zufahrt bis zu einem guten Weg nach links, der als Radweg nach »Village de Saint-Pierre« beschildert ist. Zwischen Trockensteinmauern und Hecken führt er geradewegs auf die **Kapelle Saint Pierre Loperhet** zu.

An dieser gehen wir nach links und die nächste Straße nach rechts. In zwei Bögen durch Gehöfte und einen Campingplatz erreichen wir eine **Durchgangsstraße**. Wir wenden uns nach links auf den Fuß- und Radweg auf der anderen Straßenseite. Nach 250 Metern führt er automatisch von der Straße weg. Wir wandern durch Wiesen, dann unter Bäumen und schließlich auf Asphalt zu den ersten Häusern des Weilers **Kerhelle** ⑫.

An der ersten Kreuzung wenden wir uns nach rechts, hier befindet sich ein **alter Ziehbrunnen** in der gegenüberliegenden Mauer. Wir folgen dem Sträßchen durch den Ort und biegen am Ende schräg links in einen Fahrweg ein. Teils durch Wald, teils an mit Büschen bestandenen Feldrändern entlang bringt er uns in Kehren zu einer **T-Kreuzung**. Hier gehen wir nach links und erreichen kurz darauf ein Wohngebiet, dann ein Neubaugebiet. An der nächsten Straße wenden wir uns rechts und marschieren zu den Sportanlagen und zum Parkplatz hinauf, an dem unser Fahrzeug wartet.

Blick durch die Dünen von St-Pierre über die Bucht von Quiberon.

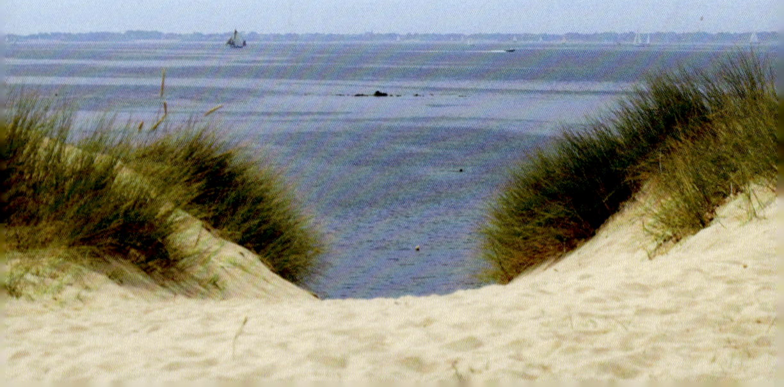

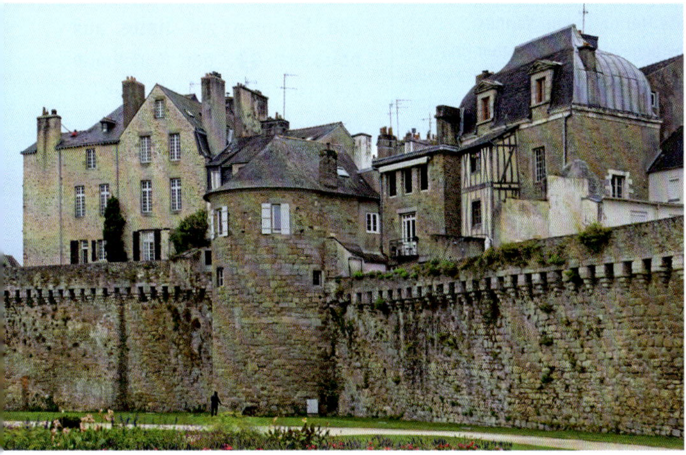

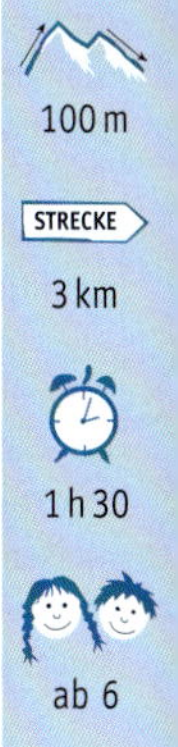

Rundgang durch Vannes

33

Fachwerkidylle am Golf von Morbihan

Vannes, die Perle am Golf, bietet alles, was es für einen gelungenen Stadtausflug braucht: mittelalterliche Fachwerkfassaden, eine weitgehend erhaltene Stadtmauer mit mächtigen Toren und eine berühmte Kathedrale. Dazu gibt es natürlich auch Geschäfte zum Bummeln sowie Restaurants und Bars für eine genussvolle Pause in der entspannten Atmosphäre dieser schönen Stadt.

Stadtbesichtigung: Vom Parkplatz aus gehen wir entlang der Zufahrtsstrecke zurück zum Hafenbecken und rechts am Wasser entlang bis zu seinem oberen Ende. Durch die **Porte Saint-Vincent-Ferrier** aus dem 17. Jahrhundert betreten wir die mittelalterliche Stadt. Wir wenden uns bei der ersten Straße links

TOUREN-STECKBRIEF

Anfahrt: Von der N165 in Richtung Vannes Centre, dann zum Parkplatz »Le Port« fahren. Im Kreisverkehr an der Einfahrt der Tiefgarage »Le Port« vorbei und um das Hafenbecken herum immer rechts der Straße folgen. Am nächsten Kreisverkehr schräg links zum **Parking des Capucins** bei **GPS N 47°39'2.7", W 2°45'19.6"**.

Einen Parkplatz ohne Höhenschranke findet ihr in Richtung Parc du Golfe, dann die erste rechts zum »Parking gratuit«.

Anspruch und Charakter: Bürgersteige und gepflasterte Fußgängerzone.

Einkehr: Große Auswahl an Restaurants, Bars und Crêperien.

Info: Bei einem Besuch am Mittwoch- oder Samstagvormittag könnt ihr die Fischhalle besuchen und über den Markt schlendern.

Mit Kindern: Mit Kindern kann man die Runde abkürzen. Dazu nach dem Besuch der Kathedrale durch die zusammenstoßenden Giebel zurückgehen und rechts der Rue des Chanoines folgen. Die Mairie ist weniger interessant für Kinder. Strecke: 2,5 km.

Das weiße Hermelin von Vannes
In Vannes begegnet uns an vielen Orten ein weißes Hermelin, das Symbol der Herzöge der Bretagne. Es verweist auf den stolzen Wahlspruch »Potius mori quam foedari«, »Lieber sterben als entehrt werden«, denn dem Hermelin wird nachgesagt, dass es sich eher töten ließ, als sein weißes Fell zu beschmutzen. Der symbolisierte Hermelinschwanz, bestehend aus einem Kreuz aus Punkten und drei oder fünf nach unten weisenden Spitzen, ist als Ausdruck bretonischer Identität heute allgegenwärtig und findet sich auch auf der bretonischen Flagge.

Highlights

Die malerische Hafenstadt Vannes ist bekannt für ihre gut erhaltene mittelalterliche Altstadt mit charmanten Fachwerkhäusern, einer alten Stadtmauer und der majestätischen Kathedrale Saint-Pierre. Sie verbindet geschichtlichen Reichtum mit lebendigem Hafenambiente.

und kommen zur **Halle aux poissons** ❶, der Markthalle der Fischhändler (geöffnet Di, Mi, Fr, Sa von 8–13.30 Uhr). Hinter der Markthalle halten wir uns schräg rechts und biegen in der nächsten Straße nach rechts ab zur **Rue Saint-Vincent**. Dieser folgen wir nach links zur **Place des Lices** ❷. Der Platz wurde bereits im 14. Jahrhundert angelegt, auch wenn die Häuser größtenteils neueren Ursprungs sind. Er diente früher als Turnierplatz. Heute wird hier am Mittwoch und am Samstag der Markt aufgebaut.

An der Place de Lices biegen wir schräg links in die gepflasterte Gasse **Rue Pierre Renée Rogues** ab. An der nächsten Ecke schauen wir nach links in die ruhige Rue Noé: Hier liegt wenige Schritte abwärts das **Château Gaillard** ❸. In der Stadtresidenz des Bischofs von Nantes aus dem 15. Jahrhundert befindet sich heute das **Museum für Ar-**

Die alten Fachwerkhäuser im Zentrum von Vannes.

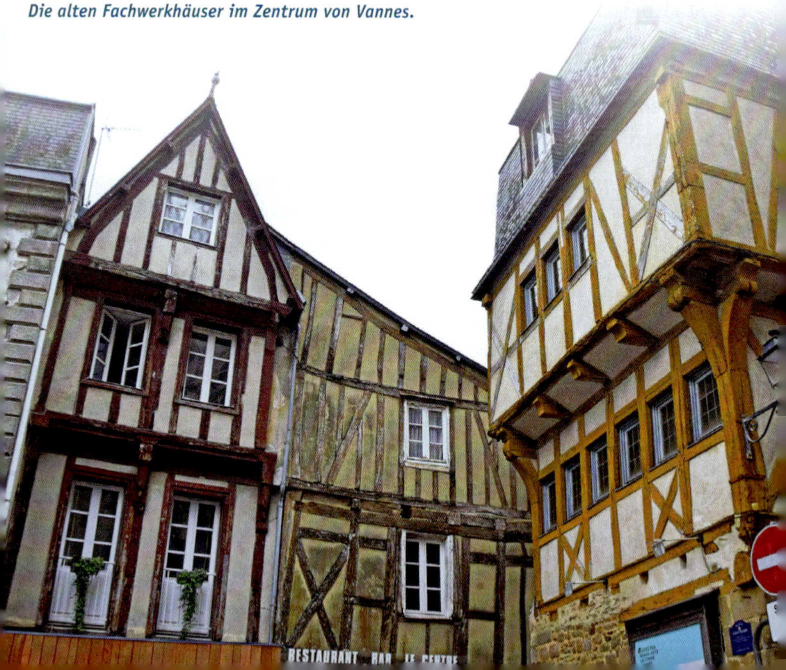

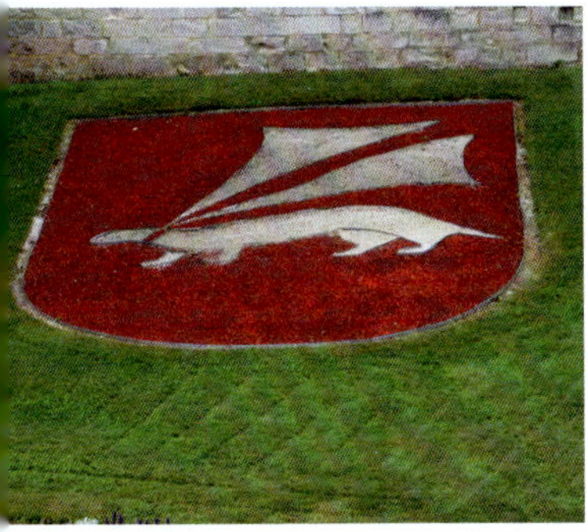

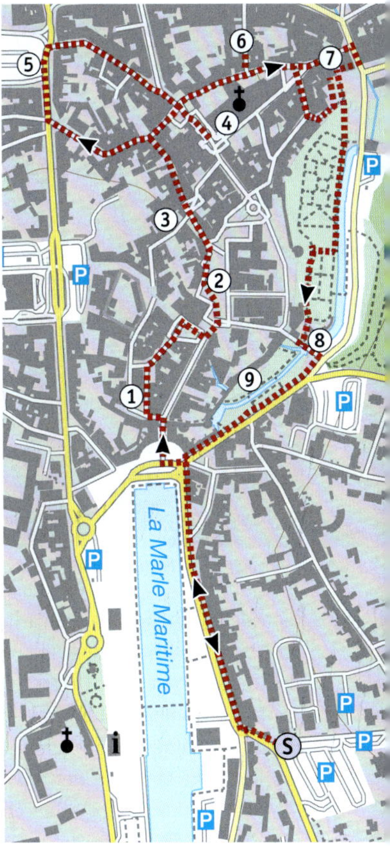

chäologie und Stadtgeschichte. An der Ecke zur Rue Noé ragen außerdem die Steinfiguren »**Vannes et sa femme**« – Vannes und seine Frau – aus der Wand eines Hauses aus dem späten 15. Jahrhundert. Sie scheinen von dort aus, neugierig auf die Besucher unten in der Gasse zu schauen. Solche Figuren gibt es auch in anderen Orten im Morbihan und man vermutet, dass sie als eine Art Firmenschild gedacht waren.

Wir gehen weiter geradeaus in die sehr schmale **Rue des Halles**. Hier befinden sich für das Mittelalter typische Stadthäuser mit gemauertem Erdgeschoss und Obergeschossen aus Fachwerk. An der T-Kreuzung biegen wir rechts in die **Rue Saint-Salomon** ab. Hier stehen die alten Häuser etwas weiter auseinander und lassen sich besser betrachten. Am kleinen **Platz Henri IV.** wählen wir auf der rechten Seite den Durchgang zwischen zwei farbenprächtigen Fachwerkhäusern, die sich durch die immer weiter herausgebauten Obergeschosse an den Giebeln fast berühren. Dahinter sehen wir die **Kathedrale Saint-Pierre** ❹.

Die Kathedrale Saint-Pierre

Die große Kirche ist ein Bau-Ensemble im Stil vieler Jahrhunderte. Der romanische Glockenturm links des Hauptportals stammt aus dem 13. Jahrhundert. Das gotische Hauptschiff mit seinen Seitenkapellen wurde im 14. Jahrhundert erbaut, das Querschiff und die Turm-Kapelle Saint-Vincent entstanden im 16., der Chor und die anschließenden Kapellen im 17. Jahrhundert. Ein Grund für die lange Bauzeit waren die Kosten, denn die benötigten Gelder wurden unter anderem als Spenden unter den Wallfahrern der Tro-Breizh gesammelt. Die erste Kapelle auf der linken Seite ist einem der sieben Gründungsheiligen der Bretagne geweiht. Saint-Patern war gegen Ende des 15. Jahrhunderts der erste Bischof von Vannes. Sein Nachfolger hieß Saint-Mériadec.

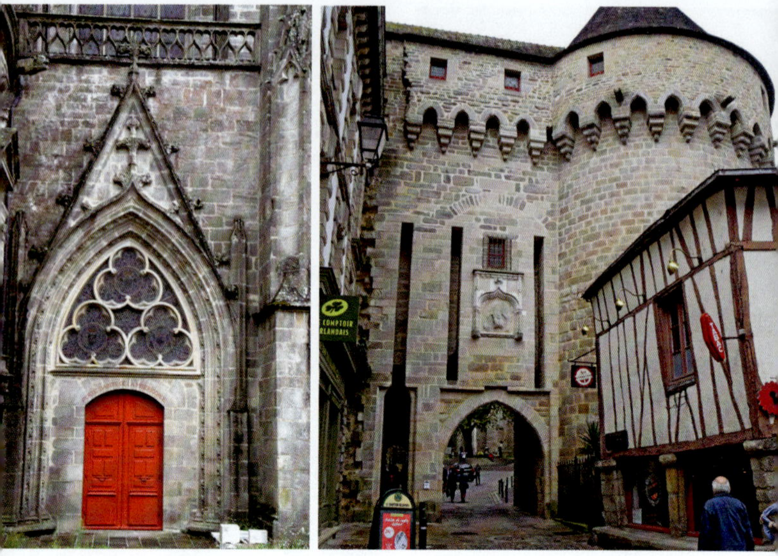

Baukunst in Vannes: Das Portal an der Westfassade der Kathedrale und die Porte de Prison.

Von der Kathedrale gehen wir in die Rue Saint-Salomon zurück und folgen ihr aus dem mittelalterlichen Stadtkern hinaus zur vielbefahrenen **Rue Thiers**. Dabei kommen wir auf der linken Seite an Nummer 13 vorbei, einem alten Fachwerkhaus, dessen rotbraune Holzständer mit vier sympathischen **Löwenfiguren** geschmückt sind. An der Rue de Thiers wenden wir uns rechts und sehen links das große Gebäude der Stadtverwaltung **Mairie de Vannes ❺**. Es wurde von 1881 bis 1886 gebaut und ist dem Pariser Rathaus nachempfunden – ein Symbol für das Selbstverständnis der Stadt Vannes. Im Inneren ist vor allem der breite Hauptaufgang mit dem farbenprächtigen Glasfenster interessant, das die Hochzeit von Anne de Bretagne mit dem französischen König im Jahr 1491 darstellt.

Wir wenden uns gegenüber in die **Rue Emile Burgault**, die uns an Resten der Stadtmauer und vielen Souvenirgeschäften vorbei wieder in die Altstadt und zur **Kathedrale** führt. Vor dieser biegen wir links in die **Rue des Chanoines** ein. An der Mauer der Kathedrale entlang kommen wir zur turmartigen Renaissance-Kapelle, in der sich das Grab des heiligen Saint-Vincent befindet, eines Dominikanermönches, der 1419 in Vannes starb. Hier sehen wir auch die Reste eines Kreuzganges.

Ein kurzer Abstecher nach links in die Rue Brizeux bringt uns zur **Porte Saint-Jean ❻**, einem Stadttor aus dem 17. Jahrhundert. Wir kehren zur Mauer der Kathedrale zurück und treffen hinter dem runden Chorraum auf die von Steinsäulen umgebene **Kapelle Notre Dame de Pieté**. Auf der Place Brulée am Ende der Straße wenden wir uns nach rechts und spazieren in die **Rue des Vierges**. Es geht durch ein geöffnetes Tor (8–19 Uhr, Juni bis August bis 21.45 Uhr), in der Kehre nach links und an der Statue des Saint-Emilion vorbei. Dahinter steigen wir eine Treppe auf die Stadtmauer hinauf. Vom Bauwerk aus dem 14. und 15. Jahrhundert haben wir einen tollen Ausblick auf den **Jardin des Remparts**, den Festungsgarten. Der Zugang am Tour de Prison wird leider nur für Führungen geöffnet. Wir gehen also auf gleichem Weg zurück zur Place Brulée.

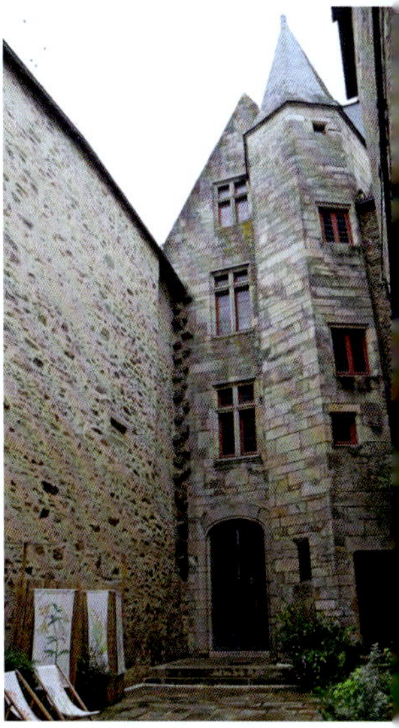

Das Château Gaillard beherbergt heute ein Museum.

Dort wenden wir uns nach rechts und verlassen die Altstadt durch die **Porte de Prison** ❼. Sie führt durch den mächtigsten Wehrturm von Vannes. Er wurde zwischen dem 13. und 15. Jahrhundert erbaut und trägt seinen Namen, weil er ab dem 18. Jahrhundert auch als Gefängnis genutzt wurde. An Fachwerkhäusern vorbei halten wir uns an der Straße rechts und können kurz danach den Jardin des Remparts unterhalb der Stadtmauer betreten. Ehe die Mauer nach rechts abknickt und der Park sich weitet, lohnt sich ein genauerer Blick auf das Mauerwerk. Hier sind Reste der gallo-römischen Ziegelmauer aus dem 3. Jahrhundert zu sehen.

Durch die Blumenbeete des Parks schlendern wir vorbei an den imposanten Mauern mit dem kleineren Turm **Poudrière**, Pulvermagazin, und dem größeren **Tour du Connétable** aus dem 15. Jahrhundert, der als Verteidigungs- und auch als Wohnturm genutzt wurde. Am Ende des Parks sehen wir links die **Lavoirs** ❽ an der Marle (1718 und 1721), überdachte Waschhäuser, die heute vor allem romantisch wirken, aber noch bis 1960 zum Waschen genutzt wurden.

Wir steigen rechts die Treppe hinauf, wenden uns an der **Porte Sainte Poterne** nach links und schauen in den Schlossgarten mit seinen Arkaden. Entlang der Straße gehen wir am **Château de l'Hermine** ❾ vorbei. Ursprünglich war hier eine kleine Festung aus dem 14. und 15. Jahrhundert in die Stadtmauer integriert. Nach ihrer Zerstörung wurde im 18. Jahrhundert das Herrenhaus im neoklassizistischen Stil erbaut. Sein Name ist noch von der alten Herzogsfestung abgeleitet.

Wir folgen der Straße geradeaus und stehen wieder am Hafenbecken. Links geht es zurück zu unserem Auto.

30 m

STRECKE 7,2 km

2 h 15

ab 6

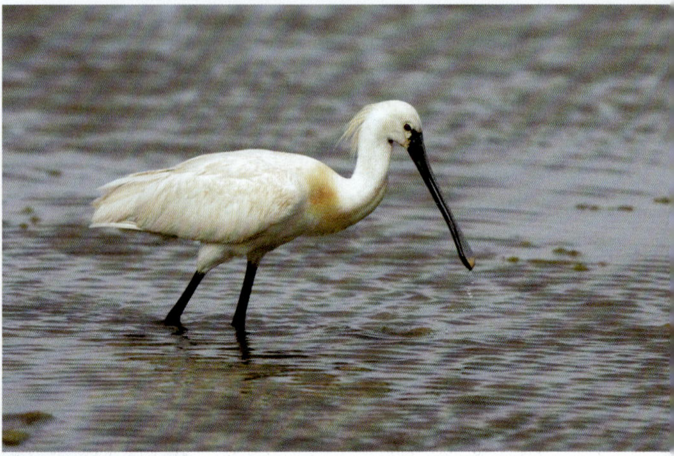

34 Im Vogelschutzgebiet von Le Hézo

Weites Wattgebiet am Golf von Morbihan

Halb Meer, halb Land – an dieser Grenzlinie bewegen wir uns bei einem Besuch der Vogelschutzgebiete von Le Hézo. Alte Salinen und flache Buchten bieten Kinderstuben für Fische sowie Rastplätze und Lebensraum für Vögel. Entlang des Küstenpfades erleben wir die beeindruckende, raue Natur an den Ufern des Golf von Morbihan.

Der Golf von Morbihan ist sowohl ganzjähriger Lebensraum als auch Winterrastplatz für verschiedene Vögel. Neben den gängigeren Arten wie Möwen, Kormoranen, verschiedenen Enten und Brandgänsen kommen auch seltene Vögel hierher. Wer Glück hat, kann Löffler, den Heiligen Ibis, Seidenreiher, Kiebitzregenpfeifer, Uferschnepfe und Wasserläufer entdecken.

Endlose Wattflächen am Damm nach Le Passage.

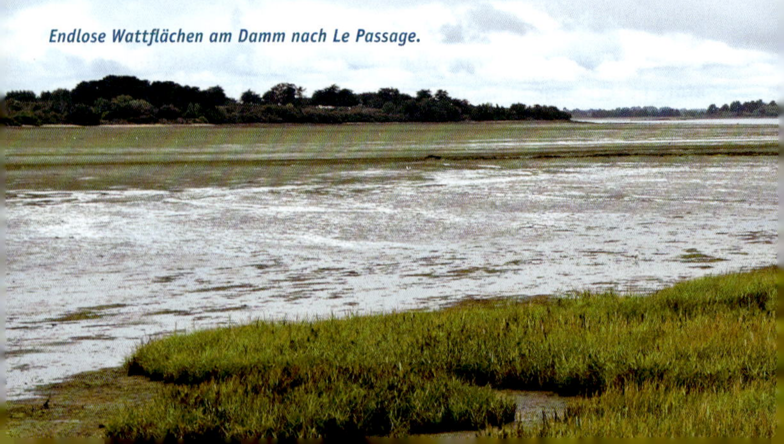

TOUREN-STECKBRIEF

Anfahrt: Von Vannes auf der N 165 Richtung Nantes und dann auf die D 780 Richtung Sarzeau / Presq'Île de Rhuys abbiegen. Von dort geht es rechts in Richtung »Le Hézo«. Im ersten Kreisverkehr halten wir uns geradeaus und kommen nach Saint-Armel. Im Ortsteil Villeneuve am Kreisverkehr nach rechts abbiegen und auf der Landzunge »Le Passage« parken. Ein Parkplatz befindet sich rechts am Anfang (Einfahrt schlecht erkennbar zwischen Pampasgras) oder links am Ende des Dammes.

GPS N 47°34'55.6", W 2°42'56.6"

Anspruch und Charakter: Einfache Wege und Pfade. Bei Springflut kann der Weg stellenweise überflutet sein. 2,6 Kilometer auf Asphalt.

Markierung: Weiß-rote GR-Markierung entlang der Küste.

Info: Im Sommer 2019 war der Staudamm an den Marais du Hézo wegen Renaturierungsarbeiten gesperrt. Während der Sperrung muss der Rückweg ebenfalls um das Gelände herum erfolgen. Die Wanderung verlängert sich dadurch um 1,4 Kilometer.

Mit Kindern: Vom Parkplatz mit Picknickplatz ❺ bei **GPS N 47°35'13.8", W 2°42'9.2"** kann man die südliche Runde erwandern. *Strecke: 1,9 Kilometer, die nördliche Runde hat 1,4 Kilometer.*

Highlights

Die ausgedehnten Wattflächen und Salzwiesen des Marais du Hézo wurden 2002 als Vogelschutzgebiet ausgewiesen und gehören heute zum größeren Schutzgebiet des Marais de Séné. Seit 2011 werden Arbeiten zur Wiedervernässung der alten Salinenbecken durchgeführt.

Wanderung: Wir wandern über den Damm zurück und können dabei die weite Bucht betrachten, die bei Ebbe fast vollständig trockenfällt. Am **Ende des Dammes** gehen wir nach links durch eine kleine Schranke auf den weiß-rot markierten Fußweg. An Salzwiesen vorbei, dann durch Wiesen und Büsche erreichen wir den **Marais du Hézo** ❶ oder »de la Villeneuve«. Das Gelände ist eine wunderbare Symbiose aus von Menschen genutzter Fläche und Naturlandschaft. Ursprünglich im 15. Jahrhundert zur Salzgewinnung angelegt, sind die Becken heute ein wichtiger Rast- und Rückzugsort für Vögel. Seit 2011 werden Renaturierungsmaßnahmen durchgeführt. Dabei werden vor allem größere Deiche verstärkt und angehoben, kleinere Deiche dagegen entfernt. Zusätzliche Öffnungen ermöglichen den Fluss des Wassers zwischen den Becken.

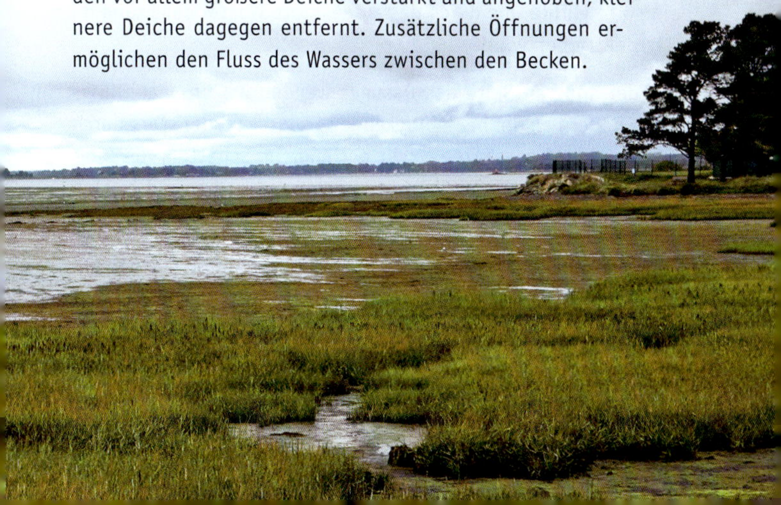

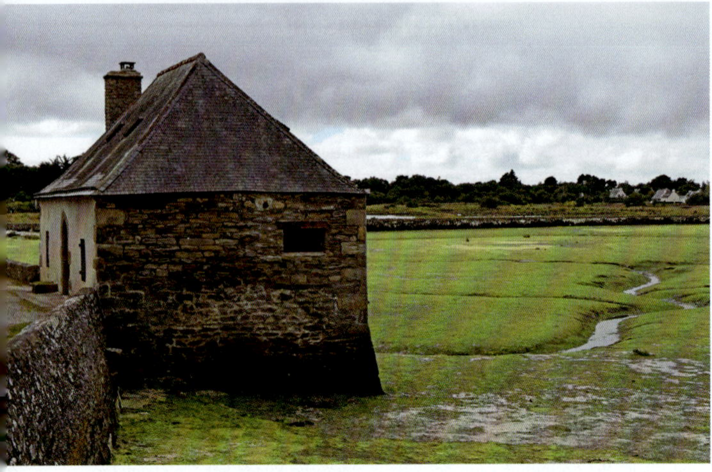

Die alte Mühle an der Pont de Moulin überragt bei Ebbe grüne Wattflächen.

Vor dem **Staudamm** folgen wir den Schildern nach rechts und folgen dem Fußweg, der uns teilweise durch Büsche und teilweise direkt an den Salinen entlangführt. An der Straße halten wir uns links bis zur **T-Kreuzung** der D 199. Dort gehen wir nach links und sofort wieder auf dem Wiesenpfad nach rechts zu einem alten **Quellhäuschen** ❷.

Zurück an der Straße überqueren wir diese und wandern gegenüber auf dem Wiesenweg weiter. Er führt an einem Trafohäuschen vorbei und mündet in ein Sträßchen, dem wir geradeaus zwischen Häusern aufwärts folgen. An der **Kreuzung** wenden wir uns nach links und an der nächsten Verzweigung geht es ebenfalls nach links in Richtung »Le Hézo«. Hier befindet sich in der Spitze der Verzweigung ein weiteres **Quellhäuschen**. Zwischen Büschen und Bäumen kommen wir zu **Picknickplätzen** und dann geradeaus auf den Damm **Pont de Moulin** ❸. Links sehen wir eine alte **Mühle**, die durch das aufgestaute Wasser des Étang du Hézo betrieben wurde.

Auf der anderen Seite des Dammes wenden wir uns nach links und wandern an der beeindruckenden Landschaft der stark durch Ebbe und Flut geprägten Bucht entlang. Im Schatten von Bäumen kommen wir an einer kleinen Felswand vorbei und treffen auf eine Straße. Ihr folgen wir rechts hoch zur **Kirche** ❹.

Dort halten wir uns schräg links, gehen an hübsch renovierten Häusern und alten Fischerhäuschen vorbei bis wir ein Denkmal für die Opfer der beiden Weltkriege sehen, das am Ende einer Kastanienallee steht. Dahinter geht es links in die nächste Straße. Hinter einem **Picknickplatz** ❺ biegen wir nach links ab in einen Fußweg. Er führt uns durch Binsen, Gebüsch und Bäume

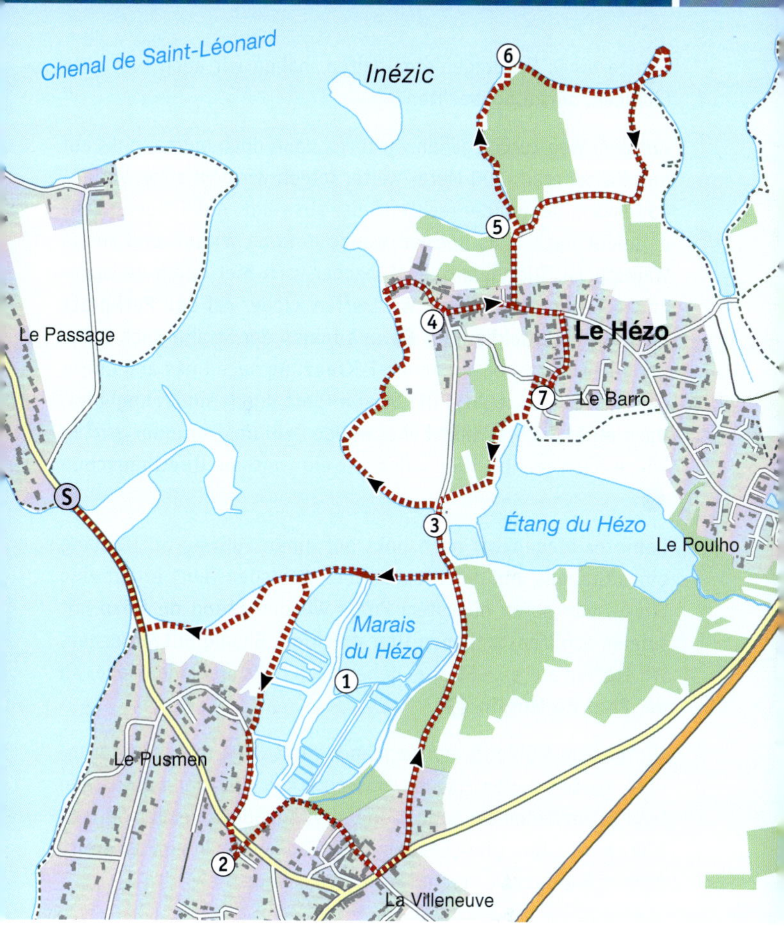

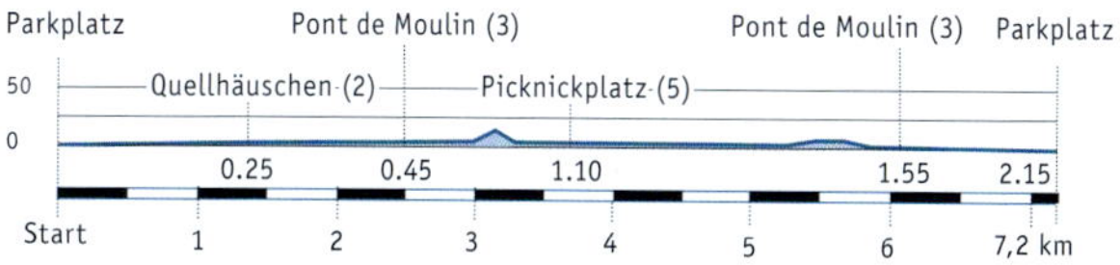

wieder direkt an der Bucht entlang. Auf der anderen Seite des Meeresarmes, der sich fast bis Vannes erstreckt, liegt vor uns der Hafen von La Garenne.

Kurz hinter den beiden felsigen Landspitzen der **Pointe de la Garenne** **6** wendet sich der Weg nach Osten und wir erreichen eine Verzweigung. Wenn der Wasserstand es zulässt, gehen wir hier links und dann wieder links. Die kleine Schleife bringt uns auf eine Heidekuppe, wo man auf den Felsen mitten in der beinahe unwirklich anmutenden Wattlandschaft sitzen kann. Von hier aus und von der Pointe de Garenne blicken wir auf die 500 Meter entfernt beginnende **Réserve Naturelle des Marais de Séné**, ein Schutzgebiet für Vögel. Da Vögel sich nicht an die

Grenze eines Schutzgebietes halten, haben wir auch hier gute Chancen, sie zu beobachten.

Auf dem Weg zurück gehen wir links, dann noch einmal links auf den Küstenpfad. 200 Meter weiter folgen wir dem alten Verbindungsweg, der auf der rechten Seite abzweigt. Auf Schotter geht es leicht nach links und wir wandern durch Wiesen und kleine Waldstücke. Die vielen Vögel machen sich hier durch vielstimmigen Gesang bemerkbar. Wir treffen wieder auf den **Parkplatz mit den Picknickbänken** ❺ und folgen der Straße nach links. Oben im Dorf gehen wir an der **T-Kreuzung** nach links und hinter der Mairie nach rechts. Die Straße führt durch ein Wohngebiet. Nach einer Rechts-Links-Kehre wenden wir uns vor einer großen Wiese nach rechts. Hier sehen wir ein weiteres **Quellhäuschen** ❼.

Dahinter biegen wir nach links auf einen Fußweg ab. Entlang eines Grabens und durch ein kleines Wäldchen führt er auf eine Wiese, von deren höchstem Punkt wir den **Étang de Hézo** mit seinem schilfbestandenen Ufer durch die Bäume blitzen sehen. Wir treffen auf eine Straße, gehen nach links und sind wieder an der **Pont du Moulin** ❸.

Hinter dem Mühlendamm wenden wir uns nach rechts und wandern zwischen den flachen Wasserbecken und der natürlichen Bucht zum Damm der Saline. Über drei Ausflüsse aus den Salinen führt er uns zum Uferweg, dem wir geradeaus nach **Le Passerelle** folgen. Hier geht es rechts zurück zum Auto.

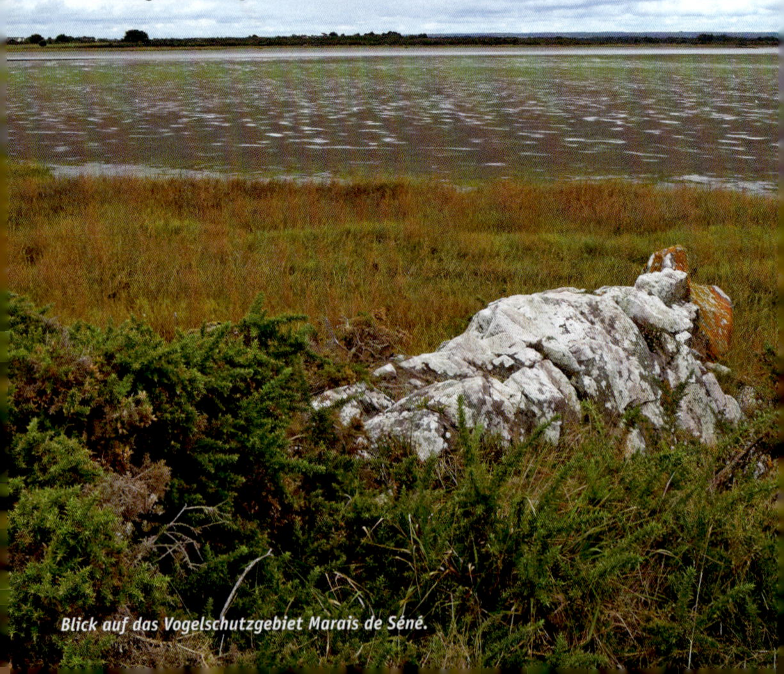

Blick auf das Vogelschutzgebiet Marais de Séné.

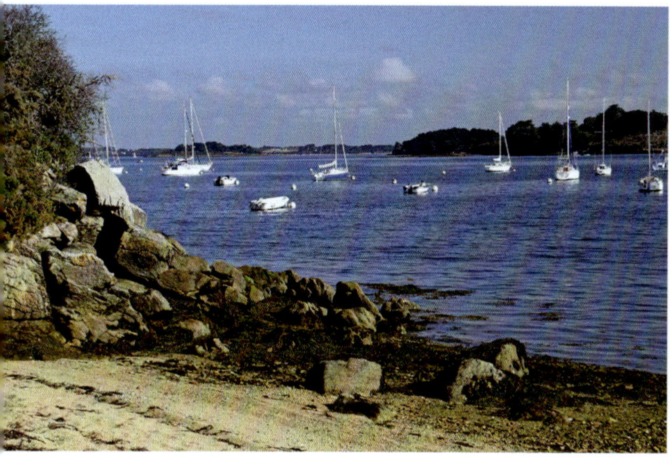

110 m

STRECKE 12,5 km

4 h

ab 12

Am Golf von Morbihan

35

Buchten, Inseln und Megalithbauwerke

Immer mit Blick auf den Golf von Morbihan wandern wir entlang tief eingeschnittener Buchten, die bei Ebbe trockenfallen – im Schatten uralter Zypressen, vorbei an Austernbänken, kleinen Häfen und einer Gezeitenmühle. Über verwunschene Pfade und Fahrwege streifen wir durch Wald und Wiesen. Im Inland der Halbinsel Rhuys treffen wir dann auf ein uraltes Hügelgrab mit grandioser Aussicht und besuchen einen großen Dolmen.

TOUREN-STECKBRIEF

Anfahrt: Von Vannes fahren wir auf der N165 Richtung Nantes, dann biegen wir auf die D 780 Richtung Sarzeau / Presq'Île de Rhuys ab. Es geht an Sarzeau vorbei nach Arzon und dort am Ortseingang im Kreisverkehr rechts nach Kerners. In Kerners folgen wir links der Straße nach Port de Kerners und der zweiten Straße rechts in Richtung »Camping du Tindio«. Der Parkplatz liegt hinter dem Campingplatz auf der linken Seite bei **GPS N 47°33'23.4", W 2°52'58.3"**.

Mit einem Wohnmobil könnet ihr an der N 165 vor Arzon am »Butte de César« ❼ parken.

Mühle von Pen Castel: Juli und August 10–12 und 14–18 Uhr. Sonst bei Ausstellungen Mi bis Sa 14–18 Uhr. www.moulin-pen-castel.fr

Anspruch und Charakter: Uferwege und Fahrwege, teilweise Schatten. 1,7 Kilometer auf Asphalt.

Markierung: An der Küste wandern wir auf dem weiß-rot markierten GR 34.

Mit Kindern: Für eine kurze Runde parken wir an der Moulin de Pen Castel ❺ bei **GPS N 47°33'5.2", W 2°52'8.0"** (keine Wohnmobile). Von dort geht es über den Damm und 600 Meter an der Straße entlang bis zu einer gemauerten Quelle (hier Parkmöglichkeit auf dem Seitenstreifen für Wohnmobile). Dahinter biegen wir rechts in die »Rue de Kervegan« ein, die uns zur Bucht von Kerners ❸ bringt. Von hier aus folgen wir der Beschreibung und dem Küstenpfad zurück zur Mühle. (Strecke: 2,9 km)

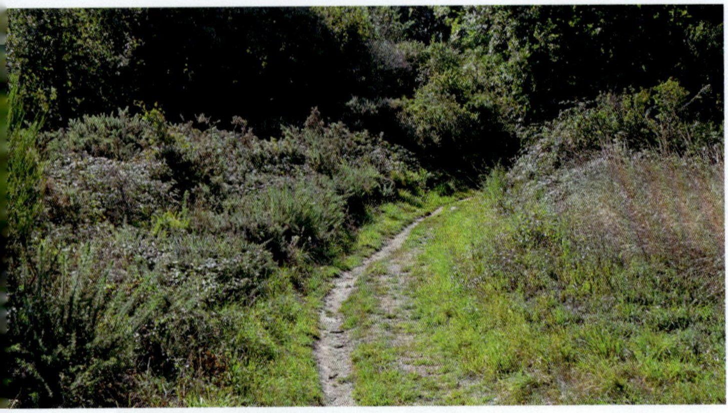

Highlights

Wie Finger ragen drei schmale Halbinseln nördlich von Kerners in den Golf von Morbihan. Ihre Buchten sind mit Zypressen bestanden. Auf den Höhen könnt ihr ein Hügelgrab und einen Dolmen erkunden.

Wanderung: Vom Parkplatz aus gehen wir zur Bucht und wandern auf einem schönen Pfad nach rechts. Ab jetzt halten wir uns immer auf dem weiß-rot markierten Küstenweg und ignorieren alle Abzweige nach rechts. Durch Gebüsch und einzelne Kiefern kommen wir zu einem Felsvorsprung. Hier lohnt sich der Blick aufs Wasser. Die starke Strömung, die aufgrund von Ebbe und Flut in der Bucht entsteht, ist an dieser schmalen Passage sehr deutlich zu erkennen. Dann gehen wir über einen kleinen Strand und auf Holzstegen zur mit Kiefern bestandenen **Pointe de Kerners** ❶.

Der Küstenweg verläuft im Schatten hoher Bäume und oberhalb niedriger Klippen, die teilweise mit einem Holzzaun gesichert sind, weiter bis zum **Hafen von Bilouris** ❷. Hier geht es hinunter zum Strand und an der Hafenzufahrt links zur Mole. Dort steigen wir die Treppe hinauf und biegen links ab. Wir wandern an der Mauer unterhalb des Campingplatzes entlang und erreichen durch Büsche und über Stege einen schmalen Sandstreifen.

An den Booten in der **Bucht von Kerners** ❸ vorbei folgen wir dem Betonweg, dann der Straße. Im hinteren Bereich der Bucht

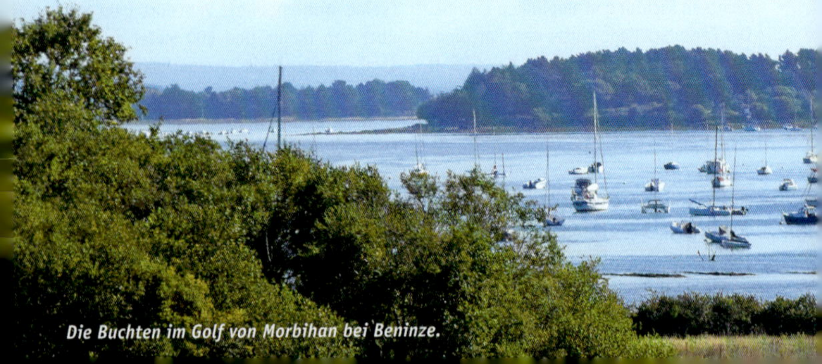

Die Buchten im Golf von Morbihan bei Beninze.

wird diese zum Schotterweg und in dessen Rechtskehre bleiben wir wieder auf dem Pfad direkt am Ufer. Zwischen Hecken und Grundstücksbegrenzungen kommen wir zu einem alten Rückhaltebecken in der Bucht, das der Austernveredlung diente. Weiter führt unser Weg unter Zypressen, unter denen einige beeindruckende Giganten hervorragen, zur **Pointe de Saint-Nicolas** ❹.

Dann wechseln sich Wiesen und Zypressen ab und wir erreichen den Damm von Pen Castel. Hier befindet sich die alte **Gezeitenmühle Pen Castel** ❺. Sie ist hübsch restauriert und große Plexiglasplatten ermöglichen den Blick auf die beiden Wasserkanäle, die die Mühle durchfließen.

Am Ende des kleinen Parkplatzes an der Mühle bringen uns Treppen zu einem kleinen Strand hinunter und am anderen Ende wieder hinauf. Zwischen Büschen, durch Zäune und entlang einer Stützmauer an der Bucht treffen wir auf eine Straße, der wir folgen. Schon wieder auf Schotter biegen wir vor einem Tor nach rechts ab und kommen durch Buschwerk zum wilden und einsamen Strand an der **Pointe du Béché** ❻. Unter Kiefern führt der Pfad landeinwärts, überquert die Zufahrtsstraße eines Hauses und führt dahinter nach links und zwischen Zäunen zurück zur Küste. Zypressen, Steineichen und Palisanderholzbäume mit ihren auffällig doppelgefiederten Blättern säumen den Weg.

Aufforstung am Golf von Morbihan

Vor 100 Jahren gab es am Golf von Morbihan aufgrund von Landwirtschaft und Holznutzung fast keine Wälder mehr. Erst intensive Aufforstung hat dafür gesorgt, dass die Landschaft heute wieder so grün ist. Dabei weisen einige der Pflanzen auf das milde Klima der Golfregion hin. Der Palisanderholzbaum stammt zum Beispiel aus Südamerika, verträgt Frost nur kurzzeitig und blüht im Frühling mit großen, violetten Rispenblüten. Auch die immergrüne Steineiche, deren Blätter ein wenig an eine Stechpalme erinnern, kommt ursprünglich nur in mediterranen Klimazonen vor.

Stufen führen hinunter zu einem Hohlweg, der einen Zugang zu einem schmalen Sandstreifen an der Küste ermöglicht. Wir wenden uns nach rechts in den dichten Schatten. An einer freien Stelle weiter oben haben wir dann eine wunderbare **Aussicht zurück auf den Golf** ❼.

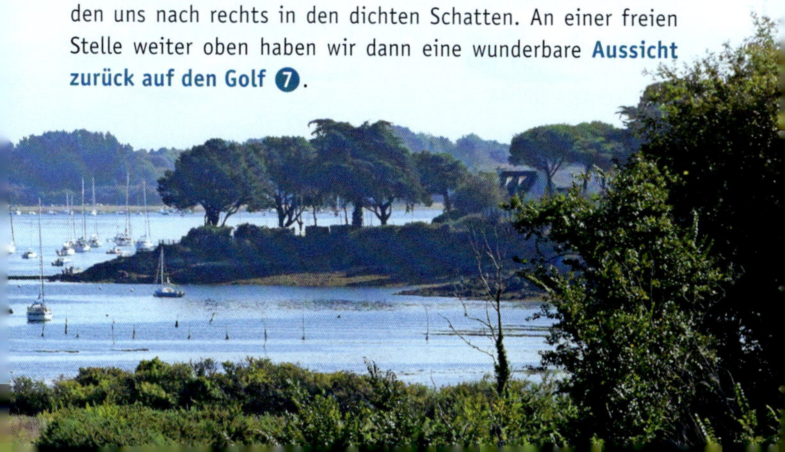

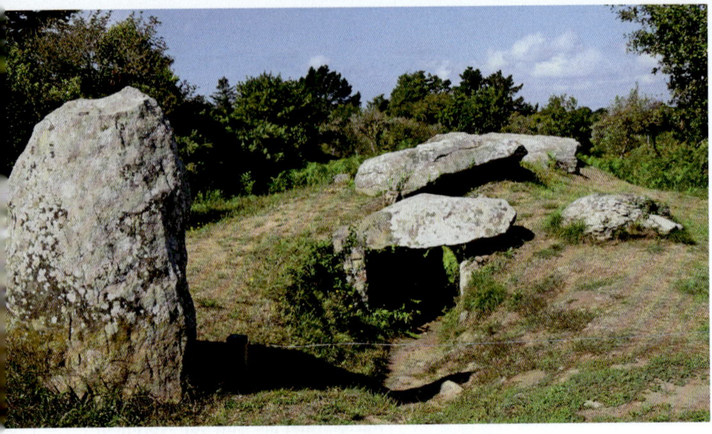

Der Dolmen de Grah-Niol: Sein Name bedeutet Sonnenhügel.

Anschließend folgen wir dem Weg um eine Linkskehre und halten uns bei einer Verzweigung links. Durch Wiesen, Hecken sowie hohe Heide mit Ginster und Stechginster erreichen wir eine **Kreuzung**, an der wir nach rechts abbiegen. An der **Straße** gehen wir nach links, vorbei am geschotterten Radweg und dahinter rechts in den als »Circuit Butte de César« beschilderten Fußweg. An der nächsten Kreuzung biegen wir nach links ab und steigen beim ersten Abzweig links hinauf zur **Butte de César** **8**. Von oben haben wir weite Sicht über den Golf und zur Atlantikküste.

Butte de César
Das etwa 6000 Jahre alte Hügelgrab wurde 1853 archäologisch untersucht. Es enthält eine Gewölbekammer mit drei Tragsteinen und einer Decke aus geschichteten Trockensteinen. Die Wände sind mit Gravuren geschmückt. Wegen akuter Einsturzgefahr wurde die Kammer verfüllt. Den Namen trägt der Grabhügel, weil Cäsar von hier die Seeschlacht gegen die Veneter im Jahr 56 v. Chr. beobachtet haben soll.

Von der Butte gehen wir auf gleichem Weg zurück und an der **Verzweigung** links. Wir queren den Radweg und wandern auf dem gegenüberliegenden Feldweg weiter. An einer Verzweigung halten wir uns links, bei der direkt folgenden rechts. Wir sind jetzt auf dem **Chemin du Gohélec**. Zuerst durch dichten Wald, dann durch Buschwerk bringt er uns zur Straße, der wir rechts nach Kerners folgen.

Wir wandern durch den Ort und biegen bei einem rechts der Straße stehenden Trafohäuschen links in die **Ruelle de Pen er Houet** ein. Hinter den Häusern wandern wir auf Schotter und im Schatten hoher Kiefern geradeaus weiter. An der Straße wenden wir uns nach links und folgen der D 198 etwa 200 Meter und um eine leichte Rechtskehre. Dann geht es auf Schotter schräg rechts (Anlieger frei) in den **Chemin du Saint'Sacrement**. Die nächste Straße rechts führt zum **Dolmen de Grah-Niol** **9**.

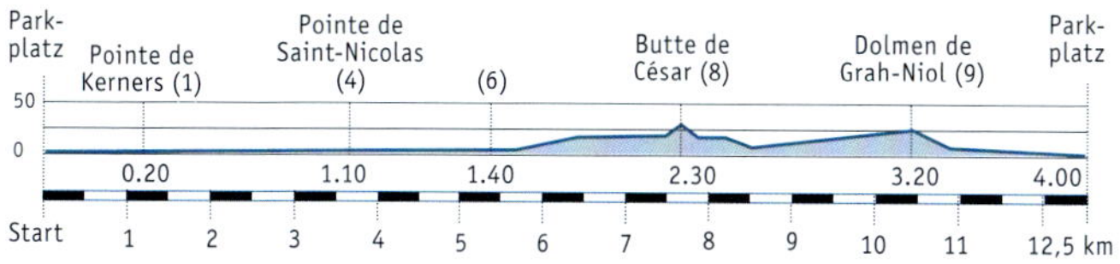

Wir folgen der Straße weiter. Hinter zwei Häusern wird sie zum Fahrweg, der in Kehren durch Büsche, Farn und Heide zur Spitze der Landzunge führt. Dabei ignorieren wir einen Rechtsabzweig. Vor der letzten Wiese wenden wir uns auf dem Fahrweg nach links. Am Rand der Bucht zweigen wir nach rechts auf den Küstenpfad ab. Durch Stechginster und zwei Zypressenhaine erreichen wir die Spitze der Landzunge, wo eine Bank auf Wanderer wartet. Wenig später macht ein Zugang zu den Felsen eine letzte Rast möglich. Dann folgen wir dem Weg durch Wiesen und zwischen Büschen hindurch bis zu der kleinen Bucht, an der unser Fahrzeug wartet.

Dolmen de Grah-Niol

Der Name bedeutet »Sonnenhügel«. Der Dolmen hat eine einzige Seitenkammer. In den Wänden sind viele Felsritzungen zu finden, die für Laien aber kaum erkennbar sind. Bei Ausgrabungen wurden Steinbeile, Perlen und Keramik entdeckt. An den Hängen in Richtung Golf lag im 19. Jahrhundert ein inzwischen zerstörter Steinkreis mit etwa 50 Meter Durchmesser.

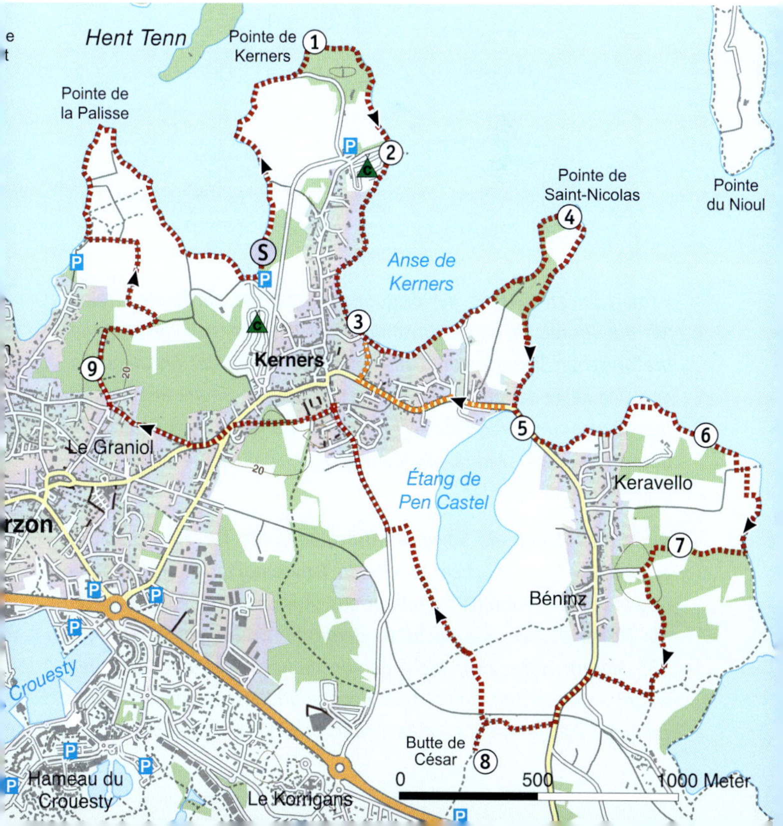

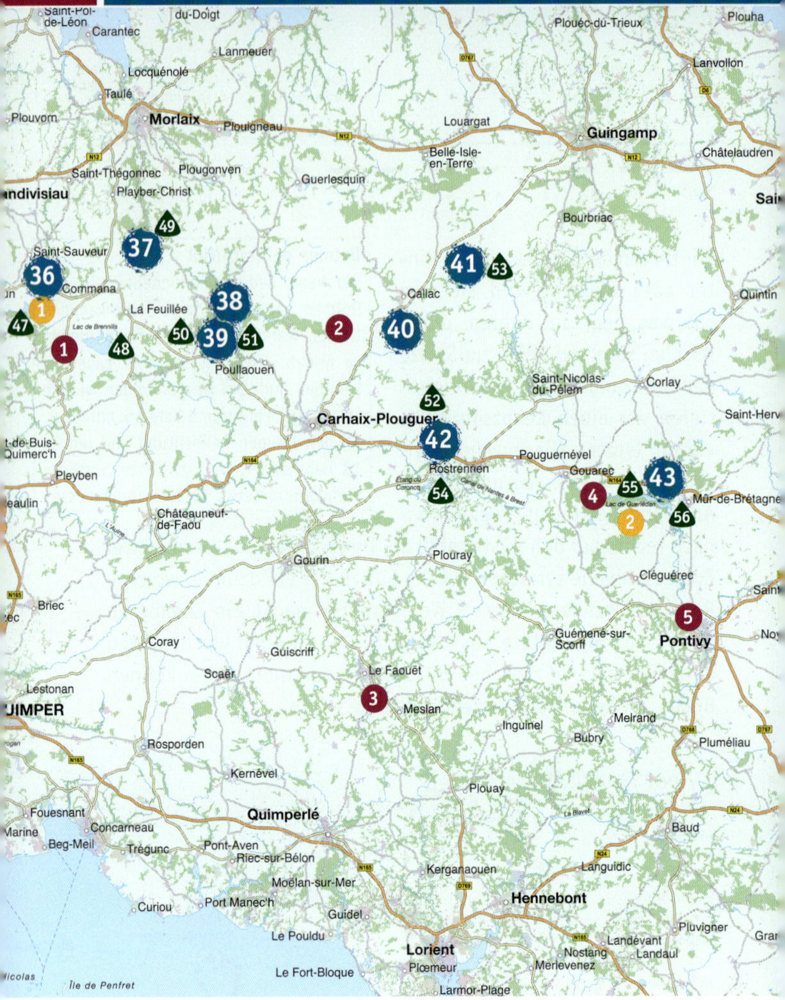

»Kalon Breizh« – Herz der Bretagne – unter diesem Namen haben wir die Touren im Inland zusammengefasst, die sich auf alle vier bretonischen Départements verteilen. Im Herzen der Bretagne finden sich Reste der alten, verwunschenen Wälder, die der Region auch den Namen »Argoat« gaben. Er ist vom bretonischen »ar Koad«, frei übersetzt »beim Wald«, abgeleitet. Hier spielen die meisten der bretonischen Legenden.

Auch die »Landes«, Öd- oder Brachland, oft für Menschen unbrauchbare Sumpfflächen, prägen die Landschaft im Landesinneren und machen seine raue Schönheit aus. Aus den öden Flächen ragen die Monts d'Arrée, die höchsten Berge der Bretagne. Sie sind mit 385 Metern Höhe zwar nicht gerade alpin, bieten aber trotzdem wegen ihrer weiten Heide- und Hochmoorlandschaften und ihrem felsigem Zackenkamm eine besonders schöne Wanderkulisse.

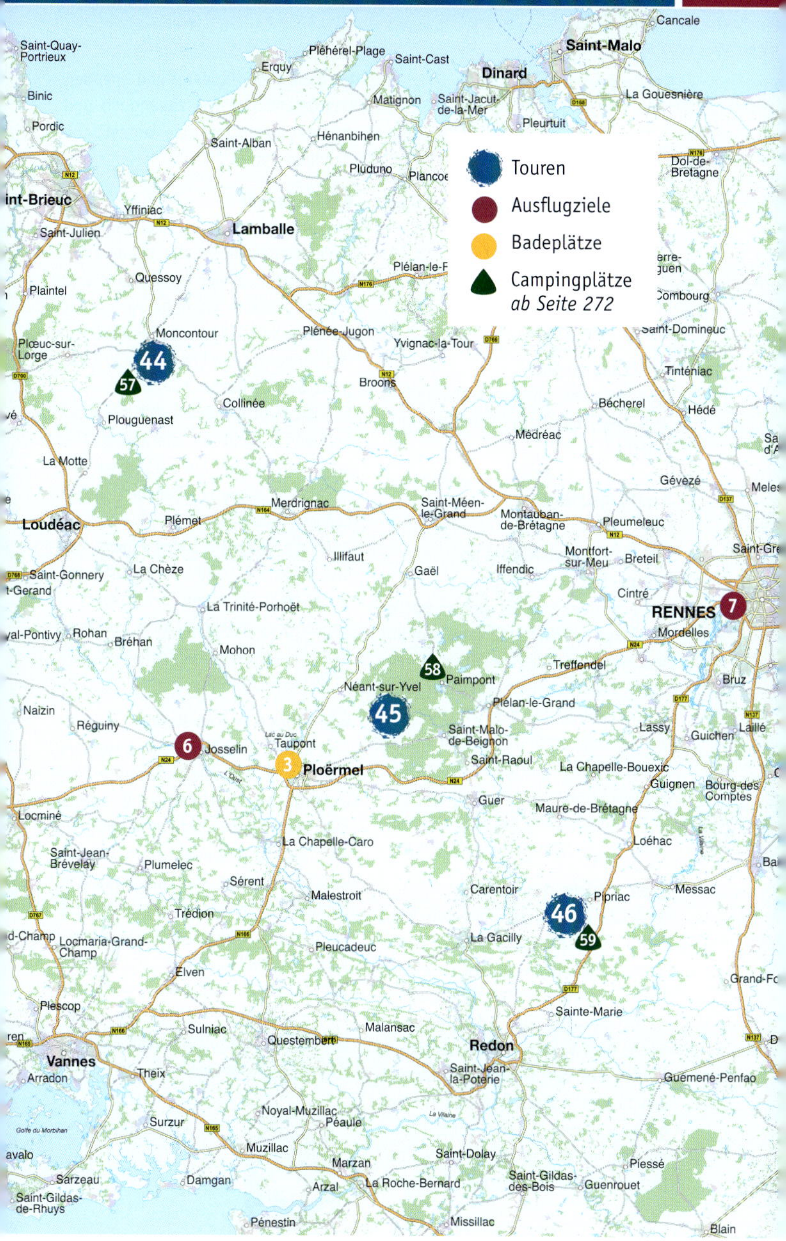

Im Inland fallen die meisten Niederschläge der Bretagne. Auch hier gilt aber, dass schlechtes Wetter meist genauso schnell wieder davonzieht, wie es gekommen ist. Es sind doch die tief hängenden Wolken über dem Hochmoor und die wabernden Nebelschwaden in engen, dicht bewachsenen Tälern, die uns verstehen lassen, warum die alten Geschichten und Legenden in der Bretagne auch heute noch so wichtig und lebendig sind.

Strände

1 Lac du Drennec
Größere Strände mit Bootsverleih an der Ostseite des Sees, kleinerer Strand an der Westseite.

2 Lac de Guerlédan
Badestrand am See bei Beau Rivage südlich von Caurel.

3 Étang au Duc
Großer Strand an der Westseite des Sees bei La Croix, nördlich von Ploërmel.

Ausflugsziele

1 Mont Saint-Michel de Brasparts
Auf einen der mit 381 Metern höchsten Berge der Bretagne kann man mit dem Auto bis fast zum Gipfel fahren. Oben erwarten den Besucher eine kleine Kapelle aus dem 17. Jahrhundert und eine großartige Rundumsicht auf die Monts d'Arrée und über den Stausee Réservoir de Saint-Michel. Dort befindet sich das seit 1985 abgeschaltete Kernkraftwerk Brennilis.

2 La Vallée des Saints
Im »Tal der Heiligen« werden jedes Jahre weitere monumentale Granitstatuen gebaut, zum 15. Jahrestag 2024 soll die 200ste Statue eingeweiht werden. Die Idee entstand 2008. Dem Vorbild der großen Steinfiguren auf den Osterinseln folgend, errichteten Künstler aus der Region große Statuen unterhalb eines Hügels, auf dem im 11. Jahrhundert eine Holzfestung stand. Das Projekt lebt weiter dank vieler Förderer und Spender. Das Gelände ist frei zugänglich und man hat vom Hügel eine fantastische Rundumsicht.

3 Le Faouët
Im Zentrum des Ortes liegt eine beeindruckende Markthalle aus dem 16. Jahrhundert, in der früher Kühe und Pferde verkauft wurden. Le Faouët bietet mehrere Cafés und Restaurants. Das verwunschene Ensemble der **Chapelle Sainte-Barbe** mit ihren großen Steintreppen klammert sich nordöstlich von Faouët an die Hänge der Schlucht des Ellé. Die Zufahrt ist von der nach Norden führenden D790 ausgeschildert.
Auch die **Chapelle Saint Fiacre,** die drei Kilometer südlich des Ortszentrums steht, ist einen Besuch wert.
Vorsicht, es gibt zwei Orte gleichen Namens: die Markthalle befindet sich in 56320 Le Faouët.

4 Abbaye de Bon-Repos
Die Ruine des Zisterzienserklosters aus dem 12. Jahrhundert erlebte eine wechselvolle Geschichte und wurde nach der Französischen Revolution erst als Leinwandfabrik, dann als Gefangenenlager für die Sträflinge genutzt, die den Kanal Nantes à Brest bauten. Seit 1986 wird sie von einem Verein verwaltet und wieder für die Öffentlichkeit zugänglich gemacht. Neben den Ruinen sind heute unterschiedliche Kunstausstellungen für die Besucher interessant.

Vallée des Saints

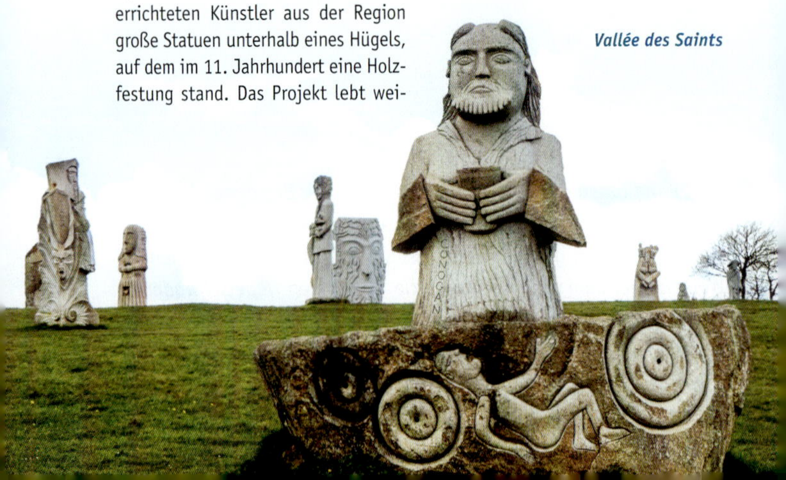

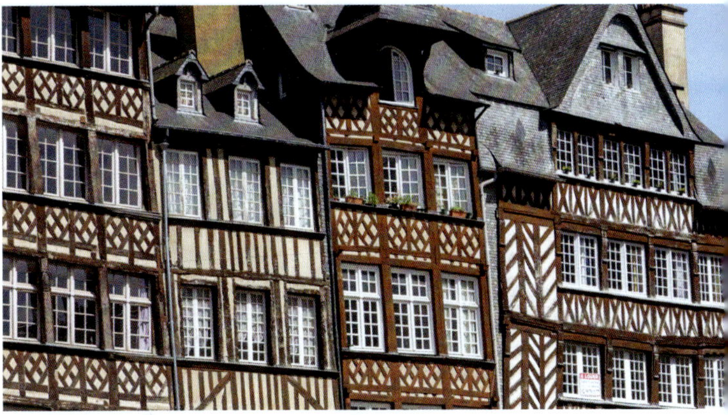

Fachwerkfassaden in Rennes

April bis Oktober Di bis Fr 10–12 und 14–18 Uhr, Sa, So nur nachmittags. Juli und August täglich 10–19 Uhr.
Eintritt €6, Jugend 8 bis 16 Jahre €2,50. www.bon-repos.com

5 Pontivy

Das Städtchen, dort gelegen wo der »Canal de Nantes à Brest« auf den Fluss Blavet trifft, kann auf eine lange Geschichte zurückblicken. Die Brücke, die der Mönch Ivy im 7. Jahrhundert baute, gab der Stadt ihren Namen: Pont-Ivy. Sie wird überragt vom Château des Ducs de Rohan aus dem 15. Jahrhundert. Leder- und Tuchfabriken am Ufer des Blavet führten Pontivy zu einer Blütezeit, von der die Gässchen mit schmucken Fachwerkhäusern zeugen. Auch Napoleon hatte Pläne mit der Stadt, wie die geradlinigen Straßen südlich der Altstadt und einige neoklassizistische Gebäude beweisen. Tatsächlich trug Pontivy von 1804 bis 1805 für ein Jahr den Namen Napoléonville.

6 Josselin und sein Château

Die Anfänge des Schlosses Josselin am Ufer des Oust reichen zurück bis um das Jahr 1000. Im 14. Jahrhundert wurde es restauriert und zu einer mächtigen Festung mit acht Türmen und einem Donjon erweitert. Seither ist Josselin Sitz der Herzöge von Rohan, einer der ältesten Familien der Bretagne.

Oberhalb des Schlosses, in den Gassen rund um die eindrucksvolle Basilika Notre-Dame du Roncier, finden sich viele hübsche Fachwerkhäuser. Das älteste Stadtviertel liegt auf der gegenüberliegenden Seite des Flusses Oust. Teile des Schlosses und des Gartens können besichtigt werden.

7 Rennes

Nicht unbedingt typisch für die Bretagne präsentiert sich ihre Hauptstadt. Mit dem entspannten Flair einer Studentenstadt lohnt Rennes aber trotzdem einen Besuch. Lebendiges Zentrum ist die Place Sainte-Anne mit vielen Cafés und Restaurants, bunten Fachwerkhäusern, der Basilique Notre-Dame-de-Bonne-Nouvelle (Ende 19. Jahrhundert) und dem Couvent des Jacobins, einem Kloster mit Kreuzgang aus dem 14. Jahrhundert, das heute ein Kongresszentrum beherbergt. Südlich befinden sich weitere mittelalterliche Gassen, wie die Rue Saint Michel.

Nur gut einen Kilometer östlich des Zentrums liegt der **Parc du Thabor**. Der ehemalige Park der Benediktinerabtei Saint Melaine ist eine der schönsten Parkanlagen der Bretagne. Auf zehn Hektar ergänzen sich französischer Garten und englischer Park. Es gibt hier eine große Voliere und in den Beeten blühen 2000 unterschiedliche Rosenarten.
Täglich geöffnet 7.30–20.30 Uhr, Winter 7.30–18.30 Uhr. Eintritt frei.

260 m

STRECKE 13 km

4 h

ab 12

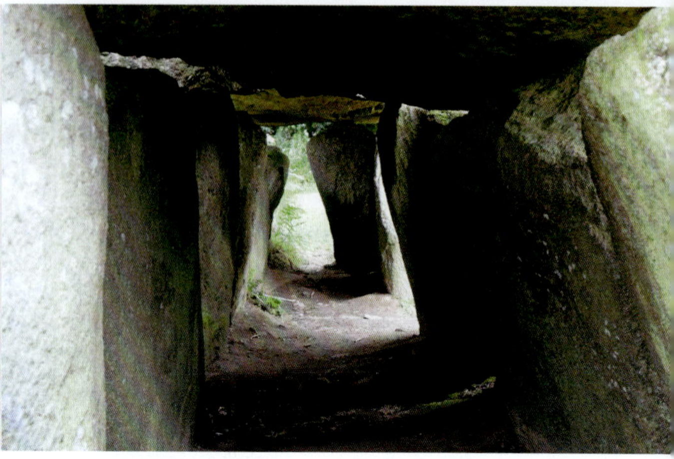

36 Auf die Monts d'Arrée

Raue Hochflächen und Schauplatz alter Sagen

Mit ihren Heideflächen, Hochmooren und Felseninseln haben die Monts d'Arrée selbst im Sonnenschein eine leicht mystische Aura. So mag man den alten Sagen, die sich um die Berge ranken, nur zu gerne Glauben schenken. Wie viel mehr mag das bei Sturm und Nebel gelten? Diese Tour führt uns auf die Höhen der Bergkette mit grandioser Sicht auf das weite Land. Unterwegs entdecken wir einen Dolmen und einen besonders schönen Kirchhof.

Wanderung: Von der Kirche aus gehen wir einige Schritte weiter in Fahrtrichtung und biegen nach links auf die **D 211** in Richtung Sizun ab. Wir marschieren an alten Häusern vorbei und biegen, einer gelben Markierung folgend, in die erste asphaltierte Straße

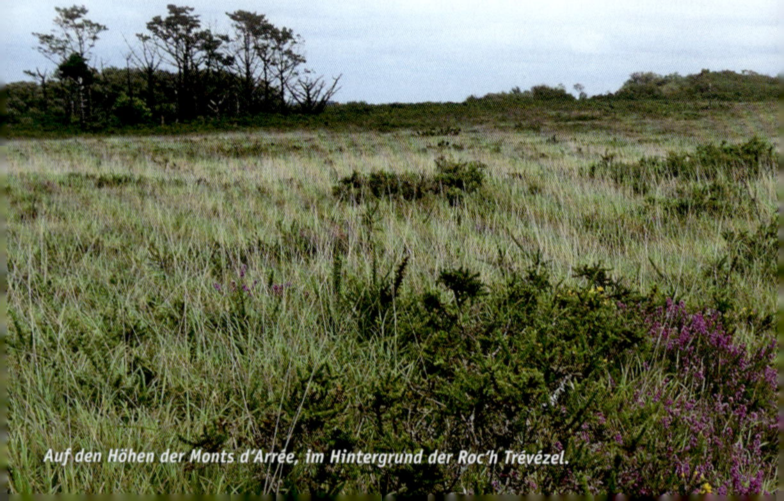

Auf den Höhen der Monts d'Arrée, im Hintergrund der Roc'h Trévézel.

TOUREN-STECKBRIEF

Anfahrt: Von Morlaix auf der N 12/E 50 Richtung Brest und nach 3,5 Kilometern auf der D 785 in Richtung Lorient/Quimper fahren. Am Col du Trévézel auf der Beschilderung nach Commana folgen (D 764), in den Ort abbiegen und an der Kirche bei **GPS N 48°24'49.6", W 3°57'20.5"** parken.
Anspruch und Charakter: Unterschiedliche Wege vom breiten Schotterweg bis zum Pfad. Kurz vor Erreichen der Kuppe der Monts d'Arrée etwas steiler. Wenig Schatten. 3,7 Kilometer auf Asphalt.
Markierung: Teilweise gelb markiert.
Mit Kindern: Start an der Allée Couverte Mougau Bihan ❶ und der Beschreibung folgen bis ❷.
Variante 1: Von hier direkt zurück. Dazu nach dem ersten Abstieg immer geradeaus halten und an der Straße rechts zurück zum Parkplatz wandern, (4,2 km).
Variante 2: Bei ❷ nach rechts wenden. Ab hier ist der Weg als »Circuit de Mougau« beschildert und gelb markiert. Dem Fahrweg abwärts folgen. An der ersten Verzweigung geht es scharf rechts in einen alten Verbindungsweg. Durch Felder und Wiesen mit einigen Büschen wandern wir zu einem Schotterweg und dann geradeaus zurück zum Parkplatz, (5,5 km).

nach links und in Richtung Manoir Neuf ein. Sie bringt uns an halb verfallenen Gehöften vorbei durch eine **Pappelallee** zur **D 764**, die wir geradeaus überqueren.

Jetzt wandern wir durch Felder und biegen in einer Linkskehre auf den gelb markierten zweiten Fahrweg nach rechts ein. Durch Farn, Brombeeren und niedrige Eichen gehen wir auf dem schattigen Pfad weiter ins Tal hinunter. Unten wenden wir uns nach links und auf

Highlights

In der Heidelandschaft der flachen, rauen Monts d'Arrée tritt das uralte Granitgestein des Amorikanischen Massifs zutage. Hier oben bauten die Menschen der Steinzeit einen großen Gangdolmen.

Sehenswertes in Commana
Der »Enclos paroissial«, das Kirchengelände von Commana, beherbergt hinter einem trutzig wirkenden Triumphtor zwei Kalvarienberge von 1624 und 1742, ein Beinhaus sowie die große Kirche Saint-Derrien. Diese wurde ab 1592 erbaut, wobei unter anderem das Hauptschiff aus dem 17. Jahrhundert stammt. Auffällig sind die drei großen Barockaltäre, darunter der »Altar der fünf Wunder«.

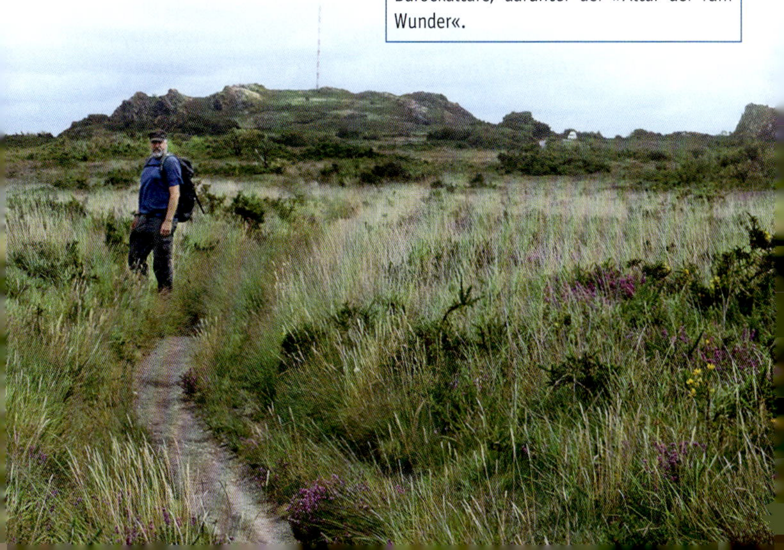

Armorika und Monts d'Arrée

Im Paläozoikum (Erdaltertum) war Armorika eine Gruppe von Kleinkontinenten. Das etwa 330 Millionen Jahre alte Armorikanische Massiv bildet heute die Bretagne, die westliche Normandie, die Pays de la Loire und die Kanalinseln. Im Gegensatz zum Massif Central und den Mittelgebirgen entlang des Rheins wurde das Armorikanische Massiv von der Auffaltung der Alpen kaum emporgehoben.

In den Monts d'Arrée treten die Gesteine des Armorikanischen Massivs als Felszacken zu Tage. Sie bestehen aus Sedimentsteinen und Schiefer marinen Ursprungs, die von Granitblasen durchzogen sind. In dieser Landschaft mit freiliegenden Felsen und Heide fühlt man sich an Irland und Wales erinnert. Am Roc'h Ruz erreichen die Berge mit nur 385 Metern ihre höchste Erhebung. Trotzdem wirkt die Landschaft rau und schroff, Stürme fegen ungehindert über die Kuppen.

Auf den Schieferkämmen der Monts d'Arrée wurde über Jahrhunderte Stein abgebaut. Gefördert wurden Schieferplatten, aber auch größere Steinblöcke. Die Arbeit erfolgte manuell genauso wie der Abtransport des Gesteins. Das austretende Wasser wurde mit Kannen und Holzbechern abgeschöpft. Weil die Schieferadern unregelmäßig verlaufen, wurden die Abbauorte häufig gewechselt. In den 1970er-Jahren waren noch etwa 15 Steinbrüche in Betrieb, der letzte schloss im Jahr 2006.

der folgenden Straße nach rechts. Wir wandern durch den kleinen Ort **Mougau Bihan** bis zur **Allée Couverte** ❶, die sich auf einer Wiese auf der rechten Seite am Ortsende befindet.

24 große Steinblöcke bilden den 14 Meter langen Gangdolmen, der auf 3000 bis 2500 vor unserer Zeitrechnung datiert wird und im 19. Jahrhundert entdeckt wurde. Die Grabkammer befand sich im Süden, also beim heutigen Eingang. Der damalige Eingang lag im Norden und ist heute halb von einer schräg stehenden Tragplatte verschlossen.

Wenige Schritte auf der Straße zurück führt ein beschilderter Pfad rechts in den Wald. Wir befinden uns immer noch auf dem gelb markierten Circuit de Mongau. Teils auf Stegen führt er über sumpfige Wiesen und durch vermoosten Wald. Auf einer größeren Wiese geht es rechts **auf Stegen** weiter. Dann erreichen wir eine Rechtskehre, in der wir den etwas unterhalb verlaufenden Fußweg nach rechts wählen. Weitere Stege geleiten uns zu einer **T-Kreuzung**, an der wir nach links abbiegen.

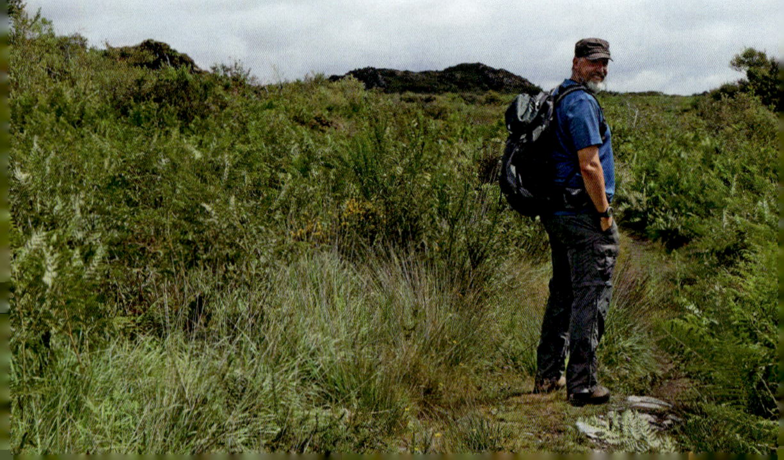

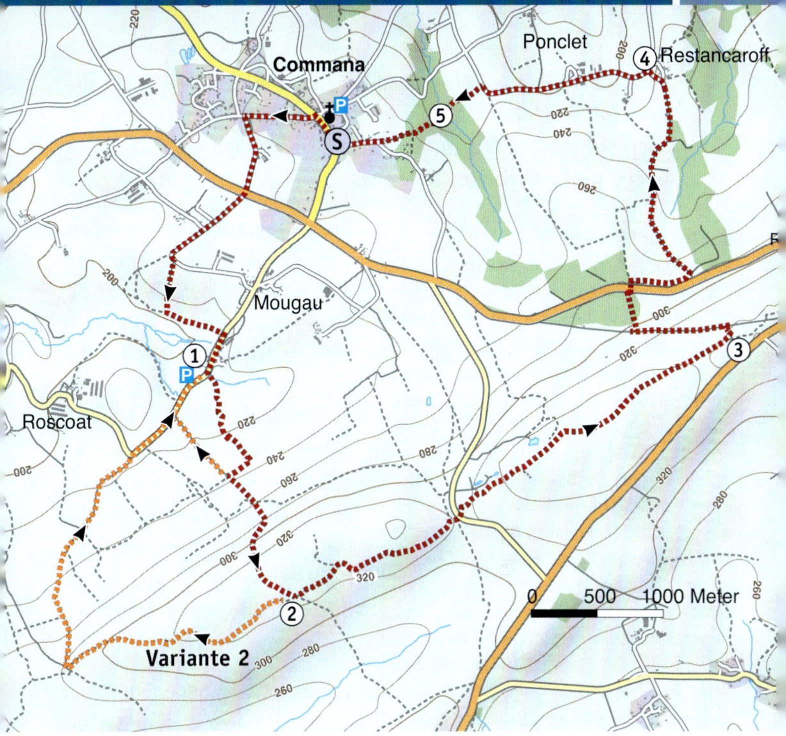

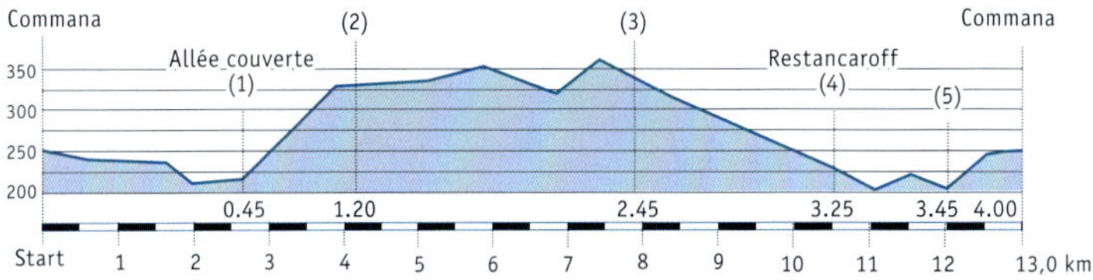

Ein etwas zugewachsener, felsiger Pfad führt uns durch dichten Bewuchs von Farn, Ginster und Wacholder weiter aufwärts. An einer Wegekreuzung gehen wir geradeaus weiter. Dann wird unser Pfad steil und beschreibt eine Rechtskehre. Lücken in der dichten Vegetation erlauben einen weiten Blick nach Norden. Wieder ebener wandern wir über die **Kuppe**, die mit Flechten, Moosen und mit von Heide bewachsenen Felsen bestanden ist. Rechts ist der **Tuchenn Kador** mit seinen Felszacken und Steinbrüchen an den Flanken zu sehen, dahinter schließt sich der Menez Mikel mit der Chapelle Saint-Michel auf der Spitze an. Im Tal erstreckt sich das Réservoir Saint-Michel.

Vor uns quert ein etwas zugewachsener **Fahrweg** ❷. Hier wenden wir uns nach links, verlassen den gelb markierten Circuit und bleiben an der sofort folgenden Abzweigung links. Durch raue Farn- und Heidelandschaft und mit großartigem Blick nach Süden erreichen wir eine **Straße**, die wir geradeaus überqueren.

Während wir den vor uns liegenden Hügel erklimmen, reicht die Sicht weit nach Norden. Hinter einigen Felsformationen führt ein kaum sichtbarer **Pfad zu den Felsen**, von denen der Blick noch einmal weit nach Süden schweift.

Das Tor zur Unterwelt
Auch um die dünn besiedelten Monts d'Arrée mit ihren einsamen Hochflächen, schroffen Felsspitzen und unwirtlichen Torfmooren ranken sich viele Legenden. Im weiten Tal, in dem das Réservoir Saint-Michel gestaut wurde, wabern oft kalte Nebelschwaden. Hier liegt die Senke von Yeun Elez, bretonisch für »Sumpf des Elez«, die als Tor zur Unterwelt gilt. Dort sollen die Korriganen leben – boshafte Zauberwesen, die tagsüber wie rotäugige Kobolde erscheinen, nachts aber zu wunderschönen Frauen werden, die Männer umgarnen, Kinder stehlen und Wandernde verwirren. Die Legende erzählt, dass sie einst mächtige Kelten-Priesterinnen waren. Um sich der Christianisierung der Bretagne zu widersetzen, zogen sie sich als Zauberwesen in entlegene Gegenden zurück. Am Tor zur Unterwelt ist auch Ankou anzutreffen, der personifizierte Tod, der als Friedhofswächter die Gräber bewacht. Er holt die Todgeweihten aus dem Leben und begleitet sie durch die Nebel von Yeun Elez in die Unterwelt.

Die Heidelandschaft wandelt sich in weites Grasland und wir wandern auf den Roc'h Trévézel zu, hinter dem eine hohe Antenne zu sehen ist. An einer Verzweigung wählen wir den **Pfad nach links** ❸ und gehen wenige Schritte weiter auf einem breiten Schotterweg noch einmal links. Nach 550 Metern zweigt ein Pfad nach rechts ins Grüne ab. Durch Büsche und Bäume bringt er uns erneut zur **D764**.

Schräg rechts gegenüber folgen wir einem beschilderten Pfad. Er führt zuerst von der Straße weg, dann in einem langen Bogen parallel zu ihr weiter. Nach einer Wiesenzufahrt kann der Pfad etwas überwachsen sein. Wenn sich hier zu viele Brombeerranken festkrallen, können wir die nächsten 200 Meter auch auf der Straße gehen.

Dann erreichen wir einen geschotterten Fahrweg, der uns nach links ins **Dorf Restancaroff** ❹ bringt. Inzwischen sind wir auf Asphalt unterwegs und halten uns an zwei Verzweigungen links und danach geradeaus. Zwischen Hecken wandern wir aufwärts um eine 90-Grad-Rechtskurve und biegen dahinter links in einen dicht zugewachsenen Wiesenweg ein. Er leitet uns hinab ins Tal und in einen Wald. Parallel zu dem hier meist sehr matschigen Fahrweg verlaufen rechts trockenere Pfade zwischen den Bäumen. Nachdem wir einen kleinen **Bach** ❺ gequert haben, geht es auf steinigem Weg bergauf. Nach Regenfällen sind wir hier allerdings eher in einem flachen Bachbett unterwegs. Wir halten uns immer geradeaus, erreichen hohe Bäume und dann einen Schotterweg.

An der asphaltierten Straße biegen wir rechts ab, folgen ihr um eine Linkskehre und bis zur D 11. Hier gehen wir nach rechts und erreichen 200 Meter weiter unser Auto.

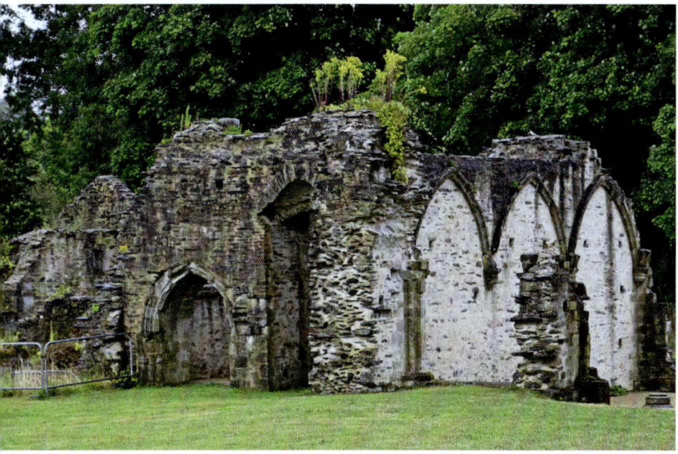

170 m

STRECKE 8,1 km

2 h 30

ab 8

Abbaye du Relec

37

Im Hochmoor der Monts d'Arrée

Unsere Wanderrunde führt uns von bewirtschafteten Wiesen und Feldern auf die einsamen, kargen Heideflächen der Monts d'Arrée. Mit großartiger Aussicht wandern wir entlang der schroffen Gipfelfelsen auf schmalem Pfad über Heide und Hochmoor. Uns umgibt eine weite und stille Landschaft. Auch die gut erhaltene Kirche und die Ruine der alten Abtei, an der wir unsere Wanderung durch das Hochmoor beginnen, ist einen Besuch wert.

TOUREN-STECKBRIEF

Anfahrt: Von Morlaix auf der N 12/E 50 Richtung Brest und nach 3,5 Kilometern auf der D785 weiter in Richtung Lorient/Quimper. In Plounóur-Ménez biegen wir links auf die D 111 in Richtung »Abbaye du Relenc« ab. Diese ist nach fünf Kilometern erreicht, der Parkplatz befindet sich hinter der ehemaligen Abtei bei **GPS N 48°26'49.4", W 3°50'1.6"**.

Öffnungszeiten: Ruinen und Gelände ganzjährig geöffnet. Information April bis Anfang November Do, So 13.30 – 17.30 Uhr, Mai und Juni Mi, Do 14 – 18 Uhr, Sa, So 10.30 – 12.30 und 14 – 18 Uhr, Juli und August täglich 10.30 – 12.30 und 14 – 18 Uhr. Eintritt frei, außer bei Führungen und Veranstaltungen.

Anspruch und Charakter: Pfade (teils matschig nach Regen) und Fahrwege. 1,7 Kilometer auf Asphalt.

Markierung: Keine.

Einkehr: Bar-Restaurant du Relec, Sitzplätze auch im Innenhof, traditionelle Küche, mittags geöffnet.

Mit Kindern: Von der Abtei Richtung Plounéour-Ménez das erste schmale Sträßchen nach rechts fahren. Beschildert ist hier »Trédudon«. Nach 3,2 Kilometer auf dem Seitenstreifen beim Steinmonument ❸ bei **GPS N 48°25'26.7", W 3°49'42.6"** parken. (Platz für 2 – 3 kleinere Fahrzeuge). Der Beschreibung folgen und bei der Verzweigung (links befindet sich ein Wiesenweg) geradeaus zur Straße und dort nach rechts zurück zum Parkplatz gehen. (Strecke: 3,3 km).

Die Geschichte der Abbaye du Relec
Bereits im 6. Jahrhundert soll es hier eine Klostergründung des Benediktiners Paulinus Aurelianus gegeben haben. Im Jahr 1132 wurde das Kloster dann von Zisterziensern übernommen. Es erlebte seine Blüte vom 12. bis 15. Jahrhundert, wurde aber mehrfach geplündert: so auch während der Hugenottenkriege, der Religionskriege zwischen Protestanten und Katholiken am Ende des 16. Jahrhunderts. Danach verfiel das Kloster langsam.
Heute noch erhalten sind die romanische Abteikirche aus dem 12. Jahrhundert, Reste eines Kreuzganges, die Treppe zu den Schlafsälen, Ruinen des Klostergebäudes sowie ein großer Brunnen und mehrere Seen in den Gärten, die zur Zeit der Mönche für den Gemüseanbau genutzt wurden.

Highlights

Die romantische Klosterruine der alten Zisterzienserabtei von Relec liegt eingebettet in die raue, karge Heide- und Moorlandschaft der Monts d'Arrée, was den Besuch hier oben noch spannender macht.

Wanderung: Vom Parkplatz aus betreten wir das **Gelände der ehemaligen Abtei** ❶, gehen an der Kirche vorbei und zum **Haupttor** hinaus zur D 111.

Wir queren die Straße, gehen geradeaus und biegen an der folgen **T-Kreuzung** auf den Pfad nach links ab. In einem sumpfigen Bereich ist er mit einem Zaun begrenzt und führt über eine Brücke. An einem Fahrweg gehen wir nach links und an der folgenden Straße nach rechts.

In einer Linkskehre bei den Häusern von **Quilliogues** ❷ wenden wir uns auf einen Fahrweg nach rechts. Er führt durch Wiesen und zwischen Hecken und Bäumen aufwärts. An allen Wiesenzufahrten halten wir uns links, an einer **Y-Verzweigung** dann rechts. Unser Weg wird zum Pfad auf felsigem Grund und wir erreichen offene Heidelandschaft, die mit einzelnen Fichtenschonungen bestanden ist.

Fast auf der Kuppe angekommen treffen wir auf einen **Fahrweg**, dem wir nach rechts folgen. Von hier haben wir freie Aussicht auf die weite Landschaft im Norden. An einer **Straße** gehen wir nach links. Jetzt wird auch die Aussicht nach Süden frei. Einen Fußweg in einer Linkskehre ignorieren wir und gehen abwärts zu einer **Kreuzung mit Steinmonument** ❸, das wahrscheinlich ein Wegmarker eines alten römischen Handelsweges war.
Hier wählen wir den steinig-ausgewaschenen

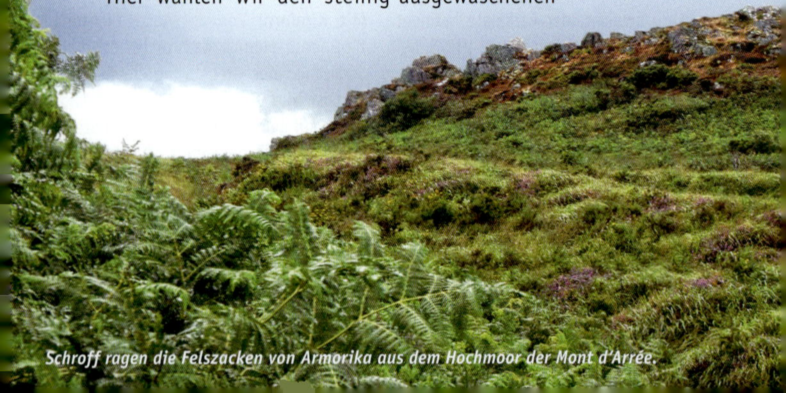

Schroff ragen die Felszacken von Armorika aus dem Hochmoor der Mont d'Arrée.

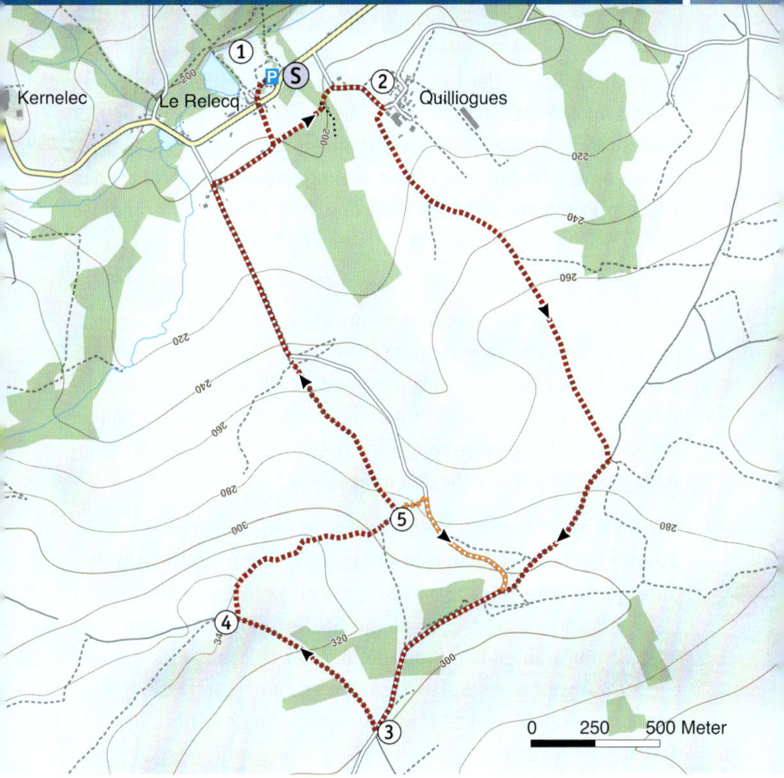

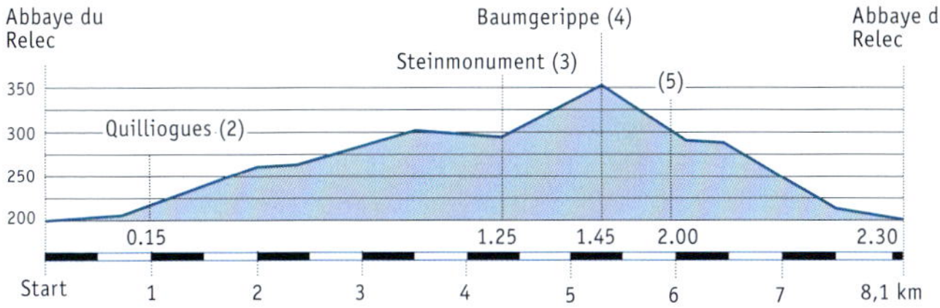

Forstweg nach rechts. Durch hohen Bewuchs führt er uns aufwärts und auf die felsigen Spitzen zu, die die Kuppe überragen.

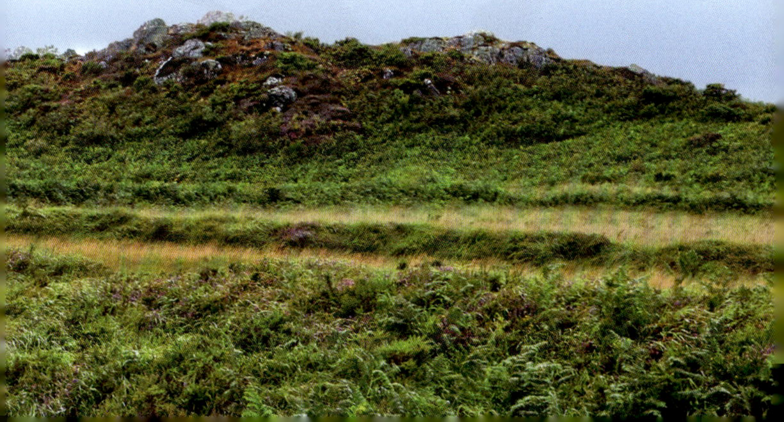

Kurz vor Erreichen der Felsen zweigt ein unbeschilderter Weg in einer **Linkskehre** nach rechts in die Heidelandschaft ab. Zuvor aber sollten wir den schmalen Trampelpfad nach links suchen, der zu einem Felsen und einem **Baumgerippe** hinaufführt, **das wie ein Pferd aussieht** ❹. Von dort haben wir eine grandiose Rundumsicht nach Süden und Osten. Auf dem Felsen lässt es sich gut rasten.

Dann gehen wir auf dem bereits erwähnten Pfad durch die Heide. Links von uns recken sich Felsen über Pflanzen und vor uns erstreckt sich weites Land. Die Landschaft wirkt wild und ursprünglich. Wir ignorieren einen Pfad nach rechts und wählen an der nächsten **Verzweigung** ❺ den Wiesenweg zwischen Büschen schräg nach links – nicht den ganz linken!

Durch farnbestandenes Heideland gehen wir hinab in Richtung Relenc. Wir queren einen Fahrweg und passieren ein Holztor. Der Untergrund wird jetzt torfig. Schließlich taucht der Weg in den Wald ein und es geht über einige **Stufen** hinab. Wir erreichen Asphalt und wählen den Pfad, der auf der rechten Seite parallel zur Straße weiter verläuft. Nachdem er einen Landwirtschaftsweg gequert hat, wird er etwas überwachsen und führt schließlich auf die **Straße**.

Ihr folgen wir in Marschrichtung weiter bis zu einem **Gehöft**. Dahinter wenden wir uns nach rechts, wandern an einem Haus und einem schlichten, an einen Menhir erinnernden **Steinkreuz** vorbei und nehmen den nächsten Abzweig nach links. Der Schotterweg führt uns genau auf das Haupttor der Abtei zu.

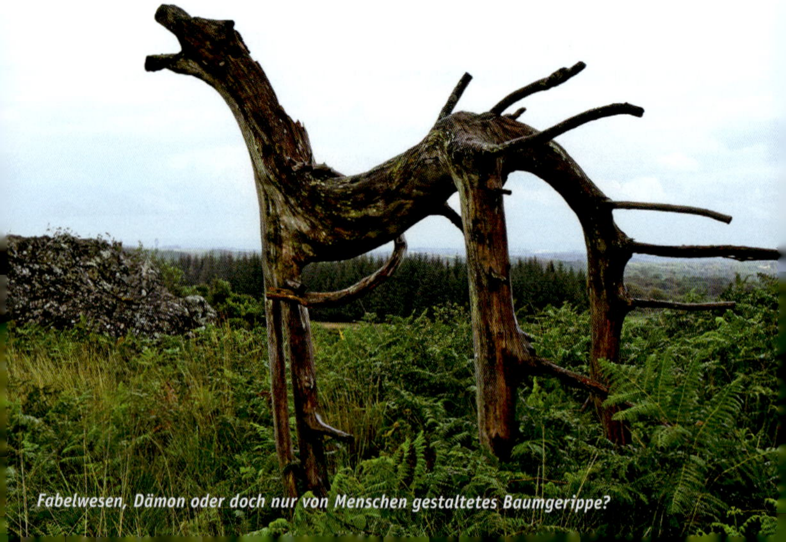

Fabelwesen, Dämon oder doch nur von Menschen gestaltetes Baumgerippe?

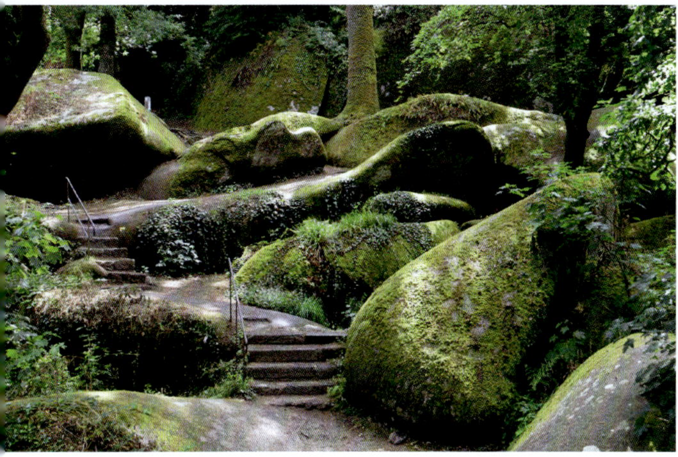

150 m

STRECKE 5,5 km

2 h

ab 6

Zauberwald von Huelgoat

38

Auf den Spuren von König Artus

Der Wald von Huelgoat ist einer der Überreste des riesigen ursprünglichen Waldgebietes »Argoat«, das früher das gesamte Innere der Bretagne bedeckte. Buchen, Eichen und Kastanien stehen dicht beieinander. Dazwischen liegen dicke, mit Moos überzogene Findlinge. Der Wald ist quasi von Sagen durchwoben und ein bekanntes Ausflugsziel. Sehr beliebt ist der kurze Abschnitt zwischen der »Moulin du Chaos« und der Crêperie, in dem die ungewöhnlichsten Felsformationen zu sehen sind. Auf unserer Runde kommen wir jedoch auch zu ruhigen Bereichen des Zauberwaldes.

TOUREN-STECKBRIEF

Anfahrt: Von Huelgoat fahren wir nach Locmaria-Berrien. Der Ort liegt östlich, Vorsicht: Es gibt auch ein »Berrien« im Norden. Gut einen Kilometer außerhalb des Ortes befindet sich links bei **GPS N 48°22′00.1″, W 3°44′01.8″** der große Parking de l'Arquellen (unser Start). Alternativ folgt im Anschluss an die Linkskehre ein zweiter Parkplatz.
Anspruch und Charakter: Meist breite Forstwege, Pfade im Bereich des Artus-Lagers, teils felsig-steinig im Bereich der Moulin du Chaos, dort auch sehr belebt. 200 Meter auf Asphalt.
Markierung: Keine.

Einkehr: An der Promenade in Huelgoat, Crêperie auf einer Lichtung bei ❺.
Info: Tour 33 und 34 lassen sich zu einer Wanderung zusammenfügen.
Mit Kindern: Von der Rue de La Roche Tremblante (zwischen ❺ und ❻), können wir eine kleine, spannende und sehr beliebte Runde gehen: Es geht die Straße zurück zur ❻. Vorsicht: Im Bereich der Moulin de Chaos gibt es teilweise hohe, ungesicherte Felsen! Dann von ❽ zur Crêperie ❺ wandern (Strecke: 0,9 km). Längere Variante: Parken wie beschrieben und die Runde ohne Abstecher zum Camp Artus gehen. (Strecke: 4,1 km)

Wanderung: Vom Parkplatz wenden wir uns Richtung Wald und folgen dem breiten Forstweg neben der Hinweistafel bergauf. Wenn auch teilweise nachgepflanzt, so wird Huelgoat doch seinem Ruf als alter Zauberwald gerecht. Links neben bzw. unter uns erstreckt sich ein wildromantisches Tal. An einer **Y-Verzweigung** halten wir uns links und steigen sofort einige Stufen nach links hinunter zum **Mare aux Sangliers** ❶. Seinen Namen hat der kleine, mit Granitfelsen gesäumte Teich mit zwei kleinen Wasserfällen, weil hier die Wildschweine, französisch »sangliers«, gerne baden gehen.

Highlights

Die Artussage, auf deren Spuren ihr im Zauberwald wandert, ist eine mittelalterliche Legende. Sie rankt sich um König Artus, einen gerechten Herrscher, seine Ritter der Tafelrunde, den Druiden Merlin und die Suche nach dem Heiligen Gral. Sie ist geprägt von magischen Ereignissen und heldenhaften Abenteuern.

Die Burg des König Artus?

Nachweislich befand sich hier ein Oppidum, ein befestigtes Lager oder ein Keltenwall, das 1938 vom Engländer Sir Mortimer Wheeler untersucht und ausgegraben wurde. Es handelt sich wahrscheinlich um das Hauptlager des keltischen Stammes Osismes. Gefunden wurden Reste der Befestigungswälle und Fundamente von Häusern. An der Südseite der Hauptfestung befand sich ein größeres Gebiet mit niedrigerem Schutzwall. Der Schutzwall aus Erde entstand beim Ausheben des umlaufenden Grabens. Er wurde mit eingebauten Holzgittern stabilisiert und von außen mit einer Steinmauer fixiert.

Im Nord-Osten – etwa dort wo der Rundweg den Forstweg quert – befand sich ein Tor. Dort bog sich der Wall leicht ins Innere, um die Kontrolle zu erleichtern. Sechs dicke Pfähle, zu beiden Seiten der Öffnungen in den Boden gelassen, stützen einen Turm, der sich über dem Zugang erhob. Das gesamte Gelände war etwa 1,2 Kilometer lang und durchschnittlich 300 Meter breit – für damalige Verhältnisse also eine richtig große Stadt.

Im 1. Jahrhundert vor unserer Zeitrechnung wurden die Schutzwälle erhöht, wahrscheinlich während der römischen Invasion zwischen 56 und 51 vor unserer Zeitrechnung. Im Mittelalter zwischen dem 10. und 12. Jahrhundert wurde hier außerdem eine Motte gebaut, eine Befestigungsburg in Holzbauweise. Sie nutzte den bereits vorhandenen Keltenwall an seinem nördlichsten Ende mit und wurde von einem achteckigen Turm überragt, dessen Überreste bis Ende des 19. Jahrhunderts sichtbar waren.

Hinter der **Brücke** über den Auslauf des Teiches gehen wir links hinauf und dann am Forstweg wieder links. An einem Dolmen steigen wir einen Pfad rechts hoch zur **Artusgrotte** ❷. In dem felsigen und grün überwucherten Überhang soll Artus Schutz gesucht haben.

Wir steigen den zweiten Pfad hinunter und wenden uns auf dem Forstweg nach rechts. An einer Verzweigung bleiben wir rechts und nach einer scharfen Rechtskehre wandern wir auf der Forststraße immer geradeaus bergauf Richtung »Camp d'Artus«. Ein deutlich erkennbarer Pfad nach rechts bringt uns mit wenigen Schritten zu einem **Aussichtspunkt über die Wälder** ❸.

Dann geht es weiter bergauf und an einer sehr großen Kreuzung geradeaus. Schließlich erreichen wir bei einer Steinbank und einem Hinweisschild das **Camp d'Artus** ❹. Hier wenden wir uns auf einen

Pfad nach rechts, er führt als Rundweg einmal um das Camp herum. Dabei wandern wir sehr schön durch lauschigen Wald. Vom Camp allerdings ist nicht mehr viel zu sehen, nur einige Hinweistafeln erklären die archäologischen Funde.

Auf unserem Rundweg queren wir die Forststraße. Wenn wir zurück am Start sind, sollten wir noch einmal nach rechts zu einem kleinen, spannenden **Felsenlabyrinth** abzweigen.

Dann gehen wir auf unserem Hinweg wieder abwärts und wenden uns an der ersten großen **Verzweigung** nach rechts. Es geht durch den meist sehr ruhigen Wald weiter hinab. An der nächsten Kreuzung halten wir uns geradeaus und wählen in einer Linkskehre den schmaleren Pfad nach rechts. Diesem folgen wir erst geradeaus, dann um eine Linkskehre abwärts und treffen auf einen großen, offenen **Platz unter Bäumen** ❺. Hier herrscht meist ziemlich viel Trubel, es gibt Picknickbänke und etwas weiter links eine Crêperie.

Wir queren die Forststraße und gehen gegenüber hinauf zum Felsblock **Roche Tremblante**. Trotz seiner mehr als 100 Tonnen Gewicht soll er bei Druck an einer bestimmten Stelle leicht wackeln, »tremblante« bedeutet zittrig. An der von unten gesehen linken hinteren Seite des Felsens führt ein Pfad mit Geländer über den blanken Fels und oben bringen

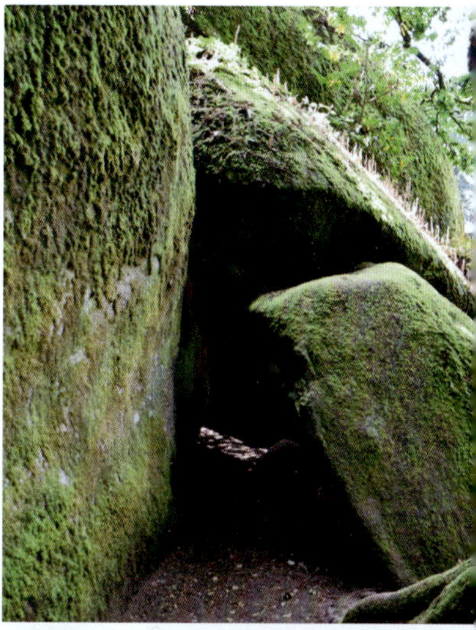

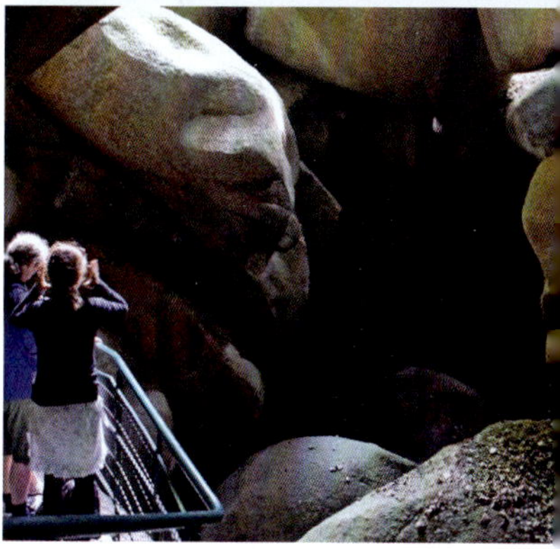

Legenden der Bretagne – vom Riesen Gargantua

Eines Tages machte Gargantua in Huelgoat halt und bat die Dorfbewohner, ihm zu Essen zu geben. Diese kochten ihm nur einen schlechten Buchweizenbrei, von dem er nicht satt wurde. Wütend und enttäuscht verließ Gargantua das Dorf und schwor Rache. In der wohlhabenden Gegend Léon, im Norden des Finistère, konnte er endlich seinen Hunger stillen. Nach der Mahlzeit wanderte Gargantua die Küste entlang und hob dabei mit seinen riesigen Händen große, von der Brandung rund geschliffene Felsbrocken hoch, die er über die Monts d'Arrée bis nach Huelgoat warf, wo sie entlang der Rivière d'Argent und im ganzen Wald zu Boden fielen. Noch heute zeugt einer dieser Felsen vom Zorn des hungrigen Riesen…

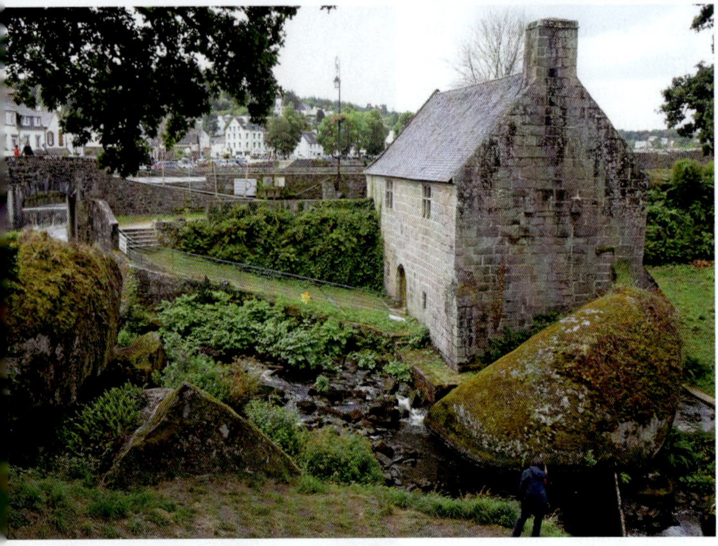

Die Moulin du Chaos am Silberfluss Argent.

uns weitere Pfade zur Straße. Wir folgen der Straße nach links abwärts und können dabei schon auf die **Moulin du Chaos** ❻ blicken. Sie wird angetrieben vom Argent, dem Silberfluss, der hier einen Höhenunterschied von 20 Metern überwindet, ehe er sich seinen Weg unter dem Steinchaos aus riesigen Granitblöcken sucht.

Wir überqueren die **Brücke** links von uns und wenden uns direkt danach links in den schmalen Pfad zwischen Flusstal und Hauswand. Er führt wieder an der Mühle vorbei. Von dem riesigen Granitblock dahinter hat man eine gute Aussicht. Vorsicht, der Aussichtsplatz ist ungesichert!

Weiter verläuft unser Pfad durch eine Art **Höhle** aus hohen Felsen. Dann führt ein beschilderter Abzweig nach links und über Fels- und Gitterstufen hinab in die **Grotte du Diable** ❼. Vorsicht: Die Steine sind meist rutschig. Der Abstieg in den großen, von Felsblöcken gebildeten Raum lohnt sich aber definitiv. Und auch wenn es sich um den Eingang zur Hölle handeln soll, kommen die meisten Besucher unbeschadet wieder heraus!

Im Anschluss führt unser Pfad weiter durch Felsen und dann in Kehren und über Treppenstufen hinunter zum **Bachbett des Argent**. Oberhalb verbergen sich kleine Höhlen im Gestein. Unser Weg biegt nach rechts ab und wir kommen zur **Ménage de la Vierge** ❽, einer beeindruckenden Ansammlung von Granitblöcken. Groß und riesengroß bilden sie ein romantisches Rund, in dem sich mit ein wenig Fantasie der »Haushalt der Jungfrau« erkennen lassen soll. Ein Pfad (Abstecher) führt hinunter in die felsige »Wohnstatt«.

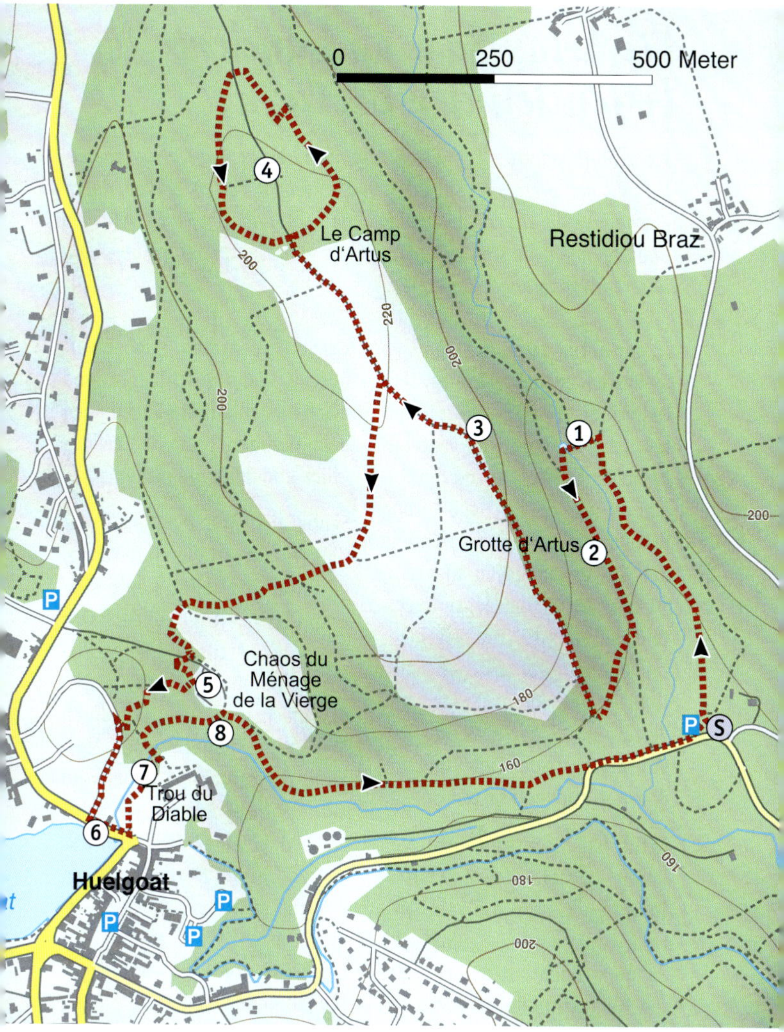

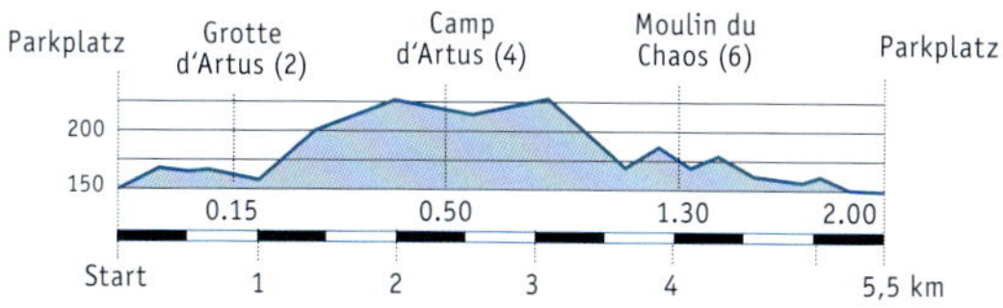

An der folgenden **T-Kreuzung**, an der sich links die Crêperie befindet, wenden wir uns nach rechts. Auch an der folgenden Verzweigung bleiben wir rechts. Jetzt lassen wir die meisten Besucher wieder hinter uns und folgen dem Argent und seinem wunderschönen, bemoosten Granitfelsen-Bachbett. Wir wandern am schattigen **Picknickplatz Pont Rouge** vorbei zur Straße und folgen dieser für die letzten 180 Meter zum Parkplatz.

Die Artus-Sage und andere Legenden der Bretagne

Viele Jahrhunderte alt und trotzdem noch allgegenwärtig sind die Legenden der Bretagne. Zu jeder Quelle, jedem Felsen, vielen Naturerscheinungen und allem Unerklärlichen gab und gibt es Erzählungen und Legenden. Sie sind auch heute noch so präsent, dass wir ihnen auf unseren Wanderungen begegnen.

In der **Artus-Sage** vereinen sich mehrere Geschichtenkreise. Ihre Ursprünge liegen wahrscheinlich im Übergang zum Mittelalter, als sich nach Abzug der Römer die keltische Bevölkerung Britanniens gegen die während der Völkerwanderung hier eintreffenden Angelsachsen verteidigen musste. Die Geschichten handeln von Ehre und aufrichtigem Kampf, Ruhm und Verrat, der Schaffens- und Zerstörungskraft der Liebe und von übernatürlichen Kräften.

Artus ist der einzige Sohn von König Uther. Seine Mutter Igraine, die Herzogin von Cornwall, war zum Zeitpunkt der Zeugung noch mit einem anderen Mann verheiratet. Artus gilt deshalb als »Bastard«. Er wird vom Druiden Merlin aufgezogen. Als Uther stirbt, kann Artus seine rechtmäßige Thronfolge bezeugen, weil er als Einziger das von Merlin verzauberte Schwert Excalibur aus einem Stein ziehen kann. Artus heiratet Guinevra und versammelt die wichtigsten Ritter seines Reiches zu Beratungen an seine Tafel. Mit Diplomatie und Güte bringt er dem Land eine Zeit des Friedens. Die Ritter vollbringen fantastische Heldentaten, erleben verbotene Liebesgeschichten und machen sich auf die Suche nach dem Heiligen Gral, der ewiges Glück und Jugend bringen soll.

Schließlich findet Galahad, der jüngste Ritter der Tafelrunde, den Gral und stirbt wenig später. Gleichzeitig wendet sich das Glück: Artus und seine Ritter verlieren im Kampf gegen übermächtige Gegner und durch den Verrat seines Neffen Mordred. Der sterbende Artus wird auf die Insel Avalon gebracht, von wo er eines Tages zurückkehren wird. Merlin dagegen verliebt sich unsterblich in Viviane, macht sie zu einer mächtigen Fee und wird von ihr gefangen genommen.

Seit dem 9. Jahrhundert wurden die Erzählungen um den edlen König Artus in verschiedenen Versionen schriftlich niedergelegt. Drei Jahrhunderte später entstanden die heute noch bekannten, bildreich ausgeschmückten Geschichten. Ein Revival erlebte die alte Legende durch den 1982 erschienenen Roman »Die Nebel von Avalon« von Marion Zimmer Bradley, der die

Legende um Priesterinnen und edle Ritter noch einmal neu und etwas anders interpretiert.

Der Riese Gargantua

Wie erklärt man eine Welt, die von riesengroßen Felsen gesäumt wird? Hier müssen Riesen am Werk sein! Wie alt die Erzählungen von Gargantua sind, ob er bereits die Fantasie der Kelten beflügelte, weiß niemand. Aber noch heute begegnet der Riese dem Reisenden an vielen Stellen.

Gargantua und sein Sohn Pantagruel schafften es außerdem auch in die Weltliteratur. Ein fünfbändiger Romanzyklus von Francois Rabelais aus dem 16. Jahrhundert berichtet von den »schrecklichen und entsetzlichen Abenteuern und Heldentaten« der beiden Riesen. Selbst in der französischen Sprache haben Vater und Sohn, die für ihren riesenhaften Appetit berühmt sind, ihre Spuren hinterlassen: »Gargantuesque« bedeutet so viel wie »riesig« oder »gigantisch« und eine Person mit wirklich unersättlichem Hunger bezeichnet man in Frankreich gerne mal als »pantagruélique«.

Die versunkene Stadt Ys

Die Bewohner der versunkenen Stadt Ys lebten in unglaublichem Luxus und Reichtum. Doch Hochmut machte sie blind. So erkannte Dahut, die Tochter des Königs, nicht, dass ihr Liebhaber der Satan selbst war. Sie stahl ihrem Vater den Goldenen Schlüssel der tief liegenden Stadt und Satan öffnete mit diesem die Schleusentore, sodass Ys mit Mann und Maus überflutet wurde. Noch heute liegt die Stadt auf dem Grund des Ozeans und wartet auf ihre Erlösung. Nur König Gradlon konnte sich mithilfe des Heiligen Gwénolé auf Pferden retten, aber auch erst, als er seine eigene Tochter und damit die Sünde vom Pferd stieß und den Fluten überließ.

Heute wird die Stadt, die laut der Legende untergegangen sein soll, in der Bucht von Douarnenez verortet, wo aufgrund des inzwischen erheblich gestiegenen Meeresspiegels tatsächlich eine Siedlung hätte existieren können. Beweise dafür gibt es aber nicht.

Das Tor zur Unterwelt

In den Monts d'Arrée befindet sich das sogenannte Tor zur Unterwelt in einer weiten, sumpfigen Senke. Hier kann der unvorsichtige Wanderer auf Ankou treffen, den personifizierten Tod. Auch die Korriganen, boshafte Zauberwesen und Kobolde, die nachts zu betörend schönen Frauen werden, streifen hier herum.

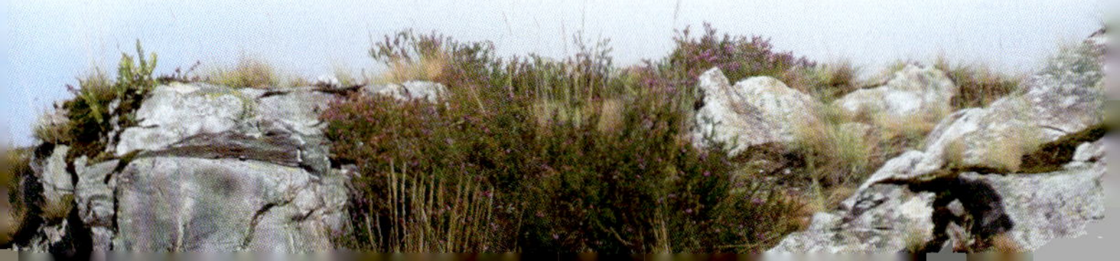

120 m

STRECKE 8,4 km

2 h 45

ab 8

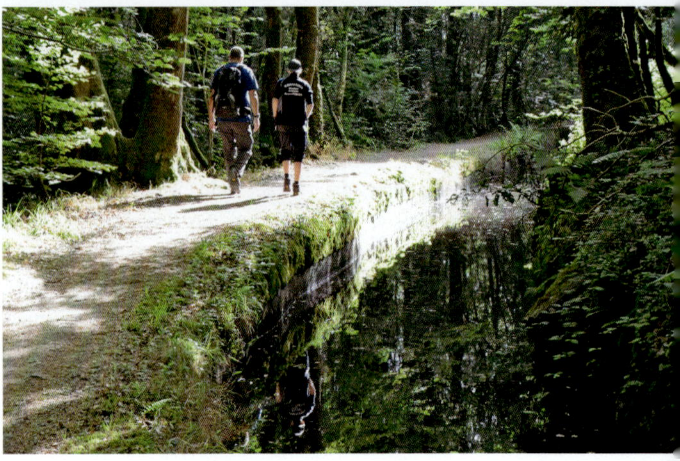

39 Die Silberminen von Huelgoat

Durch den Wald und entlang verwunschener Kanäle

Die wilde Romantik der alten Wälder von Argoat, dem dicht bewaldeten Landesinneren der Bretagne, können wir auf dieser Wanderung am besten erleben. Abseits der beliebten Touristenpfade spiegeln sich die Bäume im schmalen Kanal. Wir erleben den stillen Wald in allen Facetten – mal ist er feucht und finster, dann wieder lichtdurchflutet. Außerdem gibt es auf dieser Runde ein ehemaliges Minengelände und einen Druidenstein zu entdecken.

TOUREN-STECKBRIEF

Anfahrt: Von Huelgoat fahren wir nach Locmaria-Berrien. Der Ort liegt östlich, Vorsicht: Es gibt auch ein »Berrien« im Norden. Gut einen Kilometer außerhalb des Ortes befindet sich links bei **GPS N 48°22'00.1", W 3°44'01.8"** der große Parking de l'Arquellen (unser Start). Alternativ folgt im Anschluss an die Linkskehre ein zweiter Parkplatz.

Anspruch und Charakter: Gute Wege, viel Schatten. 1,4 Kilometer auf Asphalt.

Markierung: Keine.

Info: Tour 33 und 34 lassen sich zu einer Wanderung zusammenfügen.

Mit Kindern: Wir folgen der Runde bis zur ❶ und steigen zur Straße hinunter. Dazu folgen wir dort etwa 100 Meter einem schlecht erkennbarem Pfad! Er führt bei ❼ geradeaus, am Hang entlang und um eine Linkskehre. Alle Abzweige schräg rückwärts ignorieren wir. Dann geht es schräg links und die letzten 100 Meter etwas kraxelig auf schmalem Pfad zur Straße.

Bei den Häusern von La Mine auf der Zufahrt rechts und dann der Straße über die Argent-Brücke folgen. Dahinter nach links auf den guten Pfad entlang des Flusses abbiegen. Wir wandern vorbei am Mare aux Fées und an Le Gouffre. Dahinter führen Stufen hoch zur D 769a, der wir nach links zum Parkplatz folgen. *Strecke: 5,0 km*

Wanderung: Wir gehen auf der **Straße** zurück in Richtung Huelgoat. Direkt vor dem Ortseingangsschild biegen wir in den scharf nach links abzweigenden, ansteigenden Forstweg ein. Oben halten wir uns leicht links und wählen den Pfad, der am **Kanal** entlang führt. Als die Minen noch in Betrieb waren, wurden zwei Kanäle genutzt: Der **Canal supérieur**, der obere Kanal, an dem wir entlanglaufen, leitet Wasser aus dem Stausee zum Minengelände. Der Canal infèrieur, der untere Kanal, zweigt Wasser aus dem Argent für das Minengelände ab.

Durch traumhaft romantischen Laubwald geht es im mer am Kanal entlang. Der Wald um uns ist einmal undurchdringlich dicht und grün, dann wieder offen und hoch. Rechts von uns fließt das Wasser, auf der anderen Seite wuchern Farne und Moose aus der Kanalmauer. An einem kleinen **Wasserkraftwerk** ❶, das ursprünglich Strom für die Minen erzeugte, queren wir den Kanal und halten uns links.

An der direkt folgenden **Wegkreuzung** wenden wir uns nach rechts und folgen wieder einem Kanal. Er ist hier meist ausgetrocknet, nur manchmal zeugt der sumpfige Untergrund von seiner ursprünglichen Funktion.

Highlights

Im 16. und 17. Jahrhundert erreichte der Silberbergbau in den Minen im Wald von Huelgoat seinen Höhepunkt. Der Canal Supérieur war Teil dieser frühen Industrieanlage. Er wurde genutzt, um mit Wasserkraft Mühlräder anzutreiben, mit deren Hilfe das abgebaute Erz verarbeitet wurde.

Seit dem 15. Jahrhundert wurden die **Silberminen von Huelgoat** intensiv ausgebeutet, wenn auch die erste offizielle Konzession erst im Jahr 1729 vergeben wurde. Die Bergleute förderten Bleiglanz zutage, der neben dem Hauptbestand Blei auch Silber enthält. Es kann durch Rösten und Reduzieren vom Blei getrennt werden.
Bereits im 16. Jahrhundert wurde der See aufgestaut, um ständig Wasser für die Minen zur Verfügung zu haben. Von 1720 bis 1724 wurde der Damm verstärkt. Ende des 18. Jahrhunderts arbeiteten hier sowie in den Minen von Locmaria-Berrien und Poullaouen etwa 800 Menschen im Bergbau. Sie bauten den Bleiglanz mit Hämmern und bloßer Muskelkraft ab, Kinder übernahmen den Transport in den langen und verzweigten Stollen. Ende des 19. Jahrhunderts wurde der Bergbau eingestellt.

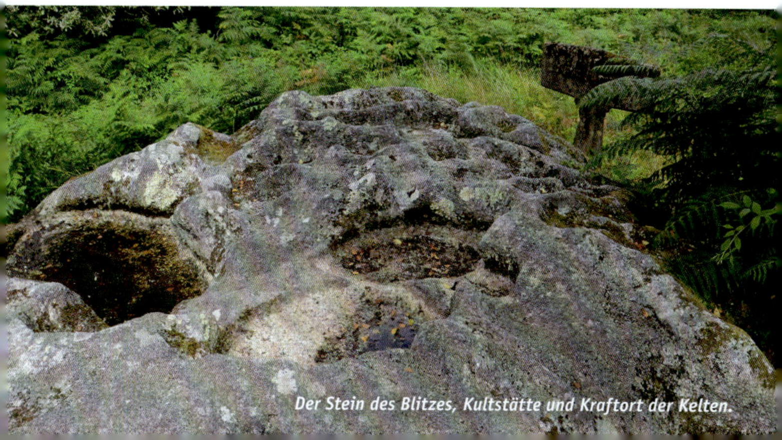

Der Stein des Blitzes, Kultstätte und Kraftort der Kelten.

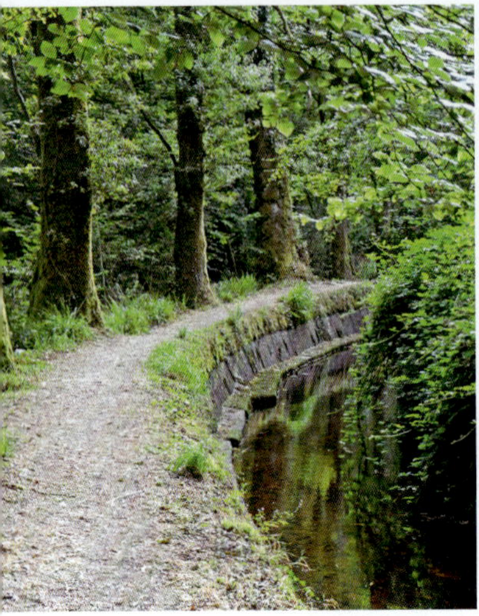
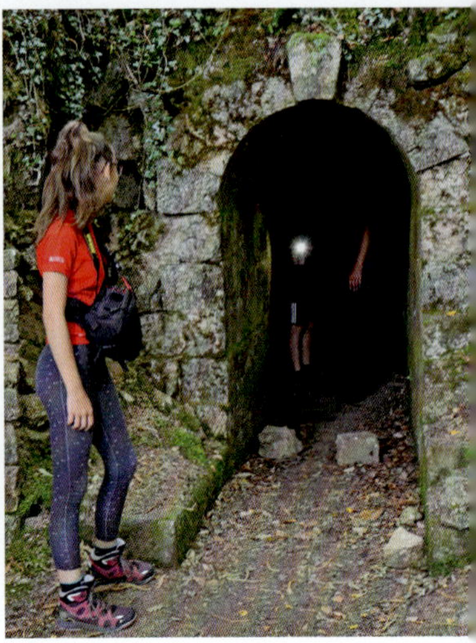

Am Canal Supérior und dem verschlossenen Zugang zur Mine.

Der Wald wird lichter und ermöglicht an einigen Stellen einen Blick über das Tal. Dann wandelt er sich und wir tauchen in dichten, dunklen Nadelwald ein.

An der **Talspitze** ❷ treffen wir wieder auf eine Kreuzung und wählen den Weg links unterhalb des Kanals. Dann geht es immer geradeaus durch wunderschönen Wald. Wir sind jetzt weit weg vom Trubel rund um Huelgoat. Schließlich erreichen wir einen mit Gitter verschlossenen **Minenzugang** ❸ auf der rechten Seite. Eine Schautafel erklärt den Standort und Verlauf der Hauptgänge der Mine.

Am direkt folgenden Forstweg wenden wir uns nach links abwärts. Wir ignorieren alle Abzweige und kommen zum großen **Minengelände im Tal** ❹. Hier gehen wir zuerst nach links und sehen Abraumhügel, eine stufig angelegte Waschanlage und einen weiteren großen Minenzugang. Wir gehen zurück und geradeaus auf der Schotterstraße weiter. Wir treffen auf Asphalt, überqueren den Argent auf einer Brücke und steigen zur **Durchgangsstraße** hinauf.

Diese überqueren wir geradeaus und steigen auf der gegenüberliegenden Straße für 300 Meter recht steil den Berg hoch. In der Rechtskehre hinter einem **Gehöft** ❺ folgen wir dem breiten Wiesenweg geradeaus in den Wald hinein. Bei der nächsten **Verzweigung** wählen wir den Fußweg links, und am gleich darauf folgenden Abzweig gehen wir geradeaus weiter. Immer am Hang entlang, wandern wir weiter durch den Wald. In einer Rechtskehre sehen wir eine Lichtung. Hier ist **La Scorie** ❻ zu finden, der Stein der Druiden. Den Kelten galt er als Kultstätte und Kraftort.

Sein französischer Name bedeutet schlicht »Schlacke«, wogegen der bretonische Name »Ar mein luc'hed« die kraftvolle Bedeutung »Der Stein des Blitzes« hat.

Wir gehen am Druidenstein vorbei und folgen dem etwas zugewachsenen Pfad, der eine breite **Lichtung** durchquert. In der folgenden Linkskehre taucht er in dichten Wald ein und wird breiter. Wir queren einen Fahrweg geradeaus, treffen auf eine **Straße** und gehen dort nach links. Sie führt uns am Forsthaus vorbei zur Durchgangsstraße. Hier wenden wir uns nach rechts und treffen nach 80 Metern auf unseren Parkplatz.

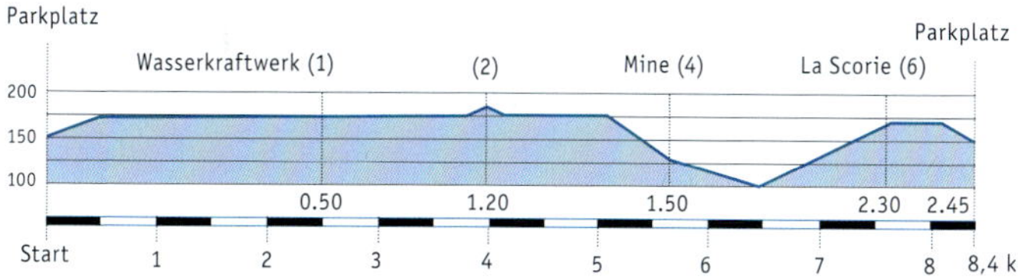

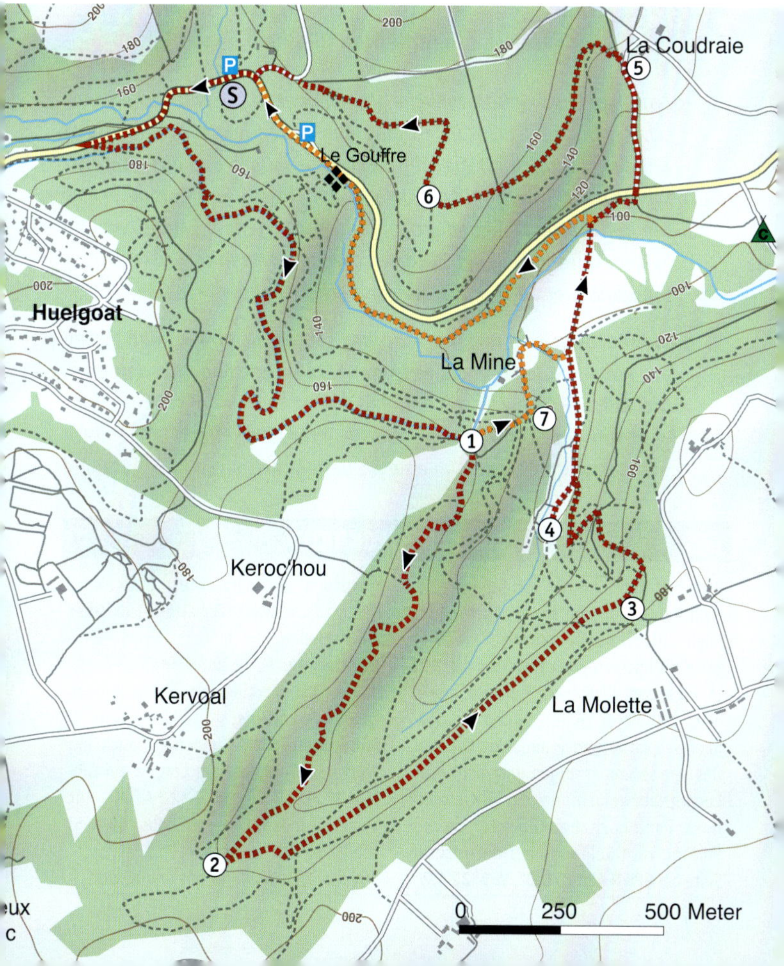

120 m

STRECKE 5,6 km

2 h

ab 6

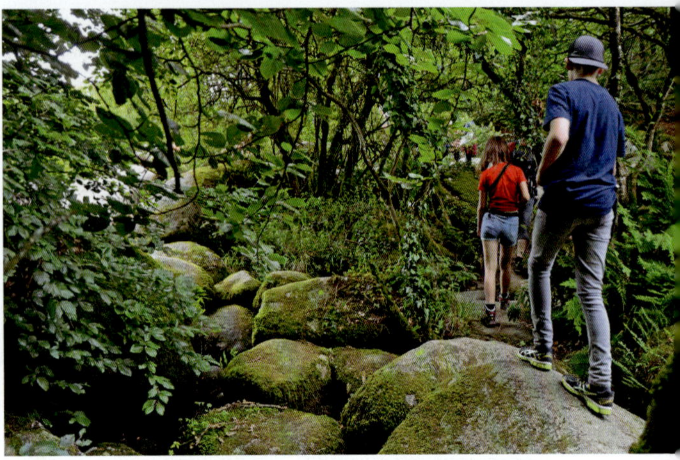

40 Chaos du Corong

Gigantische Granitblöcke in einem engen Tal

Zwischen Fluss und Hochebene prägen ganz unterschiedliche Landschaftsformen diese Wanderrunde: Die weiten Heideflächen auf der Höhe sind typisch für die bretonischen »Landes« und aus landwirtschaftlicher Sicht unnützes Ödland. Im Flusstal des Corong erwarten uns dichter Wald und große, rundgeschliffene, in Moos gehüllte Felsen, unter denen der Bach verschwindet. Menhire weisen darauf hin, dass hier auch in der Steinzeit schon Menschen lebten.

Wanderung: Vom Parkplatz aus starten wir nach links und laufen ein kurzes Stück direkt neben der **Straße** entlang. Wir genießen die weite Sicht nach Westen, dann führt der markierte Weg links weg von der Straße, bleibt aber in ihrer Nähe. Nach 500 Metern kreuzen wir die Straße an einem zweiten, kleineren Parkplatz und

TOUREN-STECKBRIEF

Anfahrt: Auf der D 787 von Guingamp in Richtung Callac und an der Abzweigung nach Callac vorbeifahren. Nach weiteren zehn Kilometern nach links auf die D 23 in Richtung »Trébivan, Locarn« abbiegen. 600 Meter weiter, fahren wir links nach »Locarn« und »Landes de Locarn«. Der Straße immer folgen und nicht nach Locarn abzweigen, an der T-Kreuzung links, dann noch drei Kilometer bis zum Parking du Quélennec auf der rechten Seite bei **GPS N 48° 20'0.0", W 3° 22'1.2"**.

Anspruch und Charakter: Gute Wege und Pfade, teilweise Schatten. 150 Meter auf Asphalt.

Markierung: Mit blauem Greif auf gelbem Grund markiert als Rundweg »Les Landes de Locarn«.

Mit Kindern: Mit Kleinen ist auch ein Start vom Parkplatz am Corong bei **GPS N 48° 20'39.2", W 3° 22'42.8"** mit kurzer Wanderung zum Chaos ❸ und wieder zurück sehr schön.

Strecke: 1,8 Kilometer hin und zurück

wandern geradeaus in den Wald. Schnell erreichen wir offene Heide und im nächsten Waldstück einen **großen Menhir** ❶.

Highlights

Abseits der Küste erkunden wir im Landesinneren eine wilde Landschaft mit windzerzausten Hochebenen rund um ein finsteres, feuchtes Urwald-Tal, in dem besonders viele dicke Granitbrocken liegen.

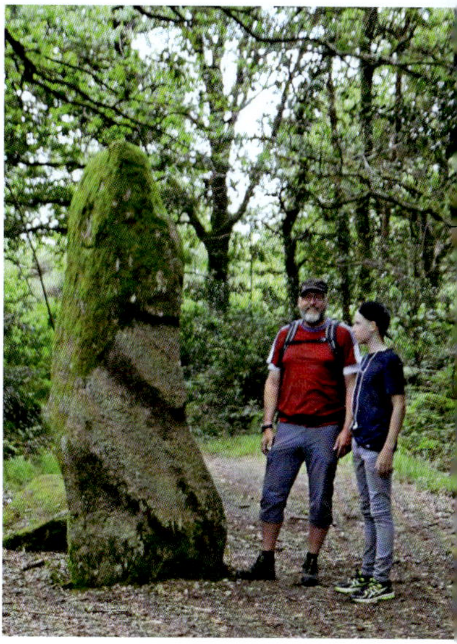

Hier gehen wir weiter geradeaus und laufen in einem langen Bogen entlang der flachen Kuppe rechts von uns. Meist sind wir von offener Heide umgeben, die mit Farn, Wacholder, Erika und Stechginster bewachsen ist. Nach links fällt der Blick weit ins tiefer liegende Land. Dann erreichen wir Wiesen und Felder zur Linken, einzelne Kiefern spenden hier Schatten. Wir treffen auf einen **Wiesenweg** ❷, an dem wir uns nach rechts wenden.

Wir gehen zwischen dichten Hecken hindurch und erreichen einen hochgewachsenen Laubwald, der sich verwunschen und still über uns erhebt. Wir ignorieren einen **ersten Abzweig** nach links und folgen am zweiten den Hinweisschildern nach links zu den »Gorges du Corong«.

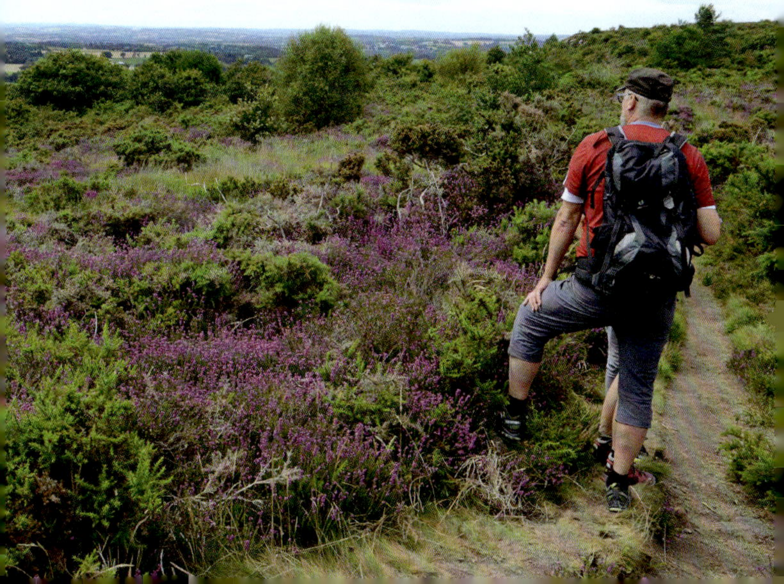

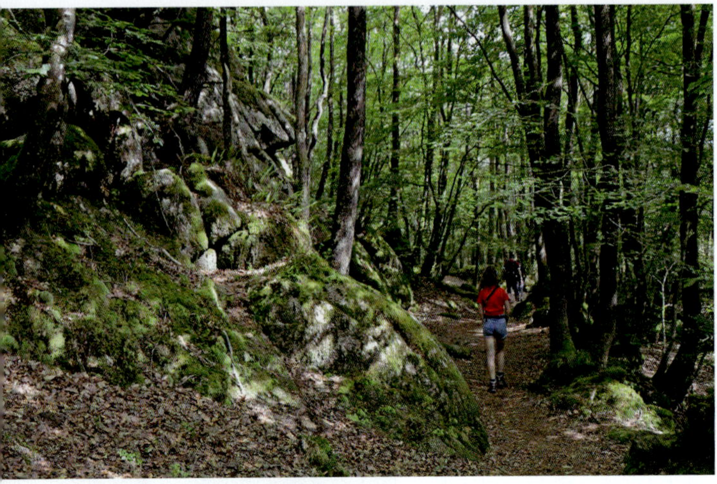

Zwischen Felsen und dem Corong durchwandern wir dichten, moosgrünen Wald.

Nur ein paar Meter weiter stehen wir vor riesigen Granitblöcken, unter denen sich der **Corong** ❸ seinen Weg sucht. Der Weg über die Felsen auf die andere Talseite ist mit **neongrünen Farbpunkten** markiert. Hier treffen sich die Einheimischen gerne am Wochenende, die Steinblöcke flussabwärts auf der linken Seite sind vom anderen Ufer gut zu erreichen.

Wir wenden uns auf der anderen Seite nach rechts, gehen ein paar Felsstufen hoch und entlang einer niedrigen, total vermoosten **Mauer** zu unserer Rechten. Dann folgen Felsen auf der linken Seite. Der Corong fließt rechts von uns und ist weiterhin unter den riesigen Felsblöcken nicht zu sehen. Wir passieren

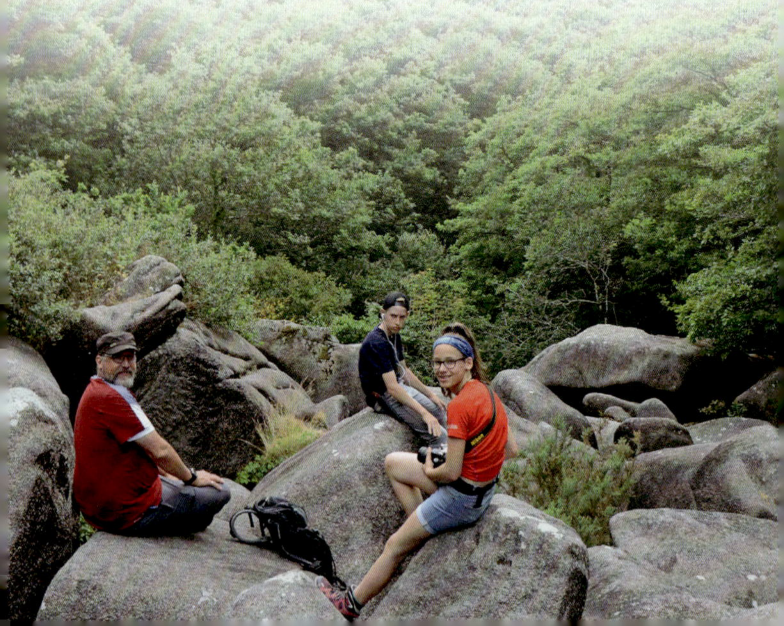

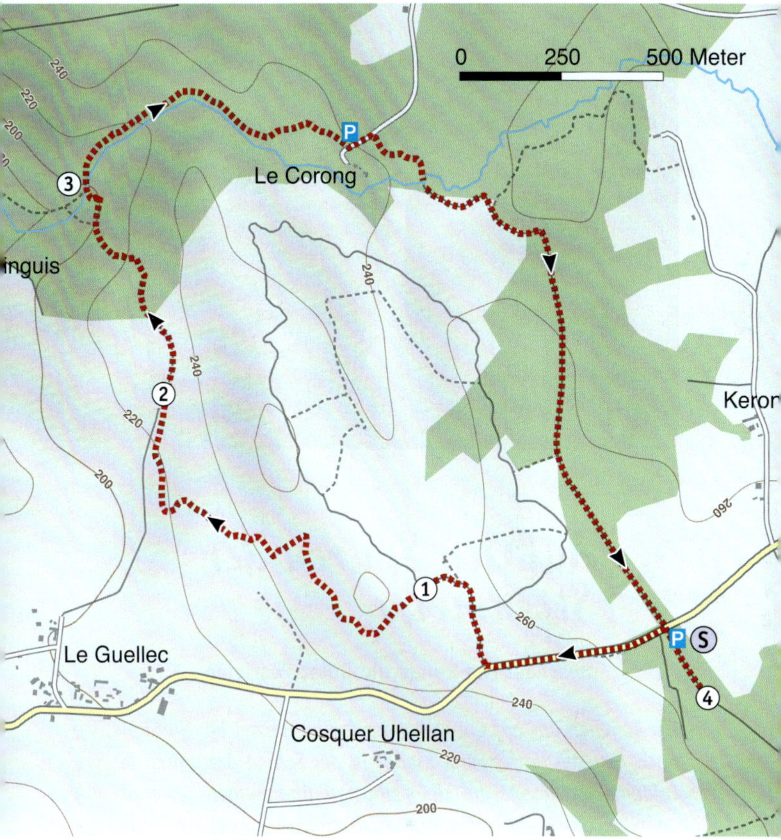

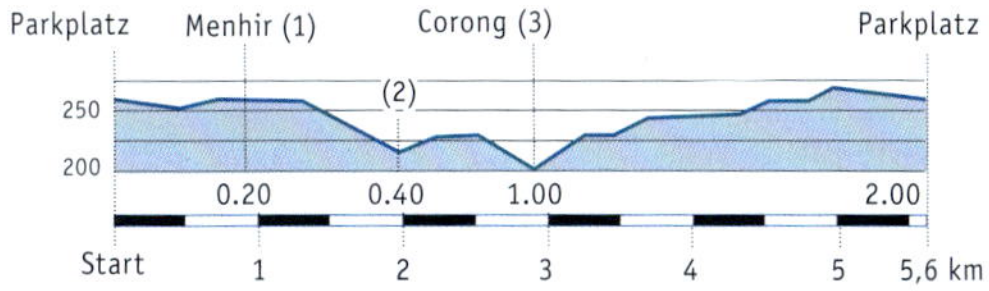

einen seitlichen Zufluss, die Felsen im Talgrund werden weniger und jetzt sind im Wasserlauf auch einzelne Pfützen zu entdecken. Schließlich führt der Weg bergauf zu einem **Parkplatz** und einem ummauerten Grundstück.

Wir folgen der Zufahrtsstraße einige Meter aufwärts und biegen dann auf einen beschilderten **Fußweg** nach rechts ab. Nach 150 Metern überqueren wir den Corong auf einem **Steg**. Danach führt der Weg aus dem niedrigen Wald in die offene Heide. Aus Gras und Farn ragen einzelne Nadelwaldhaine. Im Verlauf wird unser stetig ansteigender Fußweg zum Fahrweg, der uns zum Parkplatz bringt. Vom diesem führt ein Abstecher von 250 Metern zu einem zweiten großen **Menhir 4**. Er steht auf der linken Seite des Fahrweges.

75 m

STRECKE 3,7 km

1 h 15

ab 4

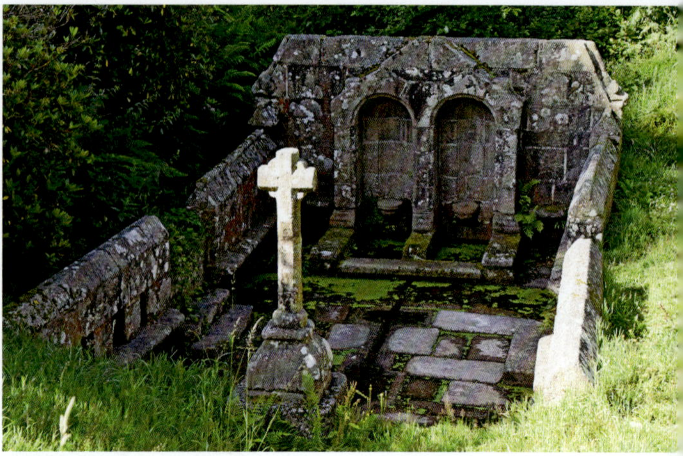

41 Auf den Spuren der Steinmetze

Beschauliche Runde um Bulat-Pestivien

Wir begeben uns auf Entdeckungsreise im Herzen der Bretagne, wo noch fast die Hälfte aller Kinder in der Schule Bretonisch lernen. Felder und Wiesen sind kleinteilig mit Baumreihen getrennt. Auf dem Weg durch ein stilles, grünes Tal treffen wir auf zwei markante Kirchen und mehrere aufwendig gemauerten Quellen. Besonders lebendig ist die Atmosphäre in Bulat-Pestivien am Markttag.

Wanderung: Vom Dorfplatz verlassen wir den Ort nach Osten in Richtung »Étang le Coat Gouredenn, Terrain des Sports«. Am Ortsausgang halten wir uns schräg links und laufen auf dem geschotterten Fahrweg weiter. Hier ist linker Hand ein **Waschhaus** **1** zu sehen, das mit modernen Steinen renoviert wurde.

Zwischen Bäumen hindurch wandern wir aufwärts und erreichen Wiesen. In einer **Rechtskehre auf der Höhe** gehen wir, den Wanderschildern des Circuit des Tailleurs folgend, nach links. Auf der linken Seite ragt der Kirchturm von Bulat-Pestivien über die wilde Wiese, die wir, begleitet vom Zirpen der Grillen, durchqueren. Wir wandern auf ein **Waldstück** zu, biegen direkt am Waldrand nach rechts und 70 Meter weiter auf einen schmalen Pfad nach links ab. Achtung, beim letzten Besuch fehlte hier die Beschilderung.

Nach nur wenigen Schritten abwärts zweigt ein etwas breiterer Weg nach links ab, dem wir folgen. Unser Pfad führt durch dichten Wald und wird zum **Hohlweg**, der in einem **sumpfigen Bereich**

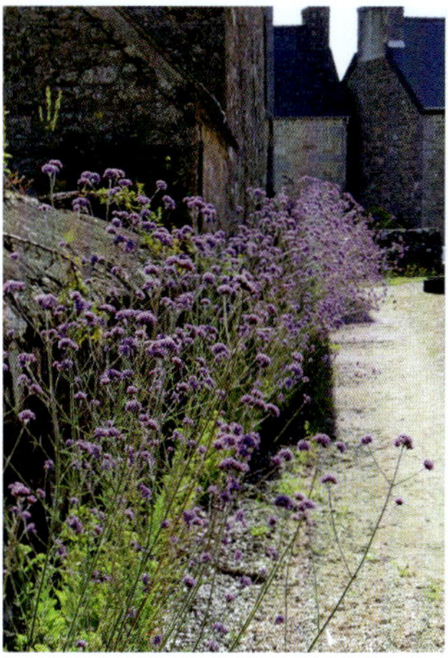
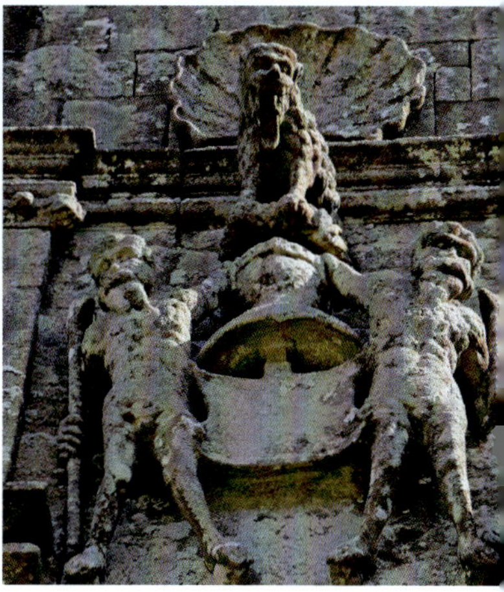

Fabelwesen bewachen die Kirche von Bulat-Pestivien.

auf der Böschung umgangen werden kann. An einem großen Felsen vorbei erreichen wir den urwaldartig bewachsenen **Talgrund** ❷, durch den ein kleiner Zufluss des Léguer fließt. Auf der anderen Bachseite gehen wir nach rechts. An einer Verzweigung nach der Linkskehre wählen wir den linken, oberen Weg. Er führt uns zu den alten Häusern des **Weilers Porz an Goff**, wo wir der Straße nach links zur **Kirche von Pestivien** ❸ folgen. Der **Calvaire von Pestivien** wurde 1550 erbaut, für die Kapelle Saint-Blaise gibt es unterschiedliche Angaben. Wahrscheinlich wurde sie ursprünglich gemeinsam mit dem Calvaire errichtet, aber dann Ende des 18. Jahrhunderts maßgeblich erweitert. Besonders interessant ist das Westportal unter dem Turm, dessen Rosetten und Rauten an den Renaissancestil erinnern.

Highlights

Hier im Herzen der Bretagne ist die alte, keltisch beeinflusste Kultur noch ziemlich lebendig. Wilde Fabelwesen hocken in den Fassaden der alten Kirchen es gibt überall Spannendes zu entdecken.

TOUREN-STECKBRIEF

Anfahrt: Auf der D787 von Guingamp in Richtung Callac und nach 16 Kilometern links auf die D31 Richtung Bulat-Pestivien fahren. Am Kreisverkehr geht es in den Ort. Am Dorfplatz kann man auf der rechten Seite bei **GPS N 48°25′41.6″, W 3°19′48.7″** parken.

Anspruch und Charakter: Forst- und Fußwege, viel Schatten. 1,4 Kilometer auf Asphalt.

Markierung: Wir wandern auf dem beschilderten Weg »Circuit des Tailleurs de Pierre«.

Info: Jeden dritten Sonntag im Monat findet in Bulat-Pestivien ein großer Trödelmarkt mit viel Atmosphäre statt. Dann werden Parkplätze auf Wiesen direkt vor dem Ort ausgewiesen. Auf dem großen Marktplatz gibt es Picknickbänke unter Bäumen.

Einkehr: Bar Restaurant Ch'ty Coz am Dorfplatz.

Mit Kindern: Die abwechslungsreiche kleine Runde ist für Kinder gut geeignet.

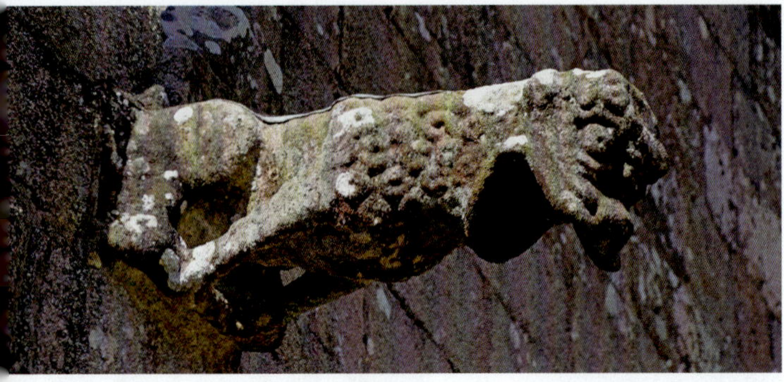

Vor der Kirche halten wir uns links und gehen auf Asphalt, teilweise im Schatten von Bäumen, zur Durchgangsstraße. Diese überqueren wir geradeaus und wechseln in der ersten Rechtskehre auf einen Wirtschaftsweg nach links. Wir wandern an Wiesen entlang, die von Baumreihen flankiert werden. An den folgenden beiden **Asphaltstraßen** gehen wir zweimal links. Dann kommen wir an **zwei Quellen** vorbei, die den Ortsnamen »Pestivien« erklären: Er ist bretonisch und bedeutet »Kopf der Quellen«. Zuerst sehen wir links die **Fontaine des Sept-Saints** ❹. Sie wurde 1683 erbaut und war früher geschmückt mit den Statuen der ersten sieben Bischöfe und Gründungsheiligen der Bretagne.

Nur wenige Schritte weiter erwartet uns das Becken der **Fontaine du Coq** ❺, das etwa aus dem Jahr 1550 stammt. Benannt wurde die Quelle nach dem Hahn, der früher das hölzerne Kreuz krönte. Sie speiste drei flache Becken, in denen gewaschen wurde.

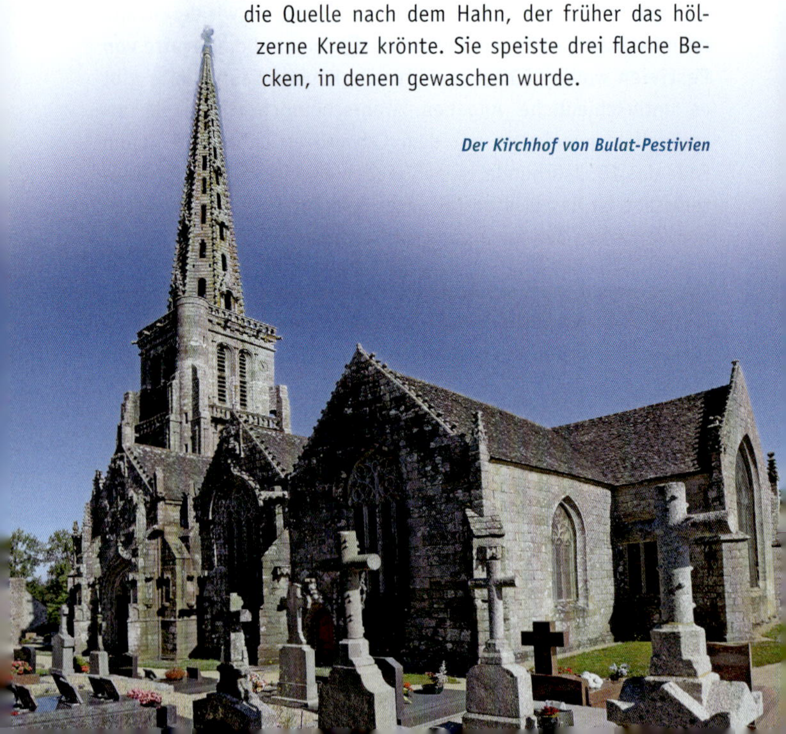

Der Kirchhof von Bulat-Pestivien

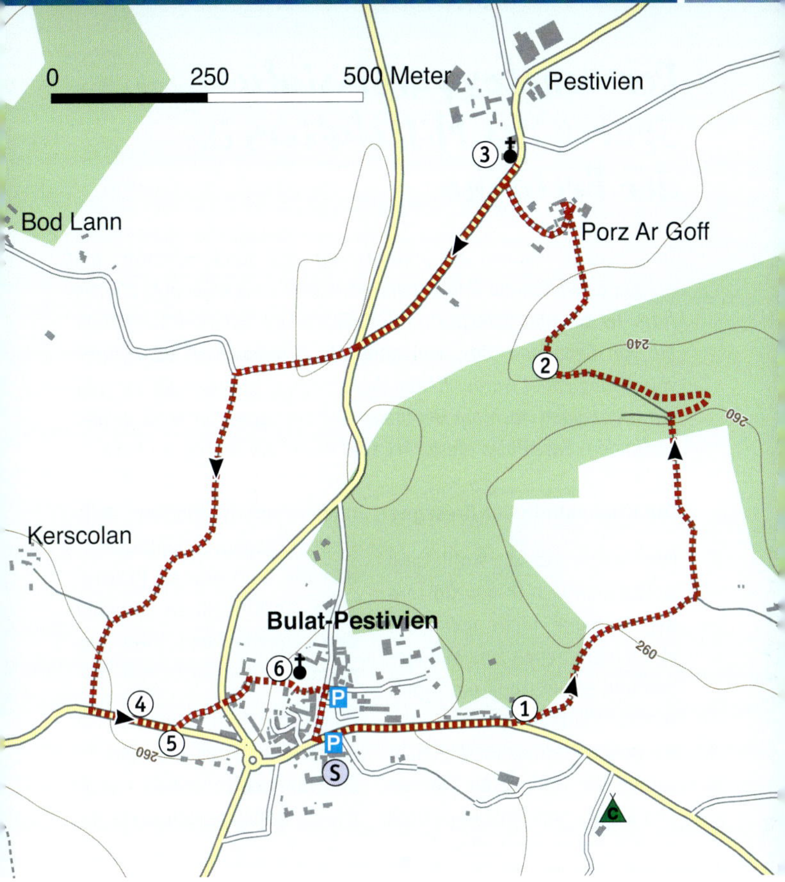

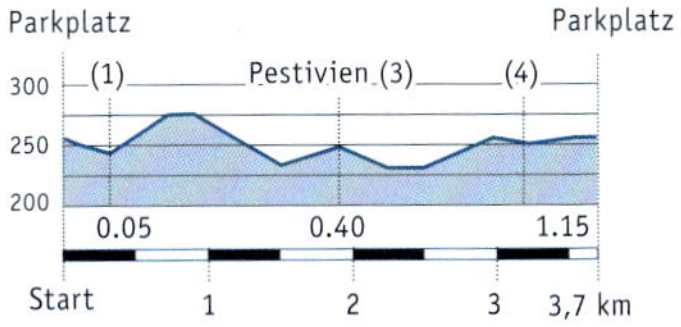

Am Ortseingang von **Bulat-Pestivien** wählen wir den Schotterweg nach links, passieren eine kleine Kapelle und alte Natursteingemäuer, queren eine Straße und steigen auf Stufen nach rechts zur **Kirche** ❻ hinauf.

Der **Kirchturm von Notre-Dame de Bulat-Pestivien** gilt als einer der schönsten der Bretagne und ist der höchste der Côtes d'Armor. Bereits im frühen Mittelalter stand hier eine alte Kapelle, die bei Pilgern sehr beliebt war. Das heutige Gebäude wurde im 14. Jahrhundert errichtet, im 15. renoviert und im 16. Jahrhundert erweitert. An der Fassade der Kirche sind neben christlichen Figuren auch etliche Fabelwesen zu entdecken. Das Südportal ist mit den Statuen der zwölf Apostel geschmückt.

Wir durchqueren den Friedhofsbereich, wenden uns an der Straße nach rechts und kommen wieder zum großen Marktplatz im Ort.

Der »enclos paroissial« Spuren des Mittelalters in der Bretagne

Im Mittelalter kamen die bretonischen Orte durch Handwerk und Handel zu Wohlstand und entwickelten eine ganz eigene Ausdrucksform der sakralen Kunst. Rund um die Kirchen entstand ein Ensemble von Gebäuden, das, von einer Mauer eingefasst, zum prunkvollen Kirchenhof wurde. Neben dem Friedhof ist innerhalb der Mauern meist auch noch ein Beinhaus und ein sogenannter »Calvaire« zur finden. Ensembles dieser Art sind nur in der Bretagne üblich.

Die Kirchenhöfe der Bretagne

Mit wachsendem Wohlstand wollte man sich in den Dörfern der Bretagne nicht mehr mit einfachen Kirchen zufriedengeben und es entstand ein regelrechter Wettbewerb um den schönsten Pfarrbezirk. Vielleicht kamen die mit vielen Figuren und Reliefs geschmückten Höfe auch der von den Kelten übernommenen mythischen Weltsicht entgegen. Jedenfalls wurden die umfriedeten Pfarrbezirke als Bindeglied zwischen den Lebenden und Toten verstanden.

Einen Pfarrbezirk betritt man durch einen Triumphbogen. Im Zentrum des Innenhofes steht die kunstvoll geschmückte Kirche mit einer oft aufwendig

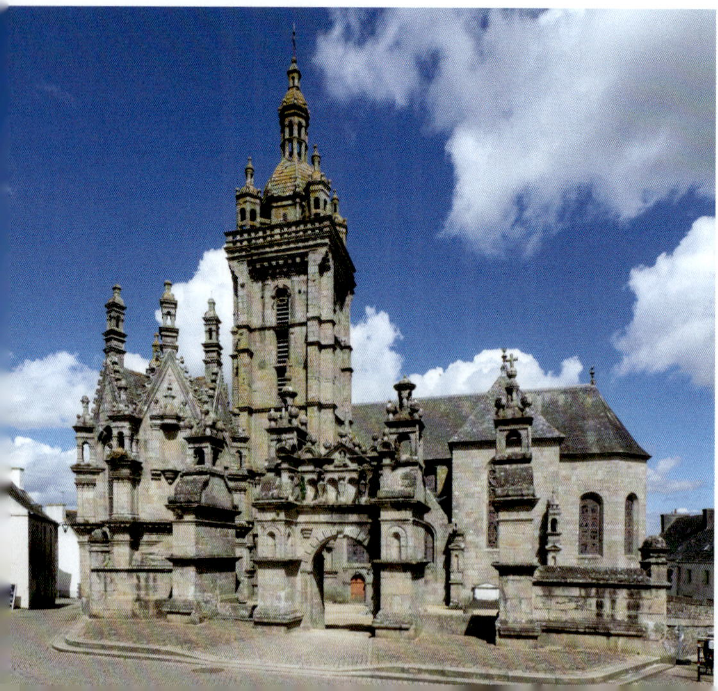

gestalteten, aus Stein gemauerten Turmspitze. Um sie herum befindet sich der Friedhof.

Da innerhalb der Mauern nicht endlos viel Platz war, gibt es meist auch ein Beinhaus, ein »ossuaire«. Hier wurden die Gebeine von vor langer Zeit verstorbenen Menschen gebettet, wenn man die Gräber aufhob, um neuen Platz auf dem Friedhof zu schaffen.

Ein religiöser Mittelpunkt im Innenhof ist der »Calvaire«, der Kalvarienberg. Es handelt sich dabei nicht um einen Berg, sondern meist um ein aufwendig gestaltetes, erweitertes Kruzifix, das die drei Kreuze auf dem Berg Golgotha darstellt. Auf dem mehr oder weniger monumentalen Sockel erzählen kunstvoll in Stein gemeißelte Figurengruppen Geschichten aus dem Leben Jesu, lokale Heiligengeschichten, aber auch Legenden. Früher dienten sie als eine Art Bilderbuch für die Bevölkerung, die nicht lesen konnte.

Heilige Quellen und Lavoirs

Auf die Zeit der Kelten geht die Verehrung von Quellen zurück. Das aus dem Boden sprudelnde Wasser wurde mit der Erd- und Muttergöttin Ana in Verbindung gebracht und galt als Symbol der Fruchtbarkeit. Quellen wurden mit Kultfeiern verehrt, ihrem Wasser wurde oft heilende Wirkung zugesprochen.

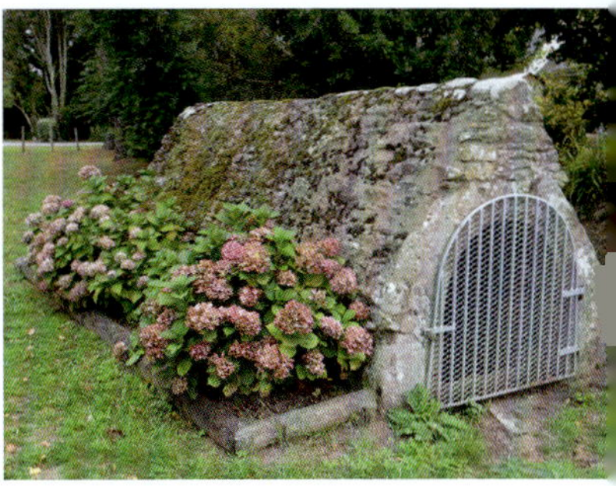

Diese Vorstellung übertrugen die Bretonen in den christlichen Glauben und weihten ihre Quellen den neuen, christlichen Heiligen. So finden sich viele hübsch gemauerte Quellhäuschen in der Bretagne, die über den reinen Schutz des Quellwassers vor Verschmutzung hinaus, auch symbolische Bedeutung haben.

Neben Quellen oder an kleinen Wasserläufen wurden die »Lavoirs« gebaut – flache, durchströmte Wasserbecken, in denen die Wäsche gewaschen wurde. Sie waren gleichzeitig ein Ort für Dorfklatsch, Gespräche und den intensiven Austausch untereinander.

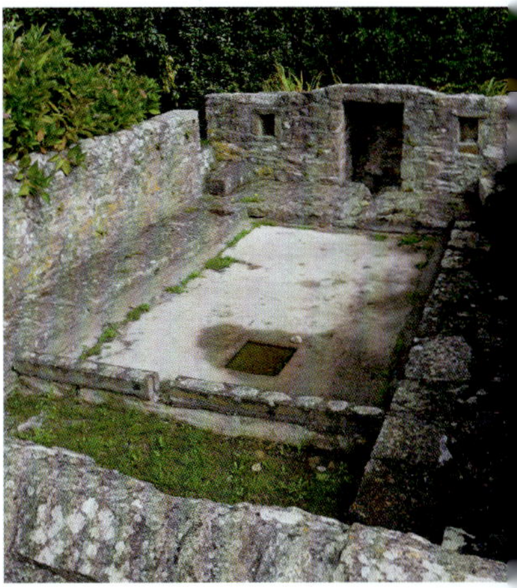

40 m

STRECKE 9,5 km

3 h

ab 8

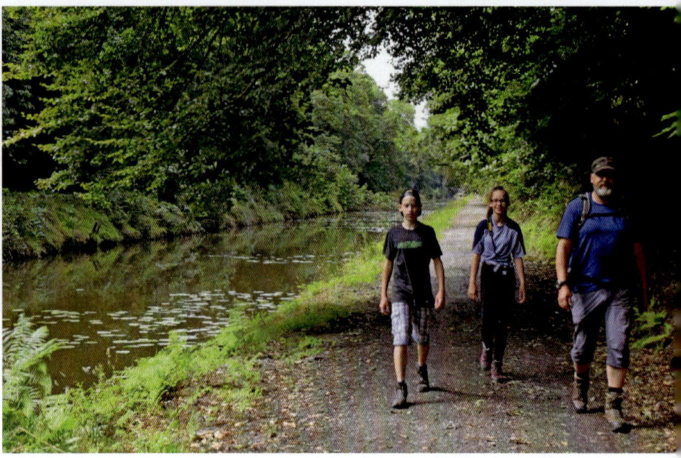

42 Canal de Nantes à Brest

Durch wilde Moore und entlang des wichtigsten Kanals der Bretagne

»Naturromantik pur« ist der prägende Eindruck dieser Wanderung. Schmale Pfade winden sich durch eine ursprüngliche Moorlandschaft mit verwunschenen Waldflächen. Zwar ist der Kanal menschengemacht, mit seinen dichten, stillen Uferwäldern, die sich wunderbar im Wasser spiegeln, ist er aber trotzdem ein schönes Umfeld für eine entspannte Wanderung. Über die schrecklichen Bedingungen, unter denen dieser Wasserweg gebaut wurde, informiert eine Ausstellung am Café.

Wanderung: Wir wenden uns in Richtung der **Brücke**, marschieren über den Kanal und queren die Straße nach links durch eine **Unterführung**. Dann folgen wir dem breiten Fahrweg entlang des

TOUREN-STECKBRIEF

Anfahrt: Von Quimper fahren wir auf der D 15 über Coray nach Roudouallec. Dort geht es auf der D 1 in Richtung Saint-Brieuc, dann auf die D 769, von dort auf die D 302 Richtung Saint-Brieuc/Glomel, wird D3. Der Parkplatz liegt an der Brücke »Pont ar Len« zwei Kilometer nordöstlich von Glomel bei **GPS N 48°14'15.9", W 3°22'29.6"**.

Anspruch und Charakter: Teils schmale Pfade, später Forstwege und Straßen, meist schattig. 750 Meter auf Asphalt.

Markierung: Der Weg »Sentier de Lan Bern« ist gelb markiert.

Einkehr: Crêperie an der Base de Creharer, Snackbar Pont ar Len mit Pommes, Hamburgern und Eis. Sitzplätze mit Blick auf den Kanal. Geöffnet Mai bis September 10–18 Uhr. Dort auch kleine Ausstellung über den Bau des Kanals und das Arbeitslager bei Glomel.

Mit Kindern: Den beschriebenen Pfaden durch das Moor folgen. Das ist der spannendste Teil für Kids. Spätestens beim nördlichen Parkplatz umdrehen. *Strecke dann 4,6 km hin und zurück.*

Kanals. An der kleinen, von der Tourismusbehörde betriebenen Gaststätte **Pont ar Len** ❶ vorbei kommen wir zu einem **Rastplatz mit Picknickbänken und Unterstand** ❷.

Hier wenden wir uns nach rechts und folgen dem dort beginnenden Pfad. Über viele kurze **Stege**, die nach Regen etwas rutschig sein können, wandern wir ins Moor mit seinen Baumbeständen und teils dichtem Unterholz. Am Rand des geschützten Gebietes befinden sich Sumpfgraswiesen und Felder. Dann treffen wir auf einen **breiten Wiesenweg** und folgen ihm nach links.

Er wird zum schmalen Pfad, der sich um vermooste Bäume windet und teilweise auf einem niedrigen, mit Holzgeflecht gestützten **Damm** verläuft. Vorbei an Moorlöchern, einem Waldstück, wilden Wiesen und tΩeinem kleinen **See** erreichen wir einen breiten **geschotterten Fahrweg**. Hier wenden wir uns links, gehen an einem kleinen Parkplatz vorbei und direkt links bei einer großen Hinweistafel in den Wald. Ein brei-

Das Schutzgebiet der Landes de Lan Bern

»Lan Bern« ist bretonisch und bedeutet »Fülle an Stechginster«. Früher war das feuchte Ödland sechsmal größer. Es wurde trockengelegt, als Weidefläche genutzt und als Lieferant des Brennstoffes Torf. Heute erstreckt sich das Moorplateau über 80 Hektar. 25 Ponys halten als vierbeinige Landschaftspfleger das Gestrüpp kurz und das Gelände offen. In den Feuchtgebieten sind viele besondere Tiere und Pflanzen, wie zum Beispiel der fleischfressende Sonnentau, zu Hause.

In den 90er-Jahren kaufte eine französische Naturschutzorganisation, die »Fondation pour la protection des habitats de la faune sauvage (FPHFS)«, mit Unterstützung lokaler Jäger Grundstücke von mehr als 45 Eigentümern. Sie sicherte damit ein Schutzgebiet, das in Gefahr stand, zu einem geschlossenen, privaten Jagdgebiet zu werden.

Mithilfe von EU-Mitteln wurde der Lehr- und Entdeckungspfad »Les Landes de Lan Bern« eingerichtet. Dazu mussten Böschungen errichtet und Brücken und Stege gebaut werden. Gleichzeitig wurden zur besseren Bewässerung der Moore und zur Förderung der ökologischen Vielfalt Teiche angelegt.

Highlights

Erbaut Anfang des 19. Jahrhunderts war der 300 Kilometer lange Kanal zwischen Nantes und Brest über 100 Jahre ein wichtiger Wasserweg, auf dem Waren quer durch die Bretagne transportiert werden konnten. Heute fahren hier nur noch Freizeitboote.

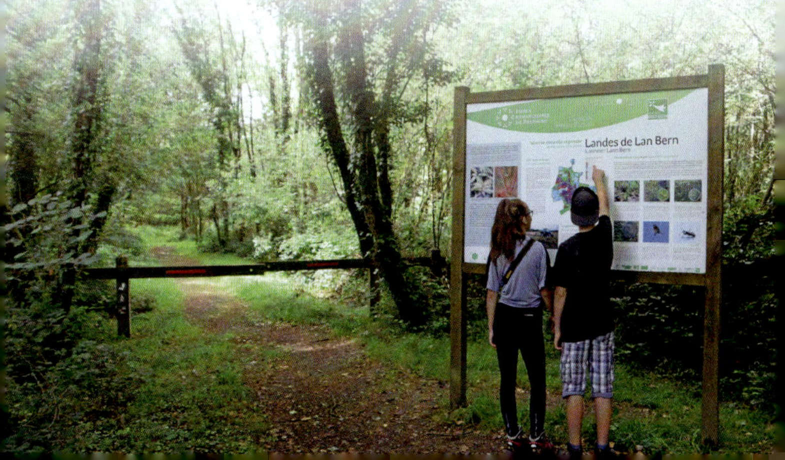

Der Kanal von Nantes

Der Kanal von Nantes nach Brest wurde Anfang des 18. Jahrhunderts geplant, als die bretonische Küstenschifffahrt zunehmend durch die englische Flotte blockiert wurde. Technisch ist der Kanal aufwendig, denn er überwindet drei Wasserscheiden. In den Jahren 1804 bis 1814 wurden die Arbeiten unter dem Regime Napoleons verstärkt vorangetrieben. Von 1822 bis 1832 wurden über 600 Gefangene, darunter Kriegsgefangene, politische Gegner und auch Kriminelle, in ein Lager bei Glomel gebracht. In Handarbeit und mit Schaufeln gruben sie einen bis zu 32 Meter tiefen Graben in die Kuppe nördlich von Glomel, um das Niveau für den Kanal abzusenken. Arbeits- und Wohnbedingungen waren katastrophal, viele Arbeiter starben an Krankheiten wie zum Beispiel an der Malaria.

In den Jahren 1830 und 1832 kam es zu Revolten, in deren Folge das Lager geschlossen wurde. 1842 wurde der Kanal in ganzer Länge eröffnet, zwischen 1890 und 1914 florierte der Transport. Danach wurde die Eisenbahn zur größten Konkurrenz. 1977 fuhr das letzte Transportschiff den Kanal hinunter. Das aufwendige Bauwerk verfiel, bis es für den Tourismus wiederentdeckt und ab 1994 nach und nach instand gesetzt wurde.

ter, mit Schotter befestigter Weg führt uns in Kehren durch diesen und zu einer **Verzweigung**, an deren linker Seite ein **Aussichtsturm** ❸ zu sehen ist. Hier oben erklären Schautafeln die Vielfalt der Natur und ihrer Bewohner. Auf den Weiden unterhalb des Turmes grasen manchmal die Ponys.

Zurück auf dem Weg gehen wir links weiter und biegen an der folgenden Kreuzung noch einmal links ab. Jetzt wandern wir unterhalb des Aussichtsturmes zu einem **Tümpel** ❹, über den ein Steg führt.

Wir gehen **zurück zur letzten Verzweigung** und geradeaus auf einem Wiesenweg weiter. Eine Rechtsabzweigung ignorieren wir und wandern meist im Schatten hoher Bäume an weiten Weiden und Feldern vorbei, bis wir einen Feldweg erreichen. Hier wenden wir uns nach rechts. Bei einem verfallenen Gehöft treffen wir auf Asphalt und wandern geradeaus zur nächsten **Kreuzung** ❺.

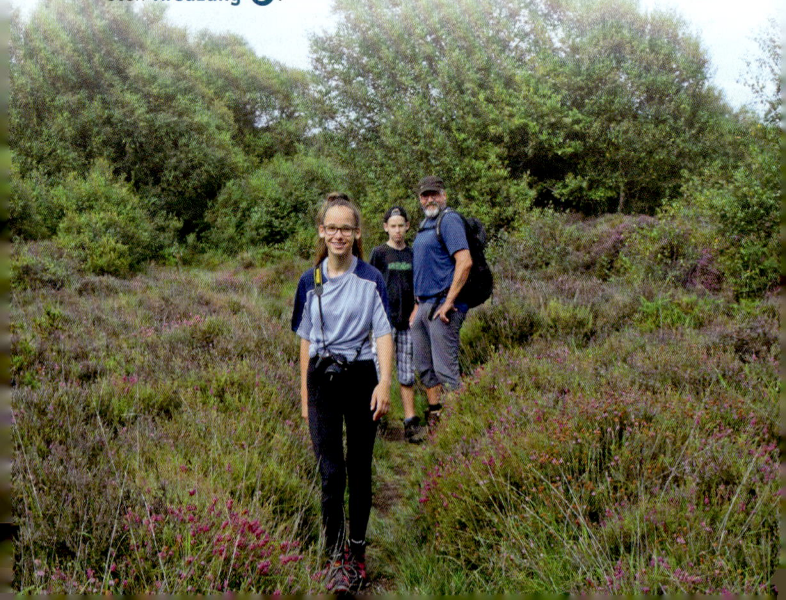

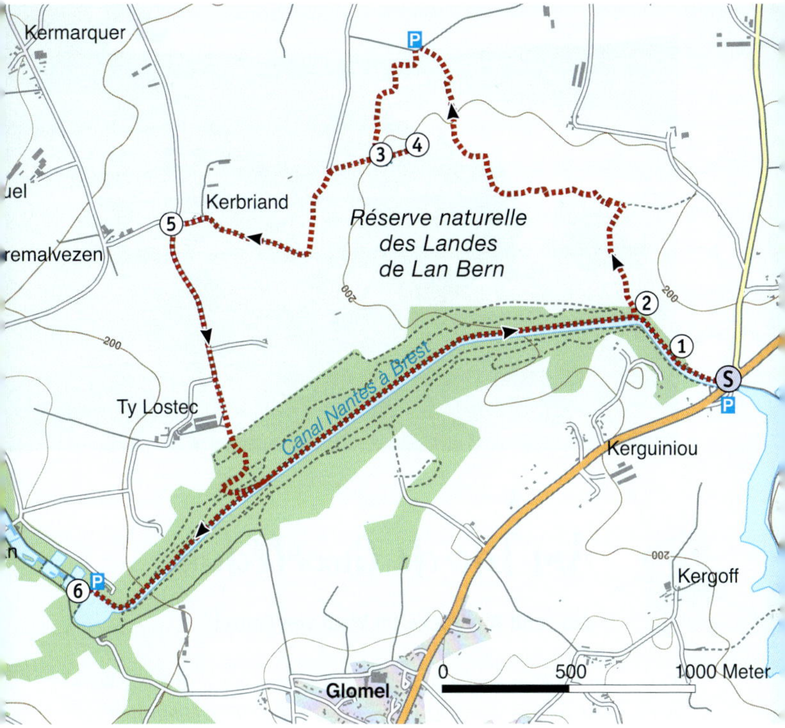

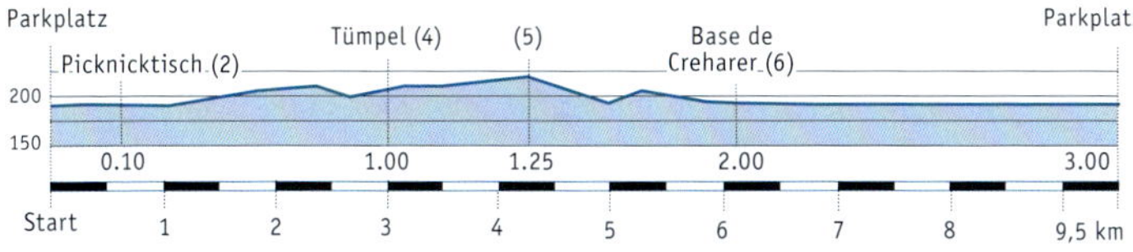

Dort folgen wir der Straße nach links. In einer 90-Grad-Kehre wandern wir geradeaus und bei großen **Scheunen** weiter geradeaus auf einem Wiesenweg in den Wald hinein.

Der Weg wird zum Pfad und erreicht eine **Kreuzung**. Wir wählen den Pfad nach rechts und halten uns an der nächsten Verzweigung links. Dann treffen wir auf einen breiten Waldweg. Schräg gegenüber führt ein breiter Weg nach links **hinunter an den Kanal**. Dort gehen wir zuerst nach rechts und treffen nach einer Rechtskehre auf eine Abfolge kleiner Seen, die mit Schleusen verbunden sind. Hier befindet sich die **Base de Creharer** ❻, eine Kanu- und Fahrradvermietung mit kleiner Crêperie.

Von den Seen aus wandern wir auf gleichem Weg zurück und immer **entlang des Kanals** zurück zu unserem Fahrzeug. Vereinzelte Radfahrer sind am Kanal unterwegs, ansonsten umgibt uns, außer dem Zwitschern der Vögel, nur Stille und die Kühle in der Nähe des Wassers.

145 m

STRECKE

5 km

1 h 45

ab 6

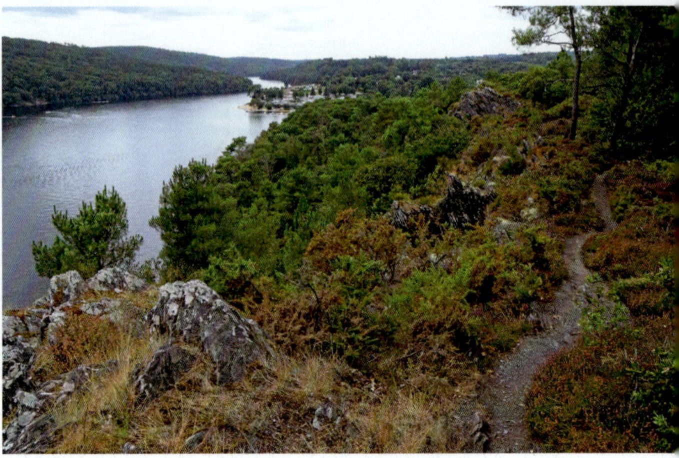

43 Am Lac de Guerlédan

Ein- und Ausblicke im Wald von Caurel

Kurz, aber für Fans wilder Natur absolut überzeugend ist diese Wanderung mit weiten Aussichten über den Lac de Guerlédan und auf schmalen Pfaden dicht an seinem Ufer. Ein kleiner Sandstrand lädt zur Rast ein, eine alte Mine zum Entdecken. Obendrein ist der Bois de Caurel noch relativ unberührt vom Tourismus, hier kann man auch im Sommer weitgehend Ruhe genießen.

Wanderung: Von der **Informationstafel** gehen wir auf dem dort beginnenden Feldweg hoch in Richtung Wald. Beim ersten Rechtsabzweig geht es geradeaus weiter in den Wald. An der nächsten Verzweigung wählen wir den Wiesenweg nach links. Er führt durch Wald, dann durch hohen Ginster zu einer **Fahrwegekreuzung**, an der wir uns geradeaus halten. Durch hohen Fichtenwald, durchsetzt mit Maronen, Kiefern, Ginster und Farn, erreichen wir die nächste **Kreuzung** ❶. Dort biegen wir auf den zweiten Weg von rechts ab, der schräg nach rechts ein kurzes Stück aufwärts und dann bergab zum **Seeufer** führt.

Im vermoosten Laubwald halten wir uns an einer Y-Verzweigung rechts und laufen jetzt auf schmalem Pfad in leichtem Auf und Ab direkt am Seeufer entlang. Links schimmert das Wasser durch die Bäume, rechts strahlt Moos in allen erdenklichen Grüntönen. Im Sommer sind hier vielleicht auch Kanus auf dem Wasser, die bei der gegenüberliegenden Bootsstation geliehen werden können. An der Landspitze angekommen führen uns Stufen rechts hoch zu einem **Aussichtspunkt** ❷ oberhalb fast senkrechter Felsen. Hier blicken wir auf den Bootsverleih von Rond-Point du Lac. An den Felsen sind Fixseile für Kletterer angebracht.

Vor uns liegt die **Staumauer des Lac de Guerlédan**. Seit 1930 wird hier der Blavet zum größten künstlichen See der Bretagne gestaut. Er hat eine Länge von zwölf Kilometern und eine Fläche von 300 Hektar. Im Damm befindet sich ein Kraftwerk mit 15 Megawatt Leistung, das seit 1946 in Betrieb ist. Nachdem der See früher alle zehn Jahre zur Revision komplett gelehrt wurde, übernehmen inzwischen Roboter diese Aufgaben. 2015 jedoch erforderten Reparaturen an der Staumauer jedoch erneut eine vollständige Leerung.

Unser romantischer Weg führt schräg rechts weiter und es geht erneut Treppenstufen hoch

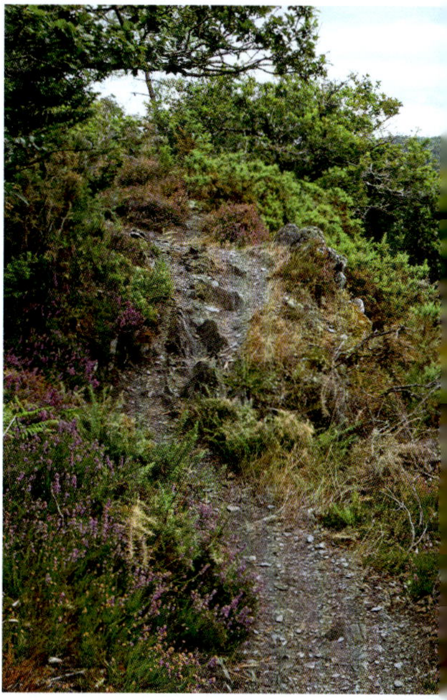

Highlights

Der Lac de Guerlédan ist ein künstlicher See. der durch das Aufstauen des Flusses Blavet entstand. Das Wasserkraftwerk ist ein wichtiger Energielieferant für die Region, der See ist aber auch ein attraktives Freizeitziel mit Wanderwegen und Badestrand.

TOUREN-STECKBRIEF

Anfahrt: Von Mûr-de-Bretagne fahren wir auf die N164 in Richtung Brest. Nach etwa zwei Kilometern geht es links auf die D2164 nach Caurel und im Ort links zum »Bois de Caurel« (Durchfahrtshöhe 2,70m). Dann geht es an der ersten Verzweigung rechts und an der zweiten links in Richtung »Sentier de decouverte de Bois de Caurel«. Nach 500 Metern liegt in einer Rechtskehre bei **GPS N 48°12'26.3", W 3°02'07.1"** eine Parkbucht bei einigen Infotafeln. Für höhere Fahrzeuge: Am Abzweig der D2164 vorbeifahren und die nächste Straße schräg links (D111). Dann die nächste scharf links in Richtung »Bois de Caurel«. Die nächste rechts und nach 500 Metern parken wie oben.

Anspruch und Charakter: Breite Forstwege und schmale Pfade, im Bereich des Steilufers über dem See keine Absturzsicherung, aber nicht ausgesetzt, meist Schatten. 150 Meter auf Asphalt.

Markierung: Markiert als Sentier découverte mit weißer Fledermaus auf blauem Grund. Teilweise gesperrt während der Jagdzeit.

Mit Kindern: Vor allem im Bereich des Sees und der Steilklippen ist der Weg spannend, der Pfad oberhalb der Klippen ❺ ist nicht ausgesetzt, aber auch nicht gesichert.

Für Kleine: Der Beschreibung folgen bis zum Forstweg hinter dem Strand ❹, dort links und dem ersten breiten Forstweg nach rechts folgen. An der zweiten Kreuzung auf den bereits bekannten Wiesenweg abbiegen und zurück zum Parkplatz laufen. (Strecke: 4,3 km)

zum **Gelände einer alten Mine** ❸. Hier wurde vom Ende des 17. bis zum 19. Jahrhundert blau-schwarzer Schiefer abgebaut – zuerst über Tage, dann folgten die Minenarbeiter den Schieferadern unterirdisch. Zwei Mineneingänge und eine Unterkunft für Arbeiter sind zu sehen. Die in Handarbeit angelegten Stollen reichen bis zu 70 Meter tief in den Berg.

Von den Stufen aus gesehen gehen wir links und kommen hinunter zum Seeufer. Dort treffen wir auf einen hübschen, kleinen **Strand** ❹. Hier geht es rechts hinauf und wir verlassen den markierten »Sentier de Lac de Guerlédan«.

Wir treffen auf einen **Forstweg** und wenden uns nach links. Diesem folgen wir erst leicht aufwärts, dann abwärts und anschließend durch eine Fichtenschonung mit massiven Sturmschäden. Hier geht es recht steil aufwärts. An einer **T-Kreuzung** halten wir uns links. Gut 100 Meter weiter zweigt ein Pfad nach links ab. Diesem folgen wir hinaus auf hohe **Klippen** ❺, die mit Heide bewachsen sind, und einen traumhaften Blick über den See ermöglichen. Der Pfad bleibt hoch über dem Wasser und mündet wieder auf den Forstweg. Dieser führt uns nach links um eine lange Kehre bis zu einer **Schranke**. Wir durchqueren sie und wandern geradeaus weiter am Wiesenrand entlang. Dann kommen wir zum **Weiler Les Granges**, biegen in die erste Straße rechts ab und folgen ihr für 100 Meter bis zu unserem Fahrzeug.

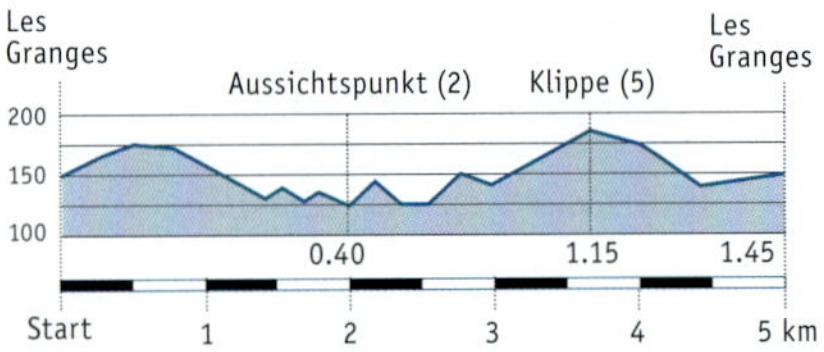

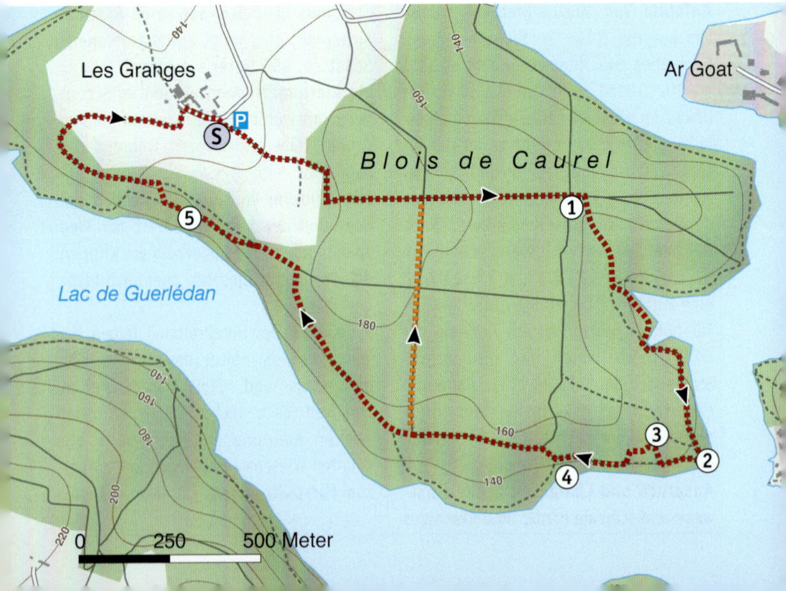

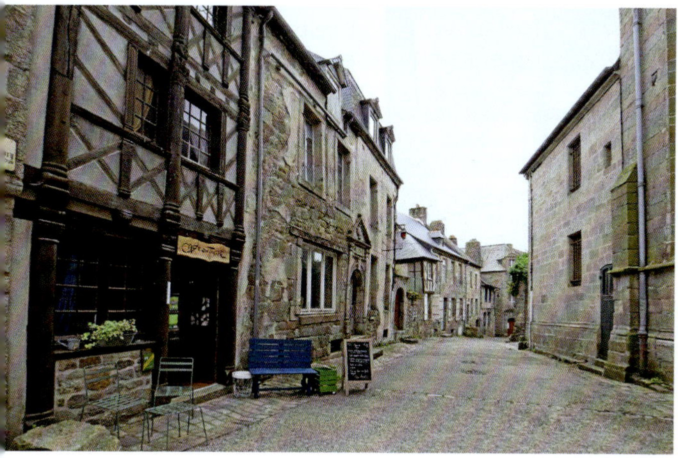

160 m

STRECKE 6,5 km

2 h

ab 6

Moncontour

44

Entdeckungen rund um die mittelalterliche Stadt

Moncontour ist auf der Spitze eines bis zu 80 Meter hohen Felssockels gebaut und durchzogen von schmalen Gässchen mit mittelalterlichem Charme. Hier lebten im Mittelalter vor allem Tuchweber und viele »Chouans«. Diese katholischen Königstreuen leisteten während der Französischen Revolution bewaffneten Widerstand gegen die Absetzung des Königs. Nach einer kurzen Tour durch die Stadt wenden wir uns dem Umland zu, wandern durch ein romantisches Tal zu einer schönen Kapelle und schlagen einen Bogen zurück.

Wanderung: Vom Parkplatz aus gehen wir am Restaurant »Le Chaudrin Magique« vorbei, dahinter rechts und sofort in einen Durchgang links. Dann stehen wir an den Mauern der ehemaligen **Festung Moncontour** ❶.

TOUREN-STECKBRIEF

Anfahrt: Von der autobahnähnlichen D 222 (südlich von Saint-Brieuc) auf die D 1 nach Quessoy, dort weiter auf der D 1 nach Moncontour und im Ort an der Touristeninfo bei **GPS N 48°21'36.6", W 2°38'01.8"** parken.
Für größere Wohnmobile: Parkmöglichkeiten an der Kapelle Notre-Dame du Haut und in Trédaniel an der Wanderroute.
Für die Eingabe ins Navi: Vorsicht, es gibt ein zweites Moncontour in der Region Nouvelle-Aquitaine östlich von Nantes.

Anspruch und Charakter: Teilweise schattig. 3,5 Kilometer auf Asphalt.
Markierung: Keine.
Einkehr: Verschiedene Restaurants in Moncontour.
Mit Kindern: Wir laufen vom Startpunkt nur zu Kapelle, dann zur Quelle und zurück. Auf dem Rückweg auf der rechten Talseite bleiben und in Nähe des unteren Sees bei der ersten Verzweigung rechts und der zweiten geradeaus gehen.
Strecke: 4,8 km inkl. Stadtrundgang

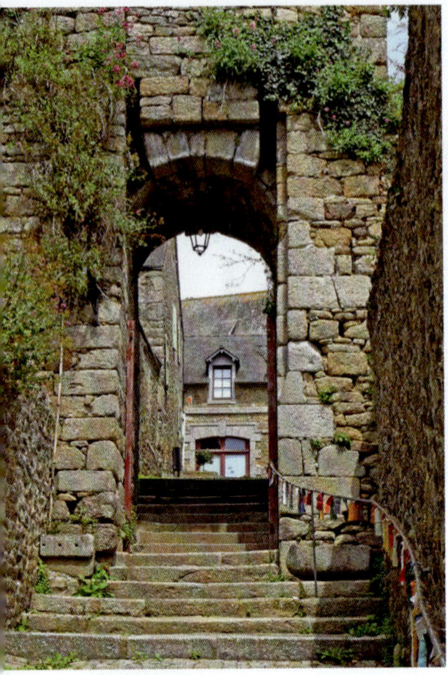

Früher betraten Handwerker die Stadt durch die Poterne Saint-Jean.

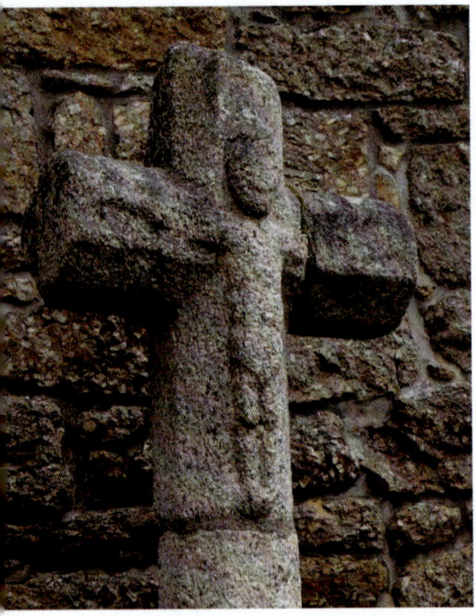

Bereits im 12. Jahrhundert war Moncontour ein militärisch wichtiger Ort. An dieser, der südwestlichen Ecke der befestigten Stadt, befand sich die Burg. Sie stammt aus dem 14. Jahrhundert und war ursprünglich mit vier Türmen bewehrt. Zu ihr gehörte auch ein quadratischer Kerker, der bis ins 18. Jahrhundert als Gefängnis diente.

Zurück auf der Straße wenden wir uns nach rechts und spazieren zwischen alten Naturstein- und Fachwerkhäusern bis zu einem kleinen Platz mit Hinweistafel, an dem sich im Mittelalter der **Pranger** befand.

Wir folgen der schmalen Straße, die hier scharf rechts abzweigt. Auf der Querstraße oberhalb halten wir uns rechts, betreten das Gebiet der früheren befestigten Stadt und erreichen die Kirche **Saint-Mathurin** ❷. Ihre Glasfenster aus dem 16. Jahrhundert sollen zu den schönsten der Bretagne zählen. Nach Zerstörungen im 18. Jahrhundert wurde sie wieder aufgebaut, aus dieser Zeit stammt die heutige Fassade. Im 20. Jahrhundert hat man die Kirche mit einem Glockenturm ergänzt.

Wir gehen geradeaus an der Kirche vorbei und wählen am Ende der Straße den Weg leicht links, der über Treppenstufen abwärts und durch die **Porte d'en Bas** führt. Von hier blickte man früher auf das Viertel der Aussätzigen.

Vor uns liegt eine Parkanlage oberhalb hoher Befestigungsmauern, der **Jardin de l'Europe** ❸. Hier gibt es Picknickbänke im Schatten der Bäume und Vorsicht: viele Hundehaufen. Wir verlassen den Park

Highlights

Moncontour zählt zu den »Plus Beaux Villages de France«, den schönsten Dörfern Frankreichs und besticht durch seine engen Gassen mit traditionellen Steinhäusern und eine gut erhaltenen Stadtmauer. Hier bekommt ihr Mittelalter-Feeling pur!

auf seiner südlichen Seite mit tollem Blick auf die Festungsmauern und gehen Treppenstufen hinunter zur **Rue de l'Éperon**. Wir wenden uns rechts Richtung Zentrum und passieren einzelne Häuser. Rechts oben sehen wir die **Poterne Saint-Jean**, ein Stadttor am Ende eines gepflasterten Aufganges. Es war früher der Zugang für die Handwerker, die in den Vierteln südlich der Festung lebten.

Hier biegen wir links ab und wandern die hübsche **Rue Saint-Michel** aufwärts. Sie führt durch eines der früheren Handwerkerviertel und wird von vielen alten, liebevoll mit Blumenkästen geschmückten Natursteinhäuschen gesäumt. Vor der **Friedhofsmauer** gehen wir nach links und immer an der Mauer entlang. Auf dem Friedhof steht die **Chapelle Saint Michel**, bis zur Revolution war sie die wichtigste Kirche Moncontours. Eine Tafel weist auf den früheren Standort der **Mühle von Saint-Michel** ❹ hin, die durch das Wasser des Mühlengrabens angetrieben wurde.

Der weitere Weg entlang der Mauer führt uns auf einen breiten Damm mit schöner Aussicht auf das Tal vor uns. Es geht leicht aufwärts und rechts neben uns verläuft der alte **Mühlengraben**, teilweise gestützt von alten Mauern und überragt von Bäumen. Links erstrecken sich Wiesen, dann tauchen wir in einen Wald ein. Ein paar **Stufen** bringen uns hoch zu einem kleinen **Stausee**. Dieser speist den ehemaligen Mühlengraben und bewässert mit einem zweiten Abfluss das Tal.

Wir gehen auf dem breiten Staudamm nach links und dahinter schräg rechts einen felsigen Weg hoch. Oben wenden wir uns auf einem Forstweg nach rechts und wandern am Talrand im Schatten aufwärts. Unser Weg wird zum Hohlweg und führt anschließend geradeaus zur **Kapelle Notre-Dame du Haut** ❺ hinauf.

Vor der Kapelle halten wir uns auf Asphalt rechts und biegen sofort nach rechts in einen breiten Wiesenweg ein. Er führt uns geradeaus in den

Chapelle Notre-Dame-du-Haut
Wahrscheinlich stammt die Kapelle aus dem 14. Jahrhundert. Sie wurde mehrfach verändert und erweitert und lag an der wichtigen Verbindungsstraße nach Rennes. Zu dieser Zeit war das Land von undurchdringlichem Wald bedeckt und Räuber trieben ihr Unwesen. Die Kapelle war und ist Ziel der für die Bretagne typischen Prozessionen und Pilgerfahrten zum Tag der Vergebung, dem »pardon«, am 15. August. Der zugehörige Brunnen war über Jahrhunderte vergessen und wurde erst Ende des 20. Jahrhunderts wiederentdeckt. Die niedrige Kapelle mit ihrer wunderschönen Atmosphäre ist meist am linken Seitenschiff geöffnet.

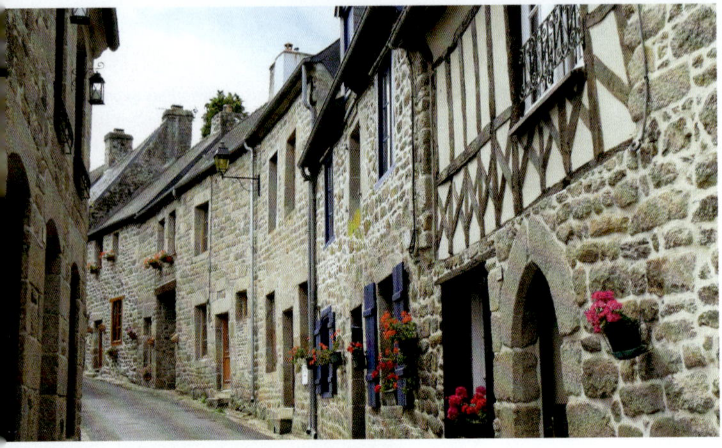

In den mittelalterlichen Gassen des Handwerkerviertels von Montcontour.

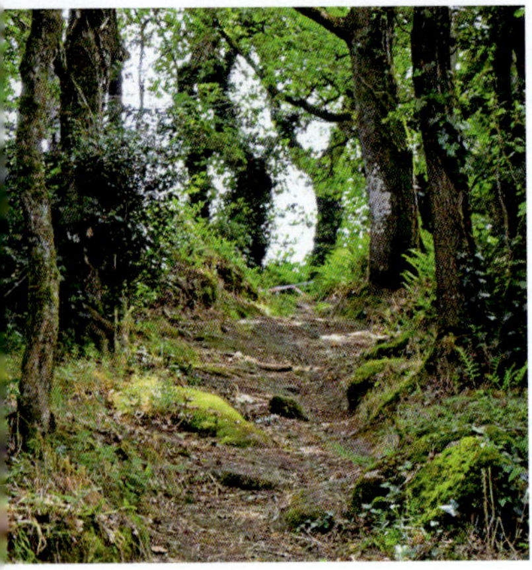

Wald und dann entlang eines Metallgeländers hinunter zum Talgrund. Dort finden wir ein **großes gemauertes Quellbecken** ❻, das allerdings im Sommer kaum Wasser führt.

Zurück an der Kapelle wandern wir nach links vorbei an ihrem parkähnlichen Außengelände und halten uns an der Straße links. Wir können hier auf einem gemähten Seitenstreifen laufen und erreichen nach etwa 200 Metern **Trédaniel**. Dort queren wir eine Straße und gehen weiter geradeaus bis zur **Église Saint-Pierre** ❼.

Vor der Kirche geht es rechts über den **Kirchhof** und auf dem schmalen Sträßchen dahinter links. Dann queren wir eine größere Straße und halten uns schräg rechts auf dem breiten Fußweg neben der nach Norden verlaufenden D68. Wir kommen am **Rathaus**, der »Mairie«, vorbei, biegen dahinter links ab und gehen auf einem Fahrweg schräg rechts hinunter zu einem kleinen **See**. Hier ist das Baden verboten, aber am Ufer stehen einzelne Bänke. Wir gehen links um die Wasserfläche herum bis zur gegenüberliegenden Ecke. Dort führt ein Pfad steil aufwärts. Wir folgen ihm und treffen kurz darauf auf einen Wiesenweg. Er leitet uns aufwärts durch ein beschauliches kleines Tal. Auf unserer rechten Seite plätschert ein **Bach**.

Oben treffen wir auf eine Straße und gehen nach rechts. Auf der Kuppe haben wir eine weite Sicht nach Norden. An der **T-Kreu-**

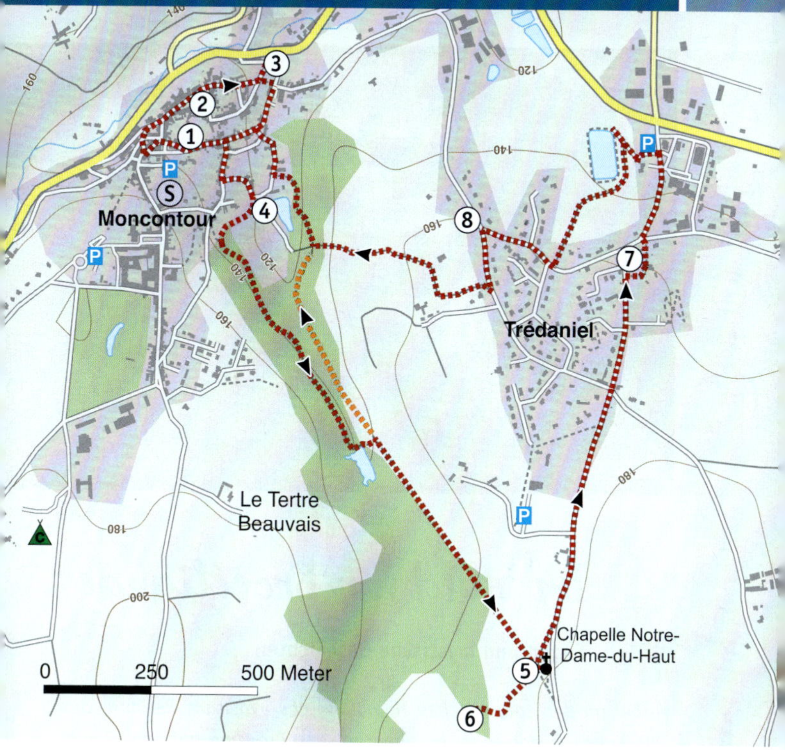

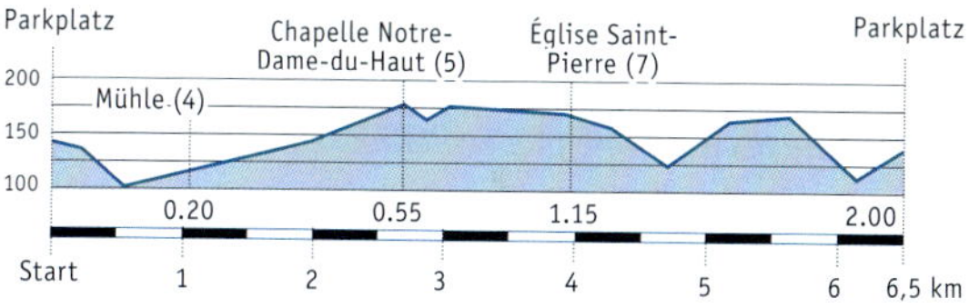

zung 8 biegen wir links ab. Gut 100 Meter weiter geht es im 180-Grad-Winkel nach rechts auf einen alten Asphaltweg. Am Eingang eines großen, privaten **Parkes** wenden wir uns nach links und wandern auf einem Wiesenweg zwischen Wald und Zäunen entlang. Wenig später erreichen wir eine restaurierte Hofanlage und gehen nach rechts weiter am Waldrand entlang. Jetzt haben wir einen schönen Blick Richtung Moncontour, das überragt wird von dem großen hellen Komplex mehrerer Häuser aus dem 20. Jahrhundert. Sie beherbergen heute ein großes Seniorenwohnheim.

Wir tauchen in den Wald ein und unser Weg führt bei einem **Geländer mit Seil** kurz steil abwärts. Dann erreichen wir wieder das bekannte Wiesental. Geradeaus fällt der Blick auf den Friedhof mit seiner Kapelle. Wir wenden uns nach rechts. Über eine kleine **Brücke** folgen wir dem Pfad bis zur Straße. Dort gehen wir rechts und beim Erreichen der Hauptstraße **Rue de l'Éperon** wieder links und kommen so zur Touristinformation und zum Parkplatz.

210 m

STRECKE 11 km

3 h 30

ab 10

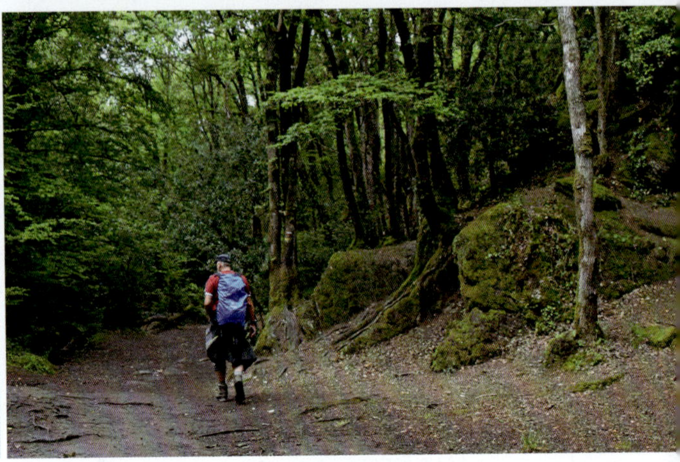

45 Im Wald von Brocéliande

Sagen und mystische Geschichten

Vorbei an den touristischen Highlights des »Val sans Retour«, des Tales ohne Wiederkehr, begeben wir uns auf eine einsame Runde durch die Wälder der Artus-Sage. Breite Wege wechseln sich ab mit schmalen Pfaden. Es sind vor allem die großen alten Bäume und die tiefe Stille im Wald, die uns beeindrucken und entspannen lassen. An manchen Stellen ergibt sich eine großartige Aussicht über das Land. Am Ende der Tour lohnt eine Besichtigung Kirche von Tréhorenteuc.

Wanderung: Wir folgen dem breiten, geschotterten Weg, der zwischen Bäumen am Ende des Parkplatzes bergauf führt. Er führt um zwei flache Kehren und eine 90-Grad-Rechtskurve. Direkt nach der nächsten Linkskurve biegen wir auf einen breiten

TOUREN-STECKBRIEF

Anfahrt: Von Ploermel auf der D 141 nach Tréhorenteuc fahren und auf dem großen Parkplatz des »Val sans Retour« rechts vor dem Ortseingang bei **GPS N 48°0'20.7", W 2°17'11.9"** parken. Wir starten am zweiten Parkplatz in der Linkskurve direkt vor dem Ort.

Anspruch und Charakter: Teils steinig und steil im Val sans Retour, sonst meist breite Pfade oder Forstwege, feucht-matschig nach Punkt ❹. 2,9 Kilometer auf Asphalt.

Markierung: Bis La Guette sowie ab dem Abzweig nach »Métairie Neuve« weiß-rot markiert.

Einkehr: Restaurants in Tréhorenteuc.

Sperrung wegen Jagd: Vom 1. Oktober bis 31. März sind weite Teile des Waldes für Jäger reserviert und für Wanderer gesperrt. Das Val sans Retour darf dann nur bis zum Spiegelsee ❶ begangen werden. Jagdtage sind Mo, Di und Sa.

Mit Kindern: Bis zum zweiten See laufen und zurück (Strecke: 3,8 km hin und zurück). Die anderen, seitlich aus dem Tal hochführenden Pfade sind sehr steil.

Fußweg links ab. Bei der ersten **Verzweigung** gehen wir nach rechts und kommen zu zwei großen **Felsen** mit schönem Ausblick über das Tal.

Rechts von diesen führt unser Weg abwärts, teilweise über schräg stehende Felsspitzen und hohe Stufen. Er bringt uns hinunter zum **Spiegelsee**. In den keltischen Legenden ist das Wasser die Grenze zur »Anderen Welt« der Feen. So soll es sich auch mit dem Spiegelsee verhalten: Unter seiner Oberfläche warten Feen auf menschliche Wesen, die sie entführen können. Am liebsten sind ihnen mutige und starke Krieger...

Am Spiegelsee wenden wir uns rechts und kommen zum **Arbre d'Or** ❶, dem Baum aus Gold. Er wurde 1991 gestiftet als Erinnerung an den durch das große Feuer von 1990 zerstörten Wald. Als Mahnmal soll er die Menschen an den Wert des Waldes erinnern. In den zwei bogenförmig aufragenden Stammresten der Kastanie wird auch das Geweih des großen Hirsches der Legende gesehen, der Merlin hier im Wald erschien.

Vom Baum gehen wir zurück, am Spiegelsee vorbei und verlassen damit auch die Touristen. Immer im Talgrund wandern wir durch das **Val sans Retour**. Wild romantischer Wald umgibt uns. Wir bleiben immer auf dem Hauptweg, die kleinen Nebenwege führen zu diesem zurück. Durch die Bäume sehen wir links die steilen Wän-

Highlights

Die Kultur der Bretagne hat keltische Wurzeln und ist eng verwoben mit Sagen und Legenden, in denen nicht nur die Menschen, sondern auch mystische Orte in der Natur, geheimnisvolle Wälder mit uralten Bäumen, Quellen, Steine und heilige Tiere eine wichtige Rolle spielen.

Steingestalten am Wegrand

Das Val sans Retour ist der Schauplatz einer der Geschichten aus dem Zyklus der Artus-Sage. Nachdem sie von ihrer großen Liebe betrogen wurde, verhexte die Fee Morgan, Schwester von Artus, das Tal, um in ihm untreue Ritter gefangen zu halten. Jeder von ihnen wurde zu einem der Felsen in der steilen Talwand oberhalb des Spiegelsees. Erst nach vielen Jahren konnte der Ritter Lancelot mit Hilfe der Fee Viviane den Zauber aufheben und die Gefangenen befreien. Die Felsen aber sind heute noch zu sehen.

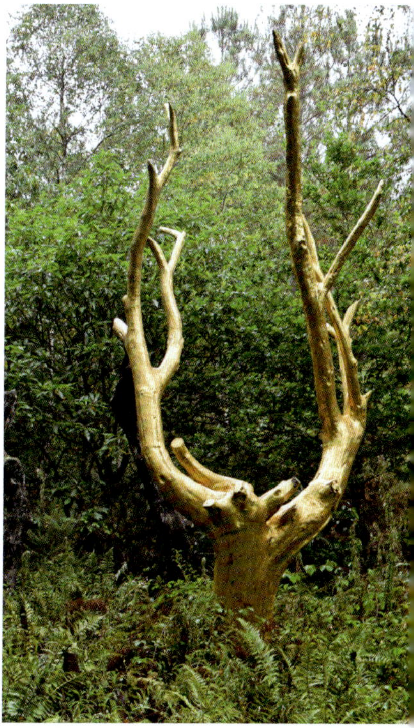

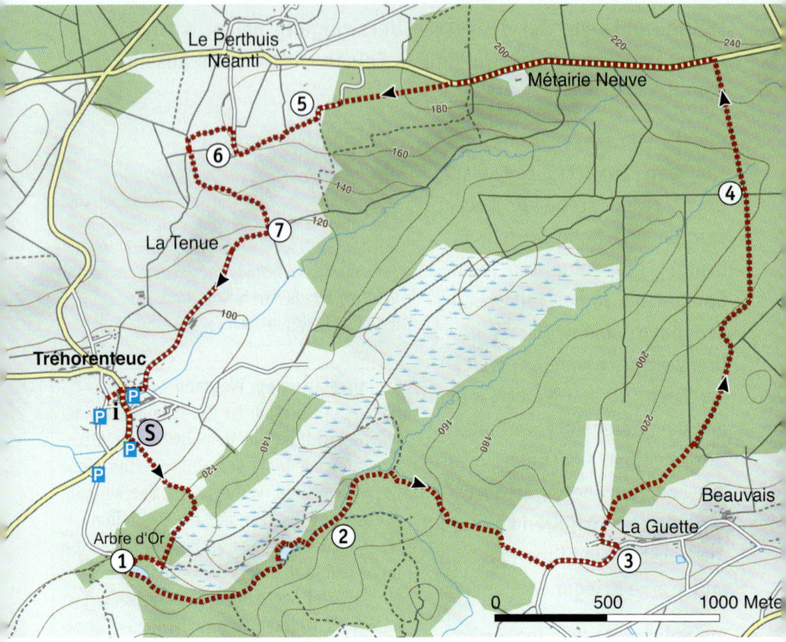

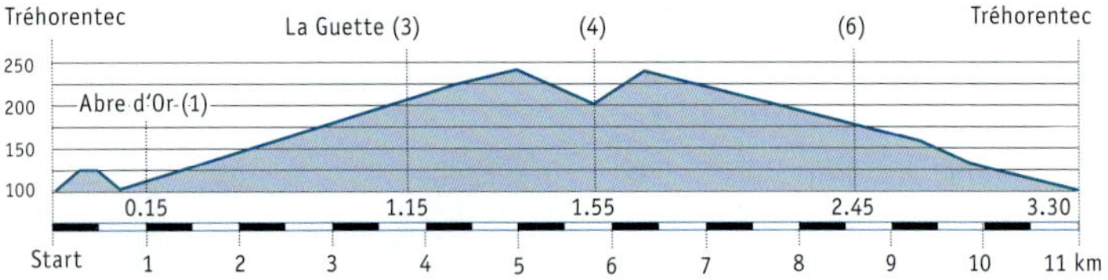

de des Tales schimmern. An einer **Y-Verzweigung** führen beide Wege hoch zu einem **zweiten See**. Etwa 300 Meter weiter an einer weiteren **Verzweigung** ❷ gehen wir links und an der nächsten rechts. Wir ignorieren zwei Abzweige nach links und kommen aus dem Wald hoch zu einer Straße. Hier biegen wir links ab und erreichen die halb verfallene **Ortschaft La Guette** ❸.

Im Ort wählen wir die erste Straße links, dann die nächste rechts. In der folgenden Linkskehre folgen wir dem **weiß-rot markierten Weg**, der geradeaus in den Wald führt. Wieder wandern wir durch dichten Wald bergan. In einer Rechtskehre mit Schranke verlassen wir den weiß-rot markierten GR und wandern geradeaus auf der **breiten Schneise** weiter. Wir folgen ihr immer geradeaus und um eine Linkskehre. Sie wird zum abwärts führenden Fahrweg und kreuzt einen **breiten Schotterweg** ❹.

Der Weg ist jetzt etwas zugewachsener mit höherem Gras, rechts schimmert ein kleiner See durch die Bäume, nach Regen kann es hier etwas schlammig sein. Dann geht es geradeaus aufwärts zu einer **Straße**. Hier wenden wir uns nach links und folgen ihr immer geradeaus, an dem großen Gelände des Pachthofes **Métairie Neuve** und einem Wegekreuz vorbei.

Église de Tréhorenteuc
Hier stand zuerst im 12. Jahrhundert eine Kirche, die der Heiligen Onenne geweiht war. Die Legende erzählt, dass sie der Jungfrau Maria Rosen gebracht hatte und daraufhin von ihr geküsst wurde. Das heutige Gebäude wurde im 16. und 17. Jahrhundert erbaut und verfiel im 19. Jahrhundert. Ab 1942 betrieb Abbé Gillard die Restaurierung der Kirche und verband dabei die christliche Tradition mit Geschichten und Symbolen der Artus-Legende.

Kurz hinter dem Kreuz biegen wir in der Rechtskehre auf einen Fußpfad nach links in den Wald ab. Der Weg ist ab hier wieder weiß-rot markiert. Er führt vom Wald in Heide- und Wiesengelände und ermöglicht immer wieder weite Ausblicke. An einer Straße gehen wir geradeaus. Diese führt uns um den Hof **Le Parlament** ❺ herum. Dahinter wird aus dem Sträßchen wieder ein Fußpfad, dem wir geradeaus bis **zum nächsten Hof** ❻ folgen.

Hier laufen wir auf Asphalt nach rechts weiter. Hinter dem großen Grundstück biegen wir auf den Wiesenweg nach links ab und durchwandern eine schöne **Heidelandschaft** mit Aussicht ins Tal. An der nächsten **T-Kreuzung** gehen wir nach links und nur 40 Meter weiter in einer Rechtskehre links auf einen Pfad, der weiter durch mit Felsen durchsetzte Heide führt. Er bringt uns zu einem **mit Steinen gelegten Fahrweg** ❼, dem wir nach rechts folgen.

Unser Weg wird zur Asphaltstraße, der wir folgen bis zu einer **T-Kreuzung**. An dieser gehen wir rechts. An der nächsten T-Kreuzung können wir links durch den Ort und am Schloss vorbei zu unserem Parkplatz wandern. Zuerst aber sollten wir mit einem Abstecher geradeaus die **Kirche von Tréhorenteuc** besichtigen.

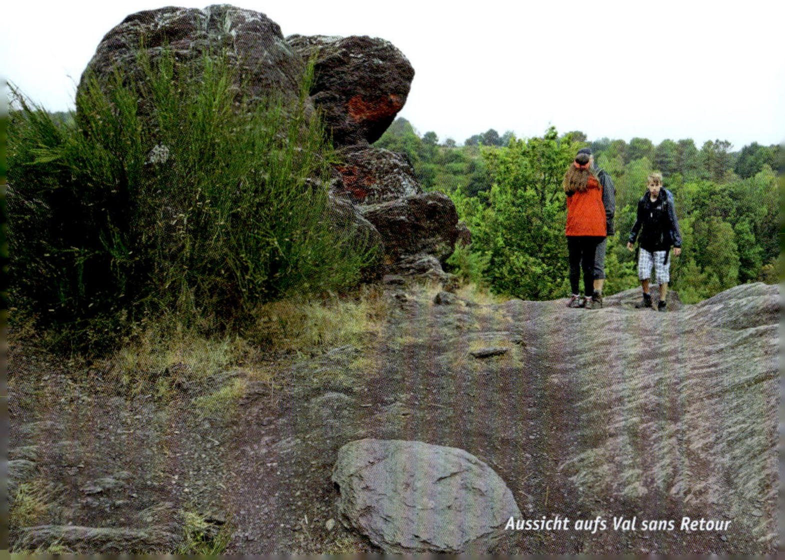

Aussicht aufs Val sans Retour

75 m

STRECKE 5,9 km

2 h

ab 6

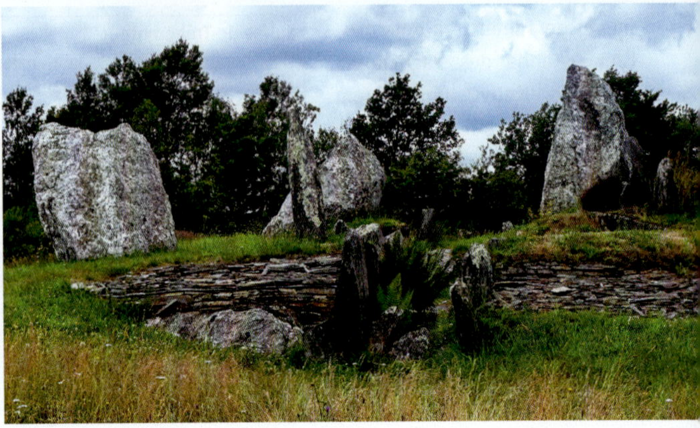

46 Alignements und Menhire

Die Megalithen von Saint-Just

Schön angelegte Wege mit Infotafeln führen zu diesen vom Tourismus weitgehend unentdeckten Kultstätten der Megalithkultur. Sie verstecken sich in der zauberhaften Landschaft der Landes de Cojoux, einem mit Heide bedeckten Bergrücken, an dessen westlichem Ende auch noch ein kleiner See schlummert.

Wanderung: Wir gehen zurück zur Zufahrtsstraße und gegenüber vom Zebrastreifen auf den Schotterweg, der schräg links aufwärtsführt. Durch Heideland, in dem im Frühjahr der Stechginster gelb leuchtet, kommen wir zu einer Straße und überqueren sie. Dann erreichen wir die **Alignements du Moulin** ❶ mit drei Menhirreihen. Wir halten uns rechts und spazieren zwischen den Steinreihen hindurch. Oberhalb sehen wir eine Windmühle.

An den folgenden zwei Verzweigungen, an der ersten steht eine Reliefdarstellung der Landschaft, wandern wir jeweils rechts weiter. Dann biegen wir an einem Aussichtsplatz mit **Wasserstelle** in den Wiesenweg nach links ein. Ihm folgen wir bis zu einer **T-Kreuzung** mit einem Fahrweg und gehen links. Bei der nächsten Kreuzung biegen wir rechts ab und erreichen hinter Bäumen die **Menhirs de Demoiselles** ❷, drei Quarzmenhire.

Weiter folgen wir dem Hauptweg durch das Heideland und erblicken das **Château Bû** ❹, einen Gangdolmen, neben dem ein Steinkreis errichtet wurde. Die Verbindung der unterschiedlichen Megalithtypen ist ungewöhnlich und zeigt, dass dieser Ort wohl zu verschiedenen Zeiten für unterschiedliche Rituale genutzt wurde. Der Weg führt zu einem Wirtschaftsweg, auf dem wir links weitergehen zu den Gräbern **Croix de Saint-Pierre** und zum **Cromlech Le**

TOUREN-STECKBRIEF

Anfahrt: Von der D65 zwischen Pipriac und Renac am südlichen Ortseingang von Saint-Just in der S-Kurve Richtung der Beschilderung »Complexe sportif, Camping«, erst links und sofort wieder rechts auf den Parkplatz am Sportplatz bei **GPS N 47°45'50.6", W 1°58'02.2"** folgen.
Anspruch und Charakter: Gekieste Wege, Fahrwege und Pfade, 200 Meter auf Asphalt, Schatten nur auf dem Rückweg.

Maison Megalithes et Landes: Museum und Informationszentrum, geöffnet April bis Juni und September Mi bis So 10–12.30 und 14–18 Uhr, Juli und August auch Di und bis 18 Uhr, Oktober nur Mi und Wochenende. Eintritt €5, Jugend 12 bis 18 Jahre €3.
Markierung: Weiß-rot und gelb.
Einkehr: Bar-Tabac Café des Landes in Saint-Just.

Tribunal. Dann geht es am Abzweig rechts zur **Allée couverte Four Sarrazin** ❹, hinter der wir auf ein **Felsplateau** ❺ mit toller Aussicht auf das enge Tal des Étang du Val.

Highlights

Einen besonderen Zauber entwickeln die Kultstätten aus der Zeit der Megalithen und Menhire, wenn sie ganz unberührt in der Landschaft stehen – so wie hier in Saint-Just.

Wir wählen den breiten Fußweg nach links und wandern hinter den Klippen entlang abwärts, am Abzweig rechts und kurz steil hinab. Am unteren **Seeende** ❻ treffen wir dann auf einen Querweg, der rechts zum Wasser führt. Wir gehen hier nach links und an der nächsten Verzweigung (rechts ist eine Brücke zu sehen) ebenfalls links. Ein Stückchen geht es steil aufwärts. Dann nähern wir uns wieder dem Bach, der von mehreren kleinen Brücken überspannt wird. Wir bleiben immer an seiner linken Seite. Schließlich treffen wir auf eine Straße und wandern ein Stück parallel zu dieser, an einem Parkplatz vorbei und bis zu einem **Straßendreieck**. Hier führt auf der diagonal gegenüberliegenden Seite der Kreuzung ein schmaler Pfad nach links in den Wald. Bei der ersten Verzweigung halten wir uns rechts, kommen zu **Teichen** ❼ und laufen dann im Schatten der Bäume an Wiesen entlang. Schließlich trifft unser Weg auf die D65 ❽, wo wir auf dem Fahrweg links hoch gehen zur Sportanlage. An den Picknickbänken biegen wir rechts ab zum Parkplatz.

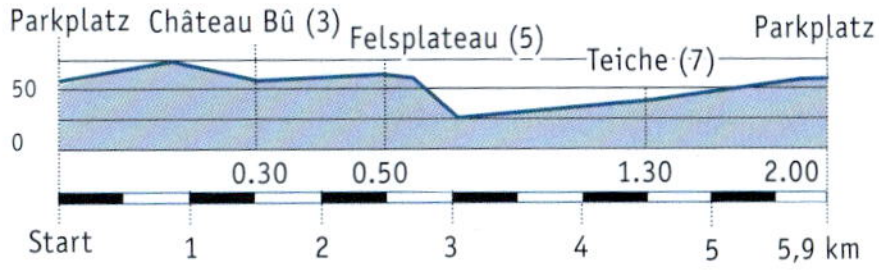

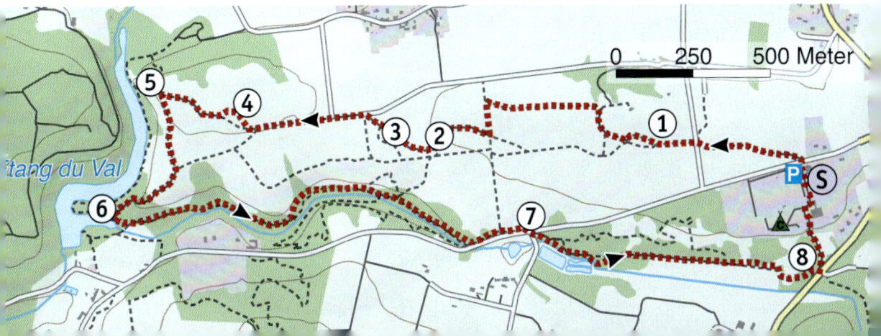

Reiseinformationen

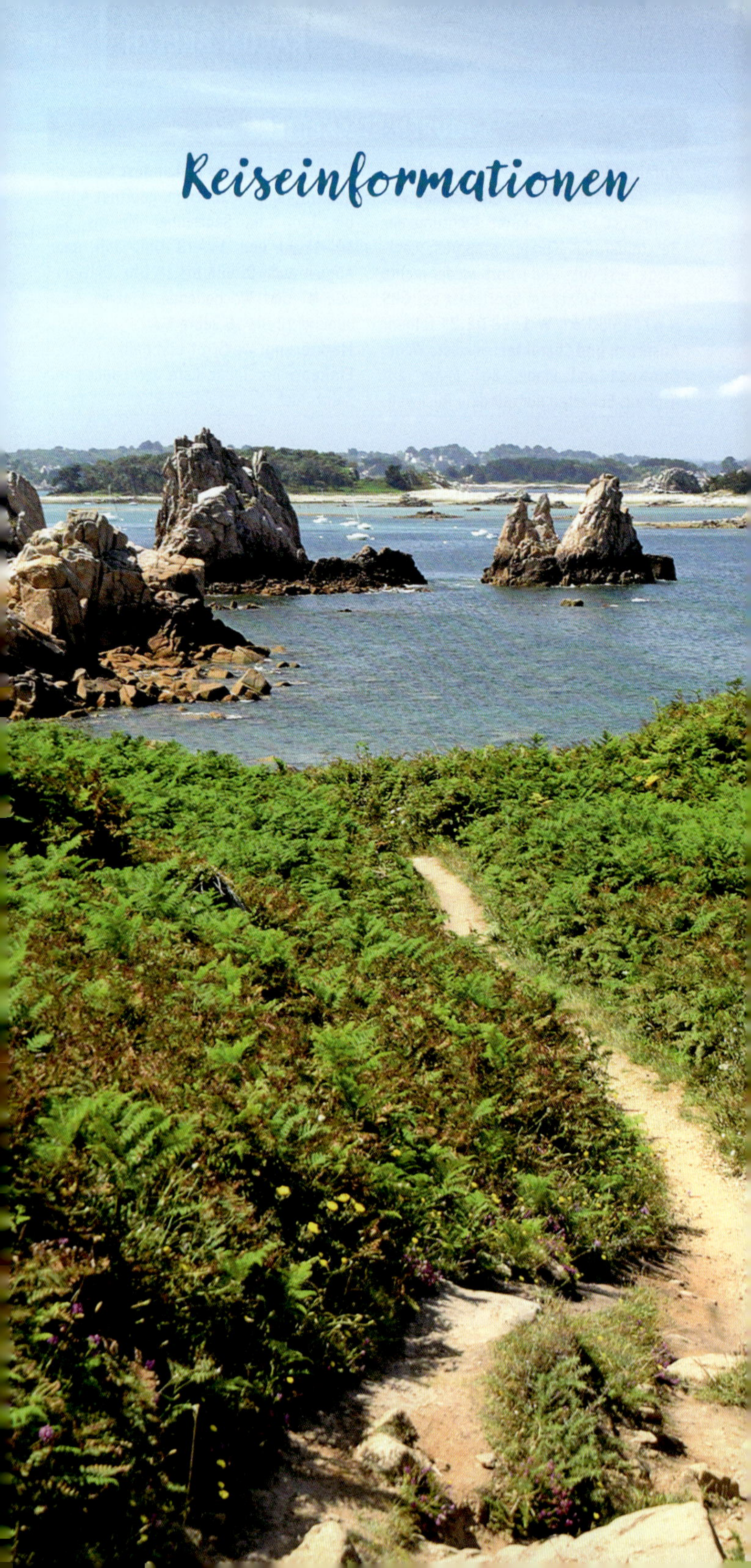

Anreise

Die Bretagne ist aus vielen Regionen Deutschlands mit einer eintägigen Autofahrt zu erreichen. Die wahrscheinlich am häufigsten gewählte Option ist daher die Anfahrt mit eigenem PKW oder Wohnmobil. Dabei sollte man, wenn möglich, Paris weiträumig umfahren, da sich hier regelmäßig der Verkehr staut. Die Entfernung beträgt aus dem Westen Deutschlands bis in die östliche Bretagne etwa 850 Kilometer. Bis Brest im Westen der Bretagne sind es etwa 250 Kilometer mehr.

Bei der Anreise werden auf französischen Autobahnen Mautgebühren fällig, die an Mautstationen bar oder mit Kreditkarte zu bezahlen sind. Rechnet für die Durchquerung Frankreichs bis Rennes etwa 30 bis 50 Euro für einen PKW, abhängig von der Route. Für ein kleineres Wohnmobil bis 3,5 Tonnen und bis drei Meter Höhe (classe 2) sind es etwa 50 Prozent mehr. Ihr könnt eure konkreten Gebühren mit www.autoroutes.fr vorher online berechnen. In der Bretagne selbst gibt es keine Autobahnen sondern nur Nationalstraßen.

Bei der Anreise in den Norden der Bretagne hat die meist zweispurige Schnellstraße N 176 an mehreren Stellen Engpässe, wenn sie einspurig durch Ortschaften führt. Vor allem zur Hauptreisezeit können sich hier lange Staus bilden.

Die **Anreise mit dem Zug** erfolgt über Paris. Dort muss dann zur Weiterfahrt innerhalb von Frankreich meist der Bahnhof gewechselt werden. In Paris gibt es sechs davon, die in allen Himmelsrichtungen rund um die Stadt verteilt liegen. Züge aus Deutschland kommen an der Gare de l'Est oder der Gare du Nord an. Die Züge in die Bretagne fahren von der Gare Montparnasse, die im Südwesten der Stadt, auf der anderen Seite der Seine, zu finden ist. Der Bahnhof ist mit den Metrolinien 4, 6, 12 und 13 gut zu erreichen.

Eine weitere machbare und preisgünstige Alternative ist die Anreise mit dem Bus. Flixbus fährt über Paris aktuell nach: Saint-Malo, Dinard, Saint-Brieuc, Brest, Châteaulin, Quimper, Lorient, Auray, Vannes, Ploërmel und Rennes.

Direktfüge mit HOP!, einer Tochtergesellschaft der Air France, gibt es zum Beispiel ab Frankfurt oder Düsseldorf nach Rennes, Brest und Lorient.

Reisen und Ökologie?

Diese Frage ist zu Zeiten von Klimawandel und Fridays-for-Future ein wichtiger Aspekt und lässt sich leider nicht einfach beantworten. Ökologisch ideal ist es sicher, zu Hause zu bleiben, wo es auch Schönes zu entdecken gibt – am besten mit dem Fahrrad. Reisen jedoch fasziniert und erlaubt Blicke über den Tellerrand, die uns als Menschen durchaus positiv prägen können. Wer der Faszination des Reisens verfallen ist, kann dabei nur schwer auf Transportmittel verzichten. Klimaschutz hat jedoch viele Aspekte, von denen der Transport im Urlaub nur einen kleinen Bereich ausmacht.

Nach einer Berechnung des VCD, des Verkehrsclubs Deutschland e.V., verursachen folgende Verkehrsmittel durchschnittlich Treibhausgase pro Person: PKW 100 g/km (bei zwei Reisenden) PKW 50 g/km (bei vier Reisenden), Bus 50 g/km, Flug 200 g/km.

Autofahren in der Bretagne

Über die Bretagne erstreckt sich ein dichtes Netz von Nationalstraßen, Bundesstraßen, Landstraßen, kleinen Straßen und kleinsten, einspurigen Asphaltbändern. Dabei erscheint die Wegführung manchmal etwas verwirrend, auch das Befahren von wichtigen Verbindungsstrecken erfordert manchmal mehrfaches Abbiegen. Es gibt viele Ortsdurchfahrten und Kreisverkehre, was zu einer ungewöhnlich geringen Durchschnittsgeschwindigkeit führt, sodass eine Fahrt zum Ausflugsziel in 30 Kilometer Entfernung auch schon mal eine knappe Stunde beanspruchen kann.

Eine weitere Auffälligkeit sind die Vorfahrtsregeln. Manchmal ist die offensichtlich breitere »Durchfahrtstraße« an Kreuzungen mit Stoppschildern markiert. Beliebt ist auch Rechts-vor-Links, was uns sogar auf einem Überlandsträßchen an jeder einzelnen Verzweigung begegnete. Hier hilft es nur, genau auf die Beschilderung zu achten!

Außerdem ist es, um ans richtige Ziel zu kommen, sehr wichtig, die genaue Schreibweise der Orte zu berücksichtigen. »Paimpont« und »Paimpol« liegen weit auseinander genauso wie »Plomeur« und »Ploemeur«. Selbst ungewöhnliche Ortsnamen wie Le Faouët gibt es doppelt.

Die Höchstgeschwindigkeiten sind: 50 km/h in geschlossenen Ortschaften, 80 km/h außerhalb geschlossener Ortschaften, 110 km/h auf Schnellstraßen, 130 km/h auf Autobahnen.

Die Promillegrenze liegt bei 0,5 Promille. Für Fahranfänger gelten in den ersten drei Jahren stärkere Einschränkungen.

Das allgegenwärtige Straßenschild »Rappel« bedeutet so viel wie »Erinnerung, Mahnung«, dass man sich zum Beispiel an die Geschwindigkeitsvorschriften halten soll. Park- und Halteverbot werden durch einen gelben durchgehenden Streifen am Fahrbahnrand signalisiert. Ist der Streifen unterbrochen bedeutet er Parkverbot. Kinder gehören auch in Frankreich auf die Rücksitze in geeignete Kindersitze.

Die Region verfügt über ein gutes Netz an Tankstellen. Am günstigsten tankt ihr bei den großen Supermarktketten, wie zum Beispiel Carrefour, Intermarché oder Super U.

Die gängigen Kraftstoffe heißen »sans plomb 98« (Super plus bleifrei), »sans plomb 95« (Super bleifrei), SP95 E10 (Bio-Sprit), »diesel oder gazole« (Diesel). Autogas (LPG) gibt es zurzeit an etwa 1700 Tankstellen. Es heißt hier »GPL« (Gaz de pétrole liquéfié).

Crit'Air Umweltplakette

Auch in Frankreich gibt es in den Großstädten permanente Umweltzonen (ZCR) und temporäre Umweltzonen (ZPA), in die nur mit Umweltplakette eingefahren werden darf.

Die permanenten Zonen in den Großstädten kann man gut umgehen. Schwieriger sind die temporären Umweltzonen. Sie umfassen teilweise ganze Departements und betreffen in diesen auch die Autobahnen. Die Einfahrt in diese Zonen wird dann beschränkt, wenn die Luftverschmutzung kritische Werte überschreitet – also erwartungsgemäß zu den Ferienzeiten im Sommer. Das Verbot **gilt auch für ausländische Fahrzeuge** ohne Umweltplakette und zwar auch dann, wenn das Fahrzeug laut deutscher Plakette die Voraussetzungen für die Einfahrt in die Zone erfüllt. Die Bußgelder beginnen bei €68.

Die französische Plakette ist in Stufe Eins bis Fünf unterteilt. Anders als bei uns tragen die saubersten Fahrzeuge eine Plakette mit der Klasse Eins. Bei Fahrverboten werden zuerst die Fahrzeuge ohne Plakette und dann die Schadstoffklassen Vier und Fünf vom Verkehr ausgeschlossen. Bleiben die Werte schlecht, können weitere Schadstoffklassen folgen.

Auf der Fahrt in die Bretagne durchquert ihr westlich von Paris die ZPAd-Zone im Departement Eure-et Loir. Eine weitere temporäre Umweltzone gibt es zur Zeit in Rennes. Damit ist die Bretagne bisher kaum von Einschränkungen betroffen, was sich aber ändern kann.

Temporäre Fahrverbote werden vor Ort nicht angezeigt. Informieren kann man sich über den Verkehrsfunk, über die Website des Verkehrsministeriums oder mit der App »Green-zones.eu«.

Die Plakette kann nur online in Frankreich bestellt werden und wird per Post zugestellt. Das geht kostengünstig und unkompliziert direkt beim französischen Verkehrsministerium unter www.certificat-air.gouv.fr. Die Seite lässt sich auf Deutsch umstellen. Die Plakette kostet dort gute drei Euro zuzüglich Porto. Auf der Green-Zones Website und bei einigen anderen Vermittlern kann man die Plakette ebenfalls bestellen, zahlt dann aber fast 30 Euro für die gleiche Leistung.

Unterkunft und Übernachtung

In der Bretagne gibt es vom Hotel über Ferienwohnungen bis zum Campingplatz Unterkünfte in jeder Preis- und Komfortklasse.

Vom Hotel zum Gästehaus

Hotels gibt es in der Bretagne vor allem entlang der Küste und in der Nähe von Rennes. Die gängigen Preise für ein Mittelklassehotel liegen in der Region zwischen 75 und 100 Euro für ein Doppelzimmer. Wie überall in Frankreich üblich, ist das Frühstück nicht im Übernachtungspreis inbegriffen und wird mit sechs bis zwölf Euro pro Person extra berechnet.

Zusätzlich gibt es im ländlichen Raum Privatunterkünfte, die als Chambres d'hôtes bezeichnet werden und in etwa dem englischen Bed and Breakfast entsprechen. Ein Chambre d'hôtes bietet nicht den Service eines Hotels, ist aber eine gute Möglichkeit, auch mit Einheimischen in Kontakt zu kommen. Das Frühstück ist hier inklusive und wird manchmal gemeinsam am großen Tisch eingenommen. Einige Gastgeber bieten unter dem Namen Table d'hôtes auch abends ein Essen an.

Zur Auswahl von Hotels verwendet ihr am besten Buchungsportale, die euch auch mit aktuellen Kundenrezensionen versorgen und dazu noch anzeigen, wo in eurer Nähe zu welchem Preis ein Zimmer zu haben ist. So aktuell können wir hier im Buch gar nicht sein.

Es gibt dabei durchaus Alternativen zum Marktführer booking.com: Expedia.de und HRS zum Beispiel, die in Sachen Kundenservice in Tests deutlich besser abgeschnitten haben.

Bei bedandbreakfast.eu, chambres-hotes.fr und airbnb.de bekommt ihr einen ähnlichen Service, um private Unterkünfte zu finden. Im Sommer ist die rechtzeitige Buchung auf jeden Fall sinnvoll.

Eine Ferienwohnung suchen

Auch Ferienwohnungen und Appartements bucht ihr am besten online. Dazu gibt es Portale, die sich auf die Bretagne spezialisiert haben wie:

www.bretagne-tip.de

www.ferienhaus-bretagne.com

Andere Internetplattformen sind international aufgestellt, die Bretagne ist dort aber gut mit Angeboten vertreten:

www.hometogo.de

www.interchalet.de

www.fewo-direkt.de

www.casamundo.de

www.airbnb.de

Unter dem Begriff »hébergement« veröffentlichen auch die Tourismusinformation auf ihren Internetseiten Unterkünfte in ihrem Gebiet.

Tourismusinformationen

Tourismusinformationen gibt es in den meisten etwas größeren Orten. Tipps haben auch die überregionalen Informationen der Départements.

Côtes d'Armor

Côtes d'Armor Destination, 7 Rue Saint-Benoit, 22000 Saint Brieuc, Tel. 0033 (0)2 9658 0658, *www.visitcotesdarmor.com*

Finistère

Finistère 360°, 4 Rue du 19 Mars 1962, 29018 Quimper *www.finistere-tourismus.com*

Morbihan

Comité Départemental du Tourisme du Morbihan, Allée Nicolas Leblanc 56010 Vannes, Tel. 0033 (0)2 9754 0656. *www.morbihan-tourismus.de*

Île et Vilaine

Comité Départemental du Tourisme Haute Bretagne Ille-et-Vilaine, 44 Square de la Mettrie, 35700 Rennes. *www.bretagne35.com /offices-de-tourisme*

Campingplätze

In der Bretagne gibt es unzählige Campingplätze direkt in Küstennähe, fast jeder Ort verfügt zumindest über einen kleinen Platz. Hier sind auch noch sehr viele der einfach ausgestatteten, preisgünstigen »Camping Municipal« zu finden. Sie werden von den Gemeinden betrieben und befinden sich teilweise in landschaftlich sehr schöner Lage. Daneben werben private Plätze um Gäste. Große Plätze mit Animation, Pool und Wasserspielplätzen gibt es nur sporadisch. Sie sind oft Ketten angeschlossen. Viele Campingplätze vermieten Holzhütten oder Zelte als einfache feste Unterkünfte. WLAN an der Rezeption, eine Waschmaschine und der morgendliche Baguette-Service gehören zur üblichen Grundausstattung. Einige der einfachen Plätze akzeptieren aber nur Barzahlung. Auch Ver- und Entsorgung für Wohnmobile ist nicht überall möglich.

Im Juli und August sollten Plätze an der Küste reserviert werden. Wenn man nur eine Nacht bleiben will und am frühen Nachmittag anreist, hat man eventuell auch ohne Reservierung die Chance einen Stellplatz zu bekommen. Animation in unangenehmer Lautstärke ist eher selten. Insgesamt sind die Preise für Campingplätze eher moderat.

Im Folgenden sind zu jeder Tour in diesem Buch ein oder mehrere Campingplätze angegeben, die möglichst nahe am Wanderweg liegen. Weitere Angebote findet man am besten, indem man den gewünschten Ortsnamen mit dem Zusatz »Camping« bei Google Maps eingibt. Fast alle Campingplätze sind dort verzeichnet. Auch die Suche unter »hébergement« (Unterkunft) bei den Touristinformationen des jeweiligen Ortes ist erfolgversprechend. **Unser Vergleichspreis enthält einen Stellplatz für zwei Personen mit Strom.** Die Taxe de Séjour (20 – 50 Cent pro erwachsener Person) kommt noch dazu.

Reisen mit dem Wohnmobil

Zusätzlich zur großen Auswahl an Campingplätzen gibt es in der Bretagne auch viele Stellplätze. Ergänzende Infos speziell für eine Reise mit Wohnmobil oder Campervan findet ihr im Reiseführer **»Entdeckertouren mit dem Wohnmobil: Bretagne«** von Anette Scharla-Dey und Franz-Peter Tschauner, erschienen im WOMO-Verlag.
ISBN 978-3-86903-108-8, € 24.

Tour 1

1 Camping Municipal du Grouin**

Avenue de la Côte d'Emeraude, 35260 Cancale, Tel. 00033 (0)2 99 89 63 79. campingcancale.wixsite.com/website

Der Platz befindet sich auf einer leicht abfallenden Wiese oberhalb der Klippen mit Blick auf die Bucht von Mont Saint-Michel. Die Reihen sind-durch Hecken getrennt, die Plätze teilweise schattig durch Bäume. In der Hauptsaison fahren Shuttlebusse nach Cancale und zu den umliegenden Stränden. Kleine Bar auf dem Platz.

Geöffnet Mitte März bis Mitte Oktober.
Stellplatz inkl. 1 Pers. €14–19, weitere Person € 3,20–3,90, Kinder unter 13 Jahren €2,33–2,80.

Tour 2

2 Camping la Cité d'Aleth**

Allée Gaston Buy, 35400 Saint-Malo, Tel. 0033 (0)2 99 81 60 91, im Juli/Aug. 0033 (0)2 99 81 60 91. www.camping-saintmalo.fr.

Direkt südlich von Saint-Malo auf einer kleinen Halbinsel mit großem Sporthafen. Wiesengelände mit einzelnen Hecken, kaum Schatten, Felsküste und Plage de Saint-Pierre fußläufig erreichbar. Zur befestigten Altstadt sind es 2,5 km.

Geöffnet Osterferien bis Anfang September.
Stellplatz inkl. 2 Pers. €24, weitere Person €9, Kinder 6 bis 16 Jahre €4.

3 Camping du Port Blanc***

Rue du Sergent Boulanger, 35800 Dinard, Tel. 0033 (0)2 99 46 10 74. www.camping-port-blanc.com

Der Platz liegt direkt an einer sehr schönen, mit Felsen gerahmten Bucht mit langem Sandstrand. Einige Stellplätze haben Meerblick. Vom Platz kommt man gut mit dem Fahrrad nach Dinard und von dort mit der Fähre nach Saint-Malo. Fahrradverleih auf dem Campingplatz.

Geöffnet Ende Februar bis Mitte November.
Stellplatz inkl. 2 Pers. €14 – 26, weitere Person €3–6,50.

Tour 3

4 Camping-Plage La Crique***

Plage de la Mare, 22380 Saint-Cast-le-Guildo, Tel. 0033 (0)296 41 89 19. www.mirabel-crique.com

In Terrassen oberhalb hübscher Bucht mit Strand, teilweise Meerblick.

Geöffnet Mitte März bis Mitte November.
Stellplatz inkl. 2 Pers. €20–23.

Tour 4

Südlich der Wanderung, bei Start vom Campingplatz + 2,5 Kilometer:

5 Camping du Cap Fréhel

D34 a (673,47 km), 22240 Plévenon, Tel. 0033 (0)2 96 41 43 34.

Von Bäumen gerahmtes Wiesengelände im Grünen. 300 Meter zum sehr schönen, mit Klippen gerahmten Strand Plage de La Fosse.

Stellplatz inkl. 2 Pers. €12, weitere Person €3,90, Kinder 4 bis 12 Jahre 1,60.

Drei Kilometer südwestlich am Strand:

6 Camping du Pont de l'Etang**

Pléhérel-Plage, 22240 Fréhel, Tel. 0033 (0)2 96 41 40 45. camping-frehel.fr

Naturbelassener riesiger Campingplatz in toller Lage mit unparzellierten, verstreuten Stellplätzen in Dünen und lichtem Kiefernwald. Teilweise Schatten. Direkter Zugang zum Strand Anse du Croc und den Felsen von Pointe aux Chèvres, einzelne Stellplätze v.a. im nördlichen Bereich mit Meerblick. Snack-Bar mit Pizza.

Geöffnet April bis Mitte September.
Stellplatz inkl. 2 Pers. €16–19, weitere Person €4,30–4,60, Kinder 4 bis 7 Jahre € 1,50–2.

Tour 5

7 Camping Yelloh! Village Les Pins

86 Rue des Moulins Le Guen 22430 Erquy, Tel. 0033 (0)2 96 72 31 12. www.yellohvillage.fr

Riesiger Platz mit vielen Mietobjekten, großem Pool mit Rutschen und Res-

taurant im lichten Pinienwald.
Geöffnet April bis Mitte September.
Stellplatz inkl. 2 Pers. €22–37.

Tour 6

8 Camping Village Nature d'O
Lieu dit Bon Abri, 22120 Hillion,
Tel. 0033 (0)6 33 83 53 30.
www.village-naturedo.com
Schöne Lage am Plage de Bon Abri mit direktem Zugang zum Strand. Stellplätze mit Hecken parzelliert, teilweise steht man mit Blick auf Dünen und Meer.
Geöffnet Mai bis Oktober.
Stellplatz inkl. 2 Pers. € 22 – 25.

9 Camping Bellevue Mer***
La Pointe des Guettes,
46 Rue Fonteneau, 22120 Hillion,
Tel. 0033 (0)2 96 32 20 39.
www.bellevuemer.com
Stellplätze teilweise mit Meerblick. Bei Ebbe befindet sich der Strand direkt unterhalb des Campingplatzes. Kleiner überdachter Pool und Bar-Restaurant.
Geöffnet April bis September.
Stellplatz inkl. 2 Pers. €21–35.

Tour 7

8 Kilometer südlich in Quintin:

10 Camping Municipal du Lac**
Avenue du Général de Gaulle, 22800 Quintin, Tel. 0033 (0)6 11 39 66 59.
www.quintin.fr/quintin/le-camping-municipal-du-lac
Gepflegter Campingplatz am Oberlauf des Gouët, mit Blick auf die beeindruckende Burg von Quintin. Das Gelände liegt zwischen einem See (Badeverbot), Sportanlagen und dem Schwimmbad. Die großen Stellplätze sind durch Hecken getrennt und teilweise schattig durch große Bäume.
Geöffnet Ostern bis Mitte Oktober.
Stellplatz inkl. 2 Pers. €11,
weitere Person €3,
Kinder unter 12 Jahren €2.

Tour 9

300 Meter oberhalb des Parkplatzes:

11 Camping Panorama du Rohou**
17 Chemin du Rohou, L'Arcouest,
22620 Ploubazlanec,
Tel. 0033 (0)6 12 30 38 64.
www.campingpanorama.com
Ruhiger Campingplatz oberhalb von L'Arcouest. Einige Stellplätze mit Meerblick, Wiesengelände mit einzelnen Büschen, wenig Schatten.
Ganzjährig geöffnet.
Stellplatz inkl. 2 Pers. €21,
weitere Person €4,50,
Kinder bis 12 Jahre €3.

Tour 10

300 Meter südlich der Wanderung:

12 Camping Du Gouffre**
Hent Crec'h Kermorvan, 22820 Plougrescant, Tel. 0033 (0)296 92 0295.
www.camping-gouffre.com
Mitten auf der Halbinsel zwischen den kleinen Dörfern. Viele Mobilheime, Stellplätze mit einzelnen Bäumen. Bar und kleine Epicerie mit den wichtigsten Lebensmitteln. Etwa einen Kilometer zum Meer und zum Strand.
Geöffnet April bis September.
Stellplatz inkl. 2 Pers. € 17,50–27,50,
weitere Person €4,70–5,80,
Kinder unter 7 Jahre €3,50–4.

Etwa zwei Kilometer südlich:

13 Camping Municipal de Beg-Ar-Vilin**
22820 Plougrescant,
Tel. 0033 (0)2 9692 5615.
www.camping.plougrescant.fr
Tolle Lage auf kleiner Halbinsel, umgeben vom Meer. Kies-Sand-Strand mit Felsen am südöstlichen Ende der Halbinsel, der bei Ebbe weit trocken fällt. Schattige Stellplätze in der Nähe der Chalets unter hohen Kiefern. Ansonsten Wiese mit einzelnen Hecken.
Geöffnet Mitte April bis Mitte September.
Stellplatz inkl. 2 Pers. €13 – 19.

Tour 11

Direkt an der Wanderung:

14 Camping Les Dunes***
Port-Blanc, 22710 Penvenan, Tel. 0033 (0)2 96 92 63 42. www.campingportblanc.com
Wiesengelände direkt oberhalb des langen Strandes Plage des Dunes. Kaum unterteilt, kein Schatten, einzelne Stellplätze mit Meerblick.
Geöffnet Ende April bis September. Stellplatz inkl. 2 Pers. €15–19, weitere Person €4–4,50, Kinder 3 bis 12 Jahre €2–2,50.

Tour 12

250 Meter vom Parkplatz:

15 Camping Le Ranolien*****
Boulevard du Sémaphore, Ploumanac'h, 22700 Perros-Guirec Tel. 0033 (0)4 11 32 90 00. www.sandaya.fr
Sehr großes Gelände mit vielen Mobilheimen und einzeln mit Hecken abgegrenzten Stellplätzen. Mit Restaurant und Snackbar und kleinem Geschäft. Nächster Sandstrand etwa drei Kilometer entfernt. Mit Wellness und großem Wasserspielplatz, Pools.
Geöffnet April bis September. Stellplatz inkl. 2 Pers. €20–47.

Tour 13

Nördlich am Meer. Etwa 1 Kilometer vom Stausee am Nordende der Wanderung:

16 Camping Le Tourony***
105 Rue de Poul Palud, 22730 Trégastel, Tel. 0033 (0)2 9623 8661. camping-tourony.com.
Am Stadtrand von Tourony gelegen und mit vielen Hecken und einzelnen Bäumen unterteilt. In der Hauptsaison mit Bar und Restaurant. An der Bucht des Traiouëro, Strand 600 Meter entfernt. Zur [› Tour 12] sind es etwa 1,3 Kilometer.
Geöffnet April bis September. Stellplatz 2 Pers. ab € 27 in der Nebensaison.

Tour 14

Direkt an der Wanderung liegen folgende Plätze:

17 Camping du Port****
3 Chemin des Douaniers, 22560 Landrellec, Tel. 0033 (0)2 9623 8779. www.camping-du-port-22.com
Teilweise durch Hecken getrennte Plätze. Die erste Reihe befindet sich direkt an der felsig-sandigen Bucht. Kein Schatten. Teilweise überdachter Pool, Wasserrutsche und sehr kleiner Sauna-Whirlpool-Bereich. Restaurant und kleiner Laden. Mobilheime, Holzwaggons und Mietzelte.
Geöffnet Ostern bis Mitte Oktober. Stellplatz inkl. 2 Pers. €17–38.

18 Camping Municipal de Landrellec**
Corniche de Landrellec, 22560 Pleumeur-Bodou, Tel. 0033 (0)2 96 23 87 92. www.pleumeur-bodou.com
Der Platz liegt direkt oberhalb eines felsigen Küstenabschnittes. Tolle Strände in etwa 100 Meter Entfernung zu beiden Seiten. Die Stellplätze sind überwiegend mit Hecken unterteilt. Einzelne Plätze mit Meerblick, kein Schatten.
Geöffnet Mitte April bis Mitte September. Stellplatz inkl. 2 Pers. €16–22, weitere Person €3, Kinder 3 bis 12 Jahre €1,50.

Tour 15

Etwa 700 Meter südlich des Dolmens:

19 Camping de l'Espérance***
86 Corniche de Goas Treiz, 22560 Trébeurden, Tel. 0033 (0)2 9691 9505. www.camping-esperance.com.
Netter Campingplatz, nur durch die tagsüber gut befahrene D 788 von einer Bucht mit kleinem Strand getrennt. Stellplätze mit kleinen Bäumen und durch Hecken getrennt. Bar. Mobilheime mit großer Fensterfront.
Geöffnet April bis September. Stellplatz inkl. 2 Pers. €21–30.

Auf der Île Grande, 900 Meter nördlich der Wanderung:

20 Camping L'Abri Côtier***
5 Rue Pors Gelin, 22560 Pleumeur-Bodou. Tel 0033 (0)2 96 91 92 03.
Stellplätze mit Hecken getrennt, teilweise Schatten durch Bäume, Sanitäranlagen nicht auf Dreisterne-Niveau. Vermietung von leicht heruntergekommenen Mobilheimen, 300 Meter zum Strand.
Geöffnet April bis September.

Tour 16

Auf der Südwestseite der Bucht von Locquirec

21 Camping Municipal du Fond de la Baie**
Route de Plestin, 29241 Locquirec, Tel. 0033 (0)2 98 67 40 85.
www.campinglocquirec.com
Sehr großer Campingplatz direkt am flach abfallenden Sandstrand, langgestrecktes Wiesengelände mit Parzellierung durch einzelne Büsche. Im östlichen und hinteren Bereich Stellplätze unter Bäumen. Snackbar im Juli und August. Mietunterkünfte.
Ganzjährig geöffnet.
Stellplatz inkl. 2 Pers. € 17–22, weitere Person € 4–7, Kinder 3 bis 12 Jahre € 0–5.

Tour 17

Gegenüber vom Parkplatz:

22 Camping Municipal de la Mer**
Rue de Karreg An Ty, 29630 Plougasnou, Tel. 0033 (0)2 9872 3706.
www.camping-plougasnou.fr
In traumhafter Lage. Stellplätze teilweise mit Blick über die Halbinsel. Sehr netter Empfang. Einfache, aber sehr gepflegte Sanitäranlagen.
Geöffnet April bis September.
Stellplatz inkl. 2 Pers. € 13–20, weitere Person € 3–4, Kinder 3 bis 12 Jahre € 2–3.

Tour 18

23 Camping Municipal de Poulfoën
Rue du Click 2, 29430 Plouescat, Tel. 0033 (0)2 98 69 81 80.
Offenes Wiesengelände auf einer kleinen Halbinsel mit Felsküste und Sandstränden zu beiden Seiten. Kein Schatten, viele Stellplätze mit direktem Blick aufs Meer.
Geöffnet Mitte Juni bis Mitte September.
Stellplatz inkl. 2 Pers. € 17.

Tour 19

3 bzw. 5 Kilometer östlich, beide hinter einem Dünengürtel an schönen Sandstränden mit Granitfelsen:

24 Camping Municipal de Rudoloc*
29890 Kerlouan
Tel. 0033 (0)2 98 83 94 48.
www.kerlouan.fr
Stellplätze auf einem Wiesengelände mit Hecken unterteilt. Direkter Zugang durch den schmalen Dünengürtel zur Plage Nodeven Rudoloc.
Geöffnet Mitte Juni bis August.
Stellplatz inkl. 2 Pers. € 14, weitere Person € 2,80, Kinder 3 bis 12 Jahre € 1,50.

25 Camping Plage de Meneham**
Lestonquet, 29890 Kerlouan
Tel. 0033 (0)2 29 62 35 51.
www.campingplagedemeneham.com
Stellplätze durch Hecken getrennt. Mit direktem Strandzugang hinter den Dünen der Plage Ménez Ham. Vermietung kleiner Holztipis. Mit ganzjährig geöffnetem Wohnmobilstellplatz.
Geöffnet Mai bis Mitte September.
Stellplatz inkl. 2 Pers. € 20, weitere Person € 4, Kinder unter 13 Jahre € 2,70.

Am Parkplatz: Camping de Neiz Vran, nur Vermietung von Mobilheimen.

Tour 20

Campingplatz vier Kilometer nördlich:

26 Camping Municipal Saint-Gonvel
Hent Aot Gwen Trez, 29840 Landunvez, Tel. 0033 (0)2 9889 9100. www.landunvez.fr
Einfacher Platz auf einem Wiesengelände in wunderbarer Lage auf einer Landspitze. Teils mit Hecken unterteilt, teils mit Blick auf Bucht, Sandstrand.
Geöffnet Mitte Juni bis September. Stellplatz inkl. 2 Pers. €18, weitere Person €4,70–5, Kinder 6 bis 13 Jahre €1,60–3,50.

Tour 21

Gegenüber vom Parkplatz:

27 Camping des Blancs Sablons**
Route de Kermorvan, 29217 Le Conquet, Tel. 0033 (0)2 9836 0791. www.camping-blancs-sablons.com
Großer Campingplatz mit parzellierten Stellplätzen in wildem Heidegelände. Von den unteren Stellplätzen teilweise Sicht auf einen Meeresarm. Kaum Schatten, mehrere kleine Sanitärgebäude sind auf dem Gelände verteilt. Vermietung von Mobilheimen und Holz-Chalets.
Geöffnet April bis Oktober. S tellplatz inkl. 2 Pers. €18,50–20,50, weitere Person €3,75–4,75, Kinder 2 bis 6 Jahre €2,50.

Tour 22

500 Meter nördlich der Wanderung:

28 Camping Les Terrasses de Bertheaume
Rue de Perzel, 29217 Plougonvelin, Tel. 33 (0)2 98 48 32 37. www.camping-brest.com
Schöne Lage oberhalb des Strandes Plage du Perzel. Wenige Stellplätze und viele Mobilheime. Stellplätze teilweise durch Hecken getrennt, Boden teils uneben. Kleiner Pool, Terrasse mit Aussicht übers Meer, Sanitäranlagen sehr einfach.
Ganzjährig geöffnet. Stellplatz inkl. 2 Pers. €14,50–20,50, weitere Person €1, Kinder €1.

Tour 23

750 Meter zum Start der Wanderung:

29 Camping Municipal du Lannic**
Rue du Grouanoc'h, 29570 Camaret-sur-Mer, Tel. 0033 (0)2 9827 9131. www.camaret-sur-mer.com
Am Rande von Camaret-sur-Mer und etwa 800 Meter vom Strand und der Uferpromenade entfernt. Großes Wiesengelände mit einzelnen Bäumen und Hecken, einfache Sanitäranlagen. Vermietung von Mobilheimen. Im Sommer Pizzaservice an einzelnen Tagen.
Ganzjährig geöffnet. Stellplatz inkl. 2 Pers. €12, weitere Person €4, Kinder €2.

Tour 24

Beide etwa acht Kilometer nördlich:

30 Camping La Plage de Goulien***
Kernavéno, 29160 Crozon-Morgat, Tel. 0033 (0)6 08 43 49 32. www.camping-crozon-laplagedegoulien.com
Etwa 300 Meter oberhalb der Plage de Goulien, einem beliebten Surfer-Strand mit Surfschule. Stellplätze durch Hecken unterteilt, viele Bäume. Kleine Snack-Bar und Vermietung von Mobilheimen.
Geöffnet April bis Mitte September. Stellplatz inkl. 2 Pers. €25,20, weitere Person €5,70, Kind €3,70.

31 Camping Les Pins***
Route de la Pointe de Dinan, 29160 Crozon, Tel. 0033 (0)6 60 54 40 09. www.camping-crozon-lespins.com
In einem Pinienwald neben dem Kletterwald (Fun Park) gelegen. Mit Pool und Snack-Bar. Etwa zwei Kilometer zu den Stränden. Vermietung von Mobilheimen und Zelt-Lodges.
Geöffnet Mai bis September. Stellplatz inkl. 2 Pers. €27, weitere Person €5,90, Kinder bis 7 Jahre €3,90.

Tour 25

Campingplatz neun Kilometer östlich:

32 Camping Municipal de Kermalero
21 Route de l'Océan, 29770 Primelin, Tel. 0033 (0)2 98 74 84 75. primelin.fr
Einfacher Campingplatz in den Feldern des Kaps. Stellplätze mit Hecken und einzelnen Bäumen unterteilt. Meerblick von einigen der höchsten Stellplätze. Sehr saubere Sanitäranlagen 1,2 Kilometer zum Strand.
Geöffnet April bis Oktober.
Stellplatz inkl. 2 Pers. €17, weitere Person €4, Kinder bis 8 Jahre €3.

Tour 26

Campingplatz fünf Kilometer westlich:

33 Camping de Kersiny-Plage
1 Rue Nominoé, 29780 Plouhinec, Tel. 0033 (0)2 98 70 82 44. kersinyplage.com
Gepflegter Campingplatz oberhalb von schönem Strand. Sehr ruhig gelegen. Stellplätze mit Hecken abgetrennt, teilweise Meerblick. Schöne, saubere Sanitäranlagen. Vermietung von Mobilheimen.
Geöffnet Mitte April bis September.
Stellplatz inkl. 2 Pers. €22–27. weitere Person €4,90–5,80, Kinder bis 7 Jahre €3,50–4,30.

Tour 27

Wohnmobilstellplatz am Parkplatz in Pont-Aven. Campingplatz 13 Kilometer süd-westlich:

34 Camping de la Plage Loc'h Ven**
8 Route du Camping, 29910 Trégunc, Tel. 0033 (0)2 98 50 26 20. www.lochven.com
Einzelne Hecken und Bäume. 200 Meter zum Strand. Einfache, sehr saubere Sanitäranlagen. Im Juli und August Crêpes und Pizza an einzelnen Tagen. Fahrradverleih (8 Kilometer nach Concarneau). Vermietung von Mobilheimen.
Geöffnet Mitte Mai bis Mitte September.
Stellplatz inkl. 2 Pers. €21–30, weitere Person €5,25–6,30, Kinder 2 bis 9 Jahre €3,15–4,75.

Tour 28

Campingplatz an der Plage de Trenez:

35 Camping de l'Île Percée***
Plage de Trénez, 29350 Moëlan-sur-Mer, Tel. 0033 (0)2 98 71 16 25. www.camping-ile-percee.fr
Direkt an der schönen, von Felsen gerahmten Plage de Trenez. Mit Hecken unterteilte Stellplätze, wenig Schatten aber teilweise mit Meerblick. Snack-Bar mit Pizza, Vermietung von Mobilheimen.
Ganzjährig geöffnet.
Stellplatz inkl. 2 Pers. € 25–32, weitere Person €3,70–4,90, Kinder unter 7 Jahre €2,70–3,30.

Tour 29

Platz am Start der Wanderung:

36 Camping IGESA Fort du Talud
56273 Ploemeur, Tel. 0033 (0)2 97 82 91 50.
Schöne Lage auf einer Landspitze. Das Fort befindet sich auf dem Campingplatzgelände. Schöne Stellplätze, durch Hecken getrennt, teilweise mit Meerblick. Der Campingplatz gehört zu IGESA, einer Sozialorganisation des französischen Verteidigungsministeriums. Die Mobilheime werden nur an Armeeangehörige vermietet, die Stellplätze sind für alle frei.
Geöffnet April bis September.
Stellplatz inkl. 2 Pers. ab €28.

37 Camping La Pointe du Talud***
Chemin de Kerroch, 56270 Ploemeur, Tel. 0033 (0)2 97 82 91 90. www.campingpointedutalud.com
Hinter dem Campingelände der IGESA und hinter einer Mobilheimsiedlung. Stellplätze mit Hecken getrennt, kaum Schatten. Snack-Bar mit Frühstück, überdachter Pool und Mobilheim-Vermietung. Zum Strand sind es etwa 700 Meter.
Geöffnet April bis Oktober.
Stellplatz inkl. 2 Pers. €20–47.

Tour 30

Campingplatz 1,5 Kilometer südlich:

38 Camping des Mégalithes***
Kerfélicité, 56410 Erdeven,
Tel. 0033 (0)2 9755 6876.
www.campingdesmegalithes.fr
Großes, mit Hecken unterteiltes Gelände, teilweise Schatten. Mit Pool und Spielplatz. Vermietung von Mobilheimen.
Geöffnet Mai bis September.
Stellplatz inkl. 2 Pers. €22–26,
weitere Person €6,
Kinder unter 7 Jahre €3.

Tour 31

Campingplatz ein Kilometer östlich:

39 Camping Port Blanc**
7356 Route de Port Blanc,
56510 Saint-Pierre-Quiberon,
Tel. 0033 (0)2 97 30 91 30.
Sehr einfach und etwas heruntergekommen. Wenige Hecken, aber kein Schatten. Etwa einen Kilometer zur großartigen Plage Porz Guen.
Geöffnet Mitte Juni bis Mitte September.
Stellplatz inkl. 2 Pers. ca. €20.

Campingplatz etwa zwei Kilometer südlich der Wanderung:

40 Camping Municipal de Kerné
Kerné, 56170 Quiberon.
www.baiedequiberon.bzh/ou-dormir
170 Stellplätze auf einem Wiesengelände mit wenigen Hecken, einzelne Stellplätze mit Blick Richtung Küste. Sehr einfach ausgestattet. 200 Meter von der Steilküste entfernt.
Geöffnet Juni bis September.
Stellplatz inkl. 2 Pers. €15.

An der Ostseite der Halbinsel gibt es außerdem mehrere Campingplätze mit Strandzugang.

Tour 32

Campingplatz an der Wanderung:

41 Camping Municipal La Falaise**
10 Rue Henri Ezan,
56740 Locmariaquer,
Tel. 0033 (0)2 97 57 31 59.
www.campingmunicipallafalaise.com
Riesiger Platz direkt hinter den Dünen der Plage de Locmariaquer. Direkter Zugang zum Strand, der vom Campinggelände nur durch eine schmale Straße getrennt ist. Die Stellplätze sind mit Hecken unterteilt. Schatten gibt es bei einzelnen Baumgruppen. Bar-Restaurant auf dem Platz.
Geöffnet Mitte März bis Mitte Oktober.
Stellplatz inkl. 2 Pers. €19–23,
weitere Person €5,70,
Kinder 1 bis 18 Jahre €3,20–4,90.

42 Camping Saint-Pierre
2 Route de Saint Pierre, 56740 Locmariaquer,
Tel. 0033 (0)2 97 57 30 48.
www.camping-saint-pierre.com
Ruhiger Platz im Dorf Saint-Pierre. Keine Hecken sondern Bäume an den meisten Stellplätzen. Im Sommer zweimal in der Woche mobile Snack-Bar auf dem Platz. 150 Meter zu einer flachen Bucht mit Strand. 900 Meter zur längeren Plage de Saint-Pierre.
Geöffnet Mitte April bis Anfang Oktober.
Stellplatz inkl. 2 Pers. €22.

Tour 33

Campingplatz drei Kilometer südlich:

43 Camping Le Conleau****
188 Avenue du Maréchal Juin, 56000 Vannes, Tel. 0033 (0)2 97 63 13 88.
www.vannes-camping.com
Südlich von Vannes, direkt an einer Bucht. Viele Hecken und Bäume strukturieren den Platz. Bar-Restaurant, mit geheiztem Schwimmbecken und 500 Meter zum Meerwasserschwimmbad. Vermietung von Mobilheimen und Holz-Cabanes. Fahrradverleih.
Geöffnet April bis September.
Stellplatz inkl. 2 Pers. €19–33.

Tour 34

Campingplatz fünf Kilometer nördlich:

44 Camping du Golfe
Birhit, 56450 Noyalo.
Tel. 0033 (0)2 97 43 02 12.
camping-du-golfe.business.site
Kleiner Campingplatz direkt am Golf gegenüber des Marais de Séné. Im Grünen am Rand eines Dorfes gelegen. Einige Stellplätze mit Blick auf den Golf. Sehr engagiert und freundlich geführter Familienbetrieb.
Geöffnet April bis September.
Stellplatz inkl. 2 Pers. €18, weitere Person €5, Kinder unter Jahre €2,50.

Tour 35

Am Parkplatz der Wanderung:

45 Camping le Tindio***
2 Rue du Bilouris, Kerners, 56640 Arzon, Tel. 0033 (0)2 97 53 75 59.
www.camping-golfedumorbihan.com
Der nette Platz mit Hecken und einigen Bäumen zieht sich am Hang einer kleinen Bucht hinauf. Vermietung von Mobilheimen und Safarizelten.
Geöffnet April bis Anfang November.
Stellplatz inkl. 2 Pers. €18–22,
weitere Person €4,40,
Kinder 3 bis 7 Jahre €2,30.

An der Wanderung in der Bucht von Kerners:

46 Camping de Bilouris***
Route de Kerners, 56640 Arzon,
Tel. 0033 (0)2 97 53 70 55.
www.campingdebilouris.com
Direkt in der Bucht von Kerners. Viel Schatten, Reservierung im Sommer erst ab sieben Tage möglich. Viele Mobilheime, teils mit Traumsicht auf den Golf. Direkt unterhalb des Campingplatzes Vermietung von Kajaks und SUPs.
Geöffnet April bis September.
Stellplatz inkl. 2 Pers. €17–30,
weitere Person €3–5,
Kinder unter 7 Jahre €1–3.

Tour 36

Fünf Kilometer westlich der Wanderung:

47 Camping Le Drennec
1987 Plan d'Eau du Drennec, 29450 Commana, Tel. 0033 (0)2 9879 0408.
www.campingledrennec.com
Schön gelegener, sehr ruhiger Platz mit vielen Bäumen und direkt am See mit Strand. Vermietung von Glamping-Zelten.
Geöffnet April bis Anfang November.
Stellplatz inkl. 2 Pers. €18,50,
weitere Person €4,
Kinder unter 7 Jahre €2.

11 Kilometer südlich am Réservoir de Saint-Michel:

48 Camping Municipal Brennilis
26 Nestavel Bras, 29690 Brennilis,
Tel. 0033 (0)2 98 99 66 57.
Kleiner Platz am See mit Strand. Wiesengelände mit Hecken bepflanzt, ruhig und sauber. Das nahegelegene Kraftwerk Brennilis wurde 1985 abgeschaltet und wird rückgebaut.
Geöffnet Mitte Juni bis Mitte September.
Stellplatz inkl. 2 Pers. etwa €15.

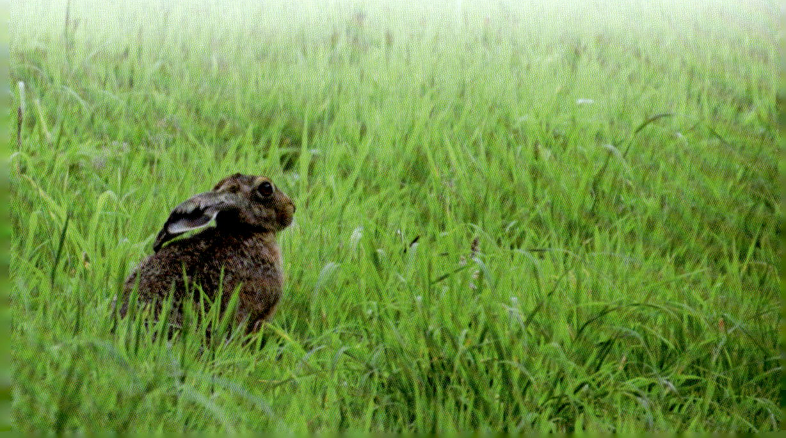

Tour 37

Campingplatz sechs Kilometer nördlich:

49 Camping des Bruyères

Le Cloître-Saint-Thégonnec, 29410 Morlaix, Tel. 0033 (0)2 98 79 71 76. camping-bruyeres.com

Kleiner Platz unter Bäumen mitten im Grünen. Mit den Steinen eines prähistorischen Grabes im Zentrum. Kein Strom, aber heiße Duschen. Abends leuchten Öllampen und es wird ein Lagerfeuer gemacht. Fahrradverleih am Platz.

Geöffnet Juli bis Mitte September. Stellplatz inkl. 2 Pers. €20, weitere Person €6,50, Kinder bis 16 Jahre €3,50–4,50.

Tour 38 und 39

Campingplatz zwei Kilometer westlich:

50 Camping Municipal du Lac*

Route de Fao, 29690 Huelgoat, Tel. 0033 (0)9 83 57 28 38. mairie-huelgoat.fr

Sehr gepflegter Campingplatz am Fao (Zufluss zum Lac). Einzelne Stellplätze am See, mit Hecken unterteilt. Separater Wohnmobilstellplatz (Sanitäranlagen gegen Gebühr). Ein Kilometer am Seeufer entlang über die Promenade von Huelgoat zur Staumauer.

Stellplatz inkl. 2 Pers. €16,80, weitere Person €3,50, Kinder 2 bis 7 Jahre €2,20.

Campingplatz zwei Kilometer östlich:

51 Camping la Rivière d'Argent**

La Coudraie, 29690 Huelgoat, Tel. 0033 (0)2 98 99 72 50, www.larivieredargent.com.

Kleiner Platz außerhalb von Huelgoat im Wald mit Hecken und Bäumen. Bar und überdachtes Schwimmbad. Vermietung von Mobilheimen und Safarizelten. Fahrradverleih.

Geöffnet April bis Mitte Oktober. Stellplatz inkl. 2 Pers. €22–40.

Tour 40

Campingplatz zehn Kilometer südlich:

52 Camping Municipal de l'Étang de Sources

8 Kervougar, 22340 Maël-Carhaix, Tel. 0033 02 96 24 73 00. www.mael-carhaix.fr

Ruhiger Platz am See mit kleinem Strand. Wiese mit Bäumen, etwa 500 Meter außerhalb von Mael-Carhaix. Kinderspielgeräte am Strand.

Nur im Sommer geöffnet. Stellplatz inkl. 2 Pers. €11,25, weitere Person €2,15, Kinder bis 7 Jahre €0,90, Dusche €1,45.

Tour 41

Campingplatz 300 Meter östlich:

53 Camping Municipal Bulat-Pestivien

14 Plasenn ar Skol, 22160 Bulat-Pestivien, Tel. 0033 (0)2 9645 7200. www.bulat-pestivien.fr/camping.php

Hübsche Wiese mit Bäumen am Sportplatz, östlich von Bulat-Pestivien an der D50. Der Platzwart kommt zweimal am Tag vorbei.

Nur im Sommer geöffnet. €5 pro Person pro Nacht, nur Barzahlung.

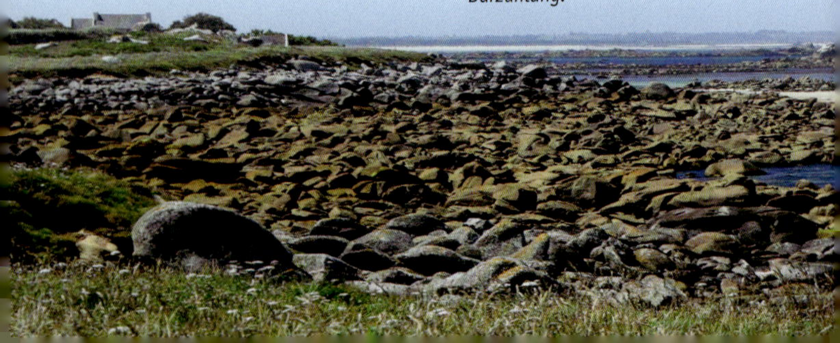

Tour 42

Campingplatz drei Kilometer südlich:

54 Camping de Glomel**
05 Rue du Lac, 22110 Glomel,
Tel. 0033 (0)2 96 29 84 20.
www.lekorong.fr
Kleiner, ruhiger Platz am Lac du Corong mit Strand und Kanuverleih. Stellplätze mit Hecken und einzelnen Bäumen unterteilt, Vermietung von Mobilheimen.
Geöffnet April bis Oktober.
Stellplatz inkl. 2 Pers. € 17.

Tour 43

Campingplatz 1,5 Kilometer westlich:

55 Camping du Lac
15 Kergoff, 22530 Caurel,
Tel. 0033 (0)6 60 99 84 71.
lacdeguerledan-camping.com
Oberhalb des Lac de Guerledan gelegener Wiesenplatz mit Bäumen am Waldrand. Vermietung von Mobilheimen. Einen Kilometer bis Beaurivage mit Strand und Restaurants.
Ganzjährig geöffnet.
Stellplatz inkl. 2 Pers. € 25,
weitere Person € 5,
Kinder unter 13 Jahre € 3.

Campingplatz acht Kilometer östlich:

56 Camping Le Point de Vue de Guerledan**
104 Rue du Lac, Mûr de Bretagne,
22530 Guerledan,
Tel. 0033 (0)2 96 26 01 90.
www.camping-lepointdevue.fr
Schattiger Campingplatz am Seeufer, Wiese mit einzelnen Bäumen. Bootsverleih, kleiner Strand in enger Bucht 100 Meter entfernt.
Geöffnet April bis Anfang November.
Stellplatz inkl. 2 Pers. € 19–21,
weitere Person € 4,50,
Kinder 3 bis 13 Jahre € 3,50.

Tour 44

Campingplatz einen Kilometer südlich:

57 Camping La Tourelle**
Le pont des vallées, La Gare de Moncontour, 22150 Plémy,
Tel. 0033 (0)2 96 73 50 65.
www.campinglatourelle.com
Sehr schönes, ruhiges Gelände mit Hecken, Büschen und einigen Bäumen. Großer Aufenthaltsraum.
Geöffnet April bis Oktober.
Stellplatz inkl. 2 Pers. € 18–25.

Tour 45

Campingplatz drei Kilometer Östlich:

58 Camping Municipal de Paimpont
2 Rue du Chevalier Lancelot du Lac,
35380 Paimpont,
Tel. 0033 (0)6 7152 7749.
camping-paimpont-broceliande.com
Am Nordrand von Paimpont, parzelliert mit Hecken und Bäumen.
Geöffnet April bis September.
Stellplatz inkl. 2 Pers. € 10.

Tour 46

59 Camping Municipal Les Landes de Cojoux**
37 Rue de l'Abbé Corbe, 35550 Saint-Just, Tel. 0033 (0)2 9972 0046.
www.saintjust35.fr/tourisme
Sehr schön angelegter Stellplatz mit blühenden Büschen und Bäumen, große Stellplätze. Die Anmeldung erfolgt telefonisch.
Geöffnet Anfang Mai bis Mitte September. Stellplatz € 9.

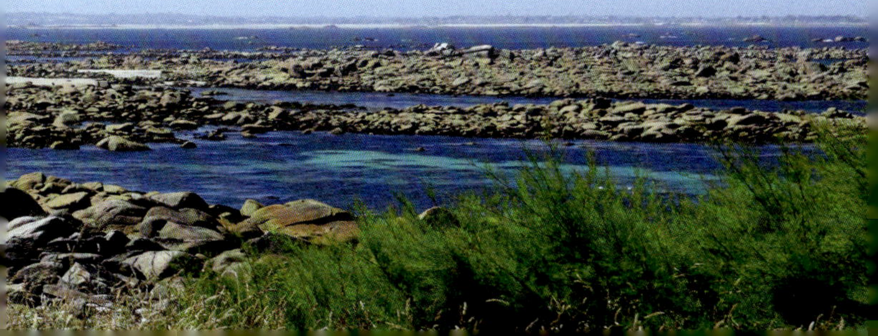

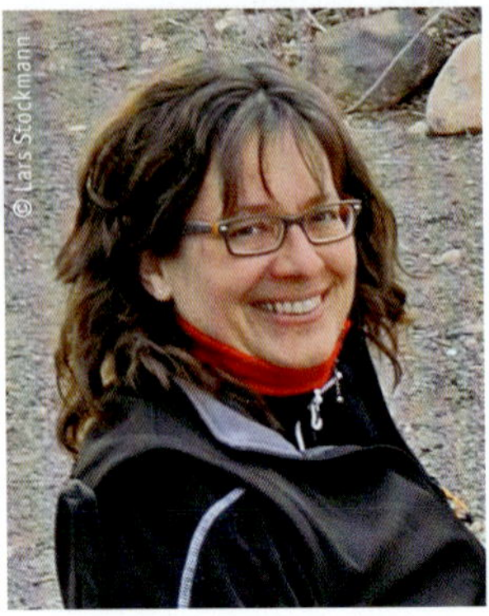

Regina Stockmann

Für die Chemie-Ingenieurin und Reisebuch-Autorin ist Frankreich eines ihrer bevorzugten Reiseziele in Europa.

»Die Bretagne gehört zu den abwechslungsreichsten Wander- und Reisegebieten, die ich bisher erleben durfte. Besonders gefallen haben mir die unterschiedlichen Landschaftsformen und das entspannte Wandern mit vielen Entdeckungen am Wegesrand. Die Recherche hat mir wirklich viel Freude gemacht!«

Und das hier ist die zweite Hälfte des Stockmann-Teams: Reginas Mann Lars und ihre Kinder Joshua und Joana, die für dieses Buch die wichtige Aufgabe der Tourentester und Fotomodelle übernommen haben, und auch gerne selbst das eine oder andere Foto beitragen.

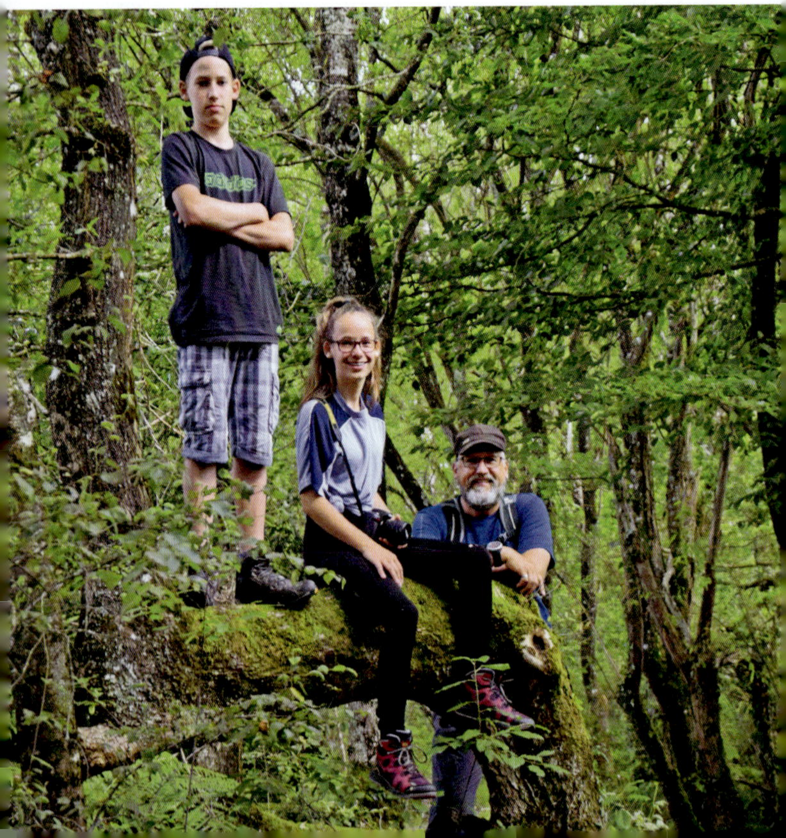

Gedruckt auf Papier aus
nachhaltiger Waldwirtschaft

FSC
www.fsc.org
MIX
Papier | Fördert gute Waldnutzung
FSC® C089473

2. Auflage 2024

Naturzeit Reiseverlag e.K.

82288 Kottgeisering

www.naturzeit-verlag.de

info@naturzeit-verlag.de

Vertrieb: GeoCenter, 70794 Filderstadt

Satz und Gestaltung: Stefanie Holtkamp, Naturzeit Reiseverlag

Druck: Beltz Grafische Betriebe GmbH, 99947 Bad Langensalza

Kartographie: Ansgar Jöbkes, www.kartographie-online.de

Karten Tour 1, 7, 8, 16, 18, 28, 46: Jonathan Holtkamp

Kartenbasis: OpenStreetMap (www.openstreetmap.org) Mitwirkende, CC-BY-SA (www.creativecommons.org).
Geländemodell: IGN RGE ALTI Version 2.0, 2014 (geoservices.ign.fr/rgealti)

GPS-Daten: GPX524BR459

Bildnachweis:

Covermotiv: Regina Stockmann

Bildagentur istock: Seite 9 @Max Labeille, Seite 12 @saintho, Seite 24 und 26 @benkrut, Seite 27 @Xantana, Seite 40 oben @Bouke Atema, Seite 40 unten @Olga Tarasyuk, Seite 41 oben @Nicholas Dale, Seite 41 Mitte @Matt Gibson, Seite 41 unten @CreativeNature_nl, Seite 97 oben @saintho, Seite 98 @Smithore, Seite 135@Meybruck, Seite 140 @Meybruck, Seite 141 @erwannmartin35, Seite 177 @DaLiu, Seite 204 @MikeLane45

Franz-Peter Tschauner: Seite 4 und 5 unten, 6 und 7 unten, 8, 11, 99, 100, 101, 216, 217, 246.

Alle weiteren Fotos: Regina Stockmann, Lars Stockmann, Joana Stockmann

ISBN 978-3-944378-45-9

Mit Wander- und Erlebnistouren die Highlights einer Region entdecken

Überfüllte Touri-Hotspots sind nicht so euer Ding? Wer sich zu Fuß oder mit dem Fahrrad auf den Weg macht, erlebt eine Region aus einer ganz anderen Perspektive und entdeckt auch gut versteckte, unbekannte Winkel. Selbst an viel besuchten Sehenswürdigkeiten reicht es oft, einen ungewöhnlichen Weg zu wählen, um dem größten Rummel zu entgehen. Mit unseren Wander- und Erlebnistouren könnt ihr euer Reiseziel auch abseits der ausgetretenen Pfade erkunden.

Das steckt in jedem Buch:

- spannende Touren durch die Natur zu Fuß, mit dem Fahrrad oder dem Kanu
- die schönsten Badeplätze
- alle wichtigen Sehenswürdigkeiten
- Campingführer und Übernachtungstipps
- jede Tour mit topographischer Karte, GPS-Daten zum Download und übersichtlichem Tourensteckbrief
- Viele tolle Fotos, die Lust machen sofort loszulaufen

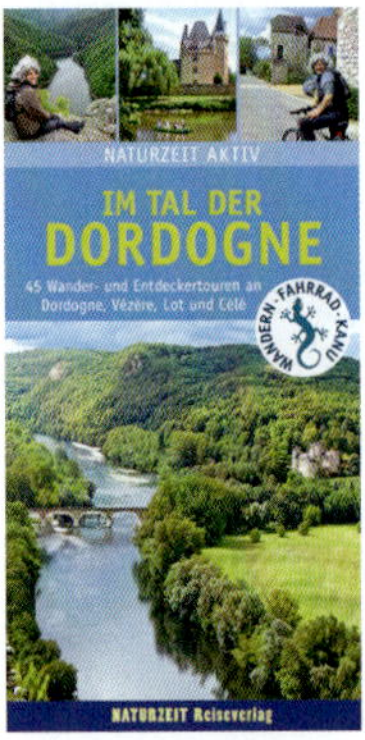

ISBN 978-3-944378-38-1
2. Auflage 2022, **€ 18,00**

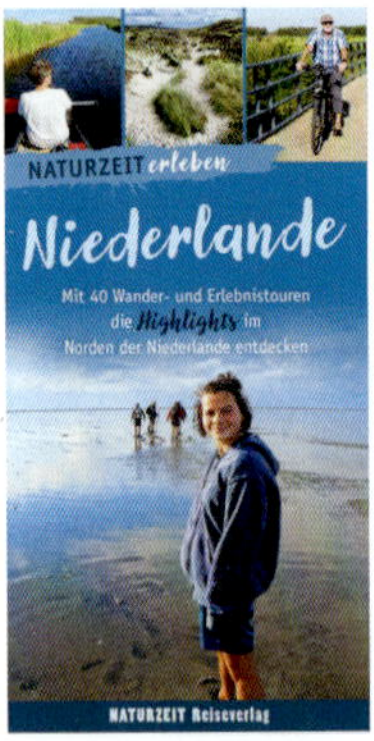

ISBN 978-3-944378-52-7
1. Auflage 2024, **€ 20**

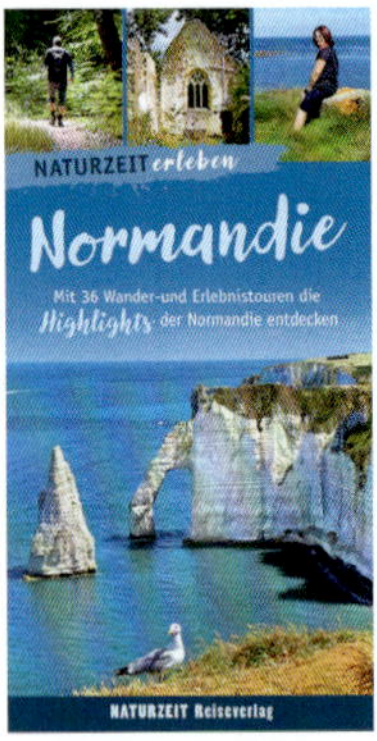

ISBN 978-3-944378-53-4
1. Auflage 2024, **€ 20**

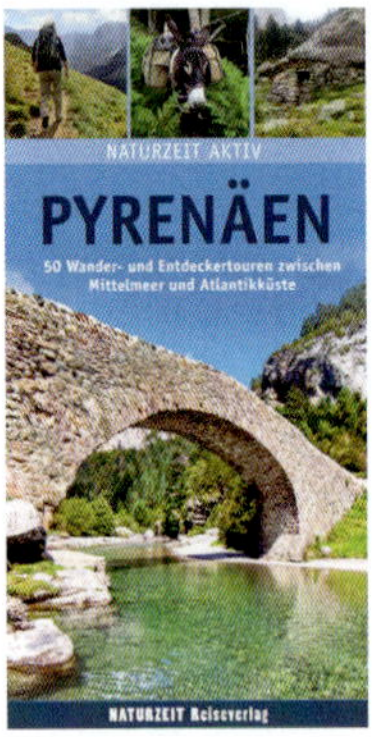

ISBN 978-3-944378-42-8
2. Auflage 2022, **€ 19**

Weitere Informationen und eine Leseprobe zu jedem Buch unter

www.naturzeit-verlag.de

Naturzeit mit Kindern: Wander- und Entdeckertouren für Familien

Breite Wanderwege finden Kinder gähnend langweilig. Pirscht man dagegen auf schmalen Pfaden durch Wald und Wiesen, riecht das Ganze gleich nach Abenteuer und wird viel spannender. Gibt es dann noch Pausenplätze, an denen man Tiere beobachten, am Wasser spielen und klettern kann, dazu ein Picknick oder ein richtiges Lagerfeuer, wird Wandern auch für Kinder interessant.

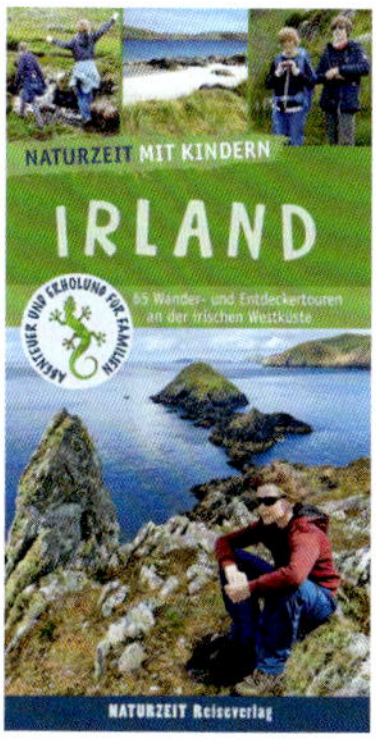

ISBN 978-3-944378-43-5
2. Auflage 2024, **€ 22**

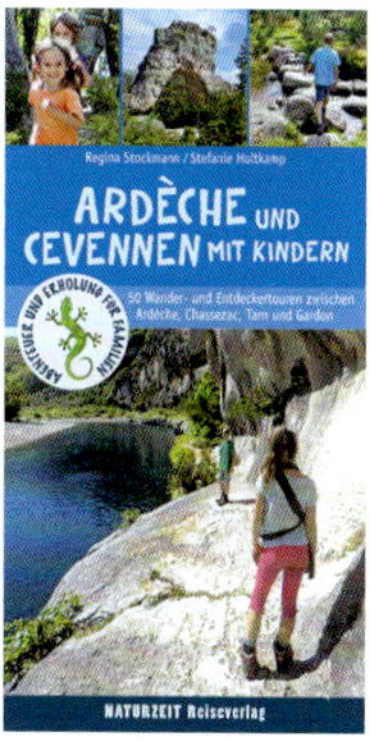

ISBN 978-3-944378-19-0
1. Auflage 2019, **€ 17,90**

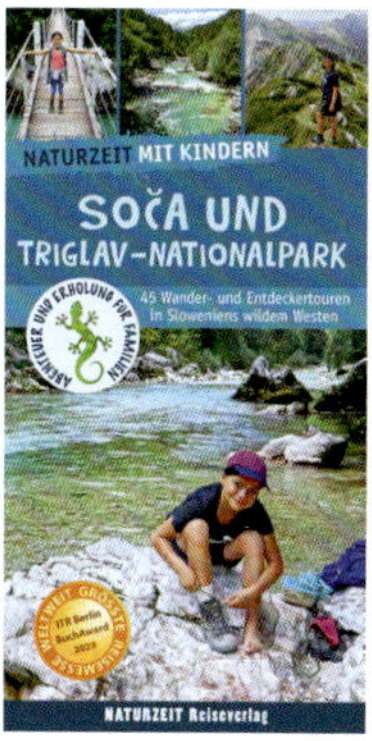

ISBN 978-3-944378-34-3
1. Auflage 2022, **€ 20**

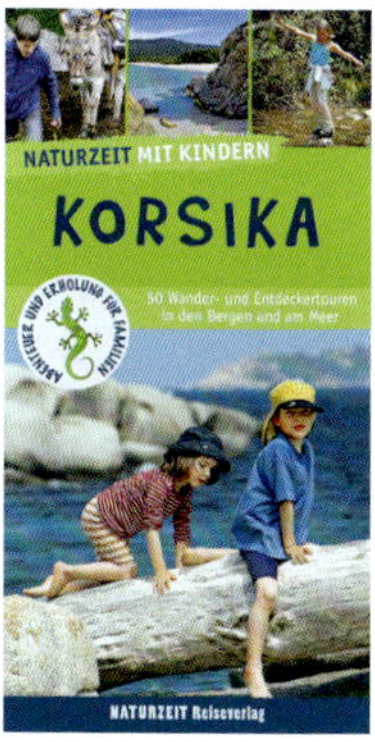

ISBN 978-3-944378-42-8
7. Auflage 2024, **€ 22**

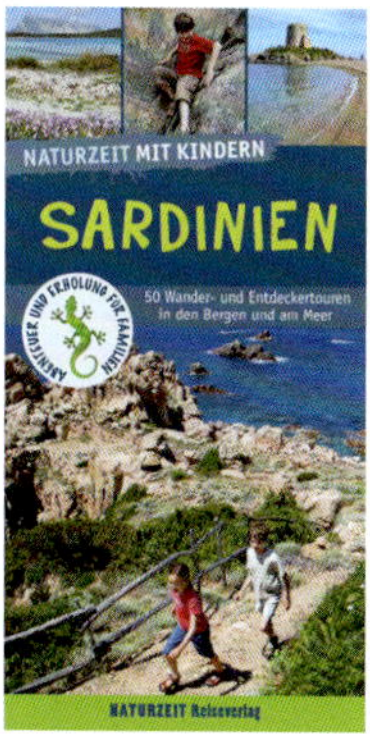

ISBN 978-3-944378-40-4
5. Auflage 2022, **€ 22**

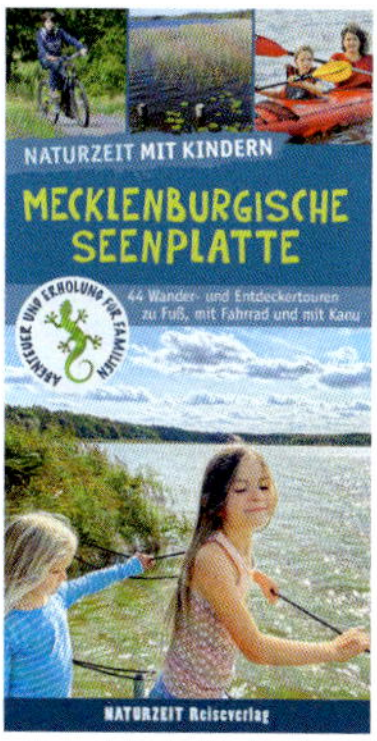

ISBN 978-3-944378-31-2
3. Auflage 2021, **€ 18**

Viele weitere Titel der Reihe »Naturzeit mit Kindern« unter

www.naturzeit-verlag.de

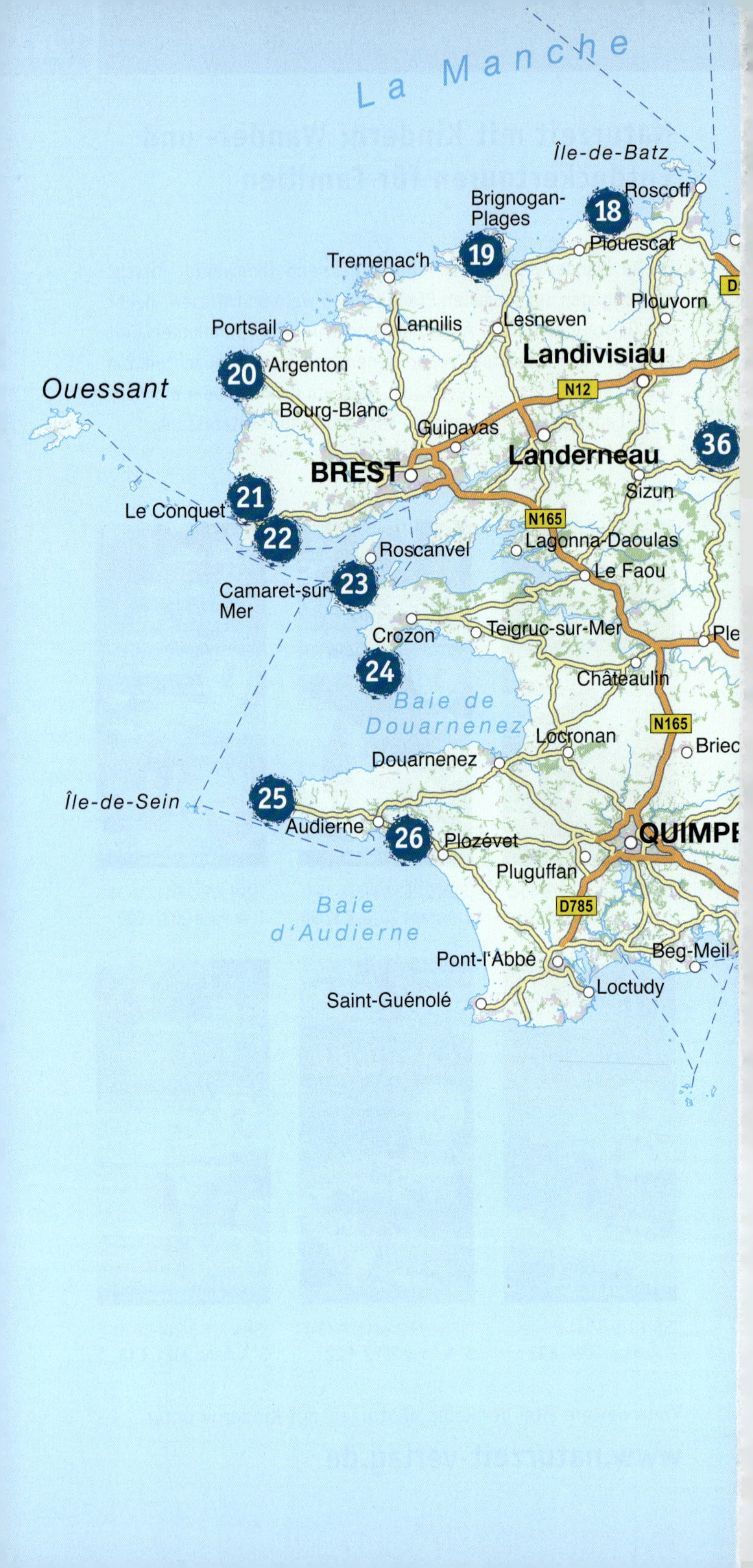

La Manche
Île-de-Batz
Roscoff
18
Brignogan-
Plages
Plouescat
19
Tremenac'h
Plouvorn
Portsail
Lannilis
Lesneven
Landivisiau
20
Argenton
Ouessant
N12
Bourg-Blanc
Guipavas
36
Landerneau
BREST
Sizun
21
Le Conquet
N165
22
Roscanvel
Lagonna-Daoulas
Le Faou
23
Camaret-sur-
Mer
Crozon
Teigruc-sur-Mer
24
Châteaulin
Baie de
Douarnenez
N165
Locronan
Briec
Douarnenez
25
Île-de-Sein
Audierne
26
Plozévet
QUIMPE
Pluguffan
D785
Baie
d'Audierne
Pont-l'Abbé
Beg-Meil
Loctudy
Saint-Guénolé